U0542743

面向2035的中国耕地保护与粮食安全

黄贤金 漆信贤 王庆宾 钟太洋 等著

南京大学出版社

图书在版编目(CIP)数据

面向2035的中国耕地保护与粮食安全 / 黄贤金等著
. — 南京：南京大学出版社，2024.11
ISBN 978-7-305-28017-7

Ⅰ.①面… Ⅱ.①黄… Ⅲ.①耕地保护－研究－中国
②粮食安全－研究－中国 Ⅳ.①F323.211②F326.11

中国国家版本馆 CIP 数据核字(2024)第 047013 号
审图号：GS(2024)2650 号

出版发行	南京大学出版社
社　　址	南京市汉口路 22 号　　邮　编　210093

书　　名	面向2035的中国耕地保护与粮食安全
	MIANXIANG 2035 DE ZHONGGUO GENGDI BAOHU YU LIANGSHI ANQUAN
著　　者	黄贤金　漆信贤　王庆宾　钟太洋　等
责任编辑	田　甜　　　　　　　编辑热线　025-83593947
照　　排	南京南琳图文制作有限公司
印　　刷	南京爱德印刷有限公司
开　　本	718 mm×1000 mm　1/16　印张 22.25　字数 340 千
版　　次	2024 年 11 月第 1 版　2024 年 11 月第 1 次印刷
ISBN	978-7-305-28017-7
定　　价	188.00 元

网址：http://www.njupco.com
官方微博：http://weibo.com/njupco
官方微信号：njupress
销售咨询热线：(025) 83594756

＊版权所有，侵权必究

＊凡购买南大版图书，如有印装质量问题，请与所购
　图书销售部门联系调换

目 录

第1章 耕地保护现状及挑战分析 / 001

1.1 耕地保护制度的形成与发展 / 001
- 1.1.1 新中国成立以后的耕地保护制度 / 001
- 1.1.2 改革开放以来的耕地保护制度 / 003
- 1.1.3 十八大以来对耕地保护新要求 / 006
- 1.1.4 中国耕地保护的趋势及特征 / 008
- 1.1.5 新时代中国对耕地保护工作提出的要求 / 013

1.2 耕地保护的国际或地区经验 / 018
- 1.2.1 国内外耕地保护差异 / 018
- 1.2.2 耕地保护国际经验 / 019
- 1.2.3 国际耕地保护政策经验与发展趋势 / 030

1.3 耕地保护的现状与成就 / 034
- 1.3.1 耕地保护的现状分析 / 035
- 1.3.2 耕地保护的成就分析 / 058

1.4 耕地保护的形势与要求 / 067
- 1.4.1 耕地保护所面临的新形势 / 067
- 1.4.2 新时代耕地保护的新要求 / 072

1.5 耕地保护的挑战与困境 / 074

　　1.5.1 国内矛盾:耕地红线管控与红线突破的矛盾 / 074

　　1.5.2 国家战略:适应生态文明和粮食安全的保护需求 / 075

　　1.5.3 国际形势:国际贸易的不稳定性与耕地红线管控 / 075

　　1.5.4 空间错配:水土资源空间配置不协调限制粮食生产 / 076

　　1.5.5 产能受限:农药化肥施用限制对产量提升的限制 / 079

　　1.5.6 隐性危机:美好生活取向与隐性饥饿可能冲突 / 081

　　1.5.7 宏观压力:经济投资拉动对于耕地保有的影响 / 082

第 2 章　面向 2035 年的粮食需求与耕地数量需求 / 084

2.1 研究方法及技术路线 / 084

2.2 粮食需求 / 088

　　2.2.1 我国食物消费结构及其发展 / 088

　　2.2.2 现代化国家或地区食物消费发展及其借鉴 / 091

　　2.2.3 我国人口发展与食物消费需求 / 093

2.3 耕地产能潜力核算 / 108

2.4 国际市场对粮食安全的影响 / 110

　　2.4.1 国际市场对中国粮食安全的影响 / 110

　　2.4.2 中美农业贸易对中国粮食安全的影响 / 116

2.5 自给平衡与耕地保有 / 126

　　2.5.1 新形势下中国耕地保有量测算 / 126

　　2.5.2 2035 年耕地资源保有水平分析 / 132

第 3 章　面向 2035 年的耕地保护空间供给布局 / 136

3.1 耕地供给测算技术路线 / 136

3.2 耕地空间变化规律 / 138

    3.2.1 耕地减少的时空格局特征 / 138

    3.2.2 耕地补充的时空格局特征 / 150

3.3 耕地保有现状特征 / 156

    3.3.1 全国耕地空间布局 / 156

    3.3.2 全国耕地质量与产能空间特征分析 / 162

3.4 全国占用耕地（耕地减少）预测 / 171

    3.4.1 建设占用需求预测 / 172

    3.4.2 生态退耕需求预测 / 176

    3.4.3 农业产业结构调整需求预测 / 179

    3.4.4 灾毁耕地预测 / 181

3.5 耕地开发与利用潜力分析 / 186

    3.5.1 开发潜力分析 / 186

    3.5.2 利用潜力分析 / 188

3.6 基于FLUS模型的供给量模拟 / 195

    3.6.1 模型框架 / 195

    3.6.2 模型驱动因子选择 / 196

    3.6.3 基于ANN的土地利用类型适宜性概率计算 / 197

    3.6.4 2035年土地利用模拟分省结果 / 197

3.7 耕地供给动态测算 / 203

第4章 中国耕地供需系统动力学模型构建 / 208

4.1 系统动力学原理及优势 / 208

4.2 中国耕地供需系统动力学模型结构解析 / 210

    4.2.1 中国耕地供需系统的指标体系构建 / 211

4.2.2　SD 模型子系统 / 212

4.2.3　确定系统流图 / 215

4.2.4　模型检验与修正 / 215

4.3　中国耕地供需 SD 模型模拟 / 221

4.3.1　系统模拟参数设置 / 221

4.3.2　情景模拟 / 222

第 5 章　气候变化对中国耕地空间影响 / 224

5.1　气候变化对中国耕地空间影响的主要观点 / 225

5.1.1　平均降水量存在区域差异,西部干旱和半干旱地区降水量持续增加 / 225

5.1.2　北方的干旱和半干旱区沙漠化将加剧 / 225

5.1.3　全球变化将影响我国种植制度和种植格局 / 226

5.1.4　全球变化正在改变国土空间格局 / 228

5.2　情景模拟下未来各气候要素变化规律及趋势 / 230

5.2.1　多种情景下全国及各区域温度变化情况及趋势 / 231

5.2.2　多种情景下全国及各区域降水变化情况及趋势 / 236

5.2.3　多种情景下全国及各区域光照变化情况及趋势 / 241

5.2.4　多种情景下全国及各区域 10 ℃以上积温变化情况及趋势 / 245

5.3　未来气候变化下气候生产潜力变化 / 249

5.3.1　升温 1.5 ℃情景下全国及各区域气候生产潜力变化 / 250

5.3.2　升温 2.0 ℃情景下全国及各区域气候生产潜力变化 / 251

5.4　情景模拟下未来国土空间开发应对 / 251

5.4.1　升温 1.5 ℃气候生产潜力与耕地及耕地后备资源协调性分

析 / 251

  5.4.2 升温 2.0 ℃气候生产潜力与耕地及耕地后备资源协调性分析 / 252

5.5 气候变化对耕地空间影响的主要结论 / 254

  5.5.1 2035 年主要气候因子的格局及变化趋势 / 254

  5.5.2 2035 年气候生产潜力的格局及变化趋势 / 255

  5.5.3 2035 年气候变化对我国后备耕地资源开发的影响 / 255

  5.5.4 2035 年气候变化对我国耕地保护格局的影响 / 256

第 6 章 适应未来变化的可持续耕地占补平衡格局构建 / 257

6.1 耕地占补平衡制度的主要问题 / 258

  6.1.1 储备型后备资源短缺问题十分突出 / 258

  6.1.2 储备耕地短缺且补充难度大 / 259

  6.1.3 全国总量能平衡但区域难平衡 / 260

6.2 补充耕地不足问题突出 / 261

  6.2.1 补充耕地与生态空间有冲突 / 261

  6.2.2 补充耕地质量难保障 / 262

6.3 耕地占用仍然持续高位 / 265

  6.3.1 耕地占用需求居高难下 / 265

  6.3.2 存量建设用地利用效率有待提高 / 266

6.4 耕地利用支撑粮食安全的潜力仍然较大 / 268

  6.4.1 耕地非农化、耕地非粮化问题较为突出 / 268

  6.4.2 补而不用、补而少用问题突出 / 270

  6.4.3 高标准农田改造、中低产田改造有待优化 / 271

  6.4.4 我国稻麦主产区具有较高增产潜力 / 271

6.5 耕地占补平衡制度改革与完善的建议 / 272
　　6.5.1 切实保证补充耕地质量 / 272
　　6.5.2 努力实现补充耕地有保障 / 272
　　6.5.3 不断创新耕地占补平衡政策 / 273
　　6.5.4 严格建设用地增量管控 / 274
　　6.5.5 增强耕地产能平衡的科技支撑能力 / 275
　　6.5.6 创新耕地占补平衡实施新机制 / 276

第7章 面向2035年的耕地保护战略选择 / 277
　7.1 构筑坚持以我为主、适度进口的粮食安全战略 / 277
　　7.1.1 坚持以我为主的粮食供给 / 278
　　7.1.2 守卫耕地数量与质量底线 / 280
　　7.1.3 加强农田基础设施建设 / 280
　　7.1.4 实施农产品多元化进口 / 282
　7.2 构缔支撑生态文明与食品安全的用养结合的耕地保育战略 / 283
　　7.2.1 优化配置我国耕地休耕规模 / 284
　　7.2.2 完善休耕轮作时空配置方案 / 285
　　7.2.3 巩固耕地质量建设 / 287
　7.3 构划以水定耕、以水养耕的耕地空间布局战略 / 288
　　7.3.1 以水定地优化耕地利用结构 / 288
　　7.3.2 改善耕地系统的气候变化适应性 / 290
　　7.3.3 提升耕地系统水资源利用效率 / 292
　7.4 构架全方位确保产能的耕地永续利用战略 / 296
　　7.4.1 "藏粮于优",实施优质耕地优先保护策略 / 296
　　7.4.2 "藏粮于地",推进和完善耕地储备制度 / 298

7.4.3 "藏粮于技"，科技政策促进耕地地力提升 / 300

7.4.4 "藏粮于农"，完善种地者得益的耕地保护制度 / 301

7.5 构创应对耕作成本高、积极性低的耕地保护基金制度 / 303

7.5.1 构建三位一体的耕地保护基金制度 / 303

7.5.2 构创山水林田湖草生命共同体的耕地生态修复补偿机制 / 305

7.5.3 建立全国统筹的地方政府基本农田保护和开发储备基金 / 307

7.6 重构层级分明(中央—省—市—县等)、管制严明的基本农田保护制度(分级、分区) / 308

7.6.1 规划驱动中央—省—市—县等的权责体系重构 / 308

7.6.2 构建管制严明的分级分区保护制度 / 309

7.6.3 加强米袋子—省长负责制工程建设 / 311

7.6.4 加强菜篮子—市长负责制工程建设 / 312

7.6.5 以食物需求为底线和优地优保为导向确定永久基本农田率 / 313

7.7 构建严格监督、高效审批(审批权下放)的新型耕地保护制度 / 316

7.7.1 完善设区市人民政府审批职能 / 316

7.7.2 构建分层级的耕地转用监督制度 / 317

7.7.3 建立健全耕地占用限批停批制度 / 318

7.8 优化耕地占补平衡、城乡建设用地挂钩等耕地保护政策 / 319

7.8.1 建立健全基于产能核算的"占优改劣"制度 / 320

7.8.2 完善补充耕地质量建设资金奖补制度 / 322

7.8.3 支持乡村振兴用地需求，探索镇村建设用地挂钩制度 / 323

7.9 创新农村产业用地占用耕地的监督政策 / 324

  7.9.1 建立农村新型产业用地类型认定规则和控制标准,合理引导产业布局 / 324

  7.9.2 挖掘农村闲置低效建设用地,支持乡村新产业用地需求 / 326

  7.9.3 建立农村建设用地优先保障制度,落实农业农村优先发展 / 327

  7.9.4 激发新型农业产业活力,引导农业产业结构调整 / 328

7.10 探索面向人类命运共同体全球耕地资源安全信息体系 / 329

  7.10.1 以全球农业资源信息监测服务海外耕地资源利用决策 / 330

  7.10.2 以全球耕地资源数据库搭建全球耕地信息服务共享平台 / 331

  7.10.3 加强对全球农业资源,尤其是耕地生产布局及潜力利用的监测 / 332

附 录 / 334

后 记 / 343

第 1 章 / 耕地保护现状及挑战分析

1.1 耕地保护制度的形成与发展

将"饭碗端在自己手里"是治国安邦和维护社会长治久安的根本,是实现人口规模巨大的现代化的保障,中国的粮食安全不仅关乎自身的国运,也受到世界的广泛关注,其中耕地保护制度为中国的粮食安全提供了基本的保障。新中国成立以后,中国的耕地面积由于开荒、围湖造田等工程呈现了波动扩张的趋势,而改革开放以后随着城镇化快速推进的非农占用、农业结构调整与生态退耕等工程,中国耕地的减少威胁到国家粮食安全,最严格的耕地保护制度应运而生。在耕地保护制度的发展演变过程中,中国已逐渐形成包括基本农田保护制度、土地用途管制制度、耕地占补平衡制度、土地开发整理复垦制度和国土空间规划等在内的最严格的耕地保护制度体系[1]。

1.1.1 新中国成立以后的耕地保护制度

1949 年至 1978 年改革开放,通过农村土地改革和农业社会主义改造,没

---

[1] 刘丹,巩前文,杨文杰.改革开放 40 年来中国耕地保护政策演变及优化路径[J].中国农村经济,2018(12):37-51.

收了城市官僚资产阶级和反革命分子的土地①,建立起农村集体土地所有制和城市国有土地所有制。在耕地政策方面,主要通过开荒、围湖造田等增加耕地面积,对耕地保护并未专门提出。这一时期,由于"大力发展重工业"在国家意识形态中占了上风,耕地保护政策作为经济政策的一个组成部分必须服从和服务于国家的宏观经济发展战略,因此在传统经济发展战略大背景下出台的关于耕地开发、垦荒政策可以被称为耕地保护政策的传统选择②,耕地面积也由新中国成立时的14.68亿亩增长到改革开放初期的19.99亿亩,增幅达到36.2%③(图1-1),粮食产量从新中国成立时的1.1亿吨增加到改革开放前期的1.9亿吨,增幅达到72.7%。

图1-1 1949—2021年耕地面积变化情况

---

① 王永红,赵凡,甲丁.甲子华章——聚焦新中国60年国土资源事业辉煌成就[J].国土资源,2009(9):4-13.

② 臧俊梅,王万茂,李边疆.我国基本农田保护制度的政策评价与完善研究[J].中国人口·资源与环境,2007(2):105-110.

③ 耕地面积的统计数据由于调查标准、技术方法的改进和农村税费政策调整等因素影响与真实耕地面积有所偏差,本书尝试将耕地数据予以修正,1961—1995年耕地数据按照粮食产量及其生产技术水平进行反推,1996—2018年耕地数据按照二调数据与原一调数据的比值进行修正。

1.1.2 改革开放以来的耕地保护制度

现阶段的耕地保护制度主要伴随着 20 世纪 70 年代末期以来耕地面积下降、人地矛盾加剧的基本国情而形成的，耕地保护制度的形成和演变经历了阶段性的发展历程。根据我国耕地保护制度的特点及经济社会发展阶段，将我国改革开放以来的耕地保护制度的形成和演变划分为以下几个阶段（表 1-1）：

一是耕地保护意识觉醒阶段（1978—1985 年）。耕地保护问题初步显现，比如这一时期，农民收入增加，建房意愿开始增强。同时，国家开始鼓励发展乡镇企业，农民建房和乡镇企业建设滥用耕地问题频发[①]。1981 年《国务院关于制止农村建房侵占耕地的紧急通知》中提到"搞好建房规划，尽量不占耕地"，1983 年又对征收耕地补充建设用地进行规范。中央政府对耕地减少问题逐步重视，进行了有针对性的总结，并通过 1982 年建立专门的管理机构——土地管理局，颁布中央一号文件的形式对认识到的问题进行重点部署，我国耕地保护意识逐步觉醒。但是这一时期的耕地保护在国家土地管理中地位较低，耕地保护整体上服从于经济建设需要。[②]

二是耕地保护政策初步形成阶段（1986—1996 年）。随着我国改革开放进程的加快，经济增长迅猛，经济发展和耕地保护的矛盾在这一时期开始凸显，耕地流失速度仍然较快。1986 年《中共中央、国务院关于加强土地管理、制止乱占耕地的通知》明确指出"十分珍惜和合理利用每寸土地，切实保护耕地"是我国必须长期坚持的一项基本国策。针对农业结构调整大量占用耕地的情况，1987 年原国家土地管理局联合农牧渔业部发布了《关于在农业结构调整中严格控制占用耕地的联合通知》。同时 1987 年《中华人民共和国土地管理法》（以下简称《土地管理法》）开始实施后，耕地锐减势头初步得到控制，但 1991 年后又由于"开发区热"有所反弹，为此发布了《国务院关于严格制止

[①] 刘丹，巩前文，杨文杰. 改革开放 40 年来中国耕地保护政策演变及优化路径[J]. 中国农村经济，2018(12): 37-51.

[②] 唐正芒，李志红. 简论改革开放以来党和政府对耕地保护的认识与实践[J]. 中共党史研究，2011(11): 26-36.

乱占、滥用耕地的紧急通知》和《国务院办公厅关于严禁开发区和城镇建设占用耕地撂荒的通知》；1996年国务院还召开全国耕地保护工作会议，就加强土地管理、落实基本农田保护机制进行了部署。这一时期，我国耕地保护政策陆续制定，但仍欠系统性，多属应急行为，难以应对经济社会快速发展对耕地占用的需求，大量占用耕地没有得到根本遏制[①]。

三是耕地保护政策体系初步建立阶段(1997—2003年)。1997年《中华人民共和国刑法》修订增设了"破坏耕地罪""非法批地罪"和"非法转让土地罪"，同年，《中共中央、国务院关于进一步加强土地管理切实保护耕地的通知》发布，指出"保护耕地就是保护我们的生命线"，原国家土地管理局等发布了《冻结非农业建设项目占用耕地规定》；1998年修订后的《土地管理法》修改了征用耕地的补偿标准及审批权限，确立了耕地总量动态平衡和土地用途管制制度。1998年原国土资源部成立后陆续颁布了许多文件，进一步落实了耕地保护要求。同年还颁发了《基本农田保护条例》，开始实施以耕地保护为目标的基本农田保护制度。这一时期，我国基本农田保护区调整划定工作基本完成，基本农田保护制度初步建立完善，耕地总量动态平衡和土地用途管制制度正式确立，通过土地开发整理与复垦等手段增加和补充耕地的工作也得到重视，耕地保护政策体系初步建立，耕地资源的占用在很大程度上得到了较为有效的控制。尽管如此，由于工业化、城市化的迅速发展，耕地的数量和质量仍在持续下降[②]，年均减少约1 460万亩。

四是耕地保护政策体系逐步完善阶段(2004—2011年)。2004年中央一号文件明确提出"各级政府要切实落实最严格的耕地保护制度"，10月发布了《国务院关于深化改革严格土地管理的决定》，强调严格执行占用耕地补偿制度，提出完善征地补偿和安置制度以及建立完善耕地保护和土地管理的责任制度，该决定标志着中国开始实行最严格耕地保护制度；2005年国务院办公厅发布了《省级政府耕地保护责任目标考核办法》；2006年7月《国务院办公厅关于建立国家土地督察制度有关问题的通知》出台，标志着国家土地督察制度开始全面

[①②] 张艳琳. 我国耕地保护制度的变迁[J]. 资源导刊, 2019(11):20-21.

实施;8月发布了《国务院关于加强土地调控有关问题的通知》,进一步明确了土地管理和耕地保护的责任。2007年的中央一号文件、《政府工作报告》均提出要牢牢守住18亿亩耕地这条红线,保障中国的粮食安全。2008年,为了缓解耕保压力,颁布了《国务院关于完善退耕还林政策的通知》。

由我国耕地保护政策的演变趋势来看,我国耕地数量与质量双重保护的目标逐步明确,耕保政策与相关政策的互动加强,耕地保护的行政手段继续得以加强,法律、技术手段不断完善,经济手段开始引起重视,应急式政策有所减少,责任追究制度及监督预防性政策制度逐步完善,体现出耕地保护制度与经济社会发展逐步协调,耕地保护政策体系不断得以完善。

表1-1 耕地保护阶段及其相应的政策文件梳理

阶段	政策文件	耕地净减少
耕地保护意识觉醒阶段(1978—1985年)	1978年《政府工作报告》:有计划地开垦荒地,使耕地面积逐年有较多的增加 1981年《政府工作报告》:十分珍惜每寸土地,合理利用每寸土地 1981年《国务院关于制止农村建房侵占耕地的紧急通知》中提到"搞好建房规划,尽量不占耕地" 1982年中央一号文件:严格控制机关、企业、团体、部队、学校、社队占用耕地 1983年中央一号文件:要"严格控制占用耕地建房"和"爱惜每一寸耕地"	900万亩
耕地保护政策初步形成阶段(1986—1996年)	1986年一号文件:"应于今年内制定:严格控制非农建设占用耕地的条例" 1986年3月中发七号文《中共中央、国务院关于加强土地管理、制止乱占用耕地的通知》第一次明确提出"十分珍惜和合理利用每寸土地,切实保护耕地,是我国必须长期坚持的一项基本国策" 1986年6月颁布《中华人民共和国土地管理法》 1987年6月发布《农牧渔业部、国家土地管理局关于在农业结构调整中严格控制占用耕地的联合通知》 1991年1月国务院发布了《中华人民共和国土地管理法实施条例》 1992年11月发布《国务院关于严格制止乱占、滥用耕地的紧急通知》 1994年8月国务院发布《基本农田保护条例》	1670万亩

(续表)

阶段	政策文件	耕地净减少
耕地保护政策体系初步建立阶段（1997—2003年）	1997年4月颁布《中共中央、国务院关于进一步加强土地管理切实保护耕地的通知》 1998年3月成立原国土资源部 1998年8月修订《中华人民共和国土地管理法》 1998年12月，国务院颁布《中华人民共和国土地管理法实施条例》和《基本农田保护条例》	10 220万亩
耕地保护政策体系逐步完善阶段（2004—2011年）	2004年10月颁布《国务院关于深化改革严格土地管理的决定》 2005年9月颁布了《国土资源部、农业部、国家发展和改革委员会、财政部、建设部、水利部、国家林业局关于进一步做好基本农田保护有关工作的意见》 2005年10月国务院办公厅颁布了《省级政府耕地保护责任目标考核办法》 2009年中央一号文件：实行最严格的耕地保护制度和最严格的节约用地制度 2010年中央一号文件：坚决守住耕地保护红线，建立保护补偿机制，加快划定基本农田	220万亩

1.1.3 十八大以来对耕地保护新要求

中共十八大以来，生态文明建设被提升到国家总体布局的战略高度，从耕地保护相关政策文件分析可见，中央对耕地保护的总体要求从原来以粮食安全为目标（以耕地数量保护为主，强调耕地的生产功能）转变为生态文明框架下的耕地保护（以耕地质量保护为主，强调耕地的生态功能），形成集数量、质量和生态"三位一体"的综合保护体系。"三位一体"的综合保护体系对协调统筹"耕地保护""生态红线"与"粮食安全"三者之间的关系以实现耕地资源永久持续利用提出了新的要求。

十八大以来，耕地保护制度被提升到全新的战略高度，主要涉及几个方面：（1）严守耕地红线，例如十七届三中全会要求"坚决守住18亿亩耕地红线"、十八大强调"严守耕地保护红线"，2015年深改组会议再次强调"严守18亿亩耕地红线，坚持土地公有制性质不改变、耕地红线不突破、农民利益不受损三条底线"。（2）探索耕地轮作休耕制度，例如十八届五中全会提出"探索实行耕地轮作休耕制度试点。要与土地质量等级评定和监测、农业结构调整、退耕还林还草、土地整治、东北黑土地特殊保护、建设占用耕作层土壤剥离再利用等工作有机结合,带着强烈的耕地保护意识做好试点工作"①。(3)加强农业供给侧改革,保障国家粮食安全,例如2015年中央农村工作会议指出"保障国家粮食安全是农业结构性改革的基本底线,要保稻谷、小麦等口粮,保耕地、保产能,保主产区特别是核心产区的粮食生产,确保谷物基本自给、口粮绝对安全"。尤其是2021年出台的《自然资源部、农业农村部、国家林业和草原局关于严格耕地用途管制有关问题的通知》明确提出了"耕地进出平衡"的政策要求,以防止耕地非农化、粮田非粮化,保障国家粮食安全。(4)加快生态文明建设,完成三线划定任务,例如中共十九大指出加大生态系统保护力度,完成生态保护红线、永久基本农田、城镇开发边界三条控制线划定工作。为推进耕地"大占补",2023年中央提出研究加强耕地保护和盐碱地综合改造利用问题,稳步拓展农业生产空间。

在耕地"三位一体"保护阶段,国家为提高耕地质量、提升耕地产能和改善生态环境提出了一系列新举措。第一,加强高标准基本农田建设。2012年《国土资源部高标准基本农田建设标准》对高标准农田建设的目标、条件、内容与技术标准等进行明确规定,并提出到2020年中国要确保建成8亿亩、力争建成10亿亩高标准基本农田。同时,将优质耕地划入基本农田,实行永久保护。2015年原国土资源部和原农业部着手永久基本农田划定工作,并在《关于全面划定永久基本农田实行特殊保护的通知》中要求基本农田划定要上图入库、落地到户,实现"定量""定质""定位""定责"保护。第二,强化耕地占补平衡。针对占优补优难度日趋加大和激励约束机制不健全的情况,2017年《国土资源部关于改进管理方式切实落实耕地占补平衡的通知》提出要建立以数量为基础、产能为核心的耕地占补平衡新机制。同时,针对某些省份耕地后备资源不足、补充耕地困难的情况,2018年《跨省域补充耕地国家统筹管理办法》规定,耕地资源严重匮乏的直辖市或资源环境条件严重约束、补充耕地能力不足的省份可申请国

---

① 姜大明.学习贯彻党的十八届五中全会精神全面节约和高效利用资源[J].国土资源,2015(12):36-38.

家统筹补充。第三,实施耕地轮作休耕。"十三五"规划纲要首次提出要探索实行耕地轮作休耕制度。2016 年中央全面深化改革领导小组制定了《探索实行耕地轮作休耕制度试点方案》,规定了重金属污染区、地下水漏斗区、石漠化区和生态严重退化区耕地综合治理技术路径。2018 年耕地轮作休耕面积达到了 160 万公顷,实现轮作休耕制度化和常态化成为今后耕地保护工作的重要内容①。

十八大以来,中国耕地数量基本维持在 1.35 亿公顷左右,相较于前一时期耕地减少趋势放缓,2021 年较 2012 年减少约 1 115 万亩耕地。但与此同时,耕地质量下降问题严峻,重金属污染、地下水超采和地表层破坏等问题严重。2012 年原国土资源部发布的《关于提升耕地保护水平全面加强耕地质量建设与管理的通知》标志着中国耕地保护政策正式进入数量、质量和生态"三位一体"的综合保护阶段②。

1.1.4 中国耕地保护的趋势及特征

随着我国耕地利用理念从追求粮食产量到养地新时代的耕地资源永久持续利用,耕地保护的思路与举措也不断创新,加快构建现代化耕地保护体系,全面提升耕地保护工作的水平和效能,具体表现在新时代生态文明建设的要求下耕地保护出现了如下转变:

(1) 新时代耕地管理理念的转变:从"保障用地和保护耕地并重"到"存量建设用地挖潜和耕地保护为主"

改革开放以来,我国城镇化进程成效显著,但国土资源开发利用方式较为粗放。到"十二五"时期,全国城镇建设用地增长约 20%,远高于同期城镇人口 11% 的增幅,地均 GDP 仅相当于欧美国家的 1/4~1/5。近年来,推进资源节约高效利用已成发展共识,可以看出管理理念的转变:从"保障用地和保护耕地并重"到"存量建设用地挖潜和耕地保护为主"。2008 年公布的《全国土地利用总体规划纲要(2006—2020 年)》中 6 项约束性指标突出了耕地保护与

---

①② 刘丹,巩前文,杨文杰. 改革开放 40 年来中国耕地保护政策演变及优化路径[J]. 中国农村经济,2018(12):37-51.

控制用地的核心管理意图,明确提出今后土地利用和管理的指导思想是在科学发展观指导下"转变方式":转变经济增长方式。2013年中央城镇化工作会议提出,推进新型城镇化,要提高土地利用效率,"严控增量,盘活存量"。《国家新型城镇化规划(2014—2020年)》指出,要"建立健全规划统筹、政府引导、市场运作、公众参与、利益共享的城镇低效用地再开发激励约束机制,盘活利用现有城镇存量建设用地。建立存量建设用地退出激励机制,推进老城区、旧厂房、城中村的改造和保护性开发,发挥政府土地储备对盘活城镇低效用地的作用"。2017年《中共中央、国务院关于加强耕地保护和改进占补平衡的意见》中也强调要"坚持严保严管""坚持节约优先"。中共二十届三中全会决议明确提出"改革完善耕地占补平衡制度,各类耕地占用纳入统一管理"。

同时,中央层面对优化国土空间利用格局、理顺自然资源管理体制已有明确的战略意图。中共十八大报告指出,"要按照人口资源环境相均衡、经济社会生态效益相统一的原则,控制开发强度,调整空间结构,促进生产空间集约高效、生活空间宜居适度、生态空间山清水秀";十八届三中全会决定进一步提出,"健全国家自然资源资产管理体制,统一行使全民所有自然资源资产所有者职责。完善自然资源监管体制,统一行使所有国土空间用途管制职责"。这是对中共十八大报告关于"加强生态文明制度建设"论述的重要深化。中共十九大报告指出,人与自然是生命共同体,人类必须尊重自然、顺应自然、保护自然。中共二十届三中全会要求,积极应对气候变化,加快落实绿水青山就是金山银山的体制机制。明确加快生态文明体制改革,建设美丽中国,并部署了推进绿色发展、着力解决突出环境问题、加大生态系统保护力度和改革生态环境监管体制等四项改革措施,这进一步体现了管理目标和理念的转变。

(2) 新时代耕地保护认知的转变:从"产粮于地"到"藏粮于地"

"十三五"规划建议提出:"坚持最严格的耕地保护制度,坚守耕地红线,实施藏粮于地、藏粮于技战略,提高粮食产能,确保谷物基本自给、口粮绝对安全。"2015年《国务院办公厅关于加快转变农业发展方式的意见》发布,提出到2020年转变农业发展方式要取得积极进展、到2030年要取得显著成效的宏伟目标。指出增强粮食生产能力,提高粮食安全保障水平,是农业转变方式的首要前提,核心是由注重年度产量向更注重保护和提高粮食产能转变,实现藏粮于地、藏粮于技。2023年7月中央财经委员会第二次会议进一步提出,要落实藏粮于地、藏粮于技战略,切实加强耕地保护,全力提升耕地质量,充分挖掘盐碱地综合利用潜力。所谓藏粮于地,就是要坚守耕地红线,全面开展永久基本农田划定,确保耕地数量不减少;开展高标准农田建设,聚焦小麦、水稻生产,优先将7亿亩水田和水浇地建成高标准口粮田,实施耕地质量保护与提升行动[1]。

我国长期以来习惯于藏粮于仓、藏粮于民、以丰补歉的策略。耕地占补质量严重不平衡,耕地总体质量下降,致使粮食生产能力不足,只能尽可能扩大粮食播种面积和提高单产,利用丰年的节余弥补歉年的不足。这就带来了高额的仓储费用,形成了财政的巨大负担,同时也影响了其他作物的发展和农民收入的增加,特别是不能保证我国的粮食安全,如果连续几年歉收,就会给粮食的供应带来很大压力。"藏粮于地"战略则适时调节了这种问题,在粮食供过于求时,采取轮作休耕使一部分土地休整来减少粮食生产数量,粮食紧缺时又将这些土地迅速用于粮食生产,通过耕地的增加或减少来维持粮食供求的大体平衡。实行土地休耕,虽然休耕的土地不生产粮食,但粮食生产能力还在,并且土地休耕后还可提高地力,实际上就等于把粮食生产能力储存在土地中。

从"产粮于地"到"藏粮于地"体现了耕地保护认知的转变,从用地时代一味追求粮食产量的连续递增,转变为新的养地时代通过增加粮食产能、保护生态环境,促进粮食生产能力建设与可持续增长。

(3) 新时代耕地保护目标的转变:从传统"数量保护"到"数量、质量和生态三位一体保护"[2]

与落实最严格耕地保护制度的要求相适应,我国土地管理法律法规和政

---

[1] 卞瑞鹤. 藏粮于地藏粮于技——习近平与"十三五"国家粮食安全战略[J]. 农村·农业·农民(A版),2015(12):24-27.

[2] 张维宸,韩阳,李泉金,等. 我国耕地保护制度回顾与思考[J]. 中国国土资源经济,2023,36(12):25-34.

策一直在不断创新发展和完善中。以 1998 年修订《中华人民共和国土地管理法》、2004 年出台《国务院关于深化改革严格土地管理的决定》(国发〔2004〕28号)、2006 年下发《国务院关于加强土地调控有关问题的通知》(国发〔2006〕31号)、2010 年下发《国务院关于严格规范城乡建设用地增减挂钩试点切实做好农村土地整治工作的通知》(国发〔2010〕47 号)为主要标志,耕地保护制度不断完善,耕地保护内涵不断丰富,耕地保护工作由数量管理向数量、质量和生态三位一体管理转变。

2017 年《中共中央、国务院关于加强耕地保护和改进占补平衡的意见》要求坚持最严格的耕地保护制度和最严格的节约用地制度,像保护大熊猫一样保护耕地,着力加强耕地数量、质量、生态"三位一体"保护,牢牢守住耕地红线,促进形成保护更加有力、执行更加顺畅、管理更加高效的耕地保护新格局。2017 年印发实施《自然生态空间用途管制办法(试行)》,还同步推进了生态保护红线划定、自然资源统一登记等相关生态文明体制改革任务,同年中共中央办公厅、国务院办公厅印发了《建立国家公园体制总体方案》,提出中国国家公园将实行最严格生态保护。

(4) 新时代耕地保护方式的转变:从"区域内刚性保护"到"区域间弹性保护"

2017 年 1 月,《中共中央、国务院关于加强耕地保护和改进占补平衡的意见》首次提出,耕地占补平衡要探索以县域自行平衡为主、省域内调剂为辅、国家适度统筹为补充。2018 年一号文件也明确提出,要积极调整完善土地出让收入使用范围,改进耕地占补平衡管理办法,建立高标准农田建设等新增耕地指标和城乡建设用地增减挂钩节余指标跨省域调剂机制,将所得收益通过支出预算全部用于巩固脱贫攻坚成果和支持实施乡村振兴战略。2023 年提出调整完善占用耕地补偿制度,将以往非农建设占用耕地落实占补平衡扩展到各类占用耕地均要落实占补平衡,由"小占补"变为"大占补"[①]。

跨省耕地占补平衡体现了耕地保护方式的转变——从区域内的刚性保护

---

① 王广华. 切实加强耕地保护　改革完善占补平衡制度[N]. 人民日报,2023-10-10(10).

到区域间的弹性保护,但如何平衡仍面临挑战。学者指出,在执行跨省占补平衡时,一定要进行充分的轮作,综合考虑地形位置、土壤质量、水源设置、自然条件等多种条件,联合多部门共同参与、相互制衡,以维护土地作为生态系统的完整性;在国家层面进行制度创新,建立统筹监管制度,强化产权约束,为占补双方建立起耕地数量、质量、生态"三位一体"的评判标准。发挥市场作用机制,尽快建立耕地占补指标市场交易制度,实现耕地占补指标合理流转;建立耕地补充激励机制,按照"政府引导、农民自愿"的原则,鼓励农户联合在一定规模的连片耕地上自行组织土地整理项目,改善农业基础设施,提高耕地质量;运用行政手段落实利益机制调整,逐步提高建设用地占用耕地指标取得、使用成本和耕地保护经济补偿标准[①]。

(5) 新时代耕地保护机制的转变:从"一家管,多家用"到"共同责任机制"

2004年,《国务院关于深化改革严格土地管理的决定》(国发〔2004〕28号)明确地方各级政府要对本行政区域内耕地保护责任目标履行情况负总责。2005年,国务院办公厅下发《省级政府耕地保护责任目标考核办法》,进一步明确规定省长、自治区主席、直辖市市长是耕地保护责任目标第一责任人。2022年中央1号文件明确提出实行耕地保护党政同责、严格考核、一票否决、终身追责,并决定于2024年年初对省级耕地保护和粮食安全责任制正式开展考核。

实行最严格的耕地保护制度是确保国家长治久安和社会经济可持续发展的必然要求和现实选择。长期以来,国家对耕地保护采取的政策可谓越来越严格,实行的措施越来越有力,在"守红线""建红线"两方面都取得了有目共睹的成效。但伴随着我国"四化"同步推进,耕地保护面临的形势更加严峻,机制不灵、制度效果不明显的问题还很突出,甚至存在严重的困局。保护好、利用好、建设好、管理好宝贵的耕地资源,给农业、给子孙后代留下更多的沃土良田,核心点在于地方政府、农村集体经济组织、农民、用地者等耕地的管理者、使用者能够做到思想统一、步调一致,从而构建一个"党委领导、政府负责、部

---

① 李倩.创新耕地占补平衡机制[N].中国国土资源报,2014-03-12(2).

门协同、公众参与、上下联动"的耕地保护共同责任机制,真正扭转国土资源"一家管、大家用"局面,形成各部门密切合作、通力配合、分工负责、齐抓共管的长效机制①。

1.1.5 新时代中国对耕地保护工作提出的要求

"耕地是粮食生产的命根子,是中华民族永续发展的根基",是习近平总书记站在统筹两个大局的战略高度,对耕地保护工作提出的要求。② 这一重要论述,传递出耕地红线绝不能逾越的强烈信号,体现了对世情国情农情的深刻洞察,为确保国家粮食安全提供了重要遵循。

(1) 耕地是我国最宝贵的资源,人多地少是我国基本国情,耕地保护形势严峻

耕地是我国最为宝贵的资源,是农村发展和农业现代化的根基命脉,是保障国家粮食安全的"压舱石",是促进经济平稳健康发展的"生命线"。人多地少是我国耕地资源的基本国情。当前,我国以占世界9%的耕地、6%的淡水,养育了世界近1/5的人口。习近平总书记强调,我们必须把关系十几亿人吃饭大事的耕地保护好,绝不能有闪失。③ 虽然目前我国粮食生产连年丰收,但这是一个紧平衡,而且这种紧平衡可能是我国粮食安全的长期态势。我国耕地就那么多,潜力就那么大,在粮食问题上不可能长期出现高枕无忧的局面④。

我国耕地质量总体不高,优质耕地资源紧缺。如果将全国耕地分为优良中差,优良之和只占30%左右,中低产田占到七成。长期以来,耕地开发利用强度过大,一些地方地力严重透支,水土流失、地下水严重超采、土壤退化、面

---

① 国土资源部耕地保护司. 落实共同责任建立耕地保护长效机制——《关于强化管控落实最严格耕地保护制度的通知》解读之三[J]. 青海国土经略,2014(1):41-42.
② 中共中央党史和文献研究院. 习近平关于国家粮食安全论述摘编[M]. 北京:中央文献出版社,2023.
③ 就做好耕地保护和农村土地流转工作作出的指示[N]. 人民日报,2015-05-27.
④ 闻言. 全方位夯实粮食安全根基,确保中国人的饭碗牢牢端在自己手中[N]. 人民日报,2023-07-13(6).

源污染加重已成为制约农业可持续发展的突出矛盾。受自然变化和人为利用影响,我国南方土壤酸化、北方土壤盐碱化、东北黑土地退化等耕地面积占耕地总面积40%以上。高强度利用使耕地基础地力呈下降态势,东北黑土区耕地退化,耕作层持续变薄,厚度不足20厘米的耕地约占一半。为了弥补工业化、城镇化建设对耕地的占用,我国推出了耕地占补平衡这一补救性措施,用地布局与结构随之发生变化。近一个时期,地域格局发生变化,耕地布局重心持续北移;粮食产销格局发生变化,南粮北运转变为北粮南运。这种变化加剧了水土资源不协调,特别是粮食主产区的用水矛盾日益突出,北方七个粮食主产省区大多正遭遇严重水资源瓶颈,光、热、水、土资源严重不匹配成为影响耕地综合生产能力的重要因素,给粮食生产和粮食安全带来挑战。

我国耕地后备资源不足,补充耕地潜力不足。我国正处于社会主义初级阶段,发展仍然是第一要务,工业化、城镇化建设不可避免地要占用一定数量耕地。经过多年土地开发,耕地后备资源已十分匮乏,加上保护生态的刚性约束,大规模开垦耕地已不现实。同时,受限于耕地后备资源条件差、土壤熟化时间长等因素,补充耕地的质量客观上很难达到占用耕地的质量。加之一些地方对耕地保护的重要性虽有认识,但一到耕地保护与经济发展产生冲突时,往往以牺牲耕地、牺牲农业为代价换取发展。主观和客观因素叠加,导致当前和今后一个时期耕地保护的形势依然严峻。

(2) 耕地是保障国家粮食安全的基石,耕地保护是国之大者,是战略问题

"悠悠万事,吃饭为大"。我国是个人口众多的大国,解决好吃饭问题始终是治国理政的头等大事。耕地保护工作的极端重要性很大程度上源自粮食安全对耕地的需求。耕地保护工作形势的严峻性,某种程度上也是由粮食安全面临的紧迫形势和耕地持续供给面临的挑战共同决定的。习近平总书记指出,粮食多一点少一点是战术问题;粮食安全则是战略问题。[①] 我国之所以能够实现社会稳定、人心安定,一个很重要的原因就是我们"手中有粮、心中不

---

① 中共中央党史和文献研究院. 习近平关于国家粮食安全论述摘编[M]. 北京:中央文献出版社,2023.

慌"。只有吃饭问题解决了,整个大局才有了基础性、根本性保障。国家粮食安全明确了我国耕地资源的极端重要性,只要把耕地保护好、建设好,国家粮食安全就有了可靠的保障。

目前我国粮食安全基础仍不稳固,总体呈现紧平衡,抗风险能力弱,长期趋势不容乐观。虽然我国粮食生产连年丰收,但仍然赶不上需求的快速增长和结构的不断变化,粮食需求的压力仍然很大,粮食安全形势依然严峻。习近平总书记强调,保障好初级产品供给是一个重大战略性问题。[①] 粮食问题不能只从经济上看,必须从政治上看,保障国家粮食安全是实现经济发展、社会稳定、国家安全的重要基础[②]。1949年以来,党和政府始终把解决人民的吃饭问题作为治国安邦的头等大事。经过75年艰苦的努力,尤其是经过40多年的改革开放,我国成功地解决了十几亿人口的吃饭问题[③],取得谷物基本自给、口粮自给率超过98%的成绩。从长远看,随着我国加快建设社会主义现代化强国,人民生活水平将进一步提升,人均食物消费量也将不断提升,粮食需求量还会上升;随着工业化程度的逐渐加深,稻谷和玉米等粮食在工业领域的消费量也将继续增加,客观上加剧了粮食供给的紧平衡状态。

当前,国际环境日趋复杂,不稳定性、不确定性日益增加。全球粮食供应紧张局势加剧,国际市场部分粮食特别是大米价格明显上涨,而粮食价格的上涨会快速反映到整体物价水平上,极容易引发经济风险。出于战略考量,吃饭问题不能受制于人。习近平总书记指出,一个国家只有立足粮食基本自给,才能掌握粮食安全的主动权,进而才能掌握经济社会发展这个大局。靠别人解决吃饭问题是靠不住的,如果口粮依赖进口,我们就会被别人牵着鼻子走。[④]习近平总书记强调,如果粮食等主要农产品供给出了问题,谁都不可能救我

---

① 习近平.正确认识和把握我国发展重大理论和实践问题[J].求是,2022(10).
② 颜波.准确把握战略定位、战略举措、战略保障牢牢把住粮食安全主动权——深入学习领会习近平总书记关于国家粮食安全重要论述[J].中国粮食经济,2023(5):12-15.
③ 杜鹰.中国的粮食安全战略(上)[J].农村工作通讯,2020(21):35-38.
④ 习近平.在中央农村工作会议上的讲话(二〇一三年十二月二十三日)[M]//中共中央文献研究室.十八大以来重要文献选编(上).北京:中央文献出版社,2014:658-686.

们,我们可以适当利用国际市场,但我们的饭碗必须牢牢端在自己手里。① 要以国内稳产保供的确定性来应对外部环境的不确定性。一个国家只有立足粮食基本自给,才能掌握粮食安全主动权,进而才能掌控经济社会发展这个大局②。

(3) 必须站在历史和全局高度,坚持实行最严格的耕地保护制度,坚守耕地红线

耕地是国家粮食安全的根本保证,是农业发展和农业现代化的根基和命脉,是农村改革发展稳定的基石,也是生态建设的空间要素之一。耕地保护直接关系广大农民的切身利益,关系生态文明建设,关系经济社会持续健康发展和国家和谐稳定,也关系第二个百年奋斗目标和中华民族伟大复兴中国梦的实现。习近平总书记指出,如何管好用好耕地始终是一个基础性、全局性、战略性的问题。③ 这也是由我国耕地资源的特有地位、人多地少的特殊国情、经济社会进入新发展阶段决定的。要充分认识土地问题的本质,把握好土地与广大农民的切身利益、土地与城乡统筹、土地与经济发展方式转变、土地与生态文明建设的内在联系和发展规律。土地的稳定性决定了我国现在社会结构的稳定性、人口分布的有序性。如果不考虑发展阶段,打破了这种稳定性,会造成社会的不稳定性,可能会反过来影响到经济发展④。

在处理经济发展、生态建设与耕地保护关系,划定永久基本农田控制线、生态保护红线、城镇开发边界出现冲突时,中央明确要求优先保耕地和永久基本农田,体现了中共中央、国务院对严守耕地保护红线的坚定决心。习近平总书记指出,一些地方城镇建设规模扩张过快、占地过多,盲目"摊大饼"问题突出,对保护耕地和保障粮食安全构成威胁。⑤ 必须坚定不移推进节约集约用

---

① 习近平.在中央农村工作会议上的讲话(二〇一三年十二月二十三日)[M]//中共中央文献研究室.十八大以来重要文献选编(上).北京:中央文献出版社,2014:658-686.
② 杜鹰.中国的粮食安全战略(上)[J].农村工作通讯,2020(21):35-38.
③ 中央农村工作领导小组办公室.习近平关于"三农"工作的重要论述学习读本[M].北京:人民出版社、中国农业出版社,2023.
④ 总结经验把握重点明晰路径[N].中国国土资源报,2014-07-17(6).
⑤ 实现实实在在没有水分的增长[N].人民日报,2014-07-07(10).

地,优化土地利用结构,提高土地利用效率。转变土地利用粗放的利用方式,合理确定新增建设用地规模,提高土地开发利用效率。要继续推动城乡存量建设用地开发利用,完善政府引导市场参与和城乡低效用地再开发政策体系。要强化土地使用标准和节约集约用地评价,大力推广节地模式①。要引导和规范土地经营权有序流转,发展各类新型农业经营主体,坚持以粮食和农业为主,避免"非粮化",坚决禁止耕地"非农化"②。

耕地作为我国最宝贵的资源的战略定位,是我们坚持实行最严格的耕地保护制度的逻辑起点。习近平总书记指出,必须站在历史和全局高度,坚持实行最严格的耕地保护制度,耕地红线一定要守住,千万不能突破,也不能变通突破。③ 红线包括数量,也包括质量,搞占补平衡不能把好地都占了,用劣地、坡地、生地来滥竽充数。习近平总书记强调,要采取更有力的措施,加强对耕地占补平衡的监管,坚决防止耕地占补平衡中出现的补充数量不到位、补充质量不到位问题,坚决防止占多补少、占优补劣、占水田补旱地的现象。④ 要大力加强耕地质量建设,大力加强高标准农田建设,真正实现旱涝保收、高产稳产。

耕地保护在中共中央决策布局中排在了非常重要的位置,在严守耕地红线的问题上不能有任何闪失,绝不能犯颠覆性错误。我们必须把关系十几亿人吃饭大事的耕地保护好,要实行最严格的耕地保护制度,像保护大熊猫一样保护耕地。要严防死守十八亿亩耕地红线,采取长牙齿的硬措施,落实最严格的耕地保护制度,优化调整农村用地布局,确定各地耕地保有量和永久基本农田保护任务,规范耕地占补平衡,确保可以长期稳定利用的耕地总量不再减少⑤。同时强调,严守耕地红线不能搞形式主义,不能搞变通,十八亿亩耕地红线要稳住,耕地不能"非农化",粮田不能"非粮化",出了问题要问责。中央和地方要共同负责,各地都要行动起来,切实保护好耕地。要强化地方政府主

---

①⑤ 中共中央政治局召开会议分析研究当前经济形势和经济工作听取第三次全国国土调查主要情况汇报审议《中国共产党组织工作条例》中共中央总书记习近平主持会议[J].旗帜,2021(5):5-6.
② 1/4农地2015年有望确权颁证 中央农村工作会议在京召开[J].农业机械,2015(1):35.
③ 习近平.论"三农"工作[M].北京:中央文献出版社,2022.
④ 就做好耕地保护和农村土地流转工作作出的指示[N].人民日报,2015-05-27.

体责任,进一步增强耕地保护意识,全面压实耕地保护责任,扛稳粮食安全的重任,推进高标准农田建设,完善土地执法监管体制机制,坚决遏制土地违法行为。要严格实行粮食安全党政同责,严格粮食安全责任制考核,主产区、主销区、产销平衡区要饭碗一起端、责任一起扛,压实"菜篮子""米袋子"责任,出现问题要及时问责、终身问责。从严查处各类违法违规占用耕地或改变耕地用途行为,遏制耕地"非农化"、严格管控"非粮化",对在耕地保护方面有令不行、有禁不止、失职渎职的,要严肃追究责任①。

1.2 耕地保护的国际或地区经验

1.2.1 国内外耕地保护差异

从耕地保护主体来看,国外耕地保护主体是"政府机构+私人农地保护协会",私人农地保护协会对耕地的保护弥补了政府保护耕地中的不足之处,且国外农户对耕地保护的意愿非常强烈,农户保护耕地的目的更多是保护其所在地的乡村景观。我国耕地保护主体是地方政府,但是以往地方政府并未完全履行保护耕地的责任,存在违法利用耕地的现象,导致耕地资源流失;而耕地保护另一重要主体——农户则对耕地保护持一种不积极的态度②。

从耕地保护客体来看,国外耕地保护的对象是整个农地,因此耕地保护又称农地保护。国外对耕地保护客体的选择一般是通过农地划分,划分的标准决定了哪些农地将被列入农地保护的范围③。国外常用的四种农地划分标准主要包括:土质、环境意义、区域重要性和区位④,这些标准的制定往往是通过

---

① 中共中央政治局召开会议分析研究当前经济形势和经济工作听取第三次全国国土调查主要情况汇报审议《中国共产党组织工作条例》中共中央总书记习近平主持会议[J].旗帜,2021(5):5-6.
②③ 郑纪芳,史建民.国内外耕地保护问题研究综述[J].生产力研究,2009(5):161-163.
④ Nickerson C, Hellerstein D. Farmland protection: the role of public preferences for rural amenities[J]. Economic research service,2002.

公众投票来决定①。在我国,《中华人民共和国土地管理法》《基本农田保护条例》等均明确规定,实行基本农田保护制度,对基本农田进行特殊保护,因此,在我国,耕地保护的客体是基本农田。农用地分等定级工作和农业地质调查可以为划定和保护基本农田提供依据②。

从耕地保护方法来看,国外耕地保护工作开展较早,产生了许多成熟的耕地保护方法。综合各国耕地保护方法,可归为三类③:第一类,政府通过立法或依靠行政权力划定城市发展边界、城市建设区和农业区的方式,强制农业区的农地不准用于非农业用途;第二类,在农地上设定限制其用于非农业用途的他项权,即把农地所固有的开发权依法通过不同的方式一次性转让给他人,使农地永远失去用作城市建设的开发权;第三类,通过城市规划来限制农地流转,这种政策主要是通过绿化带来提高城市基础设施利用率和保护乡村美丽风景,并且产生农地保护这一副产品。综合比较来看,国外农地保护的方法多样,农地保护均建立在相对完善的土地产权之上,且侧重于利用土地权属和土地规划来保护耕地。而目前我国农地保护依旧以各类法律政策强制规定为主,土地产权不清,耕地保护主体存在"逆向行为",这使得国内耕地保护方法角度多样化④。

1.2.2 耕地保护国际经验

(1) 美国:多层次的农地保护体系⑤

美国作为世界上耕地面积最大的国家,地广人稀,现代化农业技术和管理水平也一直处于领先水平。但在工业化和城镇化过程中,人地关系也曾一度激化,产生粮食短缺和资源环境问题。作为世界上最先研究农地保护的国家,美国农地保护效果明显,强调土地的社会职能和利益,实行集中垂直管理。美

---

① Jeffrey K, Dennis W. Public preferences regarding the goals of farmland preservation programs: reply[J]. Land economics, 1998, 74(4): 566-569.
②④ 郑纪芳,史建民. 国内外耕地保护问题研究综述[J]. 生产力研究, 2009(5):161-163.
③ Henry L D, Patrick F N. Land use in America[M]. Washington D. C. : Island Press, 1996.
⑤ 单嘉铭,吴宇哲. 国内外耕地保护对比及启示[J]. 浙江国土资源, 2018(7):21-24.

国政府在法律、行政、经济方面制定了农地保护的综合措施,农地保护目标涉及经济发展、就业、住房、交通等方面,建立了各层次的农地保护体系,实行了许多行之有效的农地保护手段。

在法律方面,农地保护法律分为两个方面:一是联邦宪法制定的法律;二是地方各个州以及郡制定的法律法规。从州与地方至联邦政府,各项法律法规相互协调、呼应,很少出现法律间的效力冲突。美国政府还通过在农地上设定限制其用于非农业用途的他项权,即通过不同的方式将农地所固有的开发权依法一次性转让给他人,使农地永远失去用作城市建设的开发权,以此来保护特殊的土壤资源。

在行政管理措施方面,税收偏好措施的运用,使得美国农业用地的成本降低、效率提高;政府通过制定行政法规划定城市建设边界、城市建设区域和农业区域,规定农业区域内的农地不得用于非农业用途,规定区内仅能进行木材、谷物或相关植物的生产,达到农地农用的目的;为了保护景观的美学价值、野生生物和小流域生态等社会公共利益,政府征用私人土地来达到保护土地的目标;此外,美国政府广泛宣传土地节约集约利用,宣传生态环境的保护,使得人们的农地保护与生态环境观念、资源危机意识不断增强,大量非营利、公益性的私人组织也成为保护农地的重要力量。

在经济手段方面,美国设立土地银行,发放长期低息贷款,帮助农民改良土地,对种植增进地力作物的农场给予补贴。通过综合考虑土壤质量、地块大小、交通和排水系统等因素,划定最值得保护的农地,确定保护范围,并制定相应的税收优惠措施,主要包括对农地保留农业用途的退税、减税等。通过优惠征税、递延征税、限制性协议等方式,阻止改变农地用途。

以美国俄勒冈州为例。俄勒冈州使用三种措施来保护农业用地:① 要求制定当地规划,必须承担起部分州目标,并与相邻政府的地方规划保持一致;② 分区规划;③ 城市增长边界,要求地方规划能够有助于保护农地,因为农地保护是其中一个州目标。因此,每一个地方规划必须绘出农地,并提出防止被转为非农业用途的措施。分区规划是保护已经在当地规划中确定的农地的主要机制。分区法规是地方法律,它建立了使用农地的具体规则,以及在什么条件下该土地可转化为非农业用途。城市增长边界线,清楚地显示了城市发展的法定限制。所有城市都需要对自己未来20年的发展进行预测,然后划定城市发展不可超越的边界线。①

(2) 加拿大:以省为单位制订耕地保护计划②

20世纪70年代初,加拿大农地保护进入国家政策议程,各省制订农地保护计划,目的是阻止或减缓城市土地开发占用优质农地。加拿大农地保护以省为单位,1973年不列颠哥伦比亚省颁布《农地委员会法》,保护农田不被损害,至1978年农田储量达到470万公顷,占全省农田总量的80%。1978年魁北克省颁布《农地保护和农业活动法》,划定650万公顷农业保护区,其中包含大量林地,对土地进行分割控制。20世纪90年代,魁北克省对农地保护区进行修编,确定农地保护区的范围和界限,明确农地要优先用于农业生产,严格保护农地。至1998年,魁北克省农地保护区面积达到634万公顷。③

加拿大各省在保护农地的同时,制定了《土地利用规划和发展法》,确定城市发展边界和合理的土地利用,强调在现有城市区域充分利用存量土地,鼓励农业和其他利用方式共存。20世纪90年代末,加拿大实施国家水土保持计划,制定土壤保持和河岸管理方案,鼓励农民休耕,推广保护性耕作技术,培肥地力。

(3) 英国:通过规划来协调城乡发展和实现农地保护④

英国作为西欧人口密度较高、农地面积所占比重最小的岛国,工业化时期城市的快速发展使得其土地区位发生变化,土地过度开发,环境污染和农地流失现象较为严重。第二次世界大战(简称"二战")以后,为了扭转农业发展衰落的局面,英国开始重视保护农用地的生产能力以保障国家食物安全。主要体现在以土地立法为根本手段,用农业政策促进农地保护,鼓励农场向大型

---

① Howe D A. Growth management in Oregon[M]//Jay M. Growth management: the planning challenge of the 1990s. Newbury Park: Sage Publications, 1993: 61-75.
② 薛凤蕊,沈月领,秦富. 国内外耕地保护政策研究[J]. 世界农业,2013(6):49-53.
③ 陈莹. 加拿大的农地保护[J]. 中国土地,2003(10):42-44.
④ 单嘉铭,吴宇哲. 国内外耕地保护对比及启示[J]. 浙江国土资源,2018(7):21-24.

化、规模化发展;同时英国政府重视土地调查和农地的定级分类,将土地分类结果作为农地管理的重要依据,建立农业土地分类系统,划分为1等、2等、3A等、3B等、4等、5等多个级别。①

从20世纪80年代开始,英国在进行农用地质量评价的基础上开始实行环保型农业政策保护农田。农地保护的目的也由保证食物生产转向提高农村环境质量与发展农村经济,致力于在保护乡村景观的同时促进城市结构的合理化,有效提供城市基础设施。2004年以来,新规划体系(国家层、区域层和地方层)强调农业可持续发展的贯彻执行,更为重视政府效能的发挥和社会公众的参与,国家级规划政策文件涉及住房、交通、工商业、旅游、绿带等二十几个方面。目前,英国处于后工业化阶段,新增建设用地的压力相对来说较小,但由于可持续发展战略的实施,具有重要生态功能的耕地仍受到保护。

英国的农地保护成就主要体现为乡村土地在政府当局倡导规划要考虑市场和开发商的利益的压力之中得以保留。英国城市规划的显著特点是"绿地"政策,通过绿化带来提高城市基础设施利用率,保护乡村生态环境,并衍生出农地保护副产品。在城市绿带之外,在与中心城市保持一定距离的地区建立新镇,强调新镇的自给自足、自我平衡,以防止城市蔓延。基于城市农村计划法"所有开发都必须取得规划许可"的规定,城市、农村都置于城市农村计划法下管理,追求土地利用的整体效益,城市发展与周围的乡村保护相协调已逐渐成为社会准则渗透在整个规划体系之内。英国农地保护还通过人们对乡村的深厚情感使大片农地免受城市扩展的影响。

(4) 德国:严格执行农业专项规划②

德国政府十分重视对农地资源的保护与可持续利用。20世纪90年代以来就综合应用经济手段和法律手段对农地资源实行管理。德国农场之所以能够实行耕地保护,主要有三方面原因。

一是农地保护制度化与法制化的强制性。早在20世纪50年代中期,德

---

① 单嘉铭,吴宇哲.国内外耕地保护对比及启示[J].浙江国土资源,2018(7):21-24.
② 易小燕,陈章全,陈世雄,等.欧盟共同农业政策框架下德国耕地资源可持续利用的做法与启示[J].农业现代化研究,2018,39(1):65-70.

国政府就制定了《农业法》和《土地整治法》,促进了农场经营规模的扩大。《农业法》提出,允许土地自由买卖和出租,加快了德国小型农场向大型农场转变的进程。《土地整治法》的实施,促进了零星地块的调整和整合,使土地连片成方,农场规模得以扩大,为规模化生产和机械化经营提供了条件。[①] 二战后,化肥农药的大量施用导致农地质量下降。对此,德国政府出台了《联邦土壤保护法》《联邦土壤保护与污染场地条例》等法律法规,对农地的利用和污染土壤的修复做出了具体规定,为家庭农场的农地保护提供法律依据。《联邦土壤保护法》是德国第一部全面规制土壤污染的法律,强调事前预防与事后控制并举。该法明确规定土地财产的所有权人及使用权人应当采取措施预防其控制范围内土壤的有害性改变,如果土壤发生有害性改变,则会追究相关人员的责任。同时对修复责任的义务人进行了细致规定[②]。

二是农业绿色补贴政策的诱导。2013年12月欧盟通过了新一轮的欧盟共同农业政策(CAP2020),对2014—2020年欧盟共同农业政策进行了调整和完善,重点是更加注重生态环境保护和资源可持续利用,尤其提高了绿色补贴比重。绿色补贴作为新一轮欧盟共同农业政策中的强制性补贴,需要满足种植多样性、保护草场和养地作物等绿色保护措施。欧盟对成员国种植业农场主实行300欧元/公顷的直接支付,但为了拿到这项直接支付,德国农场主必须完成一系列资源环境保护承诺:至少有3种作物轮作、使用有机肥以及记录投入品等,并严格遵守环保限制性条件。

三是以科技和大数据为支撑制定农地利用措施。目前德国农业已普遍实现了农业信息化、机械化、精准化,并在农场经营过程中将其有效结合。德国政府已经在全国范围内使用3S技术,特别是在生产环节,德国将3S技术与农机结合,通过在大型农机上安装接收机来接收卫星信号,经过电脑处理和分析,再根据土壤营养状况和作物长势确定播种量、施肥量和用药量,既节约了

[①] 周昱,刘美云,徐晓晶,等.德国污染土壤治理情况和相关政策法规[J].环境与发展,2014(5):32-36.
[②] 周应恒,俞文博,周德.德国农地管理与农业经营体系研究[J].改革与战略,2016(5):150-154.

农业生产成本,又避免了过度施肥用药造成的农地质量下降。[1]

(5) 荷兰:公共部门主导农用地用途变更

荷兰农田保护以规划、立法为基础。长期以来,荷兰因其土地使用规划制度而备受推崇,并被广泛认可为成功实现农地保护的国家。然而,农地保护并非一项具体的规划政策,而是纳入全面的土地使用规划结构中的一个组成部分。从国家到地方,荷兰拥有一套完善的协调机制,以确保规划的制定和实施。[2]

传统上,荷兰的土地使用规划和土地开发都是由公共部门进行主导。土地所有者并不认为他们拥有把农业用地转作他用的权利。在用地规划时制定用于农业的土地依然用作农业。如果一个土地所有者想转换土地用途,但公共机构认为这个转换不可取,那么这些机构可以使用公共资金购买该土地。[3]转换土地用于建筑只发生在城市土地,而城区扩张只有在政府购买土地来增加市区规模或开发新镇时才会出现。[4]整个20世纪90年代,将近95%的用作城市扩张的农用地都是出售给政府的,而且是自愿的。政府征收也有可能发生,出现这种情况时,农地的价格就是其农业利用价值。荷兰的补偿法规定,市政府获取农地时,土地所有者可以获得土地与建筑损失的补偿和收入损失的补偿。

荷兰农地保护方法的理由和根源要追溯到两次世界大战期间遭受的严重食品短缺。因此,国家层面的农地保护政策的首要目标就是保证国家粮食生产自给自足。荷兰大力支持农业部门,抑制城市地区的扩张只是有广泛基础的政策方法的一部分。传统上,这种政策的各个方面都享有广泛的公众支持。

---

[1] Röder N, Henseler M, Liebersbach H, et al. Evaluation of land use based greenhouse gas abatement measures in Germany[J]. Ecological economics, 2015, 117(7): 193-202.

[2] 曲福田. 西方农地法的特点与启示[J]. 中国土地科学, 2004(1): 58-62.

[3] Alterman R. The challenge of farmland preservation: lessons from a six-nation comparison [J]. Journal of the American planning association, 1997, 63(3): 220-243.

[4] Needham B. Dutch land use planning: planning and managing land use in the Netherlands, the principles and the practice[J]. Planning theory, 2014, 8(4): 382-384.

(6) 日本：土地用途管制最严格的国家之一[①]

日本作为一个国土面积狭小、农地资源稀缺的国家，在人均国土资源极为有限的条件下，短时间内达到了较高的城市化水平，同时付出了较小的用地代价。综观日本的农地保护与城市化发展历程，可以将其经验基本概括为农地保护制度与农地经营制度不断完善，农地保护、农地振兴与城市发展相互协调，综合协调的土地利用规划制度与健全的实施保障措施。

日本政府非常重视农地的保护，于明治三十二年（1899 年）就制定了严格的农地整理法并于明治三十三年（1900 年）开始实施。目前日本颁布的土地管理方面的法律共有 130 多部，涵盖了农地法、农业振兴地域法、农业经营基础强化促进法、土地改良法等。这些法律大都随经济社会发展进行修正，逐渐形成了完善的体系。现行的制度在确保与改良农地、扩大农地流转的经营规模及促进农地有效利用方面都发挥了应有的作用。这些法律制度为农业经营打下了扎实基础。

现行的城市计划法将城市区域划分为城市化区域和城市化调整区域，而农振法区别于城市计划法，指定有必要确保的土地作为农业振兴区域。城市化区域不包含在农业振兴区域内，而在城市化调整区域内可以指定农业振兴地域。由于日本城市区域与农村区域的指定范围存在一定的重复，日本政府针对重复部分制定了详细的土地利用调整规则，总体原则为土地利用向重视农地保护和生态保护的方向调整。随着日本经济高速增长，人口向城市集中，工、商业迅速发展，综合而有计划地利用国土十分必要。日本的土地利用规划可分为国土利用规划、国土综合开发规划、土地利用基本规划及部门土地利用规划四个层次，各个层次规划之间相互协调，有效地促进了国土资源的综合利用。

日本土地管理的规划和实施一方面依靠中央和地方政府，另一方面广泛地动员公共团体、民间团体和居民参与。日本的土地产权明确，65%的土地为私有，35%的土地为国家和公共所有，故土地所有者十分重视其土地的保护和

[①] 单嘉铭,吴宇哲.国内外耕地保护对比及启示[J].浙江国土资源,2018(7):21-24.

高效利用,也积极地对土地进行改良和基本建设投资,这对国土规划的实施、资源管理起到了重要作用。日本政府在制定、实施有关规划时,也强调依据法律手段保障规划工作的顺利开展。政府部门与民间部门密切合作进行地方圈建设,财政部门在金融、税收方面也给予优惠,以保障地方圈建设。国土管理部门则不断完善土地利用法律,不断协调四个层次规划之间的关系,以保证规划的有效实施。

(7) 韩国:分类别严格限制农地用途变更、保障耕地总面积动态平衡①

韩国制定了严密的农地保护法律制度,如《农地法》《农地保护利用法》《农地改革法》等许多法律法规,这些法律法规联结紧密、细致,其中比较有代表性的是农业振兴地域制度和农地开垦制度及转用负担金制度。

农业振兴地域制度:在韩国经济发展的"黄金阶段",大量农地被占用,使农地利用出现了极不均衡的现象,带来了很多方面的社会问题。再加上韩国是一个土地私有制的国家,为改变由土地私有而导致的农地问题不利于农业规模经营的状况,韩国于1962年制定了农业振兴法,于1992年12月制定并执行了农业振兴地域制度。一方面是从提高农民素质、农民的农业经营能力和农业技术水平的角度,来推动韩国农业发展;另一方面依法确定土地的用途类型,实行严格的用途管理制度,制定土地利用总体规划,限定建设可以占用的土地的区域,有效利用和保护农地,使各项非农业建设占用农地的总量降到最低限度,从而降低农地面积的负增长。韩国把全国的土地按用途分成了五个部分:城市地域、准城市地域、农林地域、准农林地域、自然环境保护地域。在这个基础上,又把农地分成了"农业振兴区域"和"农业保护区域"两种。在农业振兴地域内的土地,不能被转用为农业设施以外的其他用途。如果要把农业振兴地域内的土地用于农业以外用途时,必须办理农业振兴地域用途变更许可手续,此变更许可手续的变更限制是非常严格的。即使可以变更,也要支付高额的农地转用费和开垦费。实行该制度以前,韩国农地转用面积

---

① 殷园.浅议韩国耕地保护及利用[J].辽宁经济职业技术学院(辽宁经济管理干部学院学报),2008(2):62-63.

的40%以上是优质耕地,而实行该制度以后则下降到20%左右。所以说韩国制定这一制度是非常成功的,农业振兴地域制度能够有效地保护优质农地。

农地开垦制度及转用负担金制度:农地开垦费用制度是为保障因转用减少的农地而准备开垦替代农地的必要资金,从而保持耕地的总面积不变,保证粮食自给。农地开垦费的缴纳对象是全部农地转用者,其额度按耕地类别、使用单位类别予以确定,一般按公告地价的20%缴纳。转用负担金制度是向转用农地使土地价格上涨的获利者征收资金的农地保护制度。通过给转用者适当增加一些经济负担,起到限制农地转用的作用。韩国政府为了保障农业结构占补平衡有稳定资金来源,设立了农地基金。该政策是1972年制定,其基金筹措土地开垦和开发需要的资金,以弥补因农地转用而减少的农地。农地基金的来源是替代土地造地费以及基金运用所产生的收益。

(8) 印度:土地私有、保护粮食生产者[①]

印度是人口大国和农业大国,解决十几亿人口的吃饭和生计问题对于印度而言至关重要。印度拥有全亚洲面积最大、质量最好的耕地,但是由于历史遗留问题,印度独立初期土地主要集中在少数人手中,约70%的土地归私人所有,农民基本没有土地,农业资源禀赋优劣凸显。

印度政府高度重视农业发展和粮食安全,自2007年开始实施国家粮食安全战略,制定了多项支持粮食产业发展的政策。

生产领域的支持政策:第一,推动土地改革。印度政府的土地改革,主要是通过给予大地主相应的补偿金,大范围地取消地主的特权,印度政府通过规定每个人所能拥有的土地面积接管了大量的荒地、林地和耕地,并有条件地把接管的荒地、林地和耕地分配给无地或缺地的农民,使耕者有其田,改变了人地关系,改善了积贫积弱的农村面貌。第二,扩大耕地面积。为了扩大粮食产量,在当时不得已的情况下,政府大面积地开垦耕地和林地。第三,发展技术

---

① 朱坤林,高江涛.粮食产业政策的国际比较及其启示[J].河南工业大学学报(社会科学版),2018,14(3):9-14.

农业。"农业精耕县计划"和"农业精耕区计划"是印度政府为了提高粮食生产水平采取的举措,主要是通过推广高产品种、复种技术,发展现代化的灌溉技术和肥料技术等,提高粮食产出率,增加粮食产量。第四,农业投入补贴政策。凡是农民在土地增肥、电力维护、农田灌溉等方面的农业投入,政府采取直接补贴的方法给予财政支持。第五,一般服务支持政策。主要是提供促进农业发展的农业科学技术、相应的人才教育以及农业生产需要的投资与建设。①

流通领域的支持政策:第一,实行粮食保障政策。前期,印度粮食公司以较低的价格收购粮食,然后以合理的价格分配给广大群众;后期,为了长期维持粮食保障体系和食品安全,采取出口粮食赚取外汇的政策。第二,粮食购销价格政策。初期,为了促进经济发展和维护城市消费人群利益,政府以较低的价格获取农民手中的粮食。随着经济发展,后期通过"支持价格"和逐渐提高粮食收购价格,维护粮食生产者的利益。第三,农产品贸易限制和市场流通政策。印度独立初期,采取了粮食贸易限制和粮食进出口限制政策,随着粮食产量的增加和粮食供给结构的改变,后来取消了限制。

消费领域的支持政策:在消费领域,主要实行低价补贴政策。为保证城镇居民得到低价的粮食供应,对粮食生产者进行的财政补贴主要包括经营费用补贴、储备补贴和配售粮食进口的部分补贴等。②

(9) 巴基斯坦:土地私有、土地集中与非农化、粗放化

巴基斯坦是农业国家,其土地制度源自英国殖民时代,主要有私人地主所有制、游特瓦里所有制和国家所有制3种形式,其中私人地主所有制占主导地位。建国初期,9%的大规模土地所有者(大地主阶层为主)占有42%的土地,42%的耕种者没有土地③。

巴基斯坦开展过3次改良性的土地改革,但是这3次土地改革收效甚微,

---

① 宋志辉.印度的农业发展及对我国的启示[J].农村经济,2009(4):126-129.
② 朱坤林,高江涛.粮食产业政策的国际比较及其启示[J].河南工业大学学报(社会科学版),2018,14(3):9-14.
③ 林建永.巴基斯坦土地所有权状况对农业规模经营的影响[J].农业经济展望,2008,12(12):34-37.

一个最主要的原因是,巴基斯坦政府对农村的管理主要依靠地主进行,巴基斯坦土地高度集中的状况没有发生根本改变,土地和以前一样仍然被少数人所掌握。土地集中似乎更有利于农业规模化经营,有利于农业现代化和农业生产效率的提升。但事实是,巴基斯坦除了畜牧业之外,绝大多数农业生产在过去的30年中发展滞缓,甚至出现后退。① 究其原因如下:

一是土地在地主手中并未得到充分利用,土地拥有的规模越大,利用率越低。二是大土地所有者的土地零碎化现象同样非常严重。巴基斯坦近一半农民没有土地,也缺乏非农就业机会,只能通过租地解决生存问题,为此他们愿意承受相当高的地租。在这种情况下,大地主大多不会选择自耕,通常是将土地分割租赁给无地或少地农民,即可获取高额租金。三是规模土地拥有者倾向于把更多的土地弃耕或转作他用,更倾向于非农产业。巴基斯坦农业耕作技术落后,抵御自然灾害的能力较差,产量很不稳定,经常歉收。② 农业生产相对来说是高风险且收入不高的生产方式,因此地主不愿意利用大量土地从事农业活动。四是巴基斯坦工业仍然比较落后,能源短缺,有的化肥企业因为得不到天然气供应而被迫关闭。③ 农业仍处于传统农业状态,地主也缺乏对农业基础设施或现代技术投资的积极性。农民在租来的土地上生产,交租后所得仅够糊口,更没有提升农业生产技术或进行机械化生产的条件和动力。

总结耕地保护的国际经验可以发现,不同资源禀赋的国家或地区保护政策有不同侧重点,具体分为三大类型:

东亚人多地少国家(日本、韩国为代表):一是注重土地整治和乡村开发,农地增量与提效并举,如日本的围海造地和町村合并、韩国的农业振兴地域制度;二是实施严格的农地保护法制,经济、政策手段为辅,严格控制农地减少;三是依靠粮食进口或调整农业结构,缓解耕地资源紧缺状况。

欧盟人多地少国家:虽然欧盟国家人多地少,但由于二战以后大力发展农业生产,目前欧盟国家农产品过剩。因此现阶段欧盟国家的耕地保护政策呈

---

① 鲍文.巴基斯坦农业推广现状、问题与发展趋势[J].世界农业,2013,7:137-140.
② 张斌.巴基斯坦农业发展与中巴农业合作探析[J].中国农学通报,2012,28(2):90-96.
③ 殷永林.巴基斯坦能源短缺对经济发展的影响[J].南亚季刊,2016,1(1):66-72.

现粗放化、分散化和多元化的趋势。一是单位农业用地投入减少;二是将环境理念融入农业政策,重视农地的生态功能,鼓励环境友好型、绿色型农业;三是强调农业的多元化经营,如休闲农业、景观农业等。

北美人少地多国家(美国、加拿大为代表):实行城市"增长管理";农地保护主要针对土地质量;鼓励休耕,注重培肥地力;依靠法律手段保护农地;政府采取经济手段,如税收、贷款优惠、补贴等措施,激励农场主的农地保护意识。

1.2.3 国际耕地保护政策经验与发展趋势

(1) 欧盟共同农业政策(CAP)

欧盟是世界上主要的农产品生产地之一,农业进口位居世界第一,出口位居世界第二。以 Ilbery 等为代表的欧洲学者最早提出了欧盟农业转型期理论[1],他们认为从二战之后世界各国开始逐步进入现代农业,并指出欧盟及其他发达国家的现代农业已从生产主义时期转型到后生产主义时期。

生产主义农业时期(1950s—1990s):为应对二战后的食品匮乏问题,欧盟各国纷纷采取农业扶持政策恢复农业生产,并于 1962 年颁布欧盟共同农业政策,通过对农产品施行价格保护和补助等措施提高农产品产量。这一时期农业政策的主要特点是政府通过给予强大的财务支持,对农产品施行价格保护和补助等措施提高农产品产量;具有一个规模不大但强有力、紧密的农业政策团体和强大的由上到下的农业政策结构;农业政策中对环境有害农业实践的管制较少。同时期农业结构的主要特点有:① 集约化(intensification),表现为农业活动机械化,对于化肥、除草剂、杀虫剂的依赖性增强;② 专业化(specialization),农场生产产品的单一化以及农业劳动力分工明确;③ 集中化(concentration),在农业生产主义时期,欧盟各国农业政策旨在不惜一切代价追求粮食增产,农业活动尽管积累了丰厚的物质财富,但也产生了严重的环境问题。[2]

---

[1] Ilbery B, Bowler I. From agricultural productivism to post-productivism: the Geography of Rural Change[M]. London: Longman, 1998: 57-84.

[2] Wilson G A, Rigg J. 'Post-productivist' agricultural regimes and the South: discordant concepts? [J]. Progress in human geography, 2003, 27(6): 681-707.

后生产主义农业时期（1990s 至今）：经过约 30 年的发展，以生产主义为特点的现代农业开始出现弊端，农产品过剩问题严重，农产品补贴给财政带来沉重负担，尤其是日益加剧的农业环境问题，迫使欧洲现代农业发生转型。普遍认为 20 世纪 90 年代初期开始的欧盟共同农业政策的变革是推动农业转型的关键因素，并以此作为农业后生产主义时期的起始时间。这一时期农业政策的主要特点是农业支持政策由价格支持改为直接支付再改为生产与支付不挂钩，农业支持资金逐渐转向环境保护及景观保留等方面；削弱农业在社会经济的绝对主导地位，从重视农业政策到重视乡村发展；鼓励环境友好型农业，农业政策实现绿色化。[1] 同时期农业结构的主要特点是：① 粗放化（extensification），与集约化生产相对，单位农业用地投入减少；② 分散化（dispersion），与专业化相对，如不再以农业生产为中心，不再以集中生产一种产品为主；③ 多元化（diversification），与集中化相对，表现为多种活动并存、兼业。[2] 在后生产主义时期，欧盟的农业政策旨在实现农业生产之外的目的，加强农村环境保护，试图重建已遭破坏的栖息地，恢复农村自然生态系统原貌。

在此基础上，2014 年，欧盟发布第三次共同农业政策规划，又进一步强化相关资金、技术和政策等方面的投入，使欧盟共同农业政策在支持农业可持续发展方面更具系统性、强制性和鼓励性。

对目前 CAP 在支持农业可持续发展方面的有关举措和做法进行梳理，主要包括三大方面：一是作为领取农业补贴先决条件的"条件性"举措；二是鼓励性与强制性兼具的"绿色支付"举措；三是纯属鼓励性的"农业环境措施"。

① "条件性"规定

欧盟在 1992、1999 和 2003 年的有关共同农业政策改革中，逐渐建立起"条件性"系列规定。根据"条件性"规定，欧盟国家农民只有在满足特定的环

---

[1] Gosnell H, Abrams J. Amenity migration: diverse conceptualizations of driverssocioeconomic dimensions, and emerging challenges[J]. GeoJournal, 2011, 76(4): 303-322.

[2] Wilson G A, Rigg J. 'Post-productivist' agricultural regimes and the South: discordant concepts? [J]. Progress in human geography, 2003, 27(6): 681-707.

境、公共健康、动植物健康以及动物生活环境标准的前提下，才能够获得欧盟的补贴。这一规定就是农民享受欧盟农业补贴的"条件性"（conditionality）。例如，农地如果位于河湖沿岸，农民则必须在5米内种植非交易性作物，以利于保持生态平衡和生物多样性。如果某农民不遵守有关"条件性"规定，其在共同农业政策框架下应享受的补贴支付就会减少甚至取消。

② "绿色支付"

有关"条件性"规定是欧盟共同农业政策有关农业可持续发展的基础性规定。近年来，随着农业环境面临的挑战不断严峻，欧盟认为这些举措越来越难以满足新形势的需要。于是，在2013年进行的共同农业政策改革中，"绿色支付"概念被纳入2014—2020年欧盟共同农业政策框架，成为此轮改革最主要的一项创新举措。"绿色支付"占欧盟共同农业政策中对农民补贴总额的30%。

与"条件性"规定的强制性做法相比，"绿色支付"最突出的特点是兼具奖励与强制的两面性，同时又与农业生产没有直接关系。所谓"奖励"是指，在满足"条件性"规定基础上，农民将会因为遵守有关有利于环境的农业规定，而按面积领取相应补贴。所谓"强制"是指，不遵守就会受到惩罚，处罚金额可能会超出其因为遵守规定而享受到的补贴。所谓"与农业生产没有直接关系"是指，有关补贴主要是为了增加物种多样性、保护水资源、应对气候变化等。

③ "农业环境措施"

考虑到农民对环境措施的承受能力，以及环境保护的现实需要，2014—2020年共同农业政策还强化了一系列旨在鼓励农民保护环境的自愿性有偿举措，即"农业环境措施"。与"条件性"规定、"绿色支付"相比，"农业环境措施"的最大特点是自愿性，即农民自愿决定是否采取有关措施，农民和政府需要签订合同。①农民将会因为落实这些措施而领取相应的财政补贴。这一部分补贴主要由欧盟、成员国中央政府、地方政府等共同支付。②

欧盟共同农业政策充分考虑到欧盟农业可持续发展所面临的多种挑战，

---

① Frank F, John C B. European agriculture: enlargement, structural change, CAP reform and trade liberalization[M]. New York: Nova Science Publishers, 2007: 10-30.
② 张芸. 欧盟共同农业政策支持农业可持续发展的措施[J]. 世界农业, 2015(10): 83-86.

具有高度针对性。该政策针对每一类可能威胁到农业可持续发展的因素,都做出了相应的规定,制定了应对举措。从"条件性",到"绿色支付",再到"农业环境举措",既考虑到农业可持续发展的客观要求,又充分照顾到农民的可承受力和参与积极性,层层递进,目标明确,可操作性强,实现了支持环境保护和促进农民增收的"双丰收"。

(2) 发达国家耕地保护政策发展趋势

北美、西欧和日韩等发达的资本主义国家已经完成城市化过程,城市发展处于郊区化甚至低密度城市蔓延的阶段。其城市发展和耕地面积的变化,对中国城市发展及其用地的选择和农地保护政策的选择具有很好的借鉴意义。近年来美国城市蔓延已经成为美国规划界关注的重要问题。观察美国和欧洲20世纪70年代以来城市化发展变化,虽然城市化地区增加,但耕地面积占土地面积比例基本保持不变,说明在城市扩展的同时,农田总量基本保持稳定[①]。

北美、西欧和日韩等发达资本主义国家在城市扩展的同时保持农地面积稳定的主要原因是[②]:① **农地保护的经济补偿和激励力度大**。从英、美等发达国家的耕地保护经验看,政府部门要提高农户保护耕地的积极性,就必须通过经济补偿、税费、公共基础设施建设等方面激励农户,实现经济补偿与农民的增产增收挂钩,促使农民改变传统生产方式,并应用现代化、集约式农业科学技术,从而实现农业生产环境的可持续发展。② **农地保护的公众参与和监督机制**。美国在1933年和1977年分别颁布《土壤保护法》和《土壤和水资源保护法》的基础上,又相继制订了农地储备计划、土壤保持计划以及用地和养地结合计划等,提出土地使用权人及所有权人在防止与清除土壤污染方面的法律义务,也同时明确联邦政府在此方面的行政权限,这一系列设立专项规范农民农地保护行为的举措使得美国农地价值不遭受损失。③ **大力推进土地整治工作,注重建立长效管理机制**。土地整治工作成效明显的国家当属日本。自20世纪50年代末起,日本在主要的工业区内进行了大规模的填海造地,以

---

①② 黄大全,郑伟元. 海外城市化与耕地保护对中国的启示[J]. 中国土地科学,2005(3):38-43.

缓解工业用地扩张对耕地的占用。此外,日本在1888年就已开始实施町村合并计划,町村合并之后,农村居民点的占地减少,支离破碎的土地得到了集中并且进行了重新的开垦和整理,间接增加了农地的数量,也为此后农地的规模化经营奠定了基础。④ **促进城乡建设用地的节约集约利用,弱化耕地占用压力**。在欧美发达国家,实行城市"增长管理"是调控农用地非农化和农地占用的一种有效手段。对城市规模和城市外围化发展的城乡接合部进行控制十分必要①。如伦敦、多伦多等城市通过规划永久性"绿带"来控制城市扩张,保护乡村生态环境,并衍生出农地保护副产品;不列颠哥伦比亚省通过确定农业保护区有效组织农地储备范围内的土地转换;以色列通过在不适于农业生产的荒山上集中连片建设住宅小区来确保不占用耕地资源推进城市化。

而随着社会的不断发展,目前许多后工业化国家中出现了这样一种农地保护政策趋势:显化私有农地的多功能性,将其作为"公共财产"保护。除了保护农地提供食物、纤维的功能外,还保护农地提供其他产品的功能。这个趋势的出现源于人们对农地功能的新认识:农地不仅能够生产粮食,还能提供清新的空气、美丽的风景。人们愿意享受这些农地提供的"舒适",而且愿意为此付出代价。因此,未来国际农地保护政策有三方面内容②:环境的(environmental)、美学的(aesthetic)和农业的(agrarian)。在环境方面考虑的是野生动植物的生存环境、地下水补给(groundwater recharge)和生态保护;在美学方面考虑的是乡村景观和风景的品质;在农业方面考虑的是农村的生活方式和农业产出。

1.3 耕地保护的现状与成就

近年来,中国的耕地总量逐渐减少但减少速度逐渐放缓,耕地保护工作取

---

① 陆汝成,黄贤金,黄飞鸿,等.新兴边境城市耕地保护:态势、问题及策略——以广西崇左市为例[C]//中国土地学会,中国土地勘测规划院,国土资源部土地利用重点实验室.2008年中国土地学会学术年会论文集.[出版者不详],2008:7.

② 孔祥斌,张凤荣,姜光辉,等.国外农用地保护对北京市耕地保护的启示[J].中国土地科学,2005(5):50-54+14.

得了一定的进展。耕地保护工作也取得了一定的成就,比如形成了更加完善和精细的制度体系,基本形成耕地保护共同责任机制。

1.3.1 耕地保护的现状分析[①]

(1) 全国及分省耕地数量变化的时空特征

1999—2021 年全国耕地总量总共减少了约 807 万公顷(约 1.21 亿亩)[②]。其中,1999—2008 年耕地减少速度较快,共减少约 717 万公顷(约 1.07 亿亩),年均减少 71.7 万公顷(约 1 075 万亩)。这一时期城镇化的快速发展导致了大量的耕地被占用。2009 年以后,耕地总量趋近稳定,减少的趋势明显变缓,2009—2021 年耕地总共减少 97.0 万公顷(约 1 455 万亩)(图 1-2)。

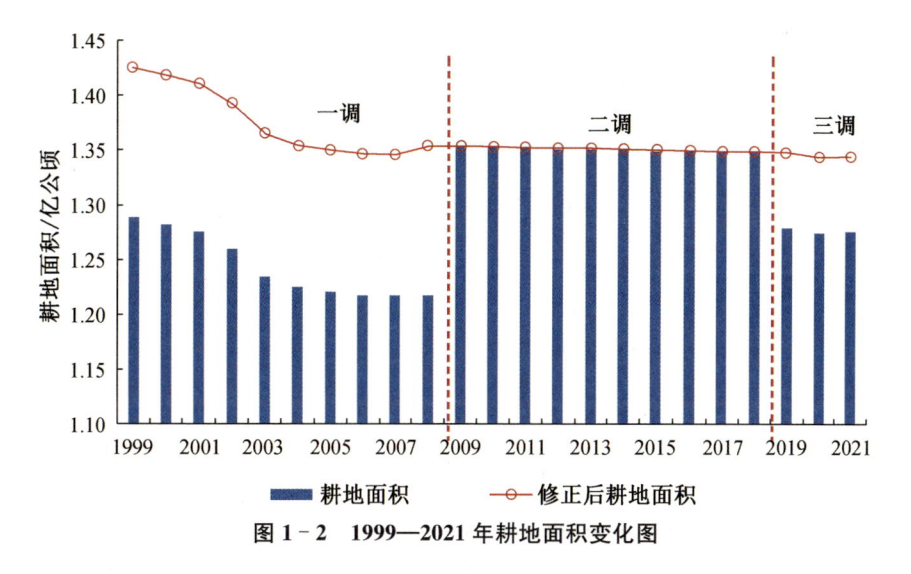

图 1-2 1999—2021 年耕地面积变化图

从耕地变化的空间分布来看(图 1-3),1999—2017 年全国耕地减少的空间主要分布于胡焕庸线东南侧,其中陕西省耕地减少最多为 159.4 万公顷,华北平原河北省减少最多为 105.4 万公顷,长三角平原耕地面积减少最多的是江苏省,减少 99.1 万公顷。西南地区贵州省和云南省减少较多,分别减少了

---

① 国土调查数据不包含香港特别行政区、澳门特别行政区和台湾省。
② 第一次土地调查和第三次土地调查统计口径的偏差,造成官方统计数据存在一定的偏差,故根据二调口径,修正了 1997—2008 年、2019—2021 年的耕地数据。

77.3万公顷和84.9万公顷。南部沿海地区广东省减少较多,减少84.0万公顷。1999—2017年全国耕地增加的空间主要分布于东北地区的黑龙江省(285.4万公顷)、吉林省(81.8万公顷)和辽宁省(36.8万公顷),西北地区的新疆维吾尔自治区(65.6万公顷)、内蒙古自治区(64.7万公顷)。[①]

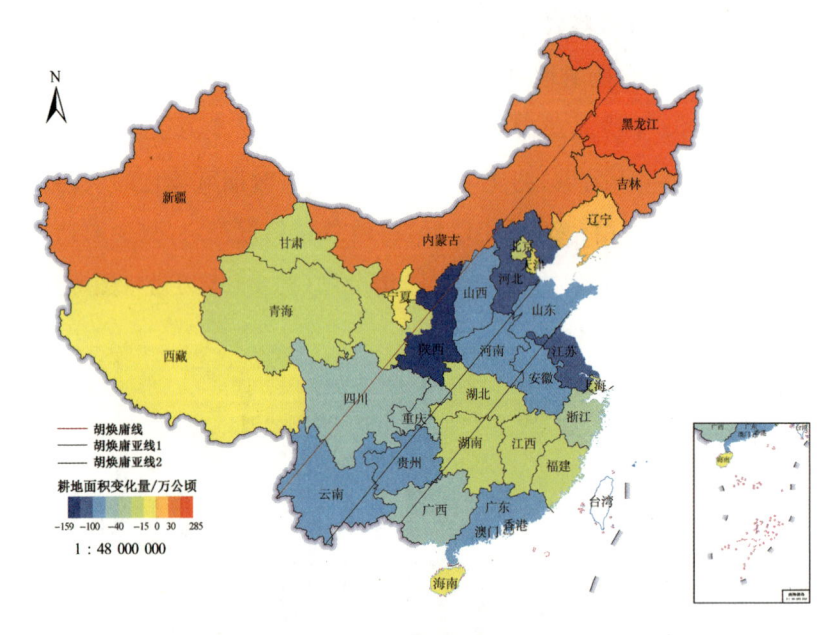

图1-3　1999—2017年耕地面积变化空间分布图

注:港澳台资料暂缺。

从人均耕地面积的变化来看(图1-4),与耕地面积总量有相似的变化趋势。1999—2008年人均耕地减少迅速,由1999年的人均1.70亩减少到2008年的1.53亩。2009年以后,人均耕地仍然保持减少的态势,2009—2021年人均耕地共减少约0.094亩[②]。

从人均耕地变化的空间分布来看(图1-5),1999—2017年人均耕地减少迅速,全国绝大部分省份的人均耕地呈现减少的趋势。只有贵州省、四川省和湖北省的人均耕地面积有所增加。

[①②] 张竞珂.基于FLUS模型的中国耕地资源时空格局演化趋向研究[D].南京:南京大学,2019.

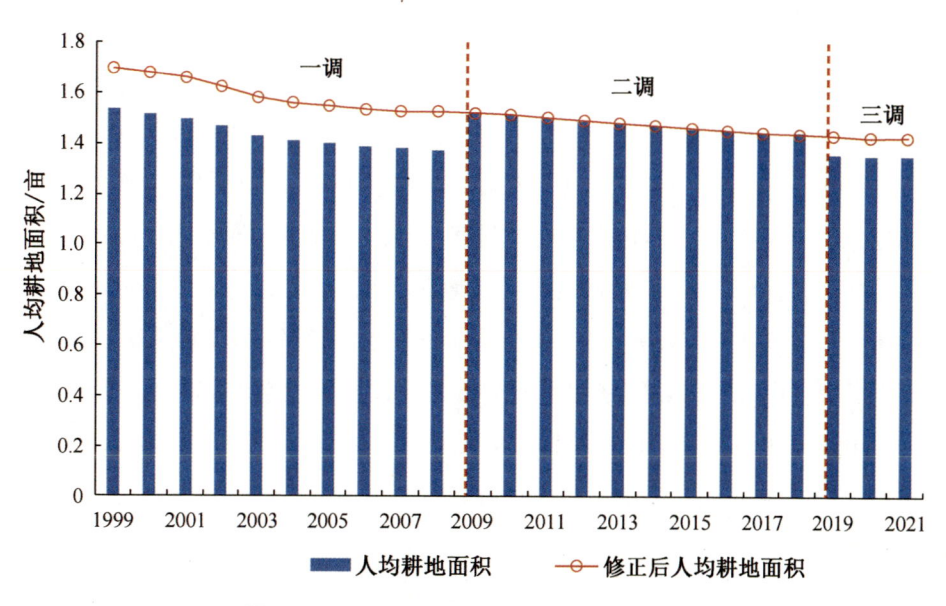

图 1-4　1999—2021 年人均耕地面积变化图

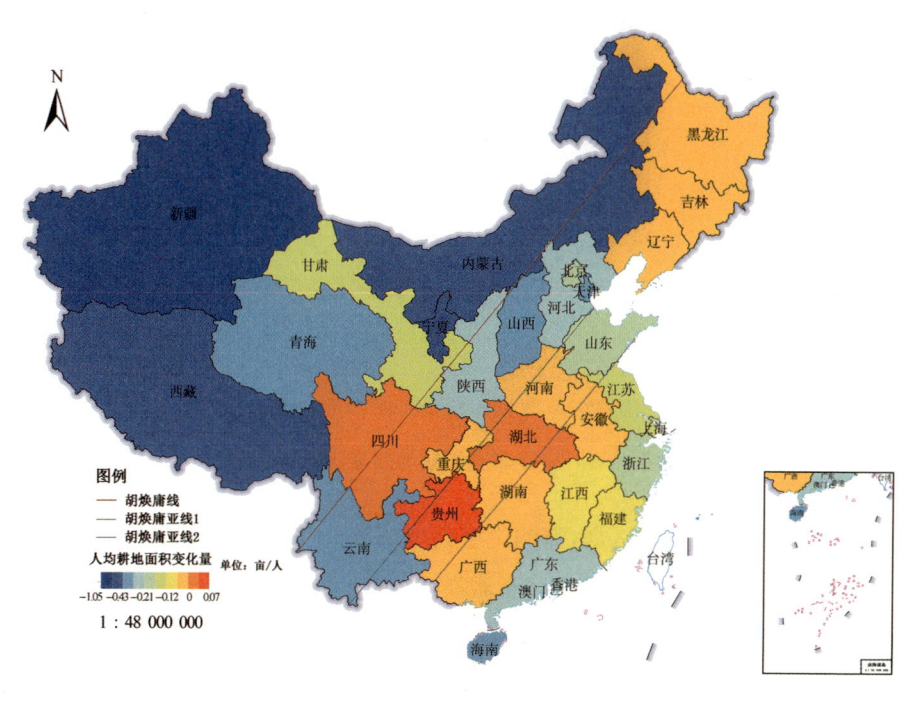

图 1-5　1999—2017 年人均耕地面积变化空间分布图

注：人口数据来源于《中国统计年鉴》常住人口统计。港澳台资料暂缺。

(2) 全国、分区域、分省耕地质量及变化情况

全国耕地按质量等级由高到低依次划分为一至十等,平均等级为 4.76 等。其中评价为一至三等的耕地面积为 6.32 亿亩(4 213.3 万公顷),占耕地总面积的 31.24%。这部分耕地基础地力较高,障碍因素不明显,应按照用养结合方式开展农业生产,确保耕地质量稳中有升。评价为四至六等的耕地面积为 9.47 亿亩(6 313.3 万公顷),占耕地总面积的 46.81%。这部分耕地所处环境气候条件基本适宜,农田基础设施条件相对较好,障碍因素较不明显,是今后粮食增产的重点区域和重要突破口。评价为七至十等的耕地面积为 4.44 亿亩(2 960.0 万公顷),占耕地总面积的 21.95%。这部分耕地基础地力相对较差,生产障碍因素突出,短时间内较难得到根本改善,应持续开展农田基础设施建设和耕地内在质量建设。[①](见图 1-6)

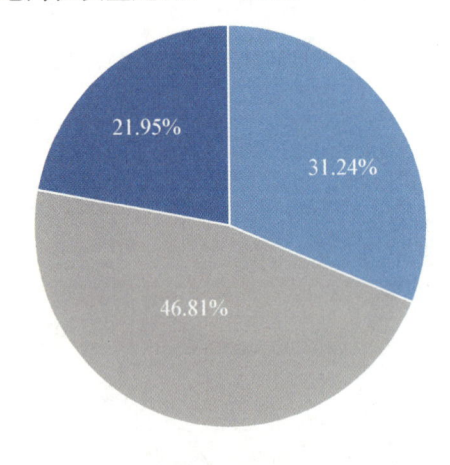

图 1-6　2019 年全国耕地质量比例构成

按照中国综合农业区划,兼顾土壤类型、农业生产条件、行政区划等因素,将我国耕地划分为东北、内蒙古及长城沿线、黄淮海、黄土高原、长江中下游、西南、华南、甘新、青藏等九个区,形成《耕地质量等级调查评价区划图》(表 1-2)。

---

① 数据来源:《2019 年全国耕地质量等级情况公报》。

表 1-2　全国耕地质量等级面积、比例及主要分布区域

耕地质量等级	面积(亿亩)	比例	主要分布区域
一等地	1.38	6.82%	东北区、长江中下游区、西南区、黄淮海区
二等地	2.01	9.94%	东北区、黄淮海区、长江中下游区、西南区
三等地	2.93	14.48%	东北区、黄淮海区、长江中下游区、西南区
四等地	3.50	17.30%	东北区、黄淮海区、长江中下游区、西南区
五等地	3.41	16.86%	长江中下游区、东北区、西南区、黄淮海区
六等地	2.56	12.65%	长江中下游区、西南区、东北区、黄淮海区、内蒙古及长城沿线区
七等地	1.82	9.00%	西南区、长江中下游区、黄土高原区、内蒙古及长城沿线区、华南区、甘新区
八等地	1.31	6.48%	黄土高原区、长江中下游区、内蒙古及长城沿线区、西南区、华南区
九等地	0.70	3.46%	黄土高原区、内蒙古及长城沿线区、长江中下游区、西南区、华南区
十等地	0.61	3.02%	黄土高原区、黄淮海区、内蒙古及长城沿线区、华南区、西南区

耕地质量等级情况分述如下：

东北区。 包括辽宁省、吉林省、黑龙江省全部和内蒙古自治区东北部,共划分为兴安岭林区、松嫩—三江平原农业区、长白山地林农区、辽宁平原丘陵农林区等 4 个二级区。总耕地面积 4.49 亿亩,平均等级为 3.59 等。

内蒙古及长城沿线区。 包括内蒙古自治区、山西省、河北省大部分区域,共划分为内蒙古北部牧农区、内蒙古中南部牧农区、长城沿线农牧区等 3 个二级区。总耕地面积为 1.33 亿亩,平均等级为 6.28 等。

黄淮海区。 包括北京、天津、山东省(市)全部,河北省东部,河南省东部,安徽省北部,共划分为燕山太行山山麓平原农业区、冀鲁豫低洼平原农业区、山东丘陵农林区和黄淮平原农业区等 4 个二级区。总耕地面积 3.21 亿亩,平均等级为 4.20 等。

黄土高原区。 包括陕西省中、北部,甘肃省中、东部,青海省东部,宁夏回族自治区中、南部,山西省中、南部,河北省西部太行山区和河南省西部地区,

共划分为晋东豫西丘陵山地农林牧区、汾渭谷地农业区、晋陕甘黄土丘陵沟壑牧林农区和陇中青东丘陵农牧区等4个二级区。总耕地面积1.70亿亩,平均等级为6.47等。

长江中下游区。包括河南省南部及安徽、湖北、湖南省大部,上海、江苏、浙江、江西省(市)全部,福建、广西、广东省(区)北部,共划分为长江下游平原丘陵农畜水产区、鄂豫皖平原山地农林区、长江中游平原农业水产区、江南丘陵山地农林区、浙闽丘陵山地林农区、南岭丘陵山地林农区等6个二级区。总耕地面积3.81亿亩,平均等级为4.72等。

西南区。包括重庆市与贵州省全部,甘肃省东南部,陕西省南部,湖北省与湖南省西部,云南省和四川省大部,以及广西壮族自治区北部,共划分为秦岭大巴山林农区、四川盆地农林区、渝鄂湘黔边境山地林农牧区、黔桂高原山地林农牧区和川滇高原山地农林牧区等5个二级农业区。总耕地面积3.14亿亩,平均等级为4.98等。

华南区。包括海南省全部、广东省与福建省中南部、广西壮族自治区与云南省中南部(港澳台地区未参与评价),共划分为闽南粤中农林水产区、粤西桂南农林区、滇南农林区、琼雷及南海诸岛农林区等4个二级区。总耕地面积1.23亿亩,平均等级为5.36等。

甘新区。包括新疆全境、甘肃河西走廊、宁夏中北部及内蒙古西部,共划分为蒙宁甘农牧区、北疆农牧林区、南疆农牧林区等3个二级区。总耕地面积1.16亿亩,平均等级为5.02等。

青藏区。包括西藏自治区全部、青海省大部、甘肃省甘南及天祝地区、四川省西部、云南省西北部,共划分为藏南农牧区、川藏林农牧区、青甘牧农区、青藏高寒地区等4个二级区。总耕地面积0.16亿亩,平均等级为7.35等。

从优、良、中、差等地在全国的分布来看,优等地、良等地、中等地和差等地分别占比8.47%、27.03%、57.30%和7.20%。优等地主要分布在黑龙江、湖北、安徽等3个省,总面积为407.02万公顷(6 105.30万亩),占全国优等地总面积的37.58%;良等地主要分布在新疆、河南、河北、黑龙江、山东、内蒙古、安徽、吉林、甘肃等9个省,总面积为2 340.21万公顷(35 103.15万亩),占全国良等地总面积的 67.70%;中等地主要分布在黑龙江、内蒙古、吉林、辽宁、河南、新疆、云南、四川、山东、甘肃等 10 个省,总面积为 4 642.17 万公顷(69 632.55 万亩),占全国中等地总面积的 63.36%;差等地主要分布在云南、内蒙古、贵州、黑龙江、四川、陕西等 6 个省,总面积为 545.30 万公顷(8 179.50 万亩),占全国中等地总面积的 59.25%,详见表 1-3。[①]

表 1-3　2019 年各省耕地质量情况表(万亩)

省份	优等地	良等地	中等地	差等地
北京	6.75	71.85	61.05	0.60
天津	6.45	326.25	161.70	0.00
河北	625.05	4 634.25	3 743.70	48.30
山西	19.50	2 307.45	2 937.30	540.00
内蒙古	1 004.10	3 528.15	10 970.55	1 742.10
辽宁	693.60	1 081.65	5 560.35	437.55
吉林	954.75	2 916.45	6 771.15	605.40
黑龙江	2 790.60	3 818.25	18 043.95	1 140.30
上海	63.90	111.45	67.65	0.15
江苏	1 193.55	2 711.10	2 216.85	13.05
浙江	315.75	303.15	1 202.40	114.45
安徽	1 646.10	3 078.30	3 539.25	56.70
福建	129.60	66.15	1 137.45	64.80
江西	77.70	202.05	3 405.00	397.65
山东	1 170.00	3 754.05	4 445.55	323.10
河南	731.55	5 213.10	5 203.80	122.70
湖北	1 668.60	2 006.70	3 216.45	261.15
湖南	706.95	860.25	3 720.75	155.85
广东	483.60	120.30	2 172.90	82.05
广西	493.95	688.35	3 428.70	350.55
海南	34.35	76.20	615.15	4.80

---

① 数据来源:中华人民共和国自然资源部,国务院第三次全国国土调查领导小组办公室.中国耕地资源质量分类[M].北京:中国大地出版社,2023.

(续表)

省份	优等地	良等地	中等地	差等地
重庆	108.60	381.00	1 567.95	747.60
四川	485.25	1 605.15	4 669.80	1 080.60
贵州	207.00	988.65	2 854.65	1 158.45
云南	562.20	689.85	4 754.55	2 086.80
西藏	23.85	70.50	448.35	120.60
陕西	31.20	1 124.10	2 275.05	971.25
甘肃	1.20	2 802.00	4 223.25	787.80
青海	0.00	424.35	408.30	13.65
宁夏	0.15	530.55	1 083.75	178.80
新疆	11.10	5 358.60	4 989.60	198.45
总计	16 246.95	51 850.20	109 896.90	13 805.25

从耕地质量的变化来看，2009—2019 年全国新增耕地 2 143.30 万公顷，其中新增优等地占 5.93%，主要分布在黑龙江、内蒙古、湖北等省份，占全国新增优等地的 36.06%；新增良等地占 25.40%，主要分布在新疆、内蒙古、河北等省份，占全国新增良等地的 41.48%；新增中等地占 57.74%，主要分布在内蒙古、黑龙江、新疆等省份，占全国新增中等地的 40.22%；新增差等地占 10.93%，主要分布在内蒙古、云南、贵州等省份，占全国新增差等地的 47.89%。

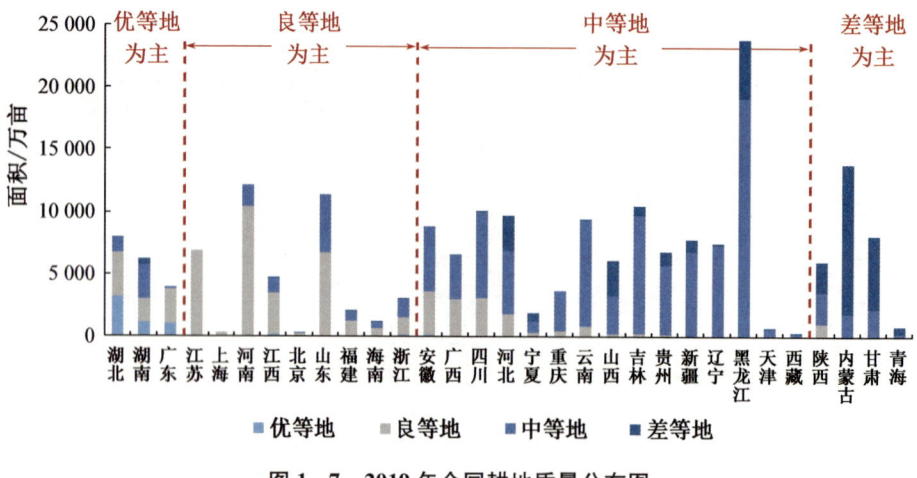

图 1-7 2019 年全国耕地质量分布图

(3) 耕地结构的变化特征

从耕地结构来看,全国耕地旱地多,水田、水浇地少,且呈现全国水浇地增加,水田、旱地减少,北方水田、水浇地增加,旱地减少,南方水田减少的趋势。2021 年全国耕地有 54.9% 是旱地,24.4% 为水田,20.7% 为水浇地(图 1-8)。从变化趋势来看,2009—2021 年全国水田面积从 3 299.2 万公顷减少到 3 293.1 万公顷,减少了 0.18%;2009—2021 年全国水浇地面积从 2 802.2 万公顷增加到 3 398.4 万公顷,增加了 21.28%;2009—2021 年全国旱地面积从 7 430.8 万公顷减少到 6 750.1 万公顷,减少了 9.16%。

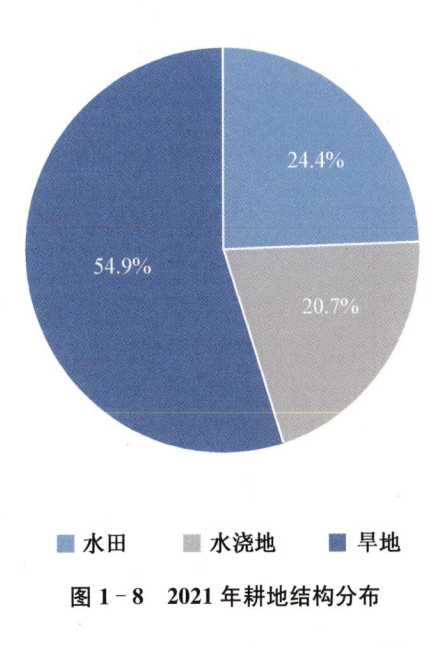

图 1-8 2021 年耕地结构分布

分区域来看,2009—2017 年,北方水田从 547.5 万公顷增加到 617.9 万公顷,增加了 12.9%;水浇地从 2 642.6 万公顷增加到 2 666.7 万公顷,增加了 0.9%;旱地从 4 923.8 万公顷减少到 4 808.0 万公顷,减少了 2.4%。2009—2017 年,南方水田从 2 755.9 万公顷减少到 2 707.7 万公顷,减少了 1.7%,水浇地和旱地分别增加了 1.2% 和 0.7%。

从耕地结构的转化来看,北方省份通过改善灌溉设施转变耕地结构,丧失灌溉设施的耕地转化较少,主要分布于中西部地区。2010—2017 年①,全国共有 107.9 万公顷的旱地转变为有灌溉设施的水田或水浇地,占总耕地面积的 0.8%。其中,有 74.0 万公顷旱地转为水田,2013 年转变最多,占到整个阶段的 92.7%,从分布来看,94.6% 的旱地转为水田分布在黑龙江省;共有 33.9 万公顷旱地转为水浇地,主要分布在河北省、内蒙古自治区和云南省,分别占 57.8%、19.7% 和 14.3%(图 1-9)。这些省份通过提升灌溉设施保障了作物生

---

① 第二次国土调查耕地流量统计从 2010 年年末至 2017 年年末。

长的有效灌溉与粮食增产。2010—2017年，全国仅有0.92万公顷有灌溉设施的水田或水浇地转变为旱地，占全国耕地面积的0.01%。水田转旱地主要分布于湖北、湖南和贵州，分别占全国转化面积的48.9%、11.6%和9.3%。水浇地转旱地主要分布于河北和湖北，分别占全国转化面积的56.9%和11.7%。

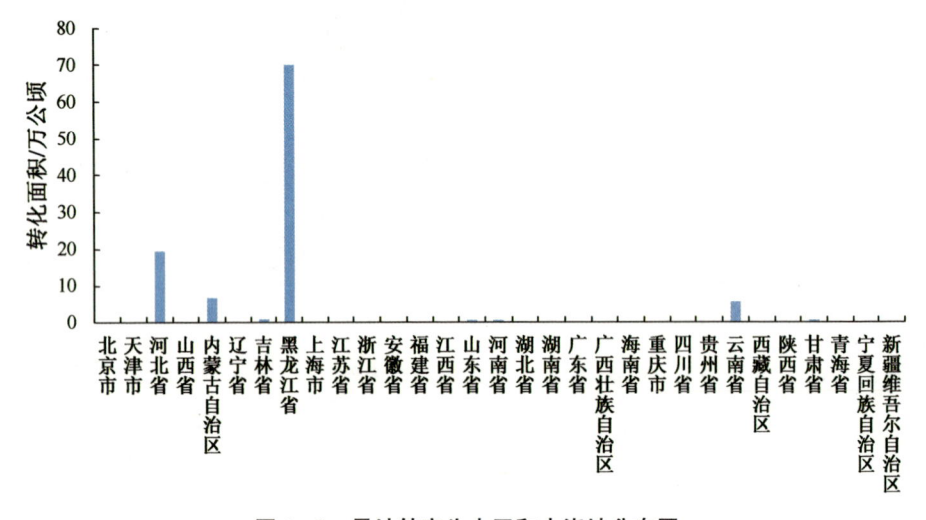

图1-9　旱地转变为水田和水浇地分布图

(4) 设施农用地规模变化的时空格局

本部分依据历年的土地利用变更调查数据，从数量变化、空间格局差异等方面来分析中国的设施农用地规模的变化情况。从2009年到2017年，中国的设施农用地规模整体上呈现出逐年增长的发展态势，总规模从2009年的68.27万公顷增长到2017年的98.50万公顷，净增长量30.23万公顷，年均增长3.78万公顷，年均增长率4.69%（图1-10）。其中，2014年设施农用地规模增长最多，为6.15万公顷，2016年增长最少，为2.55万公顷。这期间，原国土资源部于2009年发布的《关于促进农业稳定发展农民持续增收推动城乡统筹发展的若干意见》正式提到设施农用地，而后原国土资源部和原农业部于2010年联合发布的《关于完善设施农用地管理有关问题的通知》进一步详细界定了设施农用地，完善了对设施农用地的管理，这也推动了全国范围内设施农用地规模的扩大。

从东、中、西和东北四大区域的分区域设施农用地的规模变化来看，整体

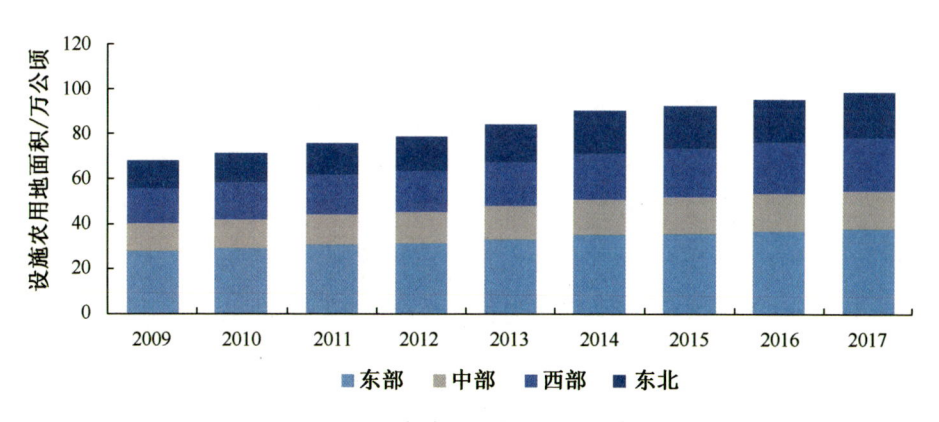

图 1-10　2009—2017 年中国四大区域设施农用地规模变化

上四大区域的设施农用地规模变化态势与全国一致,均呈现出逐年扩大的趋势,但具体各区域在设施农用地的绝对规模和变化规模上存在一定的差异。从绝对规模来看,2009—2017 年设施农用地规模最大的地区始终是东部地区,规模最小的地区始终是东北地区,这一方面是由于东部地区包含的省份相对较多(共 10 个省市),国土面积相对较大,但更主要是由于东部地区自然条件优越,适合农业发展,并且人口密集,经济发达,对设施农业发展的需求和投入均高于其他地区。从增长规模来看,2009—2017 年设施农用地规模增长最多的地区是西部地区,高达 11.64 万公顷,年均增长 1.46 万公顷(是东部地区的 1.3 倍,中部地区的 1.9 倍),其次是东部地区和中部地区,总增长规模分别为 9.06 万公顷和 6.07 万公顷,年均增长分别为 1.13 万公顷和 0.76 万公顷,增长最少的地区是东北地区,共增长了 3.46 万公顷,年均增长 0.43 万公顷。西部地区国土广袤,近年来随着经济发展和农业结构的调整,设施农业的发展需求持续增长,设施农业用地规模也相应迅速扩大;从年均增长率来看,年均增长率最高的是东北地区,达到年均 6.88%,其次分别是西部、中部和东部地区,年均增长率分别为 6.79%、5.67% 和 2.88%。

从各省份的设施农用地规模变化来看(表 1-4),2009—2017 年绝对规模、增长规模和增长率存在着显著的区域差异。2017 年,设施农用地规模最大的三个省份为山东、河北和内蒙古,分别为 18.46 万公顷、9.03 万公顷、7.81 万公顷,山东作为我国的农业大省,尤以蔬菜水果闻名全国,设施农用地规模巨大;而2017年规模最小的三个省份为西藏、青海、上海,分别为0.42万公顷、0.37万公顷和0.37万公顷。从2009年到2017年,设施农用地净增长规模和年均增长规模最大的三个省份都为山东、内蒙古和河北,净增长规模分别为3.44万公顷、3.20万公顷和3.09万公顷,年均增长规模分别为0.43万公顷、0.40万公顷和0.39万公顷。总的来说,设施农用地规模较大的省份仍然主要是一些农业大省,中西部省份由于自然条件的限制,设施农用地的规模相对有限,但得益于经济发展和技术进步,整体规模增长较快。

表1-4 2009—2017年各省份设施农用地变化情况(万公顷)

省份	2017年规模	2009—2017年净增长规模	年均增长规模
北京	1.57	0.04	0.01
天津	0.87	0.18	0.02
河北	9.03	3.09	0.39
山西	2.91	1.28	0.16
内蒙古	7.81	3.20	0.40
辽宁	2.88	0.90	0.11
吉林	1.72	0.98	0.12
黑龙江	3.77	1.58	0.20
上海	0.37	0.00	0.00
江苏	4.69	1.17	0.15
浙江	1.07	0.32	0.04
安徽	2.89	0.79	0.10
福建	3.13	0.47	0.06
江西	1.66	0.65	0.08
山东	18.46	3.44	0.43
河南	5.95	1.74	0.22
湖北	2.72	1.12	0.14
湖南	0.89	0.50	0.06
广东	3.78	0.30	0.04
广西	1.94	0.55	0.07
海南	1.65	0.05	0.01
重庆	0.44	0.21	0.03

(续表)

省份	2017年规模	2009—2017年净增长规模	年均增长规模
四川	1.76	0.71	0.09
贵州	0.79	0.62	0.08
云南	1.22	0.75	0.09
西藏	0.42	0.08	0.01
陕西	2.12	0.91	0.11
甘肃	4.40	1.56	0.20
青海	0.37	0.20	0.03
宁夏	1.15	0.58	0.07
新疆	6.04	2.26	0.28

(5) 耕地数量减少的空间特征

依据第一次和第二次土地利用变更调查数据统计我国历年的耕地减少面积，并分为2003—2006年、2007—2008年和2009—2017年三个时间段对其类别和空间格局进行分析，从耕地减少的主要去向来看，主要为建设占用、生态退耕、农业结构调整和灾毁。[①] 2003—2006年，我国耕地共减少637.04万公顷，其中建设占用耕地面积99.26万公顷，灾毁面积14.71万公顷，生态退耕面积337.91万公顷，农业结构调整减少耕地面积162.12万公顷，总计614万公顷，这四类变化的占比分别为16.17%、2.40%、55.03%、26.40%（图1-11）。这期间在全面实行退耕还林政策的影响下，生态退耕是耕地面积减少的主要因素。2007—2008年，我国耕地共减少58.58万公顷，其中建设占用耕地面积37.98万公顷，灾毁面积2.98万公顷，生态退耕面积2.14万公顷，农业结构调整减少耕地面积13.50万公顷，总计56.60公顷，这四类耕地变化的比例分别为67.10%、5.27%、3.78%、23.85%。2007年，国家为确保十一五期间

---

① 主要通过变更调查数据来识别四种类型，其中建设占用为耕地转为：20城镇村及工矿用地、101铁路用地、102公路用地、103街巷用地、105机场用地、106港口码头用地、107管道运输用地、113水库水面、118水工建筑用地；生态退耕为耕地转为：041天然牧草地、042人工牧草地、03林地、112湖泊水面；农业结构调整为耕地转为：02园地、122设施农用地、123田坎、114坑塘水面、117沟渠；灾毁为耕地转换为：124盐碱地、125沼泽地、126沙地、127裸地、043荒草地、111河流水面、115沿海滩涂、116内陆滩涂、119冰川及永久积雪。

18亿亩耕地保护红线,暂停1 600万亩退耕还林计划,因此生态退耕类型的耕地减少大幅减少。2009—2017年,我国的耕地减少总面积为231.61万公顷,相较于2003—2008年的耕地减少面积显著降低,其中建设占用耕地面积186.97万公顷,灾毁面积7.59万公顷,生态退耕面积10.66万公顷,农业结构调整减少耕地面积22.68万公顷。整体上2009—2017年耕地减少的面积远远少于2003—2008年耕地减少的面积,但这主要得益于生态退耕和农业结构调整导致的耕地减少面积的大幅度降低,建设占用耕地的面积不降反升,随着中国城镇化进程的加快,东部发达地区经济增长迅速且后备土地资源有限,建设占用耕地的比例迅速上升并占据主体地位[①]。

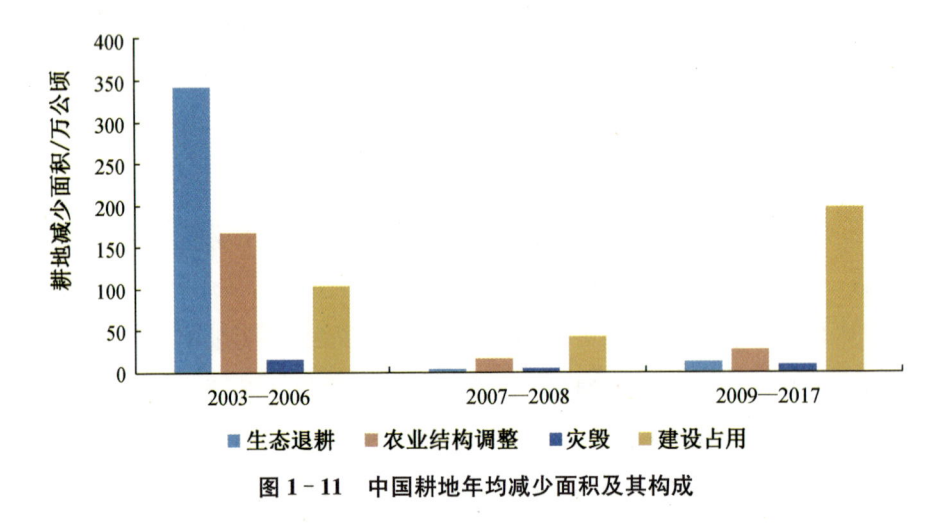

图1-11 中国耕地年均减少面积及其构成

分区域来看,南方地区和北方地区[②]的耕地减少面积和构成存在一定的区域差异。2003—2017年,南方的耕地共减少447.97万公顷,占比48.31%,而北方的耕地共减少479.26万公顷,占比51.69%。在不同的时间段内,南北方的耕地减少也存在一定的差异,其中,2003—2006年,北方的耕地减少面积为341.79万公顷,要高于南方的295.25万公顷,分别占全国耕地减少面积

---

① 张竞珂.基于FLUS模型的中国耕地资源时空格局演化趋向研究[D].南京:南京大学,2019.
② 其中南方地区包括:海南、广东、云南、广西、贵州、江西、福建、江苏、安徽、湖南、湖北、四川、重庆、上海、浙江、西藏,北方地区包括:黑龙江、吉林、辽宁、北京、天津、河北、山东、河南、山西、陕西、内蒙古。

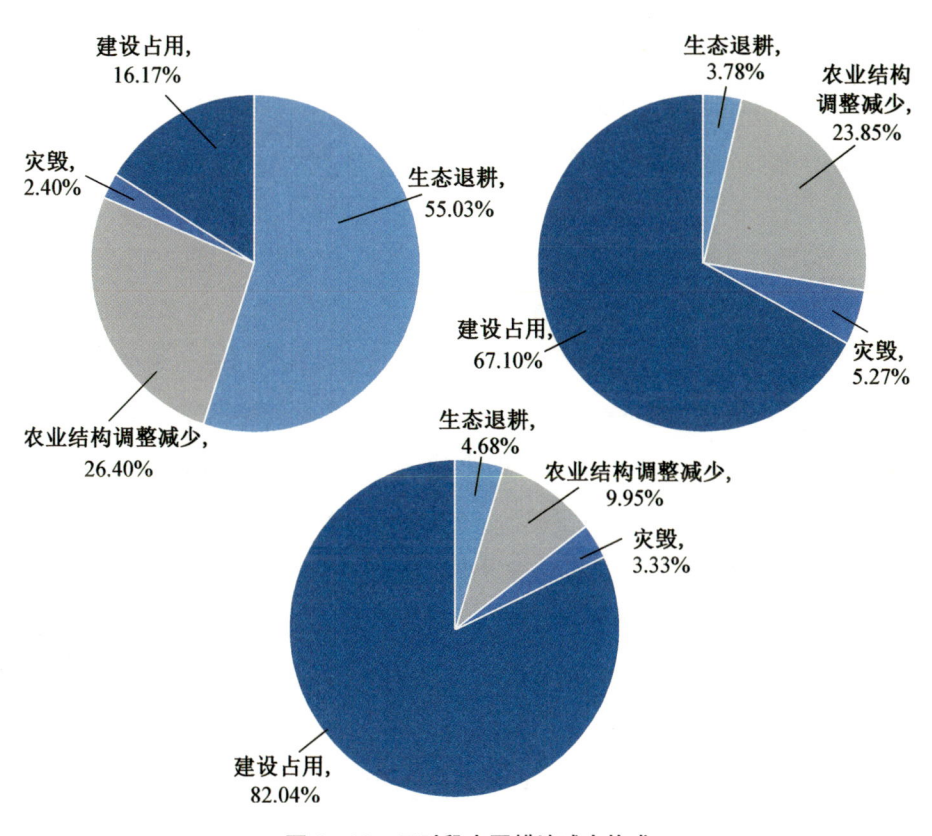

图 1-12 三时段中国耕地减少构成

（左上：2003—2006 年，右上：2007—2008 年，下：2009—2017 年）

的 53.65% 和 46.35%；2007—2008 年，南方的耕地减少面积要多于北方，分别为 34.60 万公顷和 23.98 万公顷，各占全国耕地减少面积的 59.06% 和 40.94%；2009—2017 年，仍然是南方的耕地减少面积多于北方，减少面积分别为 118.12 万公顷和 113.49 万公顷，分别占比 51.00% 和 49.00%。

表 1-5 分区域耕地减少情况

地区	2003—2006 年		2007—2008 年		2009—2017 年	
	耕地减少面积（万公顷）	耕地减少面积占比（%）	耕地减少面积（万公顷）	耕地减少面积占比（%）	耕地减少面积（万公顷）	耕地减少面积占比（%）
南方	295.25	46.35	34.60	59.06	118.12	51.00
北方	341.79	53.65	23.98	40.94	113.49	49.00

南方地区在三个时间段内耕地减少的构成存在着明显的差异。2003—2006年生态退耕是其耕地减少的主要原因,面积128.08万公顷,占比43.38%,其次分别是农业结构调整、建设占用、灾毁,分别占比30.16%、18.83%、2.33%;2007—2008年,南方地区耕地减少的主要原因是建设占用,面积为23.50万公顷,占耕地减少总面积的67.92%;2009—2017年,南方地区耕地减少的主要原因依然是建设占用,面积达到了97.58万公顷,占比高达82.61%。对于北方地区而言,其在2003—2006年耕地减少的构成与南方地区类似,生态退耕依然是耕地减少的主要原因,减少面积达到209.82万公顷,要多于南方地区,占北方地区耕地减少总面积的61.39%,其次分别是农业结构调整、建设占用、灾毁,分别占比21.38%、12.78%、2.29%;2007—2008年,北方地区耕地减少的主要原因也是建设占用耕地,面积为14.48万公顷,少于南方地区;而在2009—2017年,与南方地区一样,建设占用依然是耕地减少的主要原因,面积89.39万公顷,占比78.76%,其次是农业结构调整,面积为13.88万公顷,占比12.23%。

总的来说,2003—2006年受退耕还林等生态政策的影响,南北方耕地减少的主要原因都是生态退耕,2007年中国为确保守住18亿亩耕地红线,暂停了1 600万亩的退耕还林计划,这直接导致2007年之后生态退耕面积大幅度减少;2007年之后的生态退耕,2007—2008年仍以北方的退耕为主,而2009—2017年的生态退耕重心逐渐转移到南方地区;另一方面由于城镇化和工业化进程的迅速推进,2007年之后建设占用逐渐成为南北方耕地减少的主要原因,并且南方的建设占用耕地面积要大于北方地区,这主要是因为南方地区相对于北方地区整体经济发展水平更高,对建设用地的需求更多。

分省份来看,各省份的建设占用、生态退耕、农业结构调整等原因造成的耕地减少也存在显著的空间差异。2003—2008年,河北、内蒙古和陕西是耕地面积减少最多的三个省份,分别减少了54.07万公顷、53.85万公顷和50.64万公顷,并且均以生态退耕为主,而吉林、海南和西藏的耕地减少面积最少,分别减少了5.22万公顷、3.82万公顷和0.89万公顷,在这个阶段东南沿海地区的耕地减少仍然以建设占用和结构调整为主(图1-13);2009—2017年,耕地减少最多的三个省份变成了河南、山东和江苏,分别减少了 25.22 万公顷、21.65 万公顷和 19.87 万公顷,并且均以建设占用导致的耕地减少为主,耕地减少最少的三个省份分别为青海、上海和西藏,分别减少了 1.22 万公顷、0.92 万公顷和 0.44 万公顷,在这个时期,建设占用的趋势已由东南沿海沿长江经济带向上游迁徙(图 1-14)①。

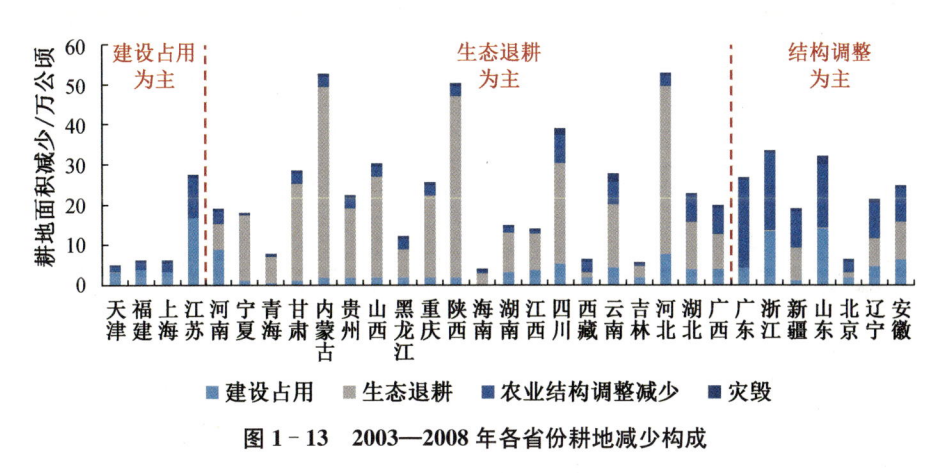

图 1-13 2003—2008 年各省份耕地减少构成

图 1-14 2009—2017 年各省份耕地减少构成

新一轮的城市化和工业化进程带来的建设占用耕地面积的迅速扩大引起了广泛关注,其在各个省份之间也存在较为明显的空间差异。2003—2008 年建设占用耕地面积最大的三个省份是江苏、山东和浙江,分别达到了 16.74 万

---

① 张竞珂. 基于 FLUS 模型的中国耕地资源时空格局演化趋向研究[D]. 南京:南京大学,2019.

公顷、14.26万公顷和13.50万公顷,而福建、天津和江苏三个省份建设占用占耕地减少面积的比例最大,占比分别为64.76%、58.69%和52.00%。无论是绝对规模还是建设占用占耕地减少面积的比例,数值较大的始终是东部沿海发达省份,这说明建设占用是东部省份耕地面积减少的主要原因。2009—2017年,河南、江苏和山东是建设占用耕地面积最大的三个省份,分别为22.58万公顷、16.28万公顷和16.59万公顷,占比最大的三个省份为广东、广西和上海,分别占94.32%、94.31%和94.21%[①]。

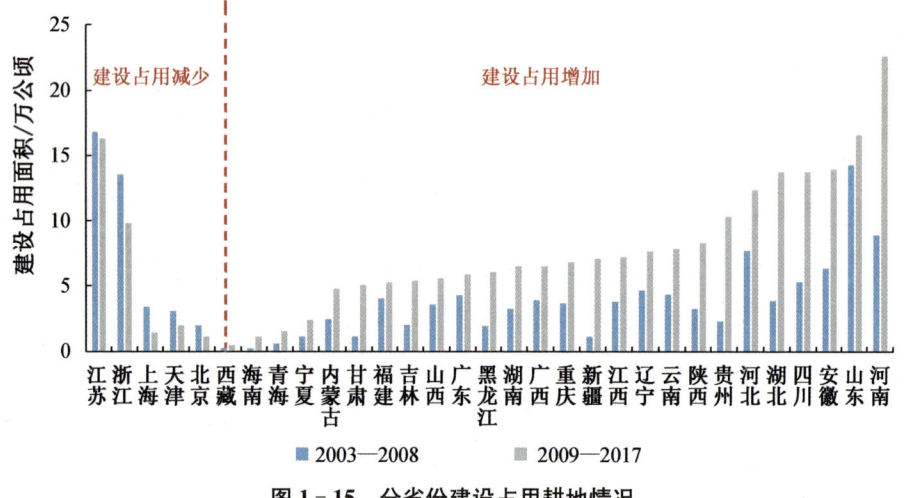

图1-15 分省份建设占用耕地情况

对逐年的建设占用耕地面积的进一步分析发现,虽然建设占用耕地面积的总量较大,但正呈现出逐年放缓的趋势,尤其是在2010—2017年,无论从全国来看,还是从东、中、西、东北区域来看,或者是从各省份来看,建设占用耕地面积都出现了不同程度的下降,这一方面可能是由于国家对耕地保护的加强,另一方面也可能是现有的建设占用耕地已经逼近极限水平。2010—2017年,全国的建设占用耕地面积由32.91万公顷,下降到25.25万公顷,下降了7.66万公顷,年均下降1.09万公顷。尤以东部地区下降最多,达到3.37万公顷,年均下降0.48万公顷,其次分别是东北、中部和西部,分别达到1.70万

---

① 张竞珂.基于FLUS模型的中国耕地资源时空格局演化趋向研究[D].南京:南京大学,2019.

公顷、1.53万公顷和1.07万公顷。分省份来看,2010—2017年下降最多的分别是江苏、辽宁和四川,分别下降了1.15万公顷、0.89万公顷和0.88万公顷,相反,甘肃、山东、西藏、新疆、广东、云南和贵州的建设占用耕地面积在2010—2017年出现了增长。

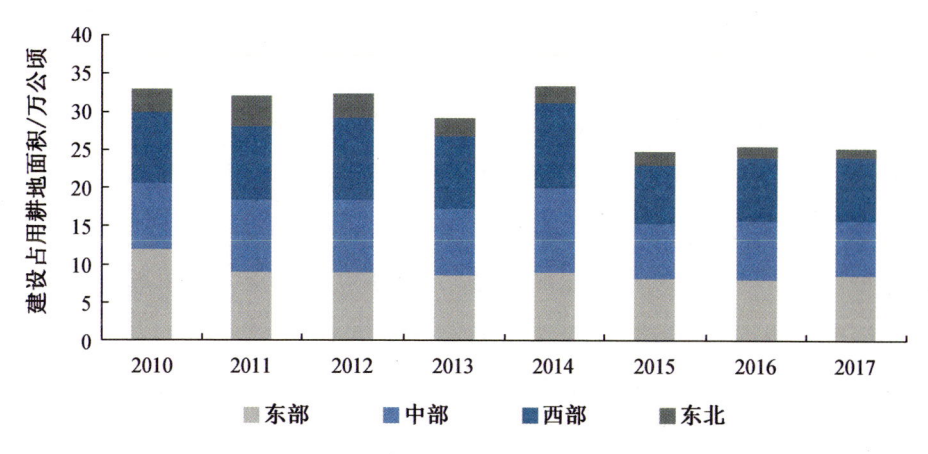

图1-16 2010—2017年中国四大区域建设占用耕地变化情况

(6) 建设占用耕地的结构及其特征

重大基础设施单独选址建设占用耕地占全国建设占用耕地的比例较高,占比经历了先增后减又增的变化,全国历年占用的平均比例高达67.5%,

图1-17 2010—2016年全国及各地区单独选址建设占用情况

2016年为95.1%。从各个区域的情况来看,2010—2016年西部地区单独选址建设占用耕地占全国的比例较高,为47.0%,其次分别为中部地区(23.9%)、东部地区(21.7%)和东北地区(7.5%)。从各个地区单独选址建设占用耕地占全国比例的变化趋势来看,东部地区、西部地区和东北地区均呈现不同程度的减少,只有中部地区的占比在增加,从2010年的15.5%增加到2016年的45.9%。

从占用的结构变化来看,全国城市建设占用大于农村建设占用[①],且呈现城市建设占用减少、农村建设占用增加、城乡建设占用差距先增后减的趋势,"双占"的矛盾开始凸显。从全国来看,城市建设占用从2010年的15.3万公顷减少到2017年的10.0万公顷,减少了34.6%,城市建设占用占总建设占用比例从46.5%下降到39.7%。农村建设占用从2010年的9.1万公顷减少到2017年的8.9万公顷,减少了2.2%,但农村建设占用占总建设占用比例从27.6%上升到35.1%。

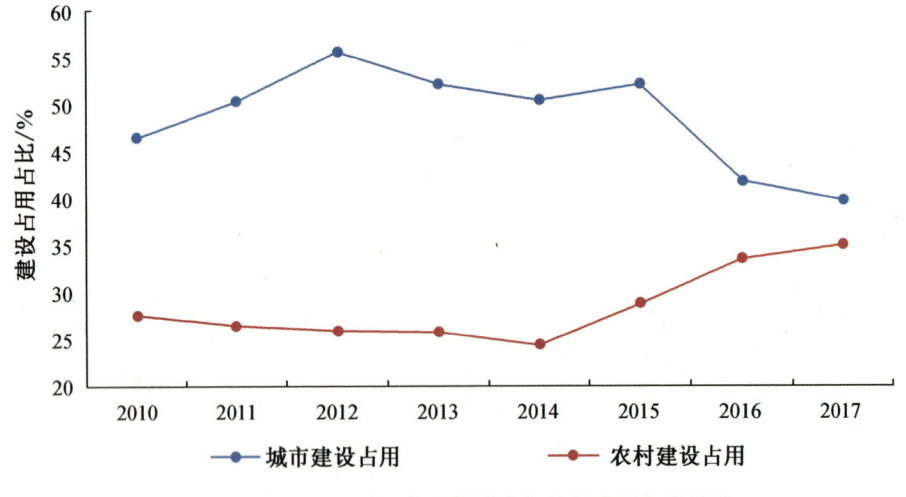

图1-18 2010—2017年全国城市与农村建设占用情况

然而,从分区来看,城乡建设占用却呈现差异性的特征,东部地区阶段性

---

① 运用土地变更调查数据识别,城市建设占用为耕地转变为201城市和202建制镇,农村建设占用为耕地转变为203村庄。

特征明显,2010—2011年,城乡建设占用耕地数量基本持平,2012—2016年,由于城市建设占用的减少,城乡差距逐渐缩小,2016年以后东部地区农村建设占用开始大于城市建设占用。中部地区和西部地区相似,城市建设占用长期大于农村建设占用,并且由于城市建设占用减少呈现城乡差距逐渐减小的趋势。东北地区的历年农村建设占用基本持平,2012年之后东北地区城市建设占用大幅度减少,城市建设占用与农村建设占用的比例由最高的3.9倍减少到1.1倍。

2013—2017年,全国批准单独选址建设用地近1500万亩,其中交通和水利用地占75%,批准先行用地34万亩,保障了重大基础设施项目的及时落地。此外,国务院批准用地的106个城市保障性安居工程用地实行单独报批、应保尽保,各地落实保障性安居工程用地160.7万亩,满足了2716.8万套保障性住房的用地需求[①]。

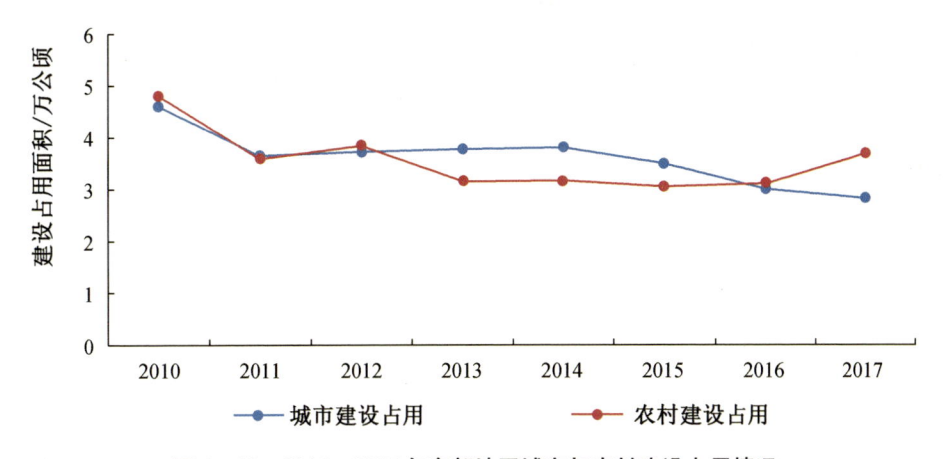

图1-19 2010—2017年东部地区城市与农村建设占用情况

---

① 张恒.中国农地保护五年干了啥?面积增加、红线划定、改革延长[N/OL].经济观察报,2017-11-18[2024-9-1]. https://baijiahao.baidu.com/s?id=1584366016904535520&wfr=spider&for=pc.

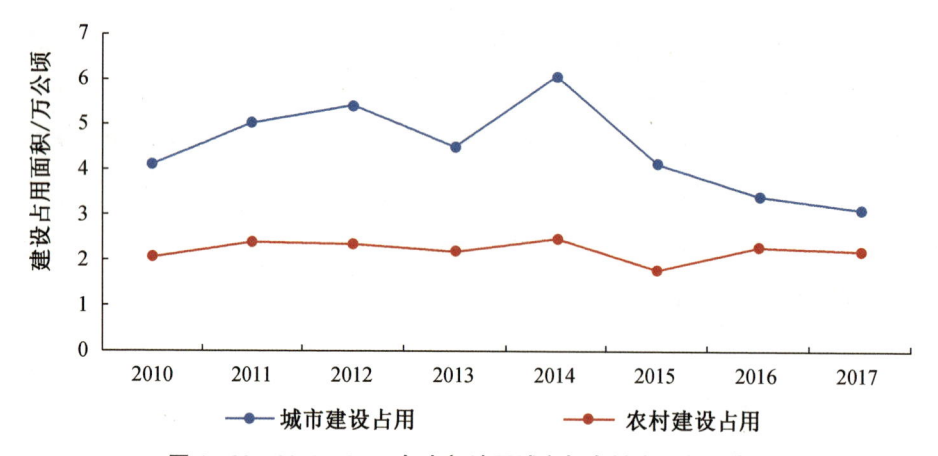

图 1-20　2010—2017 年中部地区城市与农村建设占用情况

图 1-21　2010—2017 年西部地区城市与农村建设占用情况

图 1-22　2010—2017 年东北地区城市与农村建设占用情况

(7) 耕地数量、粮食产量及蔬菜产量重心的迁移

为了进一步把握中国耕地分布和粮食生产的空间变化态势,我们借鉴人口地理学中常用的人口重心来分别测算我国的耕地面积、粮食产量以及人均耕地面积和人均粮食产量等的重心,并分析其在1999—2017年的空间变动方向。

表1-6 中国耕地面积、粮食产量及人均耕地面积、人均粮食产量等重心变化态势

指标	年份	坐标	
		X(经度)	Y(纬度)
耕地面积	1999	112.613 51	35.461 488
	2017	112.932 45	36.218 333
粮食产量	1999	113.846 78	34.102 101
	2017	114.563 89	36.031 303
人均耕地面积	1999	109.983 4	36.700 141
	2017	110.882 92	37.590 845
人均粮食产量	1999	112.592 24	35.409 019
	2017	113.832 43	37.819 738
蔬菜播种面积	1999	113.778 74	32.371 92
	2016	112.129 28	31.618 001
蔬菜产量	1999	114.539 53	33.834 192
	2016	112.921 24	33.435 659

结果显示,从1999年到2017年,耕地面积、粮食产量、人均耕地面积和人均粮食产量的重心均基本向东北方向移动,换算成千米为单位后分别向东北移动86.81 km、219.38 km、123.82 km和282.55 km。从具体位置来看,耕地面积的重心由山西南部向东北移动到山西东南部,移动距离最短;粮食产量的重心由河南中部移动到河南河北交界处;人均耕地面积的重心从陕西中部移动到山西境内;人均粮食产量的重心由山西南部移动到山西中北部。耕地面积和粮食产量的重心向东北方向移动受到诸多因素的影响,由前述关于耕地面积减少的空间分布的分析可以看出,1999—2017年我国的耕地减少主要集中在西部和南方地区,这就造成耕地面积的重心向东北方向移动,而耕地作为

粮食生产的物质载体,其对粮食产量起到基础性作用,其重心向东北方向移动也必将带动粮食生产向东北方向移动;进一步考虑到人口的影响,我国的经济发展很大程度上是将人口从西部和北方吸引到东南沿海的发达地区,这进一步造成了人均耕地面积和人均粮食产量的重心向东北方向移动①。蔬菜产量重心向西南方向迁移了 154.2 km,呈现"北菜南移、南菜北运"的态势,水果产量重心向西北方向迁移了 77.8 km,呈现"南果北移、北果南运"的态势,猪肉产量重心向西南方向迁移了 4.1 km,呈现"北猪南移、南猪北运"的态势。

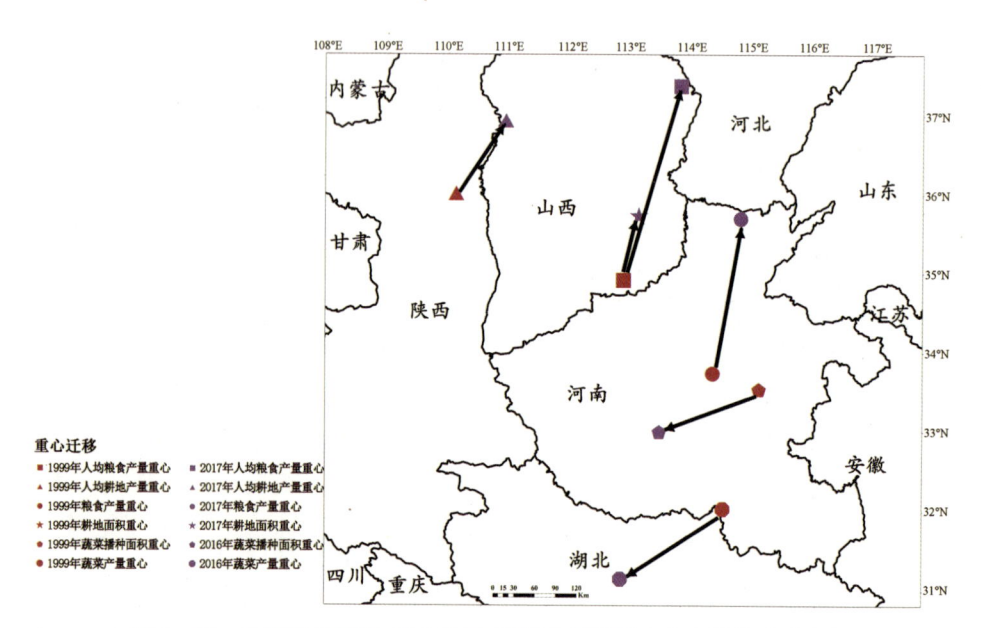

图 1-23 中国耕地面积、粮食产量、蔬菜产量等重心分布及其移动方向

1.3.2 耕地保护的成就分析

(1) 生产贡献方面,保障了国家粮食安全并减少世界的饥饿与贫困

中华人民共和国成立初期人民处于饥饿状态,经过 70 多年的发展,特别是改革开放以来,人民营养状况不断改善,目前人均营养摄入量已高于世界平

---

① 张竞珂. 基于 FLUS 模型的中国耕地资源时空格局演化趋向研究[D]. 南京:南京大学,2019.

均水平①。2016年,中国的人均耕地面积仅为0.09公顷,只相当于全球的47%、美国的19%、印度的75%,但是中国的粮食产量对世界的贡献率却高达20.39%,位居全球第一。中国作为一个耕地面积只占世界9%的国家,养活了世界约五分之一的人口,这一成就充分显示,中国为世界粮食安全和联合国实现千年发展目标做出了巨大贡献。不仅如此,世界许多国家获得了中国在农业方面的帮助。多年来中国帮助许多国家改进了农业生产技术,中国还和联合国粮农组织合作,派出大量专家援助非洲国家发展农业。有"杂交水稻之父"美誉的中国农业专家袁隆平,将他的杂交水稻技术在世界几十个国家推广和应用②。

在减少饥饿和减缓贫困方面,中国成绩卓著。据2016年国务院发布的《中国的减贫行动与人权进步》白皮书,改革开放30多年来,中国有7亿多贫困人口摆脱贫困,农村贫困人口减少到2015年的5575万人,贫困发生率下降到5.7%。另据联合国《2015年千年发展目标报告》,中国极端贫困人口比例从1990年的61%下降到2002年的30%以下,率先实现比例减半,2014年又下降到4.2%,中国对全球减贫的贡献率超过70%。联合国粮农组织报告显示,自1990年以来,发展中地区营养不良人口的总减少量中,中国占了减少总量的近三分之二③,中国为全球饥饿人口的减少做出了重要的贡献。

(2) 社会效益方面,维护和保障了广大农民的权益

一是促进了农民增收、农业增效和农村发展。截至2018年,中国还有农村人口5.6亿人,农村居民人均可支配收入14 617元,较2013年增长了55%。其中,耕地重要保障了农民的经营性收入和财产性收入。2018年农民人均可支配收入中,农民人均经营性收入为5 358元,比上年名义增长6.6%,贡献仅次于工资性收入,仍是农民收入增长的重要渠道。财产净收入为342元,占比相对较低,但增幅最大,比上年名义增长12.9%,显示出巨大的增长

---

①② 方成. 中国为世界粮食安全作出巨大贡献[J]. 决策与信息,2009(10):9.
③ FAO, IFAD, WFP. The state of food insecurity in the World 2015. Meeting the 2015 international hunger targets: taking stock of uneven progress[R]. Rome: FAO, 2015.

潜力,也让农民分享了更多的财产性权益①。农业产值逐年增加,2017年农业产值较2013年增长18.6%。在支持土地整治重大工程建设中,重点向老少边穷地区倾斜,五年来安排贫困地区土地整治项目5 200多个,建设规模6 100多万亩,投入资金940亿元。14个中央支持的土地整治重大工程,惠及近百个贫困县,其中国家级贫困县55个,让650多万农民受益,也极大地改善了农村的面貌。

二是保障了农民长期的农业就业。目前和未来很长一段时间,农业仍将是解决就业问题的重要途径,以耕地为载体发展现代农业可以吸纳部分农村劳动力。劳均耕地面积由1999年的2.6亩增长到2017年的3.5亩。一些耕地资源丰富的地区吸引了劳动力到农村和农业产业就业。

三是维护和稳定了农民的土地承包权益。耕地为广大农民提供了最直接的社会保障,保证耕者有其田,就是维护和稳定了农民的土地承包权益,为大部分农民解决了温饱问题、保障了基本收入,为国家解决了不少建立社会保障体系的财政和经济负担。

(3) 生态效能方面,以生态服务功能价值支撑生态文明建设

以耕地为代表的农田生态系统是生物生产力最高的生态系统。耕地保护不仅保护了人类赖以生存的生态环境,也通过农作物的光合作用,将空气中大量的二氧化碳转化为有机质,减缓温室效应。耕地保护也通过保护耕地的生态服务功能价值支撑着国家的生态文明建设。中国耕地的生态系统服务价值相对社会经济价值具有高度稀缺性,尤其是在经济和人口密集的区域,这种相对稀缺性更为突出。在我国生态文明建设的背景下,耕地的生态效益与人类的生产生活环境关系极其密切。基于谢高地等②学者提出的生态系统服务价值测算方法,可以得到2017年中国耕地的生态服务价值约为17 942.54亿元,人均耕地生态服务价值为1 290.76元/人,占同年全国的农业经济的27.4%,GDP的2.2%。

---

① 农民增收不能停步[N].人民日报,2019-2-23.
② 谢高地,张彩霞,张昌顺,等.中国生态系统服务的价值[J].资源科学,2015,37(9):1740-1746.

从全国层面分析,由于耕地数量的不断减少,全国耕地生态服务价值总量也在不断降低。1999—2017年耕地的生态服务总价值共计减少了1 092.73亿元,尤其是1999—2005年的下降幅度最快,耕地生态服务价值共计减少1 018.27亿元,占1999—2017年减少总量的93.19%,2005年之后耕地数量变化趋于平稳,因此其生态价值总量也维持在一个较为稳定的水平。

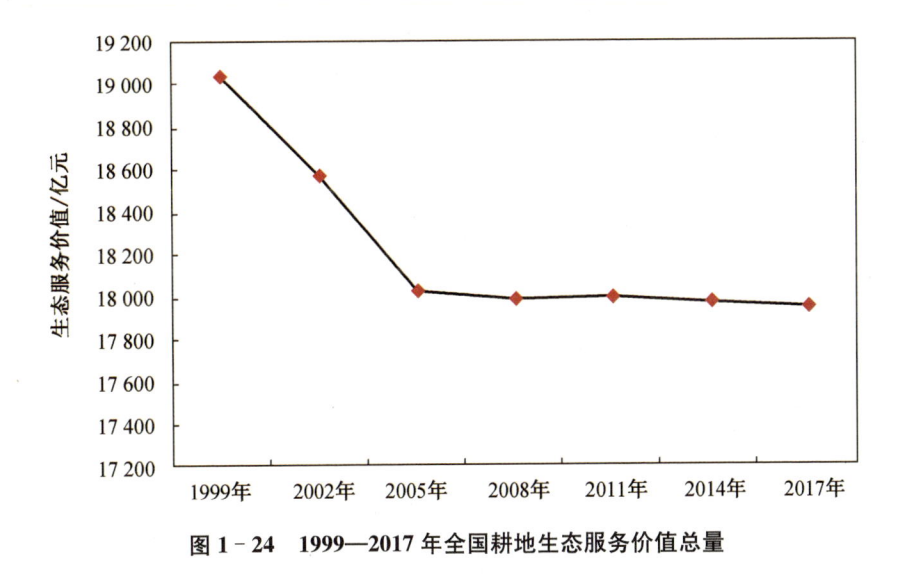

图1-24 1999—2017年全国耕地生态服务价值总量

就生态系统服务类别而言,除食物生产、原料生产等主要的供给功能外,耕地的调节服务价值也较强,支持服务功能和文化服务价值次之。耕地承担的供给服务价值可以通过第一产业的产值体现,呈现逐年增加的变化态势,而调节服务中的气体以及水文调节功能较强,支持服务中的土壤保持功能较强。从季节性变化来看,耕地在5—9月提供的生态服务价值较高,而在11—次年2月提供的生态服务价值较低。这种生态系统服务价值的分布主要与中国季风性气候、生态系统生长曲线一致。冬季气温低、降雨量少、农田普遍未开始种植,生物量最低,所提供的生态服务价值量也最低。从冬季到夏季,气温升高,降雨量逐渐增多,耕地的生物量累积速度达到最快,各种生态功能逐渐增强,各生态系统提供的生态服务价值量逐渐增大[①]。

表 1-7 单位面积耕地生态服务价值当量(元/公顷)

调节服务				支持服务			文化服务	总值
气体调节	气候调节	净化环境	水文调节	土壤保持	维持养分循环	生物多样性	美学景观	
3 032	1 584	460	5 093	1 771	528	579	255	13 302

从地区层面分析,中国耕地生态服务价值分布具有极强的空间差异性。耕地生态系统服务价值最高的地区主要分布在东北、西南和中南地区,特别是在黑龙江、内蒙古、河南等耕地资源总量最为丰富的地区,最低的地区主要为北上广这类城市化水平高或者西藏、青海、宁夏这类自然条件较恶劣的地区。人均耕地生态服务价值最高的地区主要分布在西北、东北和西南地区,东北地区的人均耕地生态服务价值高主要是因为生态服务价值的总量大,西北和西南地区则主要是因为人口密度相对较低,最低的地区主要是京津冀和长三角的经济较发达省份。可以发现,不同的区域提供的耕地生态服务价值有巨大差异,经济发达、人口密集聚集的区域,当地为每人提供的耕地生态服务价值低,而东北、西南等耕地面积较大的省份则贡献了占全国比重较大的生态服务价值。

总体而言,尽管耕地生态系统服务价值的鉴别、量化和货币化都很困难,但现在充分评价耕地生态系统服务价值已是生态系统资产化管理、生态补偿、生态服务有偿使用等政策措施实施的迫切需求。虽然中国的耕地生态服务价值折算成经济价值的相对贡献值较小,却是不可忽视的稀缺性价值,其实际产生的生态效益极高而难以估计。

---

① 谢高地,张彩霞,张昌顺,等. 中国生态系统服务的价值[J]. 资源科学,2015,37(9):1740-1746.

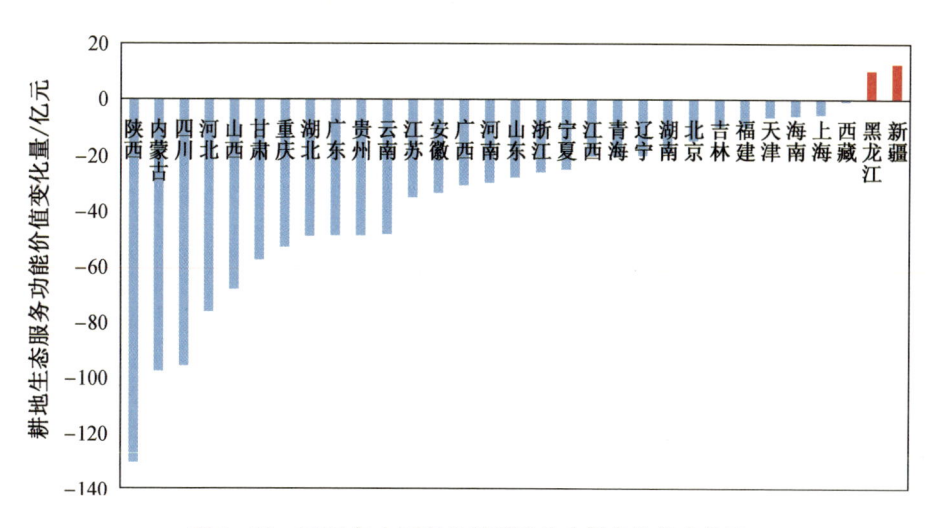

图 1-25　2017 年中国各省份耕地生态服务价值变化量

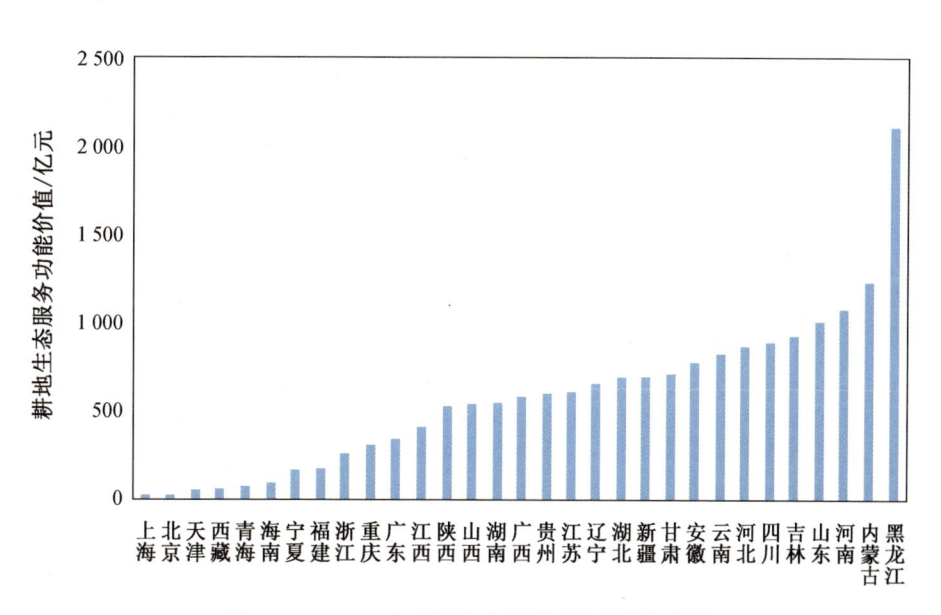

图 1-26　2017 年中国各省份耕地生态服务价值

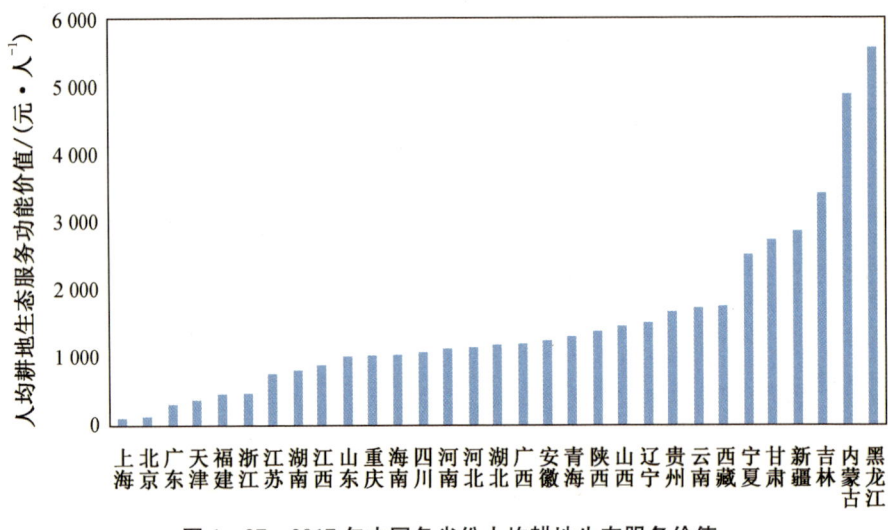

图 1-27　2017 年中国各省份人均耕地生态服务价值

（4）保护制度方面，形成更加完善和精细的制度体系

我国耕地保护政策不断完善和精细，业已形成较为完整的耕地保护体系。一是土地用途管制制度。土地用途管制制度是《土地管理法》确立的我国耕地及农用地保护的核心制度，目的是取代建设用地的分级限额审批制度，对农用地和非农地实行严格的用途管制。用途管制的基础是分类确定土地用途。实现用途管制的依据是土地利用总体规划。实现用途管制的关键是农用地转用和土地征用审批。通过审批严格控制农用地转为建设用地、集体土地转为国有土地。

二是基本农田保护制度。基本农田保护制度就是将优质耕地作为基本农田实行特殊保护而建立的制度。按照《土地管理法》的有关规定，《基本农田保护条例》做了较大的修改，并制定了《基本农田保护区调整划定工作验收办法》，2009 年又提出划定永久基本农田。主要包括基本农田保护规划制度、基本农田保护区制度、占用基本农田审批制度、基本农田占补平衡制度、禁止破坏和闲置荒芜基本农田制度、基本农田保护责任制度、基本农田监督检查制度、基本农田地力建设和环境保护制度等。

三是耕地占补平衡制度。《土地管理法》第 31 条规定：非农业建设经批准占用耕地的，按照"占多少，垦多少"的原则，由占用耕地的单位负责开垦与所占用耕地的数量和质量相当的耕地;没有条件开垦或者开垦的耕地不符合要求的,应当按照省、自治区、直辖市的规定缴纳耕地开垦费,专款用于开垦新的耕地。在实际工作中,称其为耕地占补平衡制度。《中共中央、国务院关于加强耕地保护和改进占补平衡的意见》进一步明确了占补平衡过程中不仅要重视数量还要重视质量[①]。

四是土地开发整理复垦有关政策。《土地管理法》的相关规定确定了土地开发整理复垦的基本原则。为调动各方面积极推进土地开发整理复垦工作,原国土资源部制定了相关鼓励性政策:一是促进农村土地整理和复垦的土地置换政策;二是鼓励投资者整理土地的"新增耕地60%折抵"政策;三是鼓励多方筹集资金、产业化开展土地开发整理复垦。

(5) 保护机制方面,基本形成耕地保护共同责任机制

一是部门协同贯彻落实工作扎实。原国土资源部联合原农业部、中央农工办等部门研究制定相关配套政策,加强督察执法,积极推进《中共中央、国务院关于加强耕地保护和改进占补平衡的意见》(简称《意见》)各项任务落地;自然资源部成立后,按照中央领导重要批示,会同有关部门开展省级政府耕地保护责任目标考核、"大棚房"问题专项清理整治等工作,在相关制度建设和重大任务落实方面取得新进展。

二是各级地方政府贯彻落实有力。有28个省(区、市)地方政府出台了省级层面关于加强耕地保护和改进占补平衡的实施意见;先后有20个省(区、市)党委、政府主要领导就贯彻落实《意见》作出批示。各省(区、市)通过组织召开省政府常务会议、专题学习研讨会、培训班等各种形式传达学习贯彻《意见》精神。全国31个省(区、市)及新疆生产建设兵团自然资源主管部门按照省级党委、政府的要求,制定了相应的具体制度、办法、措施、方案和计划。

三是考核、督察、执法工作常态化、制度化。省级政府耕地保护责任目标考核工作进一步压实。2018年,自然资源部会同农业农村部、国家统计局组织开展了省级政府耕地保护责任目标考核,已有22个省(区、市)政府出台了

---

① 潘明才.耕地保护制度和相关政策[J].资源·产业,2001(6):7-10.

对地市州级政府的耕地保护责任目标考核办法。督察机构通过开展划定永久基本农田落实情况专项督察、地方政府落实耕地保护目标责任督察、与农业农村部对京津冀地区"大棚房"违规占用耕地的联合督察等多项工作,督促各地严肃整改查处发现的问题,向全社会传达严格耕地保护的强烈政策信号。严肃查处土地违法行为,公开通报重大典型案件,发挥了对违法占用耕地行为特别是永久基本农田的惩处、警示和震慑作用。充分运用遥感技术加强对耕地保护的全天候监测,积极推进智慧耕地信息系统建设,监测监管的准确性和及时性进一步提高。

四是公众参与耕地保护的主动意识进一步增强。各地在加强耕地保护工作宣传的同时,加大基层耕地保护工作组织体系和管理方式的探索创新,如:浙江杭州、宁波、舟山等地积极推行村级土地民主管理模式,把实施耕地保护约束性和激励性调控纳入其中;宁夏中卫市构筑市、县(区)、乡、村组四级"地长制"组织体系,实行各级地长责任制,逐级签订目标责任书,将基本农田和耕地保护列入领导干部离任责任审计内容等。

(6) 耕地质量方面,以整治工程为依托落实三位一体

土地整治和高标准基本农田建设是落实"藏粮于地、藏粮于技"战略的重要抓手。根据经济社会发展状况和自然资源禀赋特点,各地积极探索土地整治多样化实施模式,构建多元化的投资机制,推动土地整治与多种要素的跨界融合,有力支撑了农业转型发展,彰显了土地整治"1+N"的综合效益,逐步形成了以"土地整治+"为主要方向的格局。

一是加快高标准农田建设。按照国务院确定的"十三五"确保建成4亿亩、力争建成6亿亩高标准农田目标,原国土资源部联合国家发展改革委、财政部、原农业部、水利部出台《关于扎实推进高标准农田建设的意见》等文件。根据农村土地整治监测监管系统的数据,2018年预计基本完成全年8 000万亩建设任务。全国累计建成高标准农田4.8亿亩,新增耕地2 400多万亩,整治后的耕地质量平均提高1到2个等级,农田产出率普遍提高10%~20%,新增粮食产能约440亿公斤。

二是统筹和引导资金用于土地整治和高标准农田等涉农建设。统筹财政资金,将"土地整治"纳入中央层面构建涉农资金大专项管理体系,明确在中央财政一般公共预算设立"土地整治工作专项",用于保障土地整治和高标准农田建设。此外还引导金融和社会资本参与到土地整治工程中。

三是加强耕地质量保护和提升。通过推进表土层剥离再利用,强化后期管护和监管,以提升耕地质量。连续两年在全国范围选择 300 个县开展耕地质量提升和化肥减量增效技术集成示范,已建成 600 多万亩示范片,2017 年示范县测土配方施肥技术覆盖率达 95% 以上,示范片土壤有机质含量提升 5% 以上,化肥用量减少 10% 以上。推进耕地轮作休耕。2017 年实施轮作 1 000 万亩,休耕 200 万亩。2018 年轮作休耕试点规模扩大到 2 400 万亩。

四是耕地质量监测和评价。主要通过完善调查评价标准体系和评价方法,构建了耕地质量和耕地产能两套评价指标体系和评价方式,协调推动《耕地质量调查监测评价规范》(行业标准)和《农用地质量调查监测评价规范》(国家标准)研究起草工作。此外通过推进耕地质量和产能试点,并完善监测网络,开展调查评价和成果更新发布,于 2009 年、2014 年、2016 年、2017 年年初发布了四期耕地质量等别评价成果。耕地质量等级调查评价被纳入《第三次全国土地调查总体方案》,按照标准开展相关调查工作。

1.4 耕地保护的形势与要求

1.4.1 耕地保护所面临的新形势[①]

改革开放 40 多年来,中国耕地资源保护压力主要来自建设占用、生态退耕和农业结构调整等。而进入新时代,美好生活的高要求、全球贸易争端的复杂性和气候变化的不确定性等新形势也将给耕地保护带来新矛盾。面对美好生活高要求、全球贸易复杂性和气候变化不确定性的新形势,新时代的耕地保

---

① 漆信贤,张志宏,黄贤金.面向新时代的耕地保护矛盾与创新应对[J].中国土地科学,2018,32(8):9-15.

护工作也面临着诸多不平衡不充分的新矛盾。

(1) 人民日益增长的美好生活需要对耕地保护的高要求

在2020年全面建成小康社会的基础上,我国提出了2035年基本实现现代化的战略目标。基于这两个目标所对应的美好生活需要,耕地保护面临着更高的要求。实现全面小康的人均GDP为1万美元,对标世界发达国家同等发展水平的人均食物需求量,较低的日本人均食物消费量为2 800千卡/天,较高的法国人均食物消费量为3 398千卡/天。2020年中国人口已达14.12亿人,此时的食物需求量为4.57亿~5.55亿吨,则中国需要有15.59亿~18.92亿亩耕地来保证全面小康水平每日能量供给的食物消费需求。

若2035年达到基本现代化,则中国人均GDP约3万美元,对标世界发达国家同等发展水平的人均食物需求量,较低的日本人均食物消费量为2 943千卡/天,较高的美国人均食物消费量为3 583千卡/天。根据《国家人口发展规划(2016—2030年)》,2030年人口达到14.5亿峰值,此时食物需求量为4.84亿~6.09亿吨,所需要的耕地面积为14.32亿~18.03亿亩。因此,无论是在全面小康水平还是在基本现代化水平所确立的美好生活目标,都对耕地保护提出了更高的要求。

(2) 气候变化的粮食生产影响效应对耕地保护的不确定性

气候变化是影响粮食生产的重要因素。纵观中国历代的衰败与政权波动都受降水量大幅下降而致使粮食无法满足需求的影响。[1] IPCC第五次评估报告指出,从20世纪50年代以来的气候变暖非常明显。[2] 然而,气候变化对于粮食产量影响存在较大的不确定性,不同区域的气候变化对于粮食产量具有不同的影响。北方地区温度升高有利于增加积温,延长生长期,提高复种指数,扩大粮食作物面积,从而有利于提高粮食产量;而南方地区温度升高会增

---

[1] 孔祥斌. 粮食安全:不能忽视耕地的作用——对茅于轼先生的"18亿亩红线与粮食安全无关"的回应[J]. 中国土地,2011(6):57-60.

[2] Intergovernmental Panel on Climate Change. Fifth Assessment Report(IPCC AR5)[R/OL]. (2014-11-01)[2018-06-25]. http://www.ipcc.ch/report/ar5/.

加病虫害的发生频率,造成土壤肥力下降以致减产。[1] 有科学家估计到2050年气候变暖将导致非洲和南亚地区的作物产量降低8%左右[2],而对中国来讲,在其他条件不变的前提下,未来中长期气候变化将导致中国粮食减产[3],温度上升1~2℃将会使水稻产量下降10%~20%[4]。

需要指出的是,一方面气候变化将导致中国耕地产能下降,但另一方面耕地资源又是有效应对气候变化的重要土地利用方式。生态学方面的研究成果表明,耕地资源具有极高的固碳潜力,可以有效调控二氧化碳排放量,中国的陆地生态系统可以吸纳全国27%~38%的二氧化碳排放量。[5] 从这个意义上讲,耕地红线不仅应对气候变化带来的粮食产量波动影响,同时还是管理和调控的固碳资源,所以,耕地红线也是应对和减缓全球气候变化不确定性的资源本底。

(3) 从美好生活需要来看,城市品质功能提升与耕地保护质量不平衡

随着中国人民对美好生活的追求和人类发展指数(Human Development Index,HDI)的提升,城市发展也将会面临更多的教育、医疗、文化等建设用地需求。[6] 为了从全球宏观层面上分析目前我国人均建设用地面积配置的合理性以及建设用地开发的潜力,同时为了反映国家或地区的经济、社会发展程度,收集了2015年世界各国或地区的城市人均用地面积和人类发展指数(HDI),以相对统一的尺度将中国和其他国家进行对比分析。

统计OECD的成员国数据得出,所有可得数据的34个国家(数据缺失的国家为斯洛伐克)人均城市建设用地面积的平均值为502.40 m^2,HDI均值为

---

[1] 尹朝静,李谷成,高雪.气候变化对中国粮食产量的影响——基于省级面板数据的实证[J].干旱区资源与环境,2016,30(6):89-94.
[2] Wheeler T, Von B J. Climate change impacts on global food security[J]. Science, 2013, 341(6145): 508-513.
[3] 陈帅,徐晋涛,张海鹏.气候变化对中国粮食生产的影响——基于县级面板数据的实证分析[J].中国农村经济,2016(5):2-15.
[4] 张建平,赵艳霞,王春乙,等.气候变化对我国华北地区冬小麦发育和产量的影响[J].应用生态学报,2006,17(7):1179-1184.
[5] 郧文聚.读懂总书记列的耕地保护"负面清单"[N].中国国土资源报,2015-6-2(3).
[6] 袁苑,宋娅娅,黄贤金.人类发展指数与全球城市用地增长[J].现代城市研究,2018(4):12-16.

0.92,均远高于世界平均水平。同时,HDI 排在前十名的国家均是发达国家,除了新加坡,其余 9 个国家人均城市建设用地面积均超过 300 m²,高于世界平均水平 269.12 m²,更高于中国的人均城市建设用地面积 196.68 m²。国土空间狭小的日本、韩国的 HDI 水平亦超过 0.90,且日本的人均城市建设用地面积为 253.04 m²,在中国之上。中国的城市功能品质提升,还有更高的城市建设用地面积的需求,特别是教育、医疗、文化等品质建设用地。而中国最强劲的经济发达区与最需要保护的优质耕地区在空间上高度重合,中国 83 个 50 万人以上的大中城市中有 73 个分布在全国 52 个优质耕地集中分布区域。①

城镇发展将依然是耕地占用的重要原因。据统计,2023 年全国共有城镇村及工矿用地 3 596.8 万 hm²②,由于大中城市的持续扩张以及小城镇建设的快速推进,预计 2035 年城镇村及工矿用地将达到 3 912.86 万 hm²,占用约 566.30 万 hm² 耕地。而城乡一体化过程中城镇村及工矿用地占用的耕地大部分为质量较好的耕地,按照《农业部关于全国耕地质量等级情况的公报》(农业部公报[2014]1 号),通过面积加权平均法计算得出全国平均的耕地等级为 5.11 等。假设城镇村及工矿用地占用的耕地平均为 2.5 等,根据耕地地力等级每减少一等,则单产下降 1 500 kg/hm² 计算,2035 年城镇村及工矿用地占用优质耕地 566.30 万 hm²,相当于平均产能耕地 826.67 万 hm²(即 1.24 亿亩)。

(4) 从农业技术进步来看,农业资源利用效率与耕地利用产出不充分

科技进步是确保粮食安全、实现农业可持续发展的重要保障和强大动力。2000—2013 年美国粮食单产年均增长速度已达 1.84%③,科技进步对粮食生产的贡献率为 80.25%。而 1985—2010 年中国粮食生产中的科技进步速度仅为 0.76%,科技进步对粮食生产的贡献率为 51.70%。④ 由此可见,农业科

---

① 郧文聚,张蕾娜. 新形势下永久基本农田划定的启示[J]. 农村工作通讯,2015(2):27-29.
② 自然资源部. 2023 年中国自然资源公报[N]. 中国自然资源报,2024-02-29(007).
③ 数据来源:USDA. https://www.ers.usda.gov/data-products/wheat-data.aspx.
④ 姜松,王钊,黄庆华,等. 粮食生产中科技进步速度及贡献研究——基于 1985—2010 年省级面板数据[J]. 农业技术经济,2012(10):40-51.

技进步对于中国耕地利用的粮食增产作用还不够充分。对照美国科技进步速率并考虑中国东中西部地区的差异,2035 年较 2010 年科技进步所带来的单产提升将可能达到 20% 左右,由于科技进步可以实现粮食增产 1.25 亿吨,即科技进步相当于增加了 2 273.33 万 hm² 的耕地面积(约为耕地总面积的 15%)。

中国农业技术进步与推广具有巨大潜力。据原农业部第二次全国土壤普查资料统计,中国有 1 866.67 万 hm² 可以开发利用的盐碱地,耐盐水稻目前已试种并推广成功。按照盐碱地产量 3 000~4 500 kg/hm² 计算,可增产粮食 0.84 亿吨,多养活约 2 亿中国人,这项技术也相当于新增 0.5 亿亩(即 333.33 万 hm²)当前平均产能的耕地面积。

(5) 从全球耕地利用来看,域外耕地利用拓展与海外耕地战略储备不充分

面对全球耕地利用格局,中国主动利用域外空间耕地资源还不够充分。全球 15 亿 hm² 尚未垦殖的土地中,约有 4.45 亿 hm² 适合开垦耕种。Land Matrix 统计资料显示,2005 年以后中国在海外耕地利用的投资迅速增长,仅 2005—2009 年 5 年时间增长了 100 万 hm²,而随后随着国际形势和投资动力变化而开始减少。其实,世界很多国家在海外都有耕地利用的战略性投资,截至 2019 年,美国已在海外投资的耕地数为 710.31 万 hm²,新加坡、马来西亚、印度、阿联酋、英国等国在海外耕地投资也均高于中国(图 1-28)。海外耕地

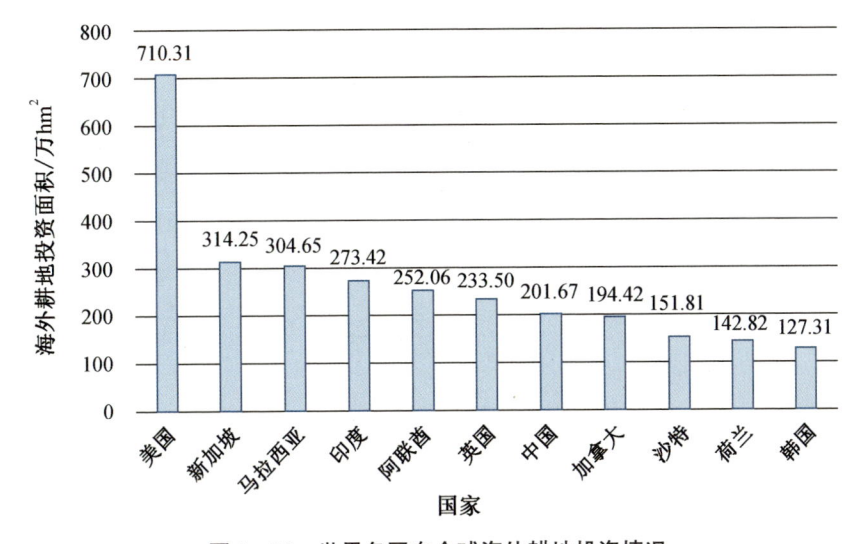

图 1-28 世界各国在全球海外耕地投资情况

投资也是中国应对国际农产品贸易争端的重要途径,对比其他投资国的耕地利用数量,中国还有较大的海外耕地战略储备空间。

1.4.2 新时代耕地保护的新要求

(1) 新时代耕地保护更重要的战略地位

保障粮食安全是治国安邦和维护社会长治久安的根本,面对"饭碗端在自己手里"[①]的巨大压力,中国政府明确提出"牢牢守住耕地红线,确保实有耕地数量基本稳定、质量有提升"。为了实现《中共中央、国务院关于加强耕地保护和改进占补平衡的意见》所提出的国家能够"确保谷物基本自给、口粮绝对安全",耕地保护在新时代承担着更加重要的战略地位。

"要像保护自己眼睛一样保护耕地"的重要论断一方面阐释了耕地资源的珍贵,另一方面也揭示了保护耕地资源的决心。从耕地资源的特殊战略地位来看,耕地是我国最为宝贵的资源,中国作为一个有14亿多人口的大国,粮食安全的特殊战略地位任何时候都不能动摇,耕地是国家粮食安全的根本保障,是农业发展和农业现代化的根基和命脉,人多地少的基本国情,决定了我国耕地资源的特殊重要性和战略性。耕地是农村改革发展稳定的基石,是重要的生产、生活、生态空间,耕地保护直接关系到广大农民的切身利益,关系到生态文明的建设,关系到经济社会持续健康发展,也关系到国家的长治久安[②]。

(2) 生态文明要求协调好耕地的生产和生态功能

中国人不断增长的高质量食物需求已经对中国的土地利用等环境问题造成了严重的影响[③]。随着生态文明建设的不断推进,耕地空间和功能面临着不平衡的矛盾。在空间上,面临着耕地污染和受损的冲突。全国有接近2 620万 hm^2 的耕地被污染,其中393.33万 hm^2 处于中重度污染。此外,还有426.67万 hm^2 耕地是位于25度以上的陡坡,有560万 hm^2 耕地位于东北、

---

① 习近平. 正确认识和把握我国发展重大理论和实践问题[J]. 求是,2022(10).
② 加强耕地保护改进占补平衡[N]. 中国国土资源报,2017-01-25(2).
③ He P, Baiocchi G, Hubacek K, et al. The environmental impacts of rapidly changing diets and their nutritional quality in China[J]. Nature sustainability, 2018, 1: 121-127.

西北地区的林区、草原的范围内,需要经过重新修复和休养生息才可能恢复用于正常的农业生产之中[①],即中国有1 380万 hm²(约10%)的耕地面积存在生态风险。

在生态文明的背景下,耕地保护还面临着生产功能和生态功能的冲突。1996年年底中国第一次土地详查到2003年7年中,全国耕地净减少666.67万 hm²(即1亿亩),其中生态退耕占62%。以2009年第二次全国土地调查结果为基准,2009—2016年全国(不包括港澳台地区)总计有22.07万 hm²耕地转变为生态用地,而且在全国分布广泛。随着生态文明建设的进一步推进,耕地的生产功能和生态服务功能用地的冲突依然存在,按照生态文明建设要求,到2035年将有800万 hm²耕地退耕还林、退耕还草、退耕还泊、退耕还湿。国家也高度重视轮耕休作以实现藏粮于地,在规模上和区域上都做了具体安排,2018年,中央财政安排了50亿元,试点面积200万 hm²。总的来说,在生态文明建设的要求下,未来中国还将面临耕地退耕、休耕或存在生态风险。

(3) 乡村振兴背景下设施农用地的需求

设施农用地是乡村振兴过程中农业农村发展的重要载体。《乡村振兴战略规划(2018—2022年)》提出统筹农业农村各项土地利用活动,乡镇土地利用总体规划可以预留一定比例的规划建设用地指标,用于农业农村发展。根据规划确定的用地结构和布局,年度土地利用计划分配中可安排一定比例新增建设用地指标专项支持农业农村发展。对于农业生产过程中所需各类生产设施和附属设施用地,以及由于农业规模经营必须兴建的配套设施,在不占用永久基本农田的前提下,纳入设施农用地管理。设施农用地的供给也是深化农村土地制度改革的重要举措。《中共中央、国务院关于实施乡村振兴战略的意见》提出在符合土地利用总体规划前提下,允许县级政府通过村土地利用规划,调整优化村庄用地布局,有效利用农村零星分散的存量建设用地;预留部分规划建设用地指标用于单独选址的农业设施和休闲旅游设施等建设。对利用收储农村闲置建设用地发展农村新产业新业态的,给予新增建设用地指标奖励。

---

① 2亿亩耕地存生态风险财政将年投数百亿治理[N].经济观察报,2014-04-04.

然而设施农用地政策需要进一步完善。据统计,从2009年到2017年中国的设施农用地规模整体上呈现出逐年增长的发展态势,总规模从2009年的68.27万公顷增长到2017年的98.50万公顷,净增长量30.23万公顷,年均增长3.78万公顷,年均增长率4.69%。2019年中央一号文件提出:严格农业设施用地管理,满足合理需求。2018年《国土资源部关于全面实行永久基本农田特殊保护的通知》禁止以设施农用地为名违规占用永久基本农田建设休闲旅游、仓储厂房等设施。设施农用地是乡村振兴的重要载体,但不能成为农地非农化的漏洞,需要进一步协调好设施用地需求与耕地保护的矛盾。

1.5 耕地保护的挑战与困境

1.5.1 国内矛盾:耕地红线管控与红线突破的矛盾

自1993年《全国土地利用总体规划纲要(草案)》首次提出18亿亩耕地红线以来,我国逐渐形成了最严格的耕地保护制度,但是耕地红线被一些做法变相突破。耕地保护红线与村民习俗、村庄治理力度形成矛盾。再如,目前设施农用地监管"两难困境"更加突出,需要关注大棚和"大棚房"问题以及"未批先用"或"批而未用"问题。农业大棚是重要的农业生产设施,但一段时间以来,各地出现了不少农业大棚被改建成私家庄园或旅游设施对外公开出售或出租。国家自然资源部会同农业农村部的调查显示,京津冀三地"大棚房"进行初步排查,发现违法建设项目2799个,涉及土地面积9869亩[1],"大棚房"占地70%是耕地,其中大部分是基本农田。2019年中央一号文件再次提出要巩固"大棚房"问题整治。"大棚房"是占用耕地特别是永久基本农田建设非农设施,触及了耕地红线保护与粮食安全,是改变了土地性质和用途的违法违规建设行为。

此外,耕地的生产功能和生态功能的冲突引发耕地保护红线和生态红线

---

[1] 杨勇."大棚房"屡禁不止三大问题应深思[J].农村工作通讯,2018,19:1.

的重叠。据统计,2017年全国自然保护区中处于核心区和缓冲区的耕地有2 609.62万亩,在生态文明建设背景下,这部分耕地将逐步有计划地退出自然保护区。遵从"山水林田湖草"生命共同体的理念,实行自然资源统一管理与新一轮的国土空间规划将进一步厘清耕地功能①。

1.5.2　国家战略:适应生态文明和粮食安全的保护需求

对于中国而言,之所以"要像保护大熊猫一样保护耕地",是因为我国人多地少,保护耕地是保障国家粮食安全战略的重要手段。对于保障国家粮食安全来讲,任何时候都要守住耕地红线,守住基本农田红线。要坚持数量与质量并重,严格划定永久基本农田,严格实行特殊保护。同样我国也将生态文明建设作为"五位一体"总体布局之一的重要战略。2015年9月国家发布的《生态文明体制改革总体方案》提出建立耕地草原河湖休养生息制度。在生态文明建设的背景下,耕地的休养生息是"藏粮于地"战略的实施路径,实现耕地休养生息,可以有效恢复自然生态系统和生态空间,更好地发挥资源的生态服务功能,为建设生态文明创造条件,也能够提高农产品质量,实现资源永续利用,保障国家粮食安全。但这也对粮食安全下的耕地保护提出了更高的要求。应加强对耕地休养生息休耕与轮耕的管理与规划,避免休耕变为弃耕的风险。

所以要应对粮食安全及生态文明建设等多重战略叠加的要求,耕地保护有强烈的分级保护需求。可以确定必保量及必保区域,如:基本农田及高标准农田等。确定应保量及应保区域,以适应日益增长的食物消费需求。确定可保量及可保区域,如耕地后备资源及25°以上坡耕地等,以满足生态文明、休养生息、耕地质量提升等需求,同时也可应对特殊时期开发及应急需要。

1.5.3　国际形势:国际贸易的不稳定性与耕地红线管控

国际贸易争端和世界孤立主义的抬头增加国际贸易的不确定性,随着中国粮食自给率的下降和我国农业结构的不平衡,需要重新思考耕地红线的管

---

① 张竞珂.基于FLUS模型的中国耕地资源时空格局演化趋向研究[D].南京:南京大学,2019.

控问题，适度融入全球化的粮食供应体系应是中国粮食安全的策略。在新全球化背景下，中国耕地保护也面临着三方面的压力。一是主要粮食进口严重依赖于少数国家，2012—2021年中国94%以上的大豆进口来自美国、巴西、阿根廷，90%以上的玉米进口来自美国和乌克兰，60%以上的大麦进口来自澳大利亚，但自2019年以来进口澳大利亚大麦占比逐渐降低，至2021年进口占比接近0，80%以上的高粱进口来自美国和澳大利亚（表1-8）。2018年中美贸易争端对农产品进口的限制也加大了国内粮食需求的压力。

表1-8 2012—2021年中国粮食进口来源国所占比重（%）

产品	主要进口国	2012	2013	2014	2015	2016	2017	2018	2019	2020	2021
大豆	美国、巴西、阿根廷	95.5	94.9	95.3	96.2	95.9	94.6	95.6	94.2	97.3	97.6
玉米	美国、乌克兰	98.2	94.2	76.6	91.2	91.1	91.3	92.1	93.0	94.2	99.0
大麦	澳大利亚	82.2	75.3	71.6	67.1	63.9	43.0	61.3	39.1	18.5	0
高粱	美国、澳大利亚	100	100	100	96.2	95.9	99.9	99.8	88.0	90.6	80.5

数据来源：联合国粮食及农业组织. FAOSTAT数据，https://www.fao.org/faostat/en/。

二是国内外粮食价差使得中国粮食消费持续依赖进口。以大豆为例，2014年价差高达947.2元/吨，并且2014年全球谷物库存消费比高达25.2%，价格跌至2010年以来的最低点。国际市场波动的短周期性与国内需求增长、价差扩大的中长期因素相叠加，进一步抑制了国内粮食生产动力。

三是粮食自给率持续下降。中国粮食自给率（包含豆类）从2002年的100%下滑到2016年的82.30%。一般认为，粮食自给率低于90%将存在粮食供给的风险。[1] 照此趋势，至2025年我国粮食自给率可能下降至80.1%，这对中国的粮食安全将是一个巨大的挑战。

1.5.4 空间错配：水土资源空间配置不协调限制粮食生产

2017年，我国耕地和灌溉面积主要分布在北方，分别占全国的65%和

---

[1] 唐华俊. 新形势下中国粮食自给战略[J]. 农业经济问题，2014,35(2):4-10.

59%,但其水资源总量占不到全国的 20%,南方地区非耕地每公顷水资源量为 49 065 m³,而北方地区只有 6 315 m³,前者是后者的 7.8 倍。在全国耕地每公顷水资源量不足 7 500 m³ 的 11 个省(区、市)中,北方地区占了 10 个。耕地每公顷水资源量超过 30 000 m³ 的 11 个省(区)中,北方地区仅有青海省 1 个。此外,截至 2015 年,我国可开垦 8 029.15 万亩耕地后备资源,主要集中在我国北方地区。

降水不仅是对农田的一种间断性的直接补给,也是农业水资源最基本的来源。在中国,年降水量大于 800 mm 的湿润带,主要是水稻产区,除降水直接提供作物生长需水外,仍需发展灌溉,在时间上补充雨水的不足。在年降水量为 400~800 mm 的半干旱、半湿润带,主要是小麦、棉花等旱作物产区,降水量多集中在 7—8 月,需调蓄汛期雨水所形成的地表径流,以供旱期灌溉之

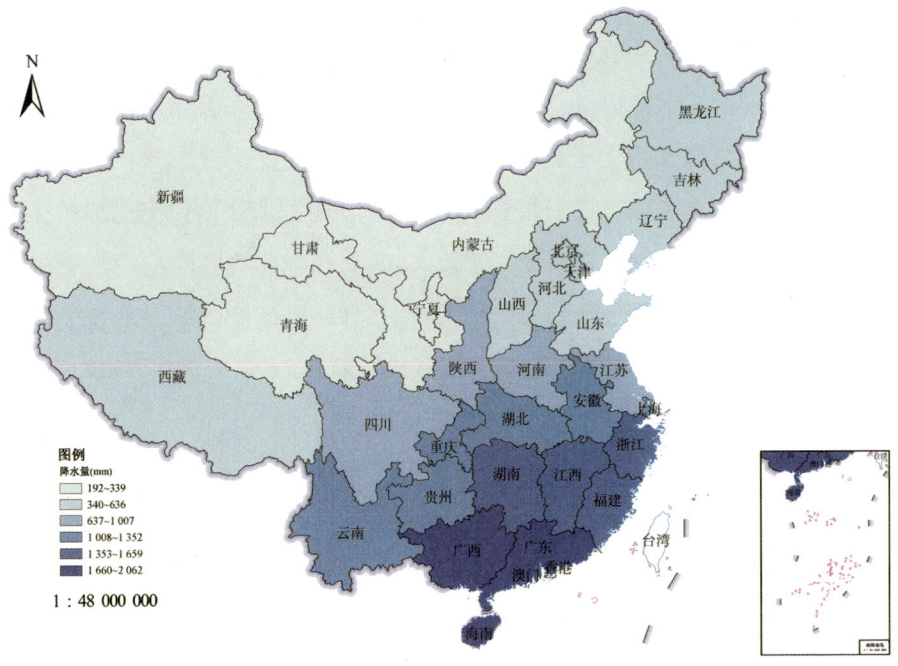

图 1-29 我国降水量省际空间分布分异图①

注:港澳台资料暂缺。

---

① 省际降水量数据来源于《2017 年中国水资源公报》。

用。中国西北干旱地带的年降水量为 200 mm,在这类地区没有灌溉就没有农业,须依赖于蓄水、引水或提水工程,以供给农业用水需要。

本研究以湿润度和水分盈亏量来划分评价水资源对耕地资源的影响,表征水资源对农业生产的直接影响。湿润度指数是衡量区域湿润程度的表示法,基本形式为地面收入水分(降水)与其支出水分(蒸发、径流)的比值;水分盈亏量是降水量与该区域同期参考作物潜在蒸散量之差(忽略地表径流、地下径流对水分盈亏量的影响)。

按照湿润度(干燥度)指数和水分盈亏量可将我国概括分为湿润、半湿润、半干旱和干旱地区,我国的干湿情况总体上呈现出从东南向西北递减的趋势,即从湿润区逐渐过渡到干旱区。

综合分析,水资源视角下的我国地理空间可划分成湿润地区、半湿润地区、半干旱地区和干旱地区。

湿润地区主要集中在我国秦岭—淮河一线以南的广大地区,还有零星分布在青藏高原的东南部边缘、三江平原的东部地区。这些区域降水量一般在 800 mm 以上,且降水量大于蒸散量。耕地以水田为主。

半湿润地区主要分布在东北平原大部、华北平原、黄土高原东南部和青藏高原东南部。这些区域年降水量变率较大,东北和华北地区降水多集中在夏季,因此旱患频率较高,甚至会发生旱灾,常有春旱。这些区域的土壤中有石灰质积聚,有些地方有盐渍作用,腐殖质含量较高,土体中矿质养分相当丰富,耕地大多是旱地,水田只分布在有灌溉的地区。

半干旱地区从东北向西南分布,包括内蒙古高原的中部和东部,黄土高原和青藏高原的大部。土体中一般有钙积层,盐渍化很普遍,耕地以旱地为主,农作物生长在很大程度上依赖灌溉条件,且收成不稳定。

干旱地区主要分布在我国西北内陆地区,包括塔里木盆地、准噶尔盆地、柴达木盆地、内蒙古西部和青藏高原西部地区,湿润度指数小于 -60,平均年降雨量小于 200 毫米,很多地区甚至小于 50 毫米,而蒸发量远远大于降水量。少数地区可依靠外来冰川融水补给水分,发展绿洲农业。

根据 2015 年 LUCC 数据,将耕地资源分为水田和旱地;依据作物生长期内所需水量将全国水分盈亏量划分成五个等级：重度缺水(≤-800 mm)、中度缺水(-800～-200 mm)、基本自给(-200～200 mm)、中度丰裕(200～800 mm)和高度丰裕(>800 mm)。而将水资源等级图与耕地资源叠加，可分析我国耕地资源与水资源空间分布的协调性。

对全国 31 个省市的农业需水量进行分析，可知，全国有 34.56% 的耕地资源是处于中度缺水的旱地，29.43% 的耕地资源与水资源可基本协调；中度丰裕及以上的耕地资源占 28.13%，其中中度丰裕、高度丰裕的水田分别占 11.53% 和 5.08%，中度丰裕、高度丰裕的旱地分别占 9.52% 和 2.00%；此外，全国仍有 2.19% 的水田处于中度及以上缺水的状态，主要分布在东北平原和华北平原，缺水严重的水田总量较多的省份有黑龙江省、辽宁省、河北省和吉林省，这些区域为实行旱改水主要依靠超采地下水来供给农业用水。

1.5.5 产能受限：农药化肥施用限制对产量提升的限制

国家统计局数据显示，2016 年结束了粮食产量的"十二连增"，全国粮食总产量 66 043.5 万吨(图 1-30)，2017 年粮食产量较 2016 年有所回升，而其

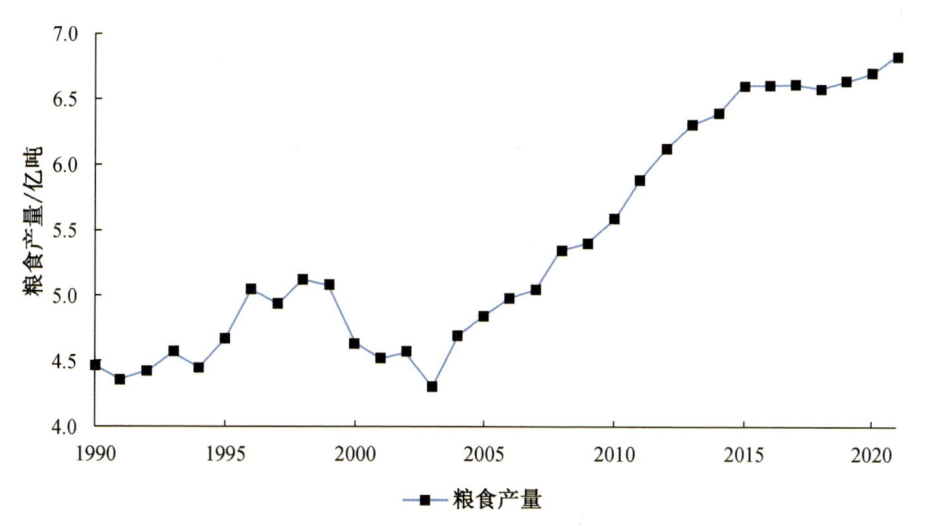

图 1-30 1990—2021 年中国粮食产量

数据来源：中国统计年鉴。

中化肥施用对粮食增产的贡献较大,大体在40%以上[①]。但是农药、化肥施用受限以及利用率不高,使得未来粮食产量增长有限。

虽然中国化肥、农药利用率持续提高,但与欧美等发达国家相比仍有不小的差距。2017年,中国农药用量已经实现连续三年减少,化肥用量连续两年减少,化肥利用率达到37.8%,农药利用率达到38.8%,比2015年提升2.2%,但是和欧美发达国家相比还有不小的差距。美国粮食作物氮肥利用率大体在50%,欧洲粮食作物氮肥利用率大体在65%,比中国高12至27个百分点。欧美发达国家小麦、玉米等粮食作物的农药利用率在50%至60%,比中国高11至21个百分点[②]。我国农药化肥不合理施用,使得农业面源污染严重,为此农业农村部于2015年启动化肥农药使用零增长行动,2020年已实现其目标。

农药化肥施用量减少,在一定程度上也限制了全国粮食单产的增加。通

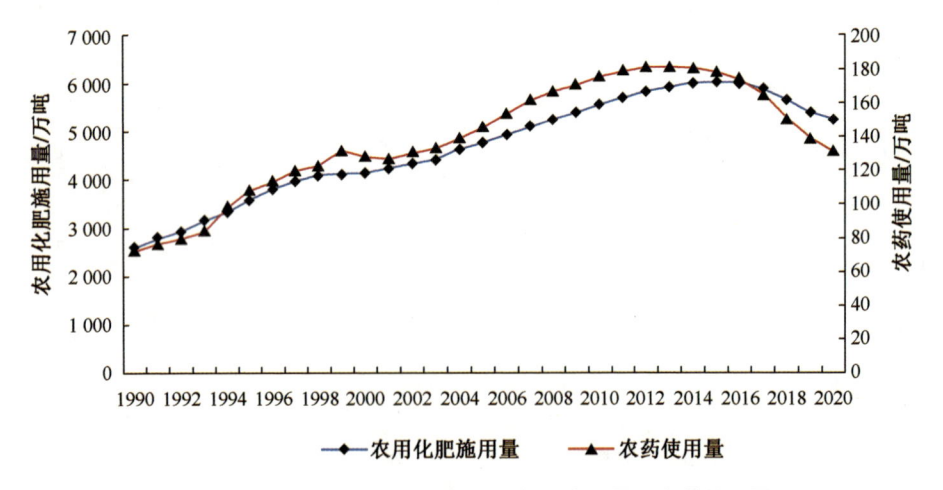

图1-31　1990—2020年中国农用化肥施用量及农药使用量

数据来源:中国统计年鉴。

---

① 农业部关于印发《到2020年化肥使用量零增长行动方案》和《到2020年农药使用量零增长行动方案》的通知[EB/OL].(2017-11-29)[2019-03-04]. http://www.moa.gov.cn/nybgb/2015/san/201711/t20171129_5923401.htm.

② 农业部:中国农药使用量已连续三年负增长[N].经济日报,2017-12-5.

过构建粮食产量的生产函数模型①,2020年化肥施用量实现零增长,要保证粮食产量维持6.5亿吨左右不变,需要保证播种面积维持现状不变。由于复种指数也基本稳定在1.1~1.2没有太大变化,需要保证现有的耕地面积以适应化肥农药施用限制对粮食产量的影响。

1.5.6　隐性危机:美好生活取向与隐性饥饿可能冲突

中国不仅面临着物质生活水平提升,需要有更多高质量的食物来保障国民的食物需求,还存在食物消费的隐性危机。国家卫计委发布的《中国居民营养与慢性病状况报告(2020年)》显示,随着物质生活水平的提升,我国城乡居民粮谷类食物摄入量保持稳定。总蛋白质摄入量基本持平,优质蛋白质摄入量有所增加,但是豆类和奶类消费量依然偏低。脂肪摄入量过多,平均膳食脂肪供能比超过30%。尤其是蔬菜、水果摄入量略有下降,钙、铁、维生素A、维生素D等部分营养素缺乏的现象依然存在。世界卫生组织(WHO)和联合国粮农组织(FAO)把膳食中缺乏维生素、矿物质称为"隐性饥饿"(Hidden Hunger)。根据FAO和中国农业科学院公布的数据,全世界有20亿以上的人遭受由微量营养素缺乏导致的"隐性饥饿",中国则有3亿,例如中国有2/3的人口存在不同程度的硒摄入不足②。

隐性饥饿带来的国民营养危机为粮食生产和供给带来了巨大的挑战,功能农业和营养强化可能是各个国家缓解隐性饥饿的有效措施之一③,而这同时也需要更多的高标准农业用地以及先进农业技术作为保障。

---

① $\log(\hat{Y})=-5.69+0.32\log(X_1)+1.26\log(X_2)-0.08\log(X_3)$,其中影响粮食生产($Y$)的主要因素有:农业化肥施用量($X_1$)、粮食播种面积($X_2$)、成灾面积($X_3$)。
② 全球约25亿人遭受"隐性饥饿"[N].光明日报,2003-4-22.
③ 梁龙,Ridoutt B G,谢斌,等.发展功能农业解决"隐性饥饿"[J].科技导报,2017,35(24):82-89.

1.5.7 宏观压力：经济投资拉动对于耕地保有的影响

宏观经济的调控和对内投资对于建设占用耕地有显著的影响。[①][②] 如图1-32所示，1997年以后，随着开发区热和房地产热，年均固定资产投资从1997—2005年的4.6万亿元/年，增加到2011—2015年的44.1万亿元/年，增长了8.6倍。与此同时，年均建设占用从1997—2005年的20.4万公顷/年，增加到2011—2015年的30.3万公顷/年，超过了1991—1996年的29.4万公顷/年。

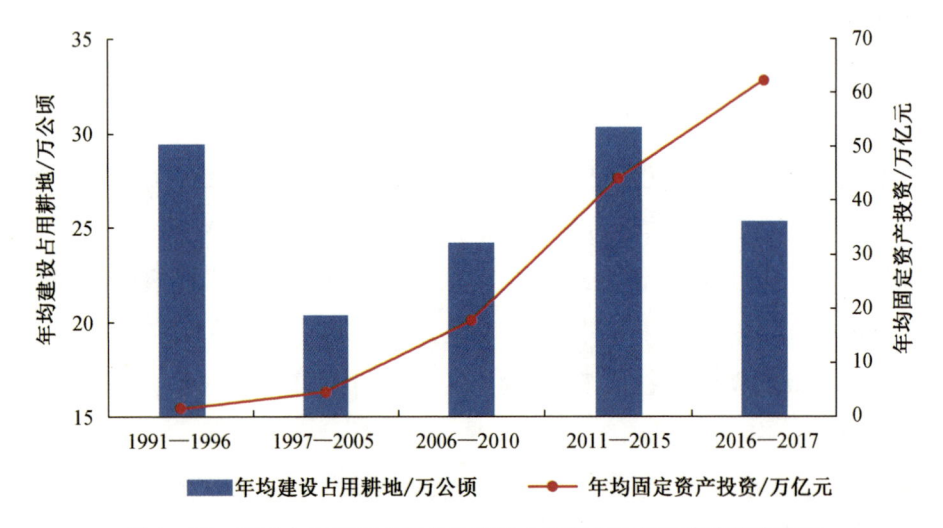

图1-32　1991—2017年中国年均建设占用与年均固定资产投资变化

运用脱钩分析，对固定资产投资对建设占用的影响进行分析。从全国来看，2003—2007年呈现强脱钩的关系，2007—2010年固定资产投资和建设占用耕地呈现扩张性负脱钩的关系，说明2008年年底的四万亿扩大内需投资计划对建设占用耕地起到了较强的增进作用。2012—2014年逐渐减缓为弱脱钩，2014年以后又恢复了强脱钩关系。

---

①　陆汝成，黄贤金. 中国省域建设占用耕地时空特征及空间弹性分析[J]. 资源与产业，2011，13(6):39-44.

②　李效顺，郭忠兴，曲福田，等. 城乡建设用地变化的脱钩研究[J]. 中国人口·资源与环境，2008，18(5):179-184.

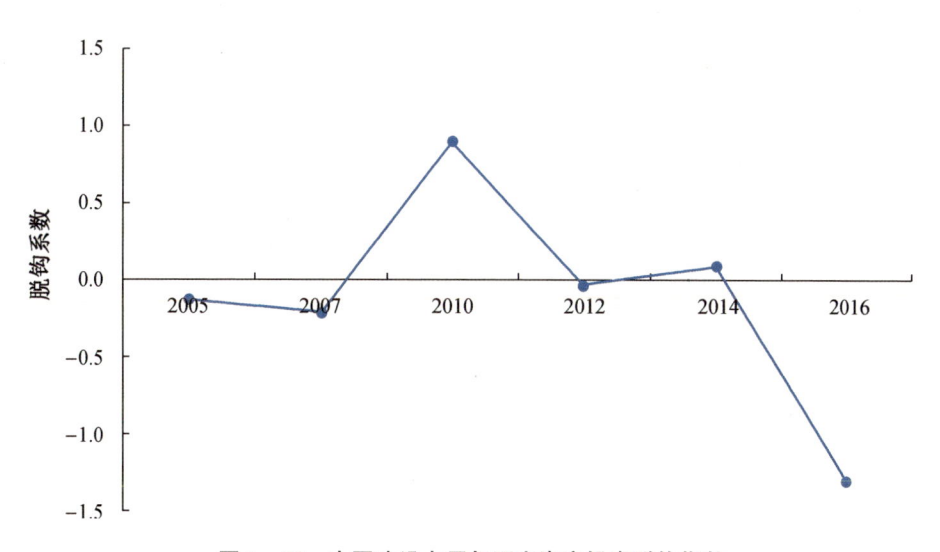

图 1-33　中国建设占用与固定资产投资脱钩指数

然而,固定资产投资对于建设占用耕地的影响存在较强的区域差异,国家投资计划对于中西部及东北地区的影响较大,对于东部地区的影响稍弱。从各个区域来看,受国家重大投资的影响,东部地区仅从 2003—2007 年的强脱钩转变为 2007—2010 年的弱脱钩,而中西部地区和东北地区转变为扩张性负脱钩,其中对于西部地区的影响较大,脱钩系数最高为 1.23。2010 年以后,东部地区率先恢复到强脱钩,而中西部及东北地区明显滞后东部地区。东北地区到 2012 年恢复到强脱钩,中西部地区到 2014 年才恢复到强脱钩。

表 1-9　全国各个地区脱钩关系

地区	2003—2005 年	2005—2007 年	2007—2010 年	2010—2012 年	2012—2014 年	2014—2016 年
东部地区	强脱钩	强脱钩	弱脱钩	强脱钩	弱脱钩	强脱钩
中部地区	强脱钩	弱脱钩	扩张性负脱钩	弱脱钩	弱脱钩	强脱钩
西部地区	弱脱钩	强脱钩	扩张性负脱钩	弱脱钩	弱脱钩	强脱钩
东北地区	强脱钩	扩张性负脱钩	扩张性负脱钩	弱脱钩	强脱钩	强脱钩

第 2 章 / 面向 2035 年的粮食需求与耕地数量需求

按照科学性、可行性、创新性原则,本章运用系统工程思想,对中国耕地保护形势与供需问题进行分析和诊断,探究新形势下中国耕地保护目标,做出耕地保护量化关系表达和底线预警,可以为政府部门保障粮食安全提供新思路和决策参考。

2.1 研究方法及技术路线

在指标和参数方面,耕地保护需求主要从用粮的六大需求选取相应的指标和参数;在算法方面,主要采用时间序列趋势预测法及相关专家的预测观点比较;数据主要来源于中国统计年鉴、联合国粮农组织、农业农村部等(表 2-1)。

研究主要采用分项计算的方式,首先计算六大类用粮需求,然后按照满足口粮需求、满足基本食物用粮需求和满足全口径用粮需求的目标,分类加总,对应反推满足口粮的耕地需求、满足基本食物用粮的耕地需求和满足全口径用粮的耕地需求。

基于现有的研究数据、参数、算法形成了耕地保护需求研究的技术路线(图 2-1)。整体思路为通过粮食需求反推耕地保护需求。需说明的是,研究测算了三种粮食需求情况下对应的耕地需求,其中口粮需求即六大类用粮中口粮的测算量,基本食物用粮需求即六大类用粮中口粮和饲料粮测算量之和,

第 2 章　面向 2035 年的粮食需求与耕地数量需求

表 2-1　耕地保护需求主要研究方法

计算内容	相关指标及参数	主要算法		参数及数据来源
		推算（公式）	结果	
口粮	人均谷物、薯类、豆类消费			《中国统计年鉴》(2015—2017 年)
	常住人口	城镇人口①＝城镇化率①×人口 城镇人口②＝城镇化率②×人口 城镇人口③＝城镇化率③×人口 城镇人口$_{max}$＝max(城镇人口①、城镇人口②、城镇人口③) 对应农村人口$_{min}$＝人口－城镇人口$_{max}$ 城镇人口$_{min}$＝min(城镇人口①、城镇人口②、城镇人口③) 对应农村人口$_{max}$＝人口－城镇人口$_{min}$	口粮需求量$_{(上限、下限)}$＝粮食需求量(扣除豆类)＋豆类需求量＝城镇人口×城镇人均粮食消费(扣除豆类)＋城镇人口×城镇人均豆类消费＋农村人口×农村人均粮食消费(扣除豆类)＋农村人口×农村人均豆类消费	2030 年的人口预测来源于《国家人口发展规划(2016—2030)》，其余年份的人口预测来源于卫计委 2003 年和 2016 年的预测结果
	城镇化率			城镇化率①:2030 年及以前的城镇化率采用《国家人口发展规划(2016—2030 年)》，2030 年及以后的城镇化率采用贺雪峰提出的"城镇化率上升到 70%就保持不变"的观点；城镇化率②:United Nations, 2012；城市化率③:中国科学院中国现代化研究中心，2006
饲料粮	猪肉产量	时间序列预测法:$y=ax+b$ 发达国家经验表明，当人均 GDP 超过 15 000 美元后，植物性食物消费量将逐步增加，而动物性食物消费量则稳步减少。2030 年左右我国将实现人均 GDP 15 000 美元。因此，2030 年以后的产量均视为稳定不变	豆类＝豆粕需要量(猪饲料豆粕含量 15%、家禽饲料豆粕含量 20%)÷(1－15%(国家大豆平均出油率))	《中国统计年鉴》(2006—2017 年)
	牛肉产量			
	羊肉产量		饲料粮需求量$_{(上限、下限)}$＝粮食需求量(扣除豆类)＋豆类消耗量＝猪肉产量×猪肉饲料粮消耗系	
	禽肉产量			
	禽蛋产量			

(续表)

计算内容	相关指标及参数	主要算法		参数及数据来源
		推算（公式）	结果	
	牛奶产量	猪肉 2.2，禽肉 1.8，牛肉 2.5（散养系数×67%＋规模化养殖系数×33%），羊肉 2.92（散养系数×67%＋规模化养殖系数×33%），水产品 1.1，蛋 1.7，奶 0.4	禽肉产量×（1－15%＋15%÷85%）＋禽肉产量×禽肉饲料粮消耗系数×（1－20%＋20%÷85%）＋∑其他产量×对应饲料粮消耗系数	《全国农产品成本收益年鉴》（2016年，中国工程院重大咨询项目"中国养殖业可持续发展战略研究"）
	养殖水产品产量			骆建忠，2008；胡小平，2010；吴青劭，2010
	饲料粮消耗系数			
工业用粮	/	工业用粮每年增长保持常态	年均增长 150 万吨	余波等，2008；骆建忠，2008
种子用粮	/	种子用粮占粮食需求量的 2%~3%	1 200 万吨/年	联合国粮农组织
库存用粮		国际警戒线 18%	库存用粮＝粮食年消费量×10%	农业农村部
粮食损耗	收割损失	粮食在收获过程中其固定损失率为 5.5%，其中收割损失率为 1.5%，脱粒损失率为 2%，干燥过程损失率为 2%	350 亿公斤/年	农业农村部
	存储损失	农户存储损失（占存储损失的 8%）＋国家粮库损失固定值	275 亿公斤/年	中储粮
	运输损失	粮食在运输过程中的额定损失率为 5%	75 亿公斤/年	

(续表)

计算内容	相关指标及参数	主要算法		参数及数据来源
		推算（公式）	结果	
耕地需求	复种指数	时间序列法：$y=ax+b$ 考虑今后轮作休耕政策实施的进一步展开和生态文明意识的提升，复种指数在时间序列预测的基础上考虑两种情景	复种指数①：1.2 复种指数②：1.1	遥感影像数据，《中国统计年鉴》(1999—2017年)
	单产	粮食作物（除豆类）在科技进步的影响下，粮食作物更新换代1次一般是10年左右，每次增产幅度在10%以上，即年均单产上升1%；豆类：产量远小于其他粮食作物，每年较稳定	粮食作物单产（扣除豆类）=上一年度单产×1.01% 豆类单产：1 800公斤/公顷	《中国农业科学技术政策》，北京：中国农业出版社，卢布等，2005；《中国农业年鉴》(1999—2017年)
	粮食作物比	时间序列法：$y=ax+b$ 设定逐年下降和保持不变两种情景	粮食作物比①：68%（保持不变） 粮食作物比②：年均下降0.06%	《中国统计年鉴》(1999—2017年)

全口径用粮即六大类用粮测算量之和。在此基础上，从基本食物用粮需求中可以反推出耕地必保量和耕地应保量，分别对应基本食物用粮需求的下限和上限。从全口径用粮需求中可以反推出耕地可保量，对应全口径用粮下限。

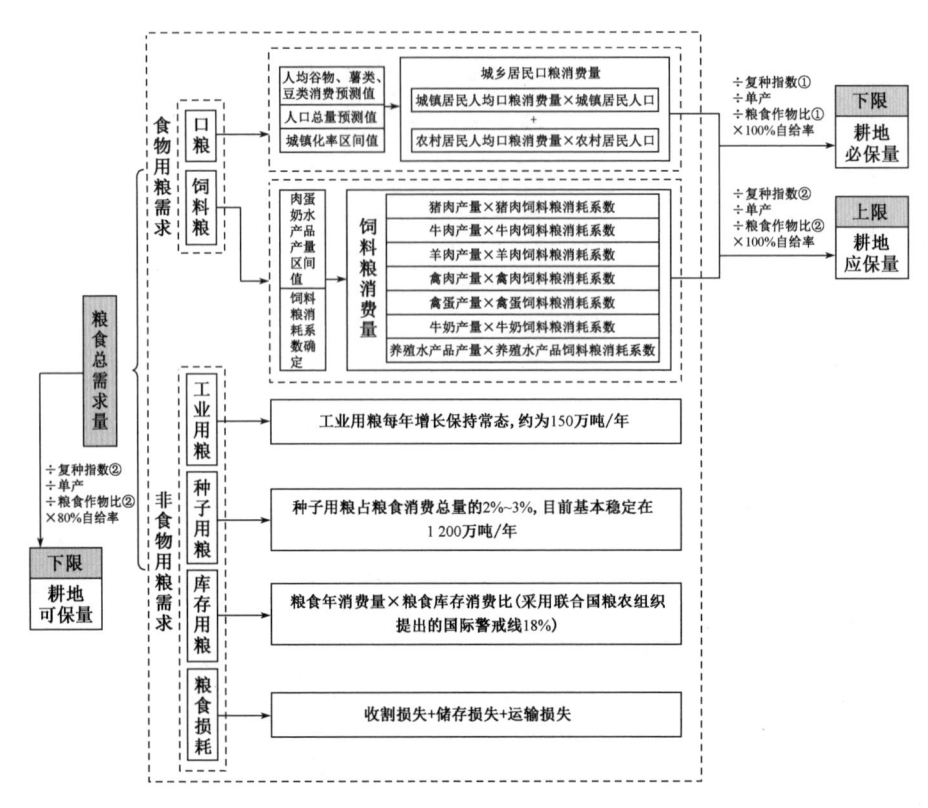

图 2-1　粮食需求量及耕地需求量计算技术路线图

2.2　粮食需求

2.2.1　我国食物消费结构及其发展

从主要农产品的产量来看，稻谷、小麦、玉米在保持多年增产的情况下产量开始保持平稳，已经达到了人民美好生活的需求，而豆类和薯类一直以来产量平稳,维持着人民的美好生活①。蔬菜和水果的产量逐年增加,年平均增长率分别为3.87%和7.74%,未来还将继续保持增长,随着人民美好生活水平的提高,蔬菜和水果的需求将对耕地的保有带来更大压力。从畜牧产品和水产品的产量来看,猪肉产量在经历了长时间增长之后在2014年开始减少,未来人民生活对于猪肉的需求也将逐步趋于稳定,水产品产量保持4%左右的增速逐年增加,未来一段时间也将持续增加,牛肉、羊肉和水产品的饲料用粮将在未来一段时间形成耕地的压力。从中国人均肉类消费结构变化来看,虽然2014年后猪肉的消费比重在逐渐下降,但我国人均肉类消费中猪肉所占的比重较大,占肉类消费总量的60%左右;虽然我国牛羊肉消费量还不到肉类消费总量的20%,但牛羊肉的消费比重在逐年上升,说明还有较大的发展潜力和调整空间;禽肉的消费比重增长很快,禽肉消费量的增长也最快②。因此,对于我国居民消费者而言,猪肉始终是肉类消费的主体,其次就是禽肉消费③。

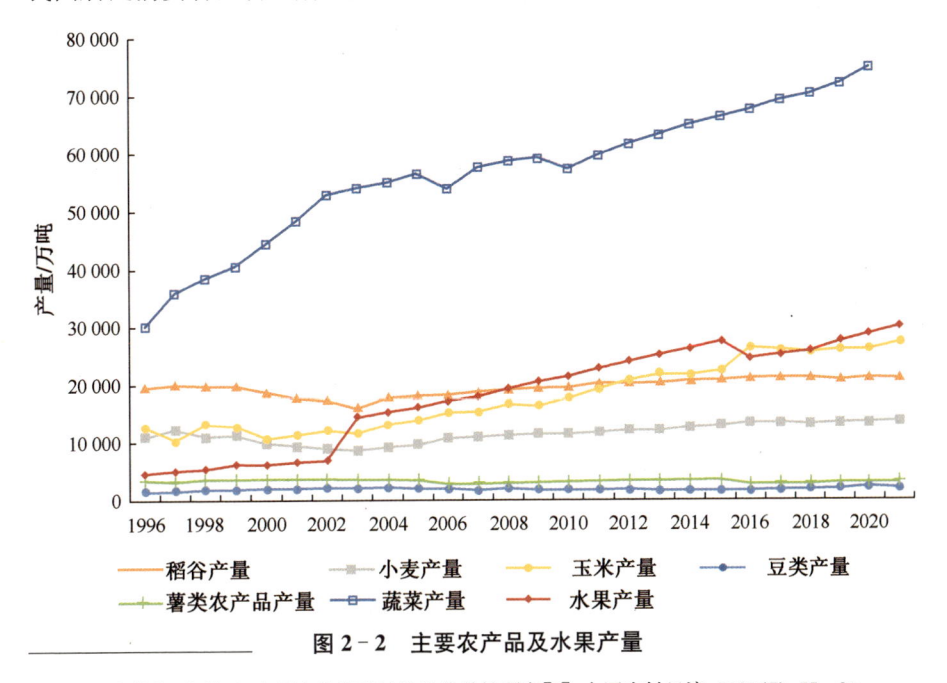

图 2-2　主要农产品及水果产量

---

① 全世文,张慧云.中国食物消费结构的收敛性研究[J].中国农村经济,2023(7):57-80.
② 许菲,白军飞,李雷.食物价格对改善居民膳食结构及降低水资源需求的作用机制[J].资源科学,2021,43(12):2490-2502.
③ 汪美红,胡向东,赵殷钰,等.全面建成小康社会对农村居民肉类消费的影响——基于中国农村微观经济数据的实证研究[J].中国农业资源与区划,2021,42(8):118-128.

图 2-3　畜牧产品及水产品产量

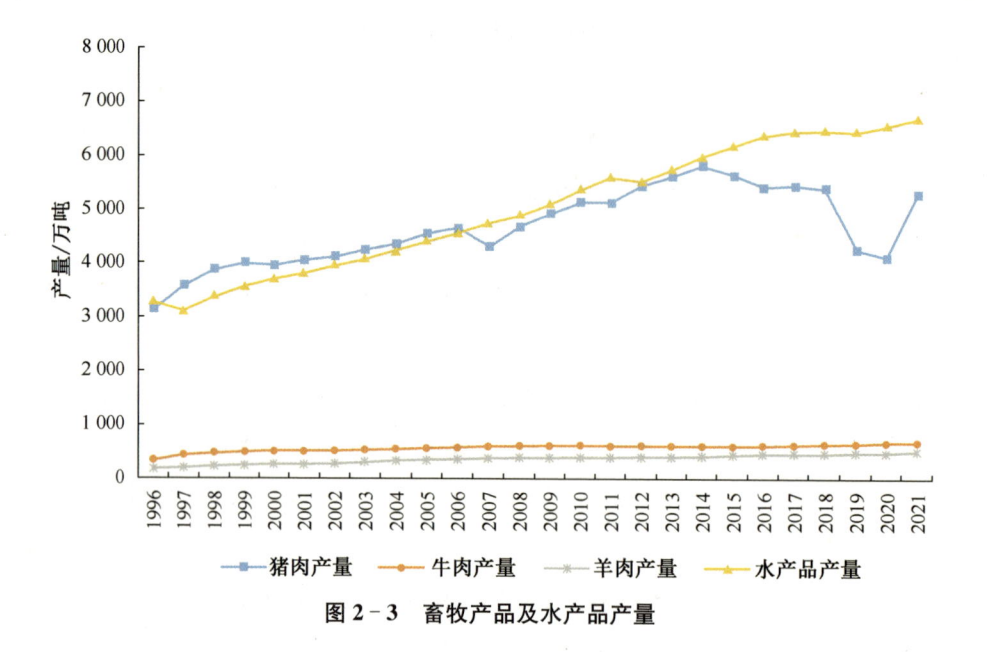

表 2-2　中国人均肉类消费结构变化（千克/人，%）

年份	猪肉	占比	牛羊肉	占比	禽蛋	占比
2000	31.8	56.9%	6.4	11.4%	17.7	31.7%
2001	32.8	56.8%	6.6	11.4%	18.3	31.7%
2002	33.7	56.3%	7.0	11.7%	19.2	32.0%
2003	35.0	55.7%	7.6	12.2%	20.2	32.1%
2004	33.4	57.1%	6.9	11.7%	18.2	31.2%
2005	34.8	57.6%	7.0	11.6%	18.6	30.8%
2006	35.4	58.0%	7.2	11.8%	18.4	30.2%
2007	32.5	54.9%	7.5	12.7%	19.1	32.4%
2008	34.8	55.6%	7.5	11.9%	20.3	32.5%
2009	36.6	56.5%	7.7	11.8%	20.6	31.7%
2010	37.8	57.1%	7.8	11.8%	20.6	31.1%
2011	37.5	56.8%	7.7	11.7%	20.8	31.5%
2012	39.3	57.6%	7.8	11.4%	21.1	30.9%
2013	40.2	58.2%	7.9	11.4%	21.0	30.4%

(续表)

年份	猪肉	占比	牛羊肉	占比	禽蛋	占比
2014	41.2	58.6%	8.1	11.5%	21.0	29.9%
2015	39.7	57.0%	8.2	11.8%	21.7	31.2%
2016	39.0	56.2%	7.7	11.1%	22.7	32.7%
2017	38.9	56.5%	7.9	11.5%	22.1	32.1%
2018	38.4	56.0%	8.0	11.6%	22.3	32.4%
2019	30.2	48.8%	8.2	13.2%	23.5	38.0%
2020	29.1	47.0%	8.2	13.3%	24.6	39.7%
2021	37.5	53.4%	8.6	12.2%	24.1	34.4%

2.2.2 现代化国家或地区食物消费发展及其借鉴

中共十九大报告提出在2020年实现全面小康，2035年基本实现现代化。对照这样两个目标，以实现人民的美好生活，需要有相应的耕地保有量作为基本保障。2020年中国已实现全面小康（人均1万美元），对标世界发达国家，跨越1万美元小康线的时间和基于国情的人均粮食需求量均不同[①]。对标较低的日本人均粮食消费量为2 800 kcal/天和较高的法国人均粮食消费量为3 398 kcal/天，可分别换算为322公斤粮食/(人·年)和391公斤粮食/(人·年)，2020年人口已达到14.12亿人，此时的粮食需求量为4.57亿～5.55亿吨，根据折算的粮食作物单产、耕地复种指数和粮食作物比可得[②]，需要有15.59亿～18.92亿亩耕地来保证国民小康水平的粮食需求。

按照从2021年到2035年年均增长5%，价格指数2%，假定汇率不变测算，到2035年我国现价国内生产总值将达到290万亿元（约合43.6万亿美元），人均20.6万元（约合3万美元），届时可以达到中等发达国家水平，实现

---

① 姚万军.经济增长与粮食需求：国际经验及对中国的启示[J].社会科学辑刊，2016(2)：94-101.

② 单产、耕地复种指数和粮食作物比的预测具体在2.5.1。

基本现代化①。对标较低的日本人均粮食消费量为 2 900 kcal/天和较高的美国人均粮食消费量为 3 652 kcal/天,可分别换算为 334 公斤粮食/(人·年)和 420 公斤粮食/(人·年),根据卫计委 2003 年和 2016 年的人口预测可知,预计到 2035 年我国人口达到 14.47 亿人,此时的粮食需求量为 4.84 亿~6.09 亿吨,根据折算的粮食作物单产、耕地复种指数和粮食作物比可得②,需要有 14.32 亿~18.03 亿亩耕地来保证国民中国式现代化水平的粮食需求。

表 2-3 中国同发达国家的发展情况对比及美好生活所需耕地保障

国家	全面小康		基本现代化	
	人均 GDP 为 10 000 美元		人均 GDP 为 30 000 美元	
日本	1984 年	2 800 kcal/天	1992 年	2 900 kcal/天
韩国	1994 年	2 980 kcal/天	2018 年	3 333 kcal/天
法国	1979 年	3 398 kcal/天	2004 年	3 547 kcal/天
英国	1986 年	3 213 kcal/天	2003 年	3 417 kcal/天
美国	1978 年	3 233 kcal/天	1996 年	3 652 kcal/天
中国	2020 年	11 400 美元	2035 年	32 200 美元
	至少需要耕地 15.59 亿~18.92 亿亩		至少需要耕地 14.32 亿~18.03 亿亩③	

对照发达国家在全面小康和基本现代化水平的人均粮食消费量,计算出中国保证国民粮食需求的情况下要实现全面小康和基本现代化、中国式现代化的美好生活所需要的耕地保有量,从中可以看出,需要保有一定的耕地规模。

但由于体质差异以及膳食结构、习惯等方面的差异,同样发达水平的国家对于食物所提供的能量需求存在较大的差异性④。但要实现美好生活,需要坚持一定的耕地保有规模。

---

① 黄贤金.自然资源经济学(第三版)[M].北京:高等教育出版社,2021.
② 单产、耕地复种指数和粮食作物比的预测具体在 2.5.1.
③ 基本现代化情况下耕地保有量少于全面小康情况下耕地保有量的主要原因是人口的减少。
④ 王雪,祁华清.新时代中国居民食物消费结构变化与中国食物安全[J].农村经济与科技,2021,32(1):104-107.

2.2.3 我国人口发展与食物消费需求

一般来说,中国粮食需求可以分为两大类和六大用途。两大类是指食物用粮和非食物用粮,其中,食物用粮指直接和间接满足人们食物消费需求的粮食,又可分为口粮和饲料用粮两大用途[①],非食物用粮主要分为种子用粮、工业用粮、库存用粮和粮食损耗四大用途。中国的粮食需求结构由口粮、饲料用粮、工业用粮、种子用粮、库存用粮和粮食损耗这六种用途构成,本书分别计算100%自给率下六种用途粮食需求量。

(1) 城乡居民口粮

① 城乡居民人口估计

2021年,中国城镇人口约为9.1亿人,农村人口约为5.0亿人。到21世纪中叶,中国城镇化率也将持续推进,不同机构对我国人口和城镇化率预测如表2-4所示。由此估计到2025年,城镇人口为9.39亿~9.46亿人,农村人口为5.02亿~5.09亿人;到2030年,城镇人口为9.96亿~10.15亿人,农村人口为4.35亿~4.54亿人;到2035年,城镇人口为10.13亿~10.38亿人,农村人口为4.09亿~4.34亿人;到2050年,城镇人口为9.66亿~11.15亿人,农村人口为2.65亿~4.14亿人。

表2-4 21世纪中国人口、城镇化率和城乡人口估算

项目	2025	2030	2035	2040	2050
人口(亿)	14.48	14.50	14.47	14.35	13.80
城镇化率(1)	65.0%	70.0%	70.0%	70.0%	70.0%
城镇化率(2)	64.9%	68.7%	71.1%	73.4%	77.3%
城镇化率(3)	65.3%	69.4%	71.8%	74.1%	80.8%
城镇人口(1)(亿)	9.41	10.15	10.13		9.66
城镇人口(2)(亿)	9.39	9.96	10.28		10.67
城镇人口(3)(亿)	9.46	10.06	10.38		11.15

---

① 王少芬.国际粮价波动及对中国粮价传导效应研究[D].泉州:华侨大学,2015.

(续表)

项目	2025	2030	2035	2040	2050
农村人口(1)(亿)	5.07	4.35	4.34		4.14
农村人口(2)(亿)	5.09	4.54	4.19		3.13
农村人口(3)(亿)	5.02	4.44	4.09		2.65

注:2030年的人口预测来源于《国家人口发展规划(2016—2030年)》,其余年份的人口预测来源于卫计委2003年和2016年的预测结果①。城镇化率(1):2030年及以前的城镇化率采用《国家人口发展规划(2016—2030年)》,2030年及以后的城镇化率采用贺雪峰提出的"城镇化率上升到70%就保持不变"的观点;城镇化率(2):United Nations,2012;城市化率(3):中国现代化战略课题研究组,中国科学院中国现代化研究中心,2006。2025年的城镇化率取2020年和2030年的平均值。

② 城乡居民口粮消费

口粮消费主要包括谷物、薯类和豆类三种,由于豆类单产与谷物、薯类相差较大,因此在计算城乡居民口粮消费时,将单独计算其中的豆类需求量②。结合《中国统计年鉴》(2015—2017年)中的相关数据,2015—2017年城镇居民每人每年消耗粮食(除豆类外)102.8公斤、消耗豆类9.1公斤,农村居民每人每年消耗粮食(除豆类)150公斤、消耗豆类7.3公斤。若城乡居民人均消耗粮食保持现状水平不变,根据前文估算的未来城乡人口数量(由于城镇化率不同导致城镇、农村人口不同,因此计算粮食需求时均是一个区间范围),可以计算得到未来城乡居民的口粮消费量,如表2-5所示。

表2-5 中国城乡居民口粮消费估计(万吨)

		粮食(扣除豆类)	豆类	粮食消耗总计
2020年	下限	17 198	1 190	18 388
	上限	17 279	1 193	18 472
2025年	下限	17 255	1 226	18 481
	上限	17 288	1 227	18 515

---

① 资料来源:http://news.10jqka.com.cn/20160308/c588399904.shtml。
② 杨明智,裴源生,李旭东.中国粮食自给率研究——粮食、谷物和口粮自给率分析[J].自然资源学报,2019,34(4):881-889.

(续表)

		粮食(扣除豆类)	豆类	粮食消耗总计
2030 年	下限	16 959	1 238	18 197
	上限	17 049	1 241	18 290
2035 年	下限	16 806	1 239	18 044
	上限	16 924	1 243	18 167
2050 年	下限	15 437	1 194	16 632
	上限	16 410	1 208	17 619

综上所述,受城乡人口数量变化和居民食物消费结构变化等因素影响,2025 年,中国城乡居民口粮消费总量约为 1.85 亿吨的水平,其中豆类消费量约为 0.12 亿吨[①];2030 年,中国城乡居民口粮消费总量将下降到 1.82 亿~1.83 亿吨的水平,其中豆类消费量约为 0.12 亿吨;2050 年,中国城乡居民口粮消费总量将下降到 1.66 亿~1.76 亿吨的水平,其中豆类消费量约为 0.12 亿吨(见表 2-5)。

(2) 饲料用粮

随着居民生活水平的不断提升,肉蛋奶水产品等消费所需要的饲料粮消耗成为我国粮食消耗的主要构成[②]。与对城乡居民口粮消费量的估计不同,饲料粮消耗量难以通过国家统计局相关年鉴公布的数据直接来估计。为了简化起见,本书参照谢高地等[③]、李国祥[④]等人的研究,采用《全国农产品成本收益年鉴》(2016 年)[⑤]中畜产品和水产品生产的饲料粮消耗量估算出主产品饲料粮消耗系数,并结合全国畜产品和水产品产量数据,对饲料粮消耗量进行估计。依据 2016 年《全国农产品成本收益年鉴》,中等养殖规模猪肉、鸡肉单位产品耗粮数量分别为 2.20、1.80;牛、羊散养单位产品耗粮数量分别为 1.51、

[①②④] 李国祥.2020 年中国粮食生产能力及其国家粮食安全保障程度分析[J].中国农村经济,2014(5):4-12.

[③] 谢高地,成升魁,肖玉,等.新时期中国粮食供需平衡态势及粮食安全观的重构[J].自然资源学报,2017,32(6):895-903.

[⑤] 国家发展和改革委员会价格司.全国农产品成本收益资料汇编[M].北京:中国统计出版社,2016.

2.13，参考中国工程院重大咨询项目《中国养殖业可持续发展战略研究》，牛、羊规模化养殖单位产品耗粮数量均为4.51，牛羊规模化养殖比重按33%计，牛、羊综合养殖单位产品耗粮分别为2.50、2.92；水产品、蛋类、奶类中等规模单位产品耗粮分别为1.10、1.70、0.40。

　　班尼特法则认为，随着人们收入的增加，购买力不断增强及食物消费选择范围扩大，食物消费更多转向非必需品，即谷物类食物消费将会减少，而肉蛋奶等食物消费成为主要选择，进而引起淀粉等食物的热量比例有所减少[1]。根据美国和日本的经验来看，在人均GDP处于5 000~10 000美元的经济社会发展关键转型期中，动物性食物在人们膳食结构中占有重要地位，主要表现在用于动物性食物的消费支出增加、动物性食物消费量呈明显增加态势。但是，当人均GDP超过15 000美元后，植物性食物消费量将逐步增加，而动物性食物消费量则稳步减少，二者形成较为明显的"喇叭口"走势，且有扩大的趋势。研究指出[2]，我国有望在2030年前后实现人均GDP 15 000美元。因此，后文在估算我国肉类、禽蛋产量时，将2030年及以后的产量视为稳定不变。

　　2020年，中国猪肉产量为4 113.3万吨，按照饲料粮消耗系数2.2估算，生猪养殖消耗饲料粮大约9 049.3万吨。2000年以来，我国猪肉产量整体呈增长趋势，在2010年突破5 000万吨，2014年达到最高5.671万吨，其后逐年下降。但从相对较长的时间来看，猪肉产量依旧呈现年均增长态势。因此本研究假设未来猪肉产量保持2020年产量不变，由此推算，2025年、2030年、2035年、2050年猪肉所需要的饲料粮将大约为11 748万吨[3]。

　　2020年，中国牛肉产量为672.4万吨，按照饲料粮消耗系数2.50估算，肉牛养殖消耗饲料粮大约1 681.0万吨。自2006年以来，中国牛肉产量保持

---

　　[1]　毛学峰,刘婧,朱信凯.国际食物消费启示与中国食物缺口分析:基于历史数据[J].经济理论与经济管理,2014(8):103-112.
　　[2]　马晓河.转型中国:跨越"中等收入陷阱"[M].北京:中国社会科学出版社,2020.
　　[3]　李国祥.2020年中国粮食生产能力及其国家粮食安全保障程度分析[J].中国农村经济,2014(5):4-12.

稳定增长的态势。2006—2017年,牛肉产量年均增长2.1%,考虑到2010—2017年牛肉产能相对不足、牛肉价格偏高和养牛效益相对较高,估计未来牛肉产量年均增长1.5%~2%。由此推算,2025年牛肉产量将为812万~853万吨,所需要的饲料粮将为2031万~2133万吨;2030年、2035年、2050年牛肉产量将为875万~942万吨,所需要的饲料粮将为2188万~2355万吨。

2020年,中国羊肉产量为492.3万吨,按照饲料粮消耗系数2.92估算,肉羊养殖消耗饲料粮大约1437.5万吨。2006—2017年,羊肉产量年均增长2.4%,和牛肉的情况相似,考虑到2010—2017年羊肉产能相对不足、羊肉价格偏高和养羊效益相对较高,估计未来羊肉产量年均增长2%~3%。由此推算,2025年羊肉产量将为538万~592万吨,所需要的饲料粮将为1570万~1731万吨;2030年、2035年、2050年羊肉产量将为594万~686万吨,所需要的饲料粮将为1733万~2006万吨。

2020年,中国禽肉产量为2361.1万吨,按照饲料粮消耗系数1.80估算,肉禽养殖消耗饲料粮4250.0万吨。近些年,中国禽肉产量在多数年份保持增长的态势,2008—2017年,禽肉产量年均增长2.0%,估计未来禽肉产量年均增长2%~3%。由此推算,2025年禽肉产量将为2226万~2454万吨,所需要的饲料粮将为4007万~4417万吨;2030年、2035年、2050年禽肉产量将为2458万~2845万吨,所需要的饲料粮将为4424万~5121万吨。

2020年,中国禽蛋产量为3467.8万吨,按照饲料粮消耗系数1.70估算,蛋禽养殖消耗饲料粮大约5895.3万吨。近些年,中国禽蛋产量在多数年份保持增长的态势,2009—2017年,禽蛋产量年均增长1.8%,估计未来禽蛋产量年均增长1.5%~2%。由此推算,2025年禽蛋产量将为3481万~3655万吨,所需要的饲料粮将为5918万~6214万吨;2030年、2035年、2050年禽蛋产量将为3750万~4035万吨,所需要的饲料粮将为6375万~6860万吨。

2020年,中国养殖水产品产量为1994.2万吨,按照饲料粮消耗系数1.10估算,水产品养殖消耗饲料粮大约2193.6万吨。多年来,中国养殖水产品产量保持相对较快增长的态势,年均增长率稳定在4.5%。受水产品出口和国内消费需求增长仍然有较大潜力等因素影响,国内养殖水产品产量未来可能继续保持相对较快的增长,估计未来养殖水产品产量年均增长4.5%~5%。由此推算,2025年养殖水产品产量将为2 914万~3 055万吨,所需要的饲料粮将为2 545万~3 361万吨;2030年养殖水产品产量将为3 630万~3 900万吨,所需要的饲料粮将为3 994万~4 290万吨;2035年养殖水产品产量将为4 524万~4 977万吨,所需要的饲料粮将为4 977万~5 475万吨;2050年养殖水产品产量将为8 756万~10 348万吨,所需要的饲料粮将为9 632万~11 382万吨。

2020年,中国牛奶产量为3 440.1万吨,按照饲料粮消耗系数0.40估算,奶牛养殖消耗饲料粮大约1 376.0万吨。自2008年以来,中国牛奶产量呈现出缓慢增长的态势,2008—2017年,牛奶产量年均增长0.8%。研究显示,2050年中国牛奶消费总量将达到2010年牛奶产量的3倍[1],因此从消费需求增长潜力来看,国内牛奶产量未来可能会出现相对较快的增长,以2010年3倍牛奶产量10 727万吨为底线,估计未来牛奶产量年均增长1%~3%。由此推算,2025年牛奶产量将为4 148万~5 046万吨,所需要的饲料粮将为1 659万~2 018万吨;2030年牛奶产量将为4 360万~5 850万吨,所需要的饲料粮将为1 744万~2 340万吨;2035年牛奶产量将为4 582万~6 782万吨,所需要的饲料粮将为1 833万~2 713万吨;2050年牛奶产量将为5 320万~10 566万吨,所需要的饲料粮将为2 128万~4 226万吨。

计算饲料用粮中的豆类含量方法如下:饲料用粮中的豆类以豆粕形式出现,豆粕是大豆提取豆油后得到的一种副产品,豆粕广泛使用于饲料加工,85%以上的豆粕用于家禽和猪的饲养。在混合饲料中,猪饲料一般含有大约15%的豆粕,家禽饲料一般含有20%的豆粕[2]。中国肉蛋奶水产品消耗饲料粮估计见表2-6。

---

[1] Bai Z, Lee M R F, Ma L, et al. Global environmental costs of China's thirst for milk[J]. Global change biology, 2018, 24(5): 2198-2211.

[2] 吴乐. 中国粮食需求中长期趋势研究[D]. 武汉:华中农业大学,2011.

表 2-6 中国肉蛋奶水产品消耗饲料粮估计（万吨）

年份	限值	猪肉	其中豆粕含量	牛肉	羊肉	禽肉	其中豆粕含量	禽蛋	牛奶	养殖水产品	饲料用粮总量
2025	下限	11 748	1 762	2 031	1 570	4 007	801	5 918	1 659	2 545	29 478
	上限			2 133	1 731	4 417	883	6 214	2 018	3 361	31 622
2030	下限	11 748	1 762	2 188	1 733	4 424	885	6 375	1 744	3 994	32 206
	上限			2 355	2 006	5 121	1 024	6 860	2 340	4 290	34 720
2035	下限	11 748	1 762	2 188	1 733	4 424	885	6 375	1 833	4 977	33 278
	上限			2 355	2 006	5 121	1 024	6 860	2 713	5 475	36 278
2050	下限	11 748	1 762	2 188	1 733	4 424	885	6 375	2 128	9 632	38 228
	上限			2 355	2 006	5 121	1 024	6 860	4 226	11 382	43 698

注：本表估算所依据的数据来源于：① 国家统计局：《中国统计年鉴2016》，中国统计出版社；② 国家统计局：《2015年国民经济和社会发展统计公报》，国家统计局网（www.stats.gov.cn）；③ 国家发展和改革委员会价格司：《全国农产品成本收益资料汇编》（2016年），中国统计出版社。

本书根据国内大豆出油系数15%将饲料粮中的豆粕消费量转化为豆类消费量①（见表2-7）。

表 2-7 中国饲料粮消耗估计（万吨）

年份	限值	粮食（扣除豆粕）	豆粕	转化为豆类
2025	下限	27 572	2 564	3 016
	上限	28 978	2 646	3 113
2030	下限	29 557	2 647	3 114
	上限	31 936	2 786	3 278
2035	下限	30 629	2 647	3 114
	上限	33 494	2 786	3 278
2050	下限	35 579	2 647	3 114
	上限	40 915	2 786	3 278

① 国产大豆出油率较低，一般在13%~17%，本书以15%作为出油系数平均水平。

综上所述,2030 年,中国肉蛋奶水产品生产需要消耗的饲料粮总量为 3.2 亿~3.5 亿吨,其中豆类消费量为 0.31 亿~0.33 亿吨;2050 年,中国肉蛋奶水产品生产需要消耗的饲料粮总量为 3.8 亿~4.4 亿吨,其中豆类消费量约为 0.31 亿~0.33 亿吨(见表 2-6 和表 2-7)。

(3) 工业用粮

工业生产用粮始于 1954 年,主要是利用高粱、小麦、麸皮等酿酒。随着经济的发展,工业用粮的含义有了一定变化,现在的工业用粮一般指将粮食作为主要原料或辅料的生产行业(例如食品、医药、化工、酒精、淀粉等行业)用粮的统称,不包括饲料用粮[①]。工业用粮主要包括酿酒用粮、淀粉用粮、大豆压榨和近年来大力发展的生物燃料乙醇用粮。工业用粮主要品种为玉米、稻谷等[②]。战备用粮超过储备年限或者变质后称为陈化粮,不适合作为口粮直接食用,所以一般转化为工业用粮,作为工业用粮的代替[③]。

近年来,中国加工业不断发展,酿酒业(白酒、啤酒)、生物质能源等蓬勃兴起,使工业用粮的需求成为中国第三大用粮渠道,仅次于口粮和饲料。根据国际经验,当一个国家的经济发展到一定阶段时,粮食的间接需求会超过直接需求,这体现在工业用粮和饲料用粮比例的增加、口粮比例的下降。20 世纪 90 年代以前中国的工业用粮不超过 1 000 万吨,自 1995 年达到 3 800 万吨以后,工业用粮的数量和在粮食总需求中所占的比重都稳步上升。1999 年后工业用粮的上涨幅度开始加快,尤其是 2006 年和 2007 年为了消化一些陈化粮而新建一批生物质能源工厂,这加大了工业用粮需求,使乙醇燃料业的发展进入一个新阶段,推动了粮食总需求的增长。虽然近些年工业用粮得到了较大发展,但是由于人口多、城市化水平加快,粮食的基本供给处于偏紧状态,在未来一段时间里工业用粮需求不会超过饲料和口粮需求。有研究指出,工业用粮每年增长速度只能保持常态,每年约增加 150 万吨,2025 年约为 9 750 万吨,

---

① 胡小平,郭晓慧. 2020 年中国粮食需求结构分析及预测——基于营养标准的视角[J]. 中国农村经济,2010(6):4-15.
② 骆建忠. 中国居民粮食消费量与营养水平关系分析[J]. 中国食物与营养,2008(3):37-40.
③ 吴青劼. 我国粮食消费结构一般研究[D]. 北京:北京工商大学,2010.

2030年约为10 500万吨,2035年约为11 250万吨,2050年约为13 500万吨[①]。

(4) 种子用粮

种子用粮也是中国粮食需求的一个不可缺少的组成部分,其用粮需求主要由粮食播种面积和技术进步等因素决定[②]。近年来中国种子用粮比例变化不大,基本在2%～3%波动。种子用粮消费数量占粮食消费总量的比重呈明显下降趋势,从1996年的2.85%下降到2008年的2.23%,年均降幅为2%。从种子用粮需求的数量变化来看,1996—1999年,种子用粮的需求量基本保持在1 300万吨左右,从2000年起种子用粮开始下降,于2003年降至1 150万吨,此后种子用粮基本上为1 200万吨左右[③]。

(5) 库存用粮

建立国家粮食储备制度,是国际上通用的保障粮食安全的制度。我国建立专项粮食储备制度已有多年,建造了一批现代化储备库,建立起垂直管理体系,并且已发挥出重要作用。按国际标准18%来计算粮食库存量,2020年,国家粮食储备库存量应该为0.99×10^8 t,2030年,国家粮食储备库存量应该为1.01×10^8 t,2035年,国家粮食储备库存量应该为1.01×10^8 t,2050年,国家粮食储备库存量应该为0.96×10^8 t[④]。但我国实际粮食库存量较大,2015年我国玉米、小麦与水稻三大主粮的期末库存为2.5×10^8 t,远超联合国粮农组织规定的17%～18%的安全水平[⑤]。形成粮食库存量越来越大,国家用于粮食生产、储存和进口的财政补贴负担愈益加重的原因主要是我国粮食价格普遍高于国际市场,一方面政府通过各种补贴保护数以亿计的农民的种粮积极性,另一方面又通过大量补贴储粮机构以高于市场价格的保护价收购农民的粮食,价格倒挂的因素导致这些贮存的粮食长期积压。

---

① 吕捷,余中华,赵阳.中国粮食需求总量与需求结构演变[J].农业经济问题,2013,34(5):15-19+110.
② 李波,张俊飚,李海鹏.我国中长期粮食需求分析及预测[J].中国稻米,2008(3):23-25.
③ 骆建忠.中国居民粮食消费量与营养水平关系分析[J].中国食物与营养,2008(3):37-40.
④ 谢高地,成升魁,肖玉,等.新时期中国粮食供需平衡态势及粮食安全观的重构[J].自然资源学报,2017,32(6):895-903.
⑤ 蒋和平,王爽.我国粮食高库存对粮价的影响及制度分析[J].价格理论与实践,2016(7):28-33.

(6) 粮食损耗

收割损失：按照原农业部的统计数据，粮食在收获过程中其固定损失率为5.5%，其中收割损失率为1.5%、脱粒损失率为2%、干燥过程损失率为2%。按照这个固定损失率计算，我国每年仅在这个环节中将损失粮食350亿公斤粮食。[①]

储存、运输损失：按照原农业部的统计，这两个领域按照保守估计，每年大约会损失350亿公斤粮食。[③]一般而言，粮食收获之后，除了部分粮食进入流通领域，剩下的部分为农户自身储藏。在这个储藏的过程中，由于农户家庭储藏条件简陋、缺乏足够的储藏基数，加之虫、鼠及发霉等因素，仅仅这个环节将会损失储藏粮食总数的8%。按照这个损失率核算下来，全国农户在自身储存过程中损失的粮食将会是200亿公斤。除了农户自身储存之外，流通到国家粮库中的粮食也面临着巨大的损失率[②]，目前全国粮食企业中至少有1 200亿公斤的粮食储存在老旧的仓库中，这些仓库的储存条件差，导致粮食损耗大，每年大约损耗75亿公斤。除了储存环节之外，粮食运输环节的浪费也是较大的。就我国目前粮食运输方式看，整体上较为落后，没有专业化的运输工具。大部分的粮食运输依靠的是包粮运输方式，即通过麻袋、编织袋来装运，在储藏环节需要拆包，到中转过程又需要装包，这样经过多次中转和拆分之后，在装卸、运输中被抛洒的粮食就比较多。中储粮在2014年的一份研究报告中指出，这个过程中粮食的定损率为5%左右，如果核算成数字，大约为75亿公斤。

综上，在收割、储存、运输过程中的粮食损失年均为0.7亿吨。

要实现新形势下国家粮食安全战略中谷物基本自给和口粮绝对安全的目标，保障城乡居民粮食消费，就必须确保中国具备较强的粮食生产能力。将口粮、饲料用粮、工业用粮、种子用粮、粮食损耗和库存用粮加和即中国粮食需求总量，用粮食需求总量除以人口即人均粮食占有量；口粮和饲料粮之和即食物

---

① 罗杰.中国粮食浪费惊人[J].生态经济,2017,33(2):10-13.
② 杨东霞,韩洁,王俏,等.减少粮食损耗和反对食物浪费的国际经验及对中国的启示[J].世界农业,2021(6):62-71.

用粮需求量(见表2-8)。需要说明的是,豆类需求量只计算了口粮和饲料粮中的含量,工业用粮和种子用粮因占比较小忽略不计。

表2-8 国家粮食安全目标下的中国粮食需求量(亿吨)

年份	限值	粮食需求总量		总量	满足基本食物需求量		总量	满足口粮需求量		总量
		粮食(扣除豆类)	豆类		粮食(扣除豆类)	豆类		粮食(扣除豆类)	豆类	
2025	下限	7.28	0.42	7.70	4.48	0.42	4.90	1.73	0.12	1.85
	上限	7.42	0.43	7.85	4.63	0.43	5.06	1.73	0.12	1.85
2030	下限	7.53	0.44	7.97	4.65	0.44	5.09	1.70	0.12	1.82
	上限	7.78	0.45	8.23	4.90	0.45	5.35	1.70	0.12	1.82
2035	下限	7.70	0.44	8.13	4.74	0.44	5.18	1.68	0.12	1.80
	上限	8.00	0.45	8.45	5.04	0.45	5.49	1.69	0.12	1.81
2050	下限	8.23	0.43	8.66	5.10	0.43	5.53	1.54	0.12	1.66
	上限	8.86	0.45	9.31	5.73	0.45	6.18	1.64	0.12	1.76

通过分析主粮(稻谷、玉米、小麦)产量和粮食需求量的关系,可以发现,近年来我国主粮产量在粮食需求量中的比重稳定在84%。分地区来看,主要产粮大省如黑龙江、吉林、内蒙古、河南、安徽、辽宁等地区的主粮保障程度都大于100%,是全国主要的主粮供给区。而北京、上海、浙江、广东、福建、天津、海南等地区的主粮保障度都低于30%,呈现出我国主粮生产"北多南少"的基本格局。

表2-9 中国各省市主粮保障程度[①]

地区	主粮保障度	地区	主粮保障度
黑龙江	372%	云南	73%
吉林	291%	山西	70%
内蒙古	245%	重庆	67%

---

① 主粮保障度=主粮产量/粮食需求量。主粮产量数据来源于《中国统计年鉴》,粮食需求量为本研究测算结果,取2013—2017年平均值。

(续表)

地区	主粮保障度	地区	主粮保障度
河南	130%	贵州	66%
安徽	122%	西藏	60%
新疆	116%	陕西	59%
宁夏	103%	广西	53%
山东	102%	青海	33%
辽宁	101%	海南	28%
河北	97%	天津	26%
湖北	92%	福建	24%
江西	91%	广东	21%
江苏	86%	浙江	20%
湖南	85%	上海	8%
甘肃	80%	北京	4%
四川	80%	全国平均	84%

中国农业科学院研究成果多次提出，人均粮食占有量400 kg只是刚刚到小康的水平。从世界情况看，在解决温饱之后必然要求进一步增加食物消费和提高营养水平。食物消费结构要得到根本的改善，人均粮食占有量必须达到700公斤以上，食物消费结构要有较大的改善，人均粮食占有量至少要达到500公斤。[1][2] 中国2020年人均粮食占有量达到523公斤，正好对应全面小康型的人均粮食占有量目标，根据本书推算，2030年人均粮食占有量将达到549公斤，大体对应基本现代化型的人均粮食占有量目标，2050年人均粮食占有量将达到628公斤，基本对应现代化型的人均粮食占有量目标（见表2-10）。因此可以认为，本书测算的未来粮食需求总量能够对应我国不同阶段的经济社会发展目标，较为科学。

---

[1] 中国农业科学院.人均400公斤粮食必不可少[J].中国农业科学，1986(5):1-7.
[2] 中国农业科学院食物发展研究课题组.再论人均400公斤粮食必不可少[J].农业经济问题，1990(10):3-7.

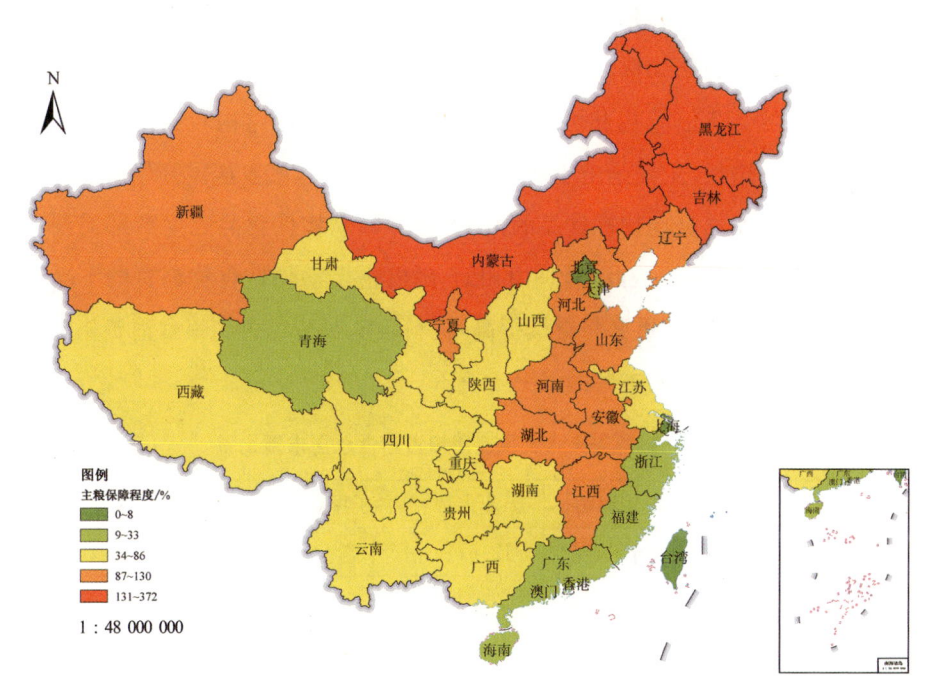

图 2-4 全国各省市主粮保障程度

图例
主粮保障程度/%
- 0~8
- 9~33
- 34~86
- 87~130
- 131~372

1 : 48 000 000

表 2-10 基于粮食安全的人均粮食占有量(kg)①

发展类型	人均粮食占有量标准	人均粮食占有量下限估算
低温饱型	300~350	
温饱型	350~400	
初步小康型	400~450	
全面小康型	450~500	507　2069 年②
基本现代化型(向富裕过渡型)	500~550	549　2030 年
现代化型(富裕型)	550~600	628　2050 年

在此基础上,本书计算了未来六大用途用粮占粮食总需求量的比重(见表

---

① 从卢良恕(2002)、陈百明(2002)、贺一梅等(2008)专家学者的文章总结整理得出。卢良恕.中国农业发展现状与展望[J].北方果树,2002(5);陈百明.未来中国的农业资源综合生产能力与食物保障[J].地理研究,2002(3);贺一梅、杨子生.基于粮食安全的人均粮食量分析[J].全国商情,2008(7).

② 程郁,周琳,程广燕.预计 2069 年中国人均粮食需求将达峰值[N].中国经济时报,2016-12-02(5).(注:该研究仅考虑了口粮和饲料粮。)

2-11),可以发现,未来饲料粮需求量占比已经超过口粮需求量,至2050年,饲料粮已是口粮的2.3倍,而根据原农业部测算,2069年中国饲料粮消费峰值约是口粮的2.7倍[1],由此可见,本书估算的未来粮食结构较为合理。饲料粮消费的迅速增长,主要是由于随着收入水平的增加,城乡居民开始增加粮食之外其他食品尤其是动物性食品的消费,而多数动物性食品的生产都需要以粮食转化作为基础[2]。因此,有理由相信,随着主要动物性食物消费的不断增加,饲料粮消费所占比重必将继续提高,饲料粮消费替代直接粮食消费将成为今后粮食总需求增加的主要因素[3]。

表 2-11 未来六大用途用粮占粮食总需求量比重

年份	口粮	饲料粮	工业用粮	种子用粮	库存用粮	粮食损耗
2025	24.0%	40.0%	12.6%	1.5%	12.9%	9.0%
2030	22.5%	41.9%	13.0%	1.5%	12.5%	8.6%
2035	22.0%	42.4%	13.6%	1.4%	12.2%	8.4%
2050	19.6%	45.8%	15.0%	1.3%	10.6%	7.7%

为方便对照,这里列出了官方机构及其他学者预测的我国粮食需求总量(参见表2-12)。和本书预测相比,部分研究对我国粮食需求总量的预测存在过低和过高现象。产生较大偏差的原因可能是:未考虑全过程用粮需求;采用趋势外推或比例外推的方法估算人均粮食消费,未考虑饮食结构改变对口粮消耗的影响;未区分城乡人口粮食消费的差异;对工业用粮估计过高;进行原粮折算时系数选择差异;自给率差异等。另外,从贸易角度出发的预测结果相对较高。总体来说,本书考虑全过程中的粮食需求更为科学。

---

[1] 程郁,周琳,程广燕.预计2069年中国人均粮食需求将达峰值[N].中国经济时报,2016-12-02(5).(注:该研究仅考虑了口粮和饲料粮。)

[2] 辛良杰,王佳月,王立新.基于居民膳食结构演变的中国粮食需求量研究[J].资源科学,2015,37(7):1347-1356.

[3] 封志明,史登峰.近20年来中国食物消费变化与膳食营养状况评价[J].资源科学,2006(1):2-8.

表 2-12 官方机构及其他学者预测的中国粮食需求量(亿吨)

研究者	2030	2050
顾海兵①(1998)	5.50~6.40	
卢良恕②(2004)	6.56	7.46
陈百明③(2002、2006)	6.99	7.93
封志明④(2007)	6.63~6.92	
柯炳生⑤(2007)		
马永欢⑥(2009)		
国务院发展研究中心课题组⑦(2009)		
唐华俊⑧(2012)	3.70~5.60	
钟甫宁⑨(2012)		5.85~6.59
黄季焜⑩(2012)		
李国祥⑪(2014)		
罗其友,米健⑫(2014)	5.60~5.80	6.10~6.50
黄贤金⑬(2009)	6.23	

---

① 顾海兵.2030年中国粮食产需研究[J].理论与改革,1998(4):100-101.
② 卢良恕.新时期的中国食物安全[J].中国农村科技,2004(1):4-5.
③ 陈百明,周小萍.中国近期耕地资源与粮食综合生产能力的变化态势[J].资源科学,2004(5):38-45.
④ 封志明.中国未来人口发展的粮食安全与耕地保障[J].人口研究,2007(2):15-29.
⑤ 柯炳生.我国粮食自给率与粮食贸易问题[J].农业展望,2007(4):3-6.
⑥ 马永欢,牛文元.基于粮食安全的中国粮食需求预测与耕地资源配置研究[J].中国软科学,2009(3):11-16.
⑦ 国务院发展研究中心课题组,韩俊,徐小青.我国粮食生产能力与供求平衡的整体性战略框架[J].改革,2009(6):5-35.
⑧ 唐华俊,李哲敏.基于中国居民平衡膳食模式的人均粮食需求量研究[J].中国农业科学,2012,45(11):2315-2327.
⑨ 钟甫宁,向晶.人口结构、职业结构与粮食消费[J].农业经济问题,2012,33(9):12-16+110.
⑩ 黄季焜,杨军,仇焕广.新时期国家粮食安全战略和政策的思考[J].农业经济问题,2012(3),4-8.
⑪ 李国祥.2020年中国粮食生产能力及其国家粮食安全保障程度分析[J].中国农村经济,2014(5):4-12.
⑫ 罗其友,米健,高明杰.中国粮食中长期消费需求预测研究[J].中国农业资源与区划,2014,35(5):1-7.
⑬ 黄贤金.土地经济学[M].北京:科学出版社,2009:31.

(续表)

研究者	2030	2050
国务院发展研究中心农村经济研究部[①]（2016）	7.18	
中国工程院"国家事务安全可持续发展战略研究"项目研究组[②]（2016）	8.25	

2015—2020年我国粮食产量每年约为6.6亿吨，若考虑粮食自给率为100%，从满足基本食物需求来看2035年后中国粮食将供给不足。

2.3 耕地产能潜力核算

农用地分等是原国土资源部开展的国土资源大调查的重要组成部分，《农用地分等规程》（TD/T1004-2003）中规定，农用地分等是对农用地分别进行自然质量等、利用等、经济等的划分。一般地，质量高的土地上农作物的产量也高，因而自然质量等、利用等只需选择一项进行评价[③]。而概念上的模糊，再加上农用地利用程度和利用效益受市场经济和作物的双重影响，致使农用地自然质量等结果在实际中往往能被接受，而利用等、经济等的结果往往受到管理者和经营者的质疑。因此，本研究采用农用地自然质量等的分级结果对中国耕地产能进行核算，即假设农业生产条件得到充分保证，光、热、水、土等环境因素均处于最优状态，技术因素所决定的农作物所能达到的最高产量，以此更好地描述中国粮食产能潜力。

---

① 国务院发展研究中心农村经济研究部"我国粮食需求峰值估算及应对策略"课题组.我国粮食总量需求峰值估算[EB/OL].(2016-8-18)[2022-10-9].http://www.drc.gov.cn/ncjjyjb/20160818/147-224-2891520.htm.

② 中国工程院"国家事务安全可持续发展战略研究"项目研究组.国家食物可持续发展战略研究（综合卷）[M].北京：科学出版社，2016.

③ 徐晗,雷磊.农用地分等中3个等别的相关性问题探讨[J].安徽农业科学,2011,39(5):3028-3029.

《中国耕地质量等级调查与评定(全国卷)》中统计了全国农用地自然质量等划分结果和对应的农用地利用水平。其中,农用地利用水平是指将不同等级农用地上的指定作物单产折算成标准粮所能达到的产量。从可实现潜力上来看,1等农用地可达到1 500千克/亩,2等农用地可达到1 400千克/亩,3等农用地可达到1 300千克/亩,4等农用地可达到1 200千克/亩,5等农用地可达到1 100千克/亩,6等农用地可达到1 000千克/亩,7等农用地可达到900千克/亩,8等农用地可达到800千克/亩,9等农用地可达到700千克/亩,10等农用地可达到550千克/亩,11等农用地可达到450千克/亩,12等农用地可达到350千克/亩,13等农用地可达到250千克/亩,14等农用地可达到150千克/亩,15等农用地可达到50千克/亩。① 根据不同等级农用地面积和其对应的标准粮食产量,可以计算得到不同等级农用地产能潜力(表2-13)。

表2-13 中国农用地产能潜力核算

自然质量等	面积(公顷)	标准粮产量(千克/亩)	产能(万吨)
1	591 016	1 500	1 330
2	1 705 428	1 400	3 581
3	2 713 486	1 300	5 291
4	2 844 646	1 200	5 120
5	3 786 757	1 100	6 248
6	12 325 122	1 000	18 488
7	12 915 325	900	17 436
8	11 200 184	800	13 440
9	15 036 794	700	15 789
10	19 613 062	550	16 181
11	18 347 283	450	12 384
12	12 847 778	350	6 745
13	9 593 530	250	3 598
14	6 081 721	150	1 368
15	4 890 575	50	367

① 胡存智. 中国耕地质量等级调查与评定(全国卷)[M]. 北京:中国大地出版社,2013.

将表 2-13 中不同等级的农用地所对应的产能潜力相加即我国粮食产能潜力,加和结果为 12.74 亿吨。从分等情况来看(图 2-5),我国优质农用地(1~5 等)产能潜力较小,6~11 等农用地产能潜力最大,均可超过 1.2 亿吨。

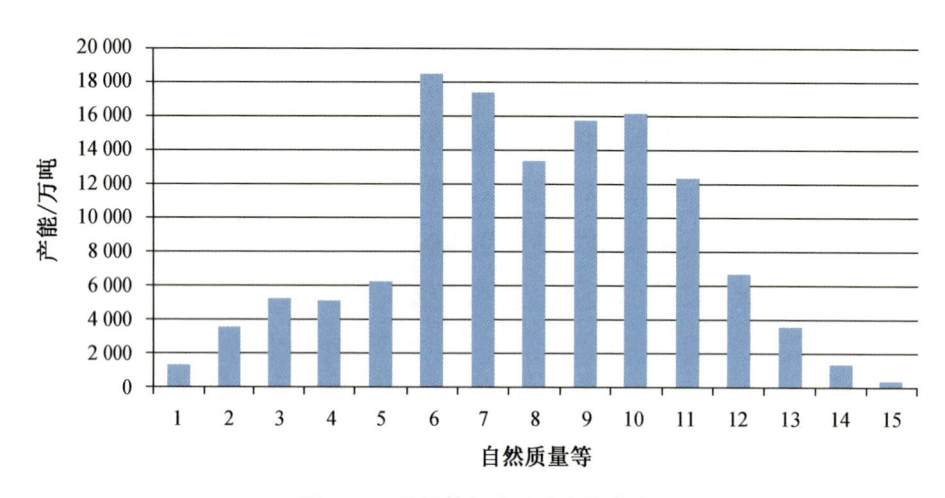

图 2-5　不同等级农用地产能潜力

对比我国未来粮食需求量,在农业生产条件得到充分保证,光、热、水、土等环境因素均处于最优状态情况下[①],我国粮食产能潜力可到达 12 亿吨以上。但如果未来全球气候变化使得自然条件本底较差的 11 等及以上的农用地大幅减产,则有可能影响我国的粮食安全[②]。

2.4　国际市场对粮食安全的影响

2.4.1　国际市场对中国粮食安全的影响

我国是粮食生产大国,更是粮食消费大国和贸易大国,粮食安全关系国计民生。1996 年制定了符合国情的粮食安全战略,《中国的粮食问题》白皮书指

---

①　张慧,李新旺,霍习良,等.基于产能理论的耕地整理现实潜力测算方法研究——以河北省肃宁县为例[J].水土保持研究,2011,18(2):202-206+212.
②　李晓亮,吴克宁,褚献献,等.耕地产能评价研究进展与展望[J].中国土地科学,2019,33(7):91-100.

出,我国粮食的自给率不得低于95%[1],粮食进出口量不能超过国内需求的5%[2]。随着2016年中央一号文件明确表示要统筹好国际国内两个市场、两种资源,有必要关注世界粮食安全对于中国的影响[3]。

粮食安全始终是国际社会重要关切。1974年世界粮食大会在《消灭饥饿与营养不良的世界宣言》和《世界粮食安全国际约定》两份报告中首次提出粮食安全的概念。从2000年的千年发展目标到2015年提出的2030年可持续发展目标,都把扶贫、减贫、消除贫困、实现零饥饿的目标作为首要任务去考虑。按照联合国的定义,粮食安全是保证任何人在任何时候都能得到维持生存和健康所需要的足够食物,粮食安全的核心内容包括粮食总量、粮食品质与营养条件、粮食购买力与粮食生产[4][5]。

世界范围内的"粮食危机"问题值得关注,特别是1961—2012年,全球谷物、油料和肉类等主要农产品产量保持上升趋势,高于同期人口增长速度,人均占有量稳步提高。但地区间不平衡、差异明显。发达国家粮食生产过剩,发展中国家供应不足[6],长期受粮食短缺影响的人口绝对数于2014年开始增加,从7.75亿增至2016年的8.04亿,并进一步增至2017年的8.21亿,即每9个人中就有一个人处于饥饿状态,且其中62.7%的饥饿人群位于亚洲[7]。年度之间粮食供需平衡也不稳定,其间还发生了20世纪70年代初和90年代初以及2008年3次世界性粮食危机,世界粮食的库存使用比例曾阶段性低于联合国粮农组织设定的17%～18%的警戒线[8],粮食危机的威胁始终没有根

---

[1] 贺大兴. 农业生产率与中国粮食安全[J]. 南京农业大学学报(社会科学版),2015,15(6):68-77+138.

[2] 粮食储备. 中国的粮食问题[J]. 中华人民共和国国务院公报,1996(33):1346-1358.

[3] 孙娴,林振山,孙燕. 我国耕地总量的动力预测及其建议[J]. 自然资源学报,2005(2):200-205.

[4] 姚成胜,朱鹤健. 区域主要食物资源安全评价及其安全对策——以福建省为例[J]. 自然资源学报,2008(5):832-840.

[5] 吴石磊,王学真,高峰. 国际粮食供给和国际粮食需求波动影响因素分析[J]. 统计与决策,2016(20):171-174.

[6] 倪洪兴,吕向东. 正确理解我国农产品竞争力与国际的差距[J]. 农村工作通讯,2018(10):59-61.

[7] 联合国《2018年世界粮食安全和营养状况》报告.

[8] 宁高宁. 以全球视野审视中国的粮食安全[J]. 求是,2013(8):22-23.

除。2017年,全球共有51个国家约1.24亿人受到急性粮食不安全的影响,较上一年多出1 100万人[1],这些国家主要分布在非洲以及中东地区,且大多是低收入缺粮国,粮食问题更多体现的是由冲突和气候变化带来的贫困问题。

值得注意的是,全球谷物贸易量占产量的比重较低,2001—2012年基本上保持在12%~13.5%的水平。相对而言,大豆的贸易自由化程度较高[2],2012年的贸易量占产量的比重为37.2%。这说明,从世界范围看,粮食的供给主要依靠各国国内生产,世界粮食贸易仅对全球粮食供给的不足15%起作用[3]。

粮食贸易方面,2008年以来,中国从世界粮食贸易市场进口粮食从3 786.3万吨增长到2015年的9 279.4万吨,年均增长13.66%;同期向世界粮食市场出口的粮食从202万吨下降到2015年的55.86万吨,年均下降16.78%。综合来看,净进口粮食从3 584.3万吨增长到2015年的9 223.54万吨,年均增长12.92%[4]。同时,我国粮食进口市场集中度高,且主要体现在大豆的进口上。如表1-8所示,2012—2021年我国94%以上的大豆进口来自美国、巴西、阿根廷,90%以上的玉米进口来自美国和乌克兰,63%以上的大麦进口来自澳大利亚(自2017年后占比开始下降,至2021年降至0),80%以上的高粱进口来自美国和澳大利亚[5]。

改革开放以来,我国粮食贸易规模不断扩大,尤其是2000年以来,我国粮食进口量逐年增大,同时出现了粮食产量不断增加、自给率持续下滑的局面,但也存在农产品的进口过度问题[6]。自2004年以来,我国粮食产量基本上保持增加态势,但是粮食进口也显著增加。如果不把大豆纳入粮食范畴,我国粮食自给率(不包含豆类)从2002年的102.81%下滑到2021年的94.64%(如

---

[1] FAO. Global Report on Food Crises 2018[R]. 2018.
[2] 曾伟. 国际粮食市场波动对我国粮食安全的影响与应对策略[J]. 农村经济, 2023(7): 87-94.
[3] 农业部农业贸易促进中心课题组, 倪洪兴, 于孔燕. 粮食安全与"非必需进口"控制问题研究[J]. 农业经济问题, 2016, 37(7): 53-59.
[4] 杨晓东. 危机后世界粮食贸易发展及其对中国粮食安全的影响[J]. 内蒙古社会科学(汉文版), 2017, 38(3): 120-124.
[5] 顾国达, 尹靖华. 国际粮价波动对我国粮食缺口的影响[J]. 农业技术经济, 2014(12): 4-14.
[6] 王雅鹏. 中国粮食问题辩识与发展趋势探析[J]. 农业现代化研究, 1996(5): 267-270+291.

图 2-6 所示)①②。一般认为,粮食自给率是由粮食产量和粮食需求量的比值计算得出,在不考虑粮食储备波动的前提下,粮食需求量可以体现为粮食产量+粮食净进口量③。如果把大豆纳入粮食范畴,则我国粮食自给率(包含豆类)从 2002 年的 100.17% 下滑到 2021 年的 83.37%(如图 2-7 所示)④⑤,照此趋势,至 2025 年我国粮食自给率可能下降至 80.61%。

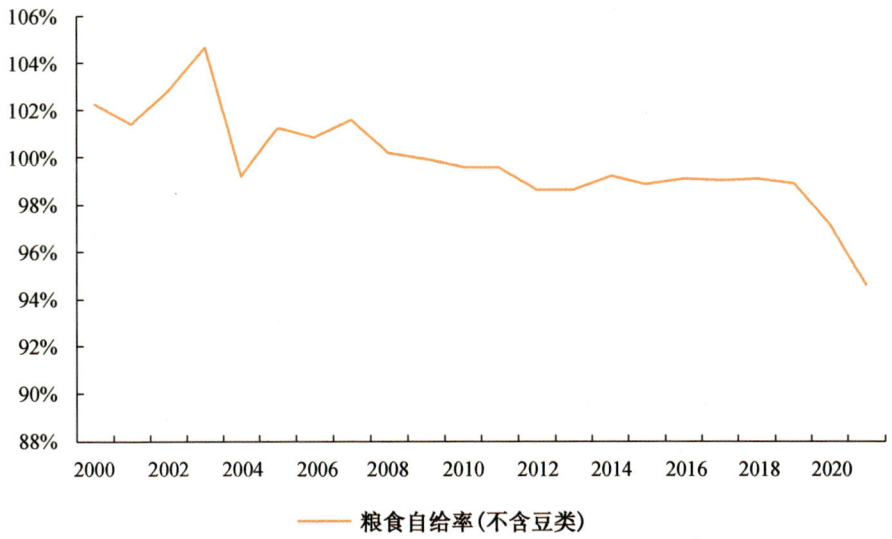

图 2-6　2000—2021 年我国粮食自给率(不含豆类)水平变化趋势⑥⑦

但进口的增加未必完全意味着国内粮食产量不足,可能存在"非必需进口"问题。"非必需进口"是指"超过正常产需缺口之上的"的进口⑧。农业部农业贸易促进中心课题组的研究表明:2012—2014 年我国粮食产需缺口分别为 7 200 万吨、4 400 万吨和 4 100 万吨,而同期"非必需进口"分别为 1 100 万

---

①④⑥　尹风雨,龚波.中国粮食自给率现状及其测算方法改进研究[J].湖南科技大学学报(社会科学版),2017,20(2):122-127.

②③⑦　郭修平.我国粮食自给率波动分析与粮食安全的保障[J].中国农机化学报,2016,37(5):258-263.

⑤　马文峰.2017 年粮食自给率可能降到 82.3%,三农政策必须深度调整[DB/OL]. http://www.sohu.com/a/198777818_217394.2017-10-18.

⑧　农业部农业贸易促进中心课题组,倪洪兴,于孔燕.粮食安全与"非必需进口"控制问题研究[J].农业经济问题,2016,37(7):53-59.

图 2-7　2000—2021 年我国粮食自给率(包含豆类)水平变化趋势①②

吨、4 700 万吨和 6 500 万吨③；即使考虑估计的库存数据存在一定偏差，2014年进口的 1.06 亿吨粮食(包括 DDGs)中，50%以上是超出产需缺口的"非必需进口"，这一问题呈现加剧的态势。④

根据农业部农业贸易促进中心课题组⑤对 2012—2014 年我国粮食的产需缺口和非必需进口量的测算，产需缺口＝粮食的实际需求量－生产量，非必需进口量＝产量＋进口量－实际需求量。若按趋势推算 2019 年和 2020 年我国对于粮食的实际需求量分别为 6.25 亿吨和 6.31 亿吨，则我国粮食的非必需进口量分别达 1.37 亿吨和 1.58 亿吨。利用扣除了非必需进口量后的粮食消费量计算粮食自给率，则 2013—2020 年我国的粮食自给率分别为 99.38%、

---

①　尹风雨，龚波.中国粮食自给率现状及其测算方法改进研究[J].湖南科技大学学报(社会科学版)，2017，20(2)：122-127.

②　郭修平.我国粮食自给率波动分析与粮食安全的保障[J].中国农机化学报，2016，37(5)：258-263.

③　袁苑，黄贤金，张志宏，等.基于全口径农产品贸易的中国虚拟耕地研究[C]//中国土地学会，自然资源管理改革与国土空间规划.2018 年中国土地学会学术年会论文集.北京：地质出版社，2018：12.

④⑤　农业部农业贸易促进中心课题组，倪洪兴，于孔燕.粮食安全与"非必需进口"控制问题研究[J].农业经济问题，2016，37(7)：53-59.

99.11%、100.41%、105.18%、107.65%、105.50%、106.33%和105.71%（图2-8）。比调整前的水平显著升高，且变化趋势也呈现一定差别。

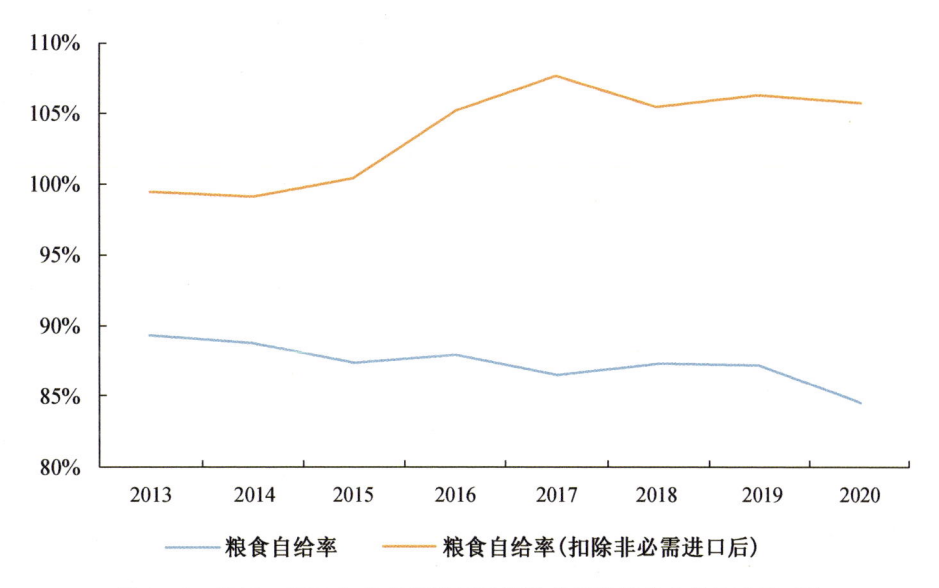

图2-8 2013—2020年非必需进口量调整前后的粮食自给率水平对比

粮食生产、进口、库存三量齐增，因此我国当前的粮食问题本质上是进口过度问题，即大量超过正常产需缺口之上的"非必需进口"带来的问题。尤其是从2012年至2015年，全球粮价下跌了40%~50%，配额内进口玉米及不受配额管理的替代品进口完税后的价格仍远低于国产玉米。这部分产品进入我国市场，大大挤占了国产玉米的市场空间[5]。

造成进口过度的直接原因是国内外价差的驱动[6]。2014—2020年大宗农产品国内外价差情况如图2-9所示，整体价差呈现不断拉大的趋势。国际市场波动趋低是导致我国粮食内外价差问题加剧、进口过度的重要因素。当国际市场价格处于谷底时，内外差价问题将更加突出。2022/23年全球谷物库存消费比高达29.5%，价格跌至2014年以来的最低点。国际市场波动的短

---

[5] 丰收为啥还进口？中国的粮食到底多了还是少了？[DB/OL](2016-01-25)[2023-5-8]. http://www.xinhuanet.com/politics/2016-01/25/c_128665451_2.htm.

[6] 农业部农业贸易促进中心课题组，倪洪兴，于孔燕，等.国际农产品市场供需现状、趋势与特点[J].世界农业，2014(7)：86-91.

期周期性因素与需求增长、价差扩大的中长期因素相叠加,进一步增强了粮食进口动力。

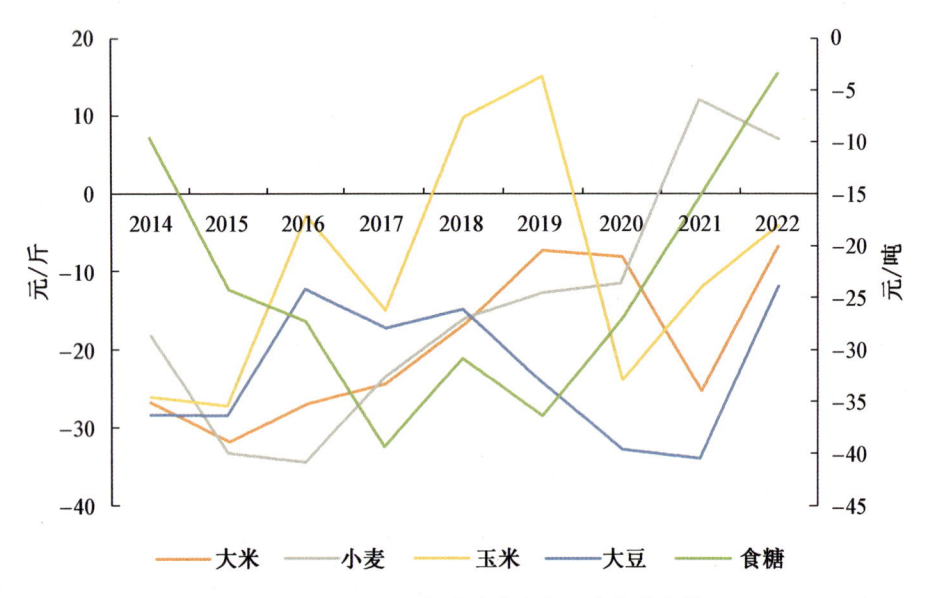

图 2-9 2014—2022 年大宗农产品国内外价差情况

数据来源:原农业部历年农产品供需形式分析月报。注:价差＝国内批发价格－国际到岸税后价格。大米、小麦、玉米、大豆单位为:元/斤,食糖单位为:元/吨。

2.4.2 中美农业贸易对中国粮食安全的影响

农产品贸易是中美两国贸易的一项主要内容,长期以来,中美农产品贸易具有互补性。据美国农业部(US-DA)统计,两国农产品贸易额从 2001 年的 27.55 亿增加到 2011 年的 228.47 亿元,11 年间增长了 7.29 倍。2011 年,中国自美国进口农产品 188.55 亿美元,占美国农产品出口额的 13.82％,成为进口美国农产品的第一大市场[1]。分析美国向中国出口的农产品内部结构,占比较高的主要农产品分别是油籽(大豆)、谷物(高粱)、酒糟蛋白、乳制品等。而中国出口的农产品金额占比较高的分类有:水、海产品及其制品,蔬菜,水

---

[1] 杜培珍,谢思娜,刘合光.中美农产品贸易对中国农业发展影响的实证分析[J].农业展望,2013,9(9):61-64.

果,干果及其制品等。其中,水海产品、鲜干果及坚果出口额分别增长 2.2%和 6.7%;蔬菜出口增速较快,同比增长约 14.9%。[1]

粮食贸易对中国的大豆净供给约占全球大豆贸易量(26 248 万吨)的 36.8%,占中国需求量的 85.5%,我国较高的大豆进口依赖度主要是由于大豆单产低、土地耗费大,大豆的消费量显然超出了我国耕地的承受能力。如果将进口大豆按照目前的单产水平折算为国内的耕地,将使粮食种植面积增加 1/3,相当于世界粮食市场向中国供给了中国 33%的耕地资源[2][3]。

2021 年我国自产大豆 1 639.5 万吨,进口大豆 9 651.7 万吨,占全球进口量的 36.8%。其中,如图 2-10 所示,3 229.6 万吨来自美国,占总进口量的 33.5%,仅次于巴西。另一项进口美国份额较大的农产品是高粱,2017 年从美国进口的高粱占总进口的 94%,但至 2021 年,这一占比已降至 69.5%。

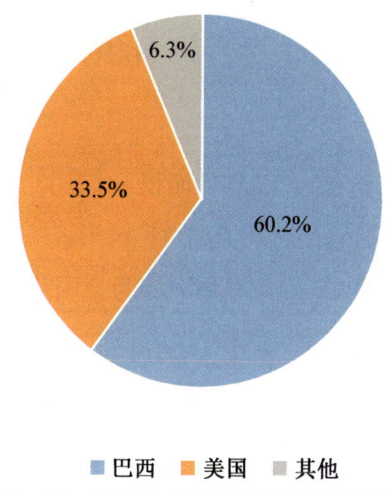

图 2-10 2021 年我国大豆进口来源结构[4]

---

[1] 韩一军.郝晓燕.2017 年中美农产品贸易行业现状及发展趋势分析[J].农业展望,2018(3):88-92.

[2] 杨晓东.危机后世界粮食贸易发展及其对中国粮食安全的影响[J].内蒙古社会科学(汉文版),2017,38(3):120-124.

[3] 王锐,王新华,李援亚.我国粮食进口需求增长及弹性分析——基于大豆和谷物的比较[J].经济问题探索,2016(12):68-74.

[4] 韩一军.我国农产品贸易现状、问题与对策[J].人民论坛,2023(3).

中美两国农产品贸易的快速增加,有效补充了农产品国内供给,对中国农业经济增长起到了重要的促进作用,但特朗普新政下中美两国贸易摩擦加剧,势必影响到中国农业的发展以及我国的耕地安全[1]。2018年4月5日,中华人民共和国商务部发布第34号公告,将对原产于美国的大豆等农产品、汽车、化工品、飞机等进口商品对等采取加征关税措施,税率为25%,涉及2017年中国自美国进口金额约500亿美元。总计106项对美加征关税商品清单中涉及的农产品(农作物)主要包括黄大豆、黑大豆、其他玉米、玉米细粉、未梳的棉花、棉短绒、其他高粱和其他硬粒小麦。因此,中国将减少对美进口农产品的依赖,而原先采用农产品进口替代政策所能节约的本国耕地资源(即从美国进口的虚拟耕地)与国内可利用耕地面积的比值可以在一定程度上反映中美贸易摩擦之下国内耕地的保障程度[2][3]。

本研究测算了在仅依靠国内耕地资源的条件下,针对上述农产品缺口的近期保障程度和潜在保障程度。农产品的国内耕地保障程度的计算原理如下式所示:

$$国内耕地保障程度 = \frac{国内农产品播种面积 + 后备耕地面积}{国内农产品播种面积 + 美国进口的虚拟耕地} \times 100\%$$

国内耕地保障程度分为潜在和近期两种情形:

潜在保障程度的计算中,后备耕地面积为全国后备耕地总量(535.28万公顷);近期保障程度的计算中,后备耕地面积为近期可利用的后备耕地面积(220.48万公顷,占全国后备耕地总量的41.2%[4])。因此,近期保障程度的计算仅考虑近期可开发的后备耕地资源,未把开发难度大的后备耕地资源算作国内耕地保障来源之一,更加符合实际情况;而潜在保障程度是在假定目前国内的后备耕地资源均可用于农产品开发的前提下得出的结果,可以从一定

---

[1] 刘婷婷,麻吉亮,张蕙杰,等.中美农产品贸易关系分析与展望[J].世界农业,2023(2):38-47.

[2] 王容博,曹历娟,朱晶.中美经贸摩擦中的农产品进口与中国粮食安全[J].国际贸易问题,2022(5):122-136.

[3] 张玉梅,盛芳芳,陈志钢,等.中美经贸协议对世界大豆产业的潜在影响分析——基于双边贸易模块的全球农产品局部均衡模型[J].农业技术经济,2021(4):4-16.

[4] 全国耕地后备资源8 029万亩[N].人民日报,2016-12-19.

程度上反映我国耕地最大的保障潜力。

结果表明,针对五种农产品总量的近期保障程度为 69%,潜在国内耕地保障程度为 81%;除去进口份额较大的大豆后近期保障程度上升至 98%,潜在保障程度则上升至 113%(进一步除去份额同样较高的高粱后分别上升至 99%和 111%),大豆、高粱、玉米、小麦和棉花的近期保障程度由低到高依次为 23%、87%、95%、102% 和 123%,潜在保障程度依次为 29%、136%、101%、114%和 197%。

计算公式和计算过程如下:

$$VLC_i = PA_i / TO_i \tag{2-1}$$

在式(2-1)中,VLC_i 表示每单位第 i 类农产品美国进口的虚拟土地含量,即国内生产每单位第 i 类农产品所需要的土地面积;PA_i 表示国内生产第 i 类农产品所需的土地总面积;TO_i 表示国内第 i 类农产品的产量。

$$SVL_i = \sum_i (IM_i \times VLC_i) \tag{2-2}$$

在式(2-2)中,SVL_i 表示中国进口美国第 i 类农产品的虚拟土地面积,IM_i 表示第 i 类农产品的进口数量,VLC_i 表示每单位第 i 类农产品的虚拟土地含量[1]。

$$GLP_i = (AL_i + BL_1) / (AL_i + SVL_i) \times 100\% \tag{2-3}$$

$$GLR_i = (AL_i + BL_2) / (AL_i + SVL_i) \times 100\% \tag{2-4}$$

在式(2-3)中,GLP_i 表示第 i 类农产品的潜在国内耕地保障程度,$BL_1 = 535.28$(万公顷),即全国耕地后备资源总量;GLR_i 表示第 i 类农产品的近期国内耕地保障程度,$BL_2 = 220.48$(万公顷),即近期可利用耕地后备资源总量;AL_i 表示第 i 类农产品的国内农产品播种面积,AL_i 与 BL_1 或 BL_2 之和分别表示国内不同种类农产品的潜在后备耕地量和近期后备耕地量,因此每种农产品的耕地保障程度是假设后备耕地全部用来生产该种农产品的条件下计算得出的;SVL_i 表示(2-2)中的中国进口美国第 i 类农产品的虚拟土地面积。

根据数据可得性原则,本研究首先以 2017 年国家统计局的统计口径对上

---

[1] 王云凤,冯瑞雪,郭天宝.中美虚拟土地进口的比较分析[J].当代经济研究,2017(12):67-74.

述农产品的播种面积、国内产量和美国进口量进行统计(农产品对应统计名称如表 2-14 所示),其中进口美国大豆的虚拟耕地含量用豆类的国内产量和播种面积来近似地计算。

表 2-14 农产品统计名称对应表

对美加征关税农产品清单	国家统计局统计名称
黄大豆、黑大豆	大豆/豆类
其他玉米、玉米细粉	玉米
未梳的棉花、棉短绒	棉花
其他高粱	高粱
其他硬粒小麦	小麦

玉米、小麦、豆类、棉花、高粱的播种面积、总产量以及由公式(2-1)计算得出的各农产品虚拟土地含量如表 2-15 所示。

表 2-15 2021 年各农产品的播种面积、总产量以及虚拟土地含量汇总表

农产品	国内播种面积（万公顷）	国内产量（万吨）	虚拟土地含量（公顷/吨）
玉米	4 332.4	26 066.5	0.17
小麦	2 356.7	13 425.4	0.18
豆类	1 012.1	2 287.5	0.44
棉花	302.8	573.1	0.53
高粱	336.5	1 042	0.32

注:玉米、小麦和豆类的数据来源于"国家统计局关于 2021 年粮食产量的公告",由于此统计数据中谷物包括玉米、稻谷、小麦、大麦、荞麦、燕麦等,因此高粱的播种面积和总产量用谷物减去玉米、稻谷和小麦之和来近似地表示;棉花的数据来源于《2022 中国统计年鉴》。

玉米、小麦、大豆、棉花、高粱的美国进口量、进口总量,由公式(2-2)计算得出的各农产品的美国进口虚拟土地含量、虚拟土地总含量以及美国进口占总进口的比重如表 2-16 所示。由于虚拟土地含量是由国内的粮食生产量和播种面积计算得出,因此美国进口量占总进口量的比重等于美国进口虚拟土

地占总进口虚拟土地的比重。可以发现,虽然大豆的美国进口量仅占总进口量的33.46%,但是大豆的美国进口量占五种农产品的美国进口总量的54.62%,大豆的虚拟土地美国进口量占五种农产品的虚拟土地美国进口总量的73.48%;从总进口来看,大豆的进口总量占五种农产品进口总量的65.96%,其虚拟土地总进口量占五种农产品进口总量的79.98%。因此,可以说在这5种农产品中,大豆不仅占据了我国进口美国农产品的绝大部分虚拟土地,更占据了总进口虚拟土地的绝大部分。从美国进口粮食的虚拟耕地占中国进口粮食虚拟耕地的比例为36.42%,从美国进口粮食在中国进口粮食中的总占比为40.40%,中国的粮食生产及其所需的虚拟耕地在一定程度上对美国进口较为依赖。

表2-16 2021年各农产品的美国进口量以及虚拟土地进口量汇总表

农产品	美国进口量(万吨)	总进口量(万吨)	进口量占比	虚拟土地美国进口量(万公顷)	虚拟土地总进口量(万公顷)	虚拟土地占比	美国进口占总进口的比重	美国进口虚拟土地占总进口虚拟土地的比重
玉米	1 982.71	2 834.82	33.53%	329.54	471.16	16.95%	69.94%	69.94%
小麦	272.65	971.14	4.61%	47.86	170.47	2.46%	28.08%	28.08%
大豆	3 229.57	9 651.66	54.62%	1 428.92	4 270.36	73.48%	33.46%	33.46%
棉花	1.77	233.78	0.03%	0.93	123.52	0.05%	0.76%	0.76%
高粱	425.71	941.64	7.20%	137.48	304.09	7.07%	45.21%	45.21%
总计	5 912.42	14 633.04	100.00%	1 944.73	5 339.60	100.00%	40.40%	36.42%

注:农产品的美国进口数据来源于FAO统计数据(FAOSTAT)。

2016年全国耕地后备资源调查评价分类型统计结果显示(表2-17),我国后备耕地总面积为535.28万公顷(8 029.15万亩)。根据原国土资源部发布的"全国耕地后备资源特点分析"[1],全国近期可供开发利用的耕地后备资源面积为3 307.18万亩(220.48万公顷),占耕地后备资源总量的41.2%。

---

[1] 段雯娟. 我国耕地后备资源发生较大变化——国土资源部公布新一轮全国耕地后备资源调查评价结果[J]. 地球,2017(2):11-14.

表 2-17 全国耕地后备资源调查评价分类型统计表（公顷）

行政区域	后备耕地合计	小计	可开垦其他草地	可开垦沿海滩涂	可开垦内陆滩涂	可开垦盐碱地	可开垦沼泽地	可开垦沙地	可开垦裸地	可复垦土地 采矿用地
北京市	758.70	679.55	597.26	0.00	51.73	0.00	0.00	0.00	30.56	79.15
天津市	2 096.29	2 018.97	1 944.51	0.00	13.50	0.00	0.00	0.00	60.96	77.32
河北省	298 700.78	269 359.72	155 580.49	85.99	35 353.78	40 767.69	4 483.89	5 683.55	27 404.33	29 341.06
山西省	214 667.22	209 930.08	172 302.26	0.00	16 074.88	10 005.59	179.66	183.93	11 183.76	4 737.14
内蒙古自治区	148 215.07	145 608.49	56 045.12	0.00	5 288.93	83 594.92	0.00	0.00	679.52	2 606.58
辽宁省	93 104.94	90 482.82	82 904.07	212.62	5 753.04	135.87	290.51	78.29	1 108.42	2 622.12
吉林省	261 508.21	255 079.76	109 147.57	0.00	16 174.60	117 526.17	5 648.20	1 233.92	5 349.30	6 428.45
黑龙江省	715 871.66	689 895.45	363 194.59	0.00	104 755.96	119 052.67	84 238.41	161.82	18 492.00	25 976.21
上海市	4 394.07	4 393.99	609.63	1 609.47	1 768.78	0.00	0.00	0.00	406.11	0.08
江苏省	65 025.08	48 135.49	13 644.52	392.18	23 024.86	6 184.28	478.08	1 258.97	3 152.60	16 889.59
浙江省	30 618.26	30 537.28	5 661.38	17 517.25	4 877.61	244.59	3.04	11.66	2 221.75	80.98
安徽省	87 319.29	74 900.29	32 894.30	0.00	30 554.57	25.53	413.46	208.68	10 803.75	12 419.00
福建省	34 142.94	33 453.87	28 486.40	273.92	2 126.17	14.36	0.00	77.95	2 475.07	689.07
江西省	89 981.23	88 254.38	76 930.07	0.00	7 704.94	0.24	208.28	250.77	3 160.08	1 726.85
山东省	210 008.60	185 978.52	97 149.35	98.09	12 038.64	45 307.25	11.57	1 404.82	29 968.80	24 030.08
河南省	367 192.55	350 573.88	195 709.31	0.00	96 553.15	1 504.18	1 788.41	12 918.88	42 099.95	16 618.67

(续表)

行政区域	后备耕地合计	可开垦土地								可复垦土地	
		小计	可开垦其他草地	可开垦沿海滩涂	可开垦内陆滩涂	可开垦盐碱地	可开垦沼泽地	可开垦沙地	可开垦裸地	可复垦采矿用地	
湖北省	156 527.56	141 239.59	99 251.41	0.00	27 963.37	11.90	151.99	1 177.74	12 683.18	15 287.97	
湖南省	238 843.30	236 975.80	179 930.84	0.00	25 618.69	0.80	527.75	78.75	30 818.97	1 867.50	
广东省	78 047.10	76 710.47	59 111.77	380.90	3 566.19	643.33	359.99	1 118.05	11 530.24	1 336.63	
广西壮族自治区	141 029.35	140 485.64	116 402.35	0.00	112.75	338.51	236.32	100.38	23 295.33	543.71	
海南省	6 812.05	6 803.75	5 850.09	0.00	739.82	0.00	0.00	0.00	213.85	8.29	
重庆市	14 353.31	14 020.45	10 996.48	0.00	590.31	0.00	30.77	40.60	2 433.66	332.86	
四川省	242 230.04	235 297.62	206 428.27	0.00	10 640.43	0.00	302.11	482.56	18 157.55	6 932.42	
贵州省	218 301.39	215 744.47	174 222.72	0.00	2 976.90	0.00	275.69	6 976.09	37 760.18	2 556.92	
云南省	340 801.41	338 738.30	277 680.12	0.00	10 724.56	0.34	284.63	20.06	50 028.59	2 063.11	
西藏自治区	10 023.79	10 001.28	7 185.17	0.00	2 343.26	0.00	0.00	259.39	213.46	22.51	
陕西省	108 582.64	97 012.47	82 697.82	0.00	6 828.75	2 190.55	462.55	3 058.63	1 774.17	11 570.17	
甘肃省	331 769.88	329 302.56	246 678.86	0.00	6 880.11	22 528.66	275.69	6 976.09	45 963.15	2 467.32	
青海省	38 062.37	37 919.08	33 072.44	0.00	959.66	48.50	44.41	2 088.66	1 705.41	143.29	
宁夏回族自治区	43 710.85	43 617.57	20 950.21	0.00	1 402.42	11 751.35	1 370.74	1 627.59	6 515.26	93.28	
新疆维吾尔自治区	567 392.78	566 921.03	511 173.43	0.00	0.00	35 783.00	0.00	4 369.21	15 595.38	471.75	
新疆生产建设兵团	192 676.98	192 595.26	9 913.27	0.00	761.64	165 833.46	319.62	2 283.42	13 483.87	81.70	

从耕地后备资源在全国的分布来看，全国耕地后备资源的区域分布不均衡，主要集中在中西部经济欠发达地区[①]，其中新疆、黑龙江、河南、云南、甘肃等5个省份后备资源面积占到全国近一半，而经济发展较快的东部11个省份之和仅占到全国的15.4%[②]。其中，集中连片耕地后备资源仅有940.26万亩，且分布极不均衡，新疆(268.21万亩)、黑龙江(197.01万亩)两个省区之和占集中连片耕地后备资源总量的49.5%，而东部11个省(市)之和仅占11.7%，每省(市)平均不足10万亩。零散分布耕地后备资源2 366.92万亩，且分布相对均匀，湖南(311.77万亩)、黑龙江(304.20万亩)、贵州(223.81万亩)和河南(202.36万亩)较多。

按照公式(2-3)，其与表2-15中的国内播种面积之和构成了国内可利用耕地面积，根据公式(2-3)计算得出的国内耕地保障程度计算结果如表2-18所示。

表2-18 2021年各农产品国内可利用耕地面积、虚拟土地进口量和国内耕地保障程度汇总表

农产品	国内播种面积 AL_i (万公顷)	潜在后备耕地面积 AL_i+BL_1 (万公顷)	近期后备耕地面积 AL_i+BL_2 (万公顷)	虚拟土地进口量 SVL_i (万公顷)	潜在国内耕地保障程度 GLP_i	近期国内耕地保障程度 GLR_i
玉米	4 332.4	4 867.68	4 552.88	471.16	101%	95%
小麦	2 356.7	2 891.98	2 577.18	170.47	114%	102%
大豆	1 012.1	1 547.38	1 232.58	4 270.36	29%	23%
棉花	302.8	838.08	523.28	123.52	197%	123%
高粱	336.5	871.78	556.98	304.09	136%	87%
除了大豆	7 328.4	9 469.5	8 210.3	1 069.2	113%	98%
除了大豆、高粱	6 991.9	8 597.7	7 653.3	765.2	111%	99%
所有农产品	8 340.5	11 016.9	9 442.9	5 339.6	81%	69%

[①] 吴文盛,朱军,郝志军.耕地资源的安全评价与预警[J].地域研究与开发,2003(5):46-49.

[②] 段雯娟.我国耕地后备资源发生较大变化国土资源部公布新一轮全国耕地后备资源调查评价结果[J].地球,2017(2):28-30.

根据表 2-18 中各农产品的国内耕地保障程度计算结果，在仅依靠国内的耕地资源的条件下，针对五种农产品总量的近期保障程度为 69%，潜在国内耕地保障程度为 81%；除去进口份额较大的大豆后近期保障程度上升至 98%，潜在保障程度则上升至 113%（进一步除去份额同样较高的高粱后分别上升至 99% 和 111%），大豆、高粱、玉米、小麦和棉花的近期保障程度由低到高依次为 23%、87%、95%、102% 和 123%，潜在保障程度依次为 29%、136%、101%、114% 和 197%。若将农产品库存消费情况纳入考虑，得出的国内耕地保障程度更高，因此本研究中计算的国内耕地保障程度为较小限度上的保障，可以用来反映进口限制最大的情况下国内耕地用于弥补部分农产品进口缺口的保障程度。

综上，以 2021 年从美国进口的农产品数据为计算基础，假设切断从美国进口大豆、玉米、小麦、高粱和棉花这五种农产品的途径，我国的耕地资源在总体上不能完全弥补美国进口部分农产品的缺口，近期耕地保障程度和潜在耕地保障程度分别为 69% 和 81%；大豆的保障程度最低，近期和潜在保障程度分别仅为 23% 和 29%，是所有农产品中仅有两项保障程度都低于 100% 的。可以预见，中美贸易摩擦对中国大豆相关产业链将产生较为显著的影响，即使将我国所有近期可利用的后备耕地用于生产大豆，产量还不到美国进口量的一半。应对中美贸易摩擦，势必要从进口端和生产端同时谋求解决方法。

在进口端，巴西、阿根廷等国作为美国大豆的主要竞争对手和中国进口的主要来源国是主要的选择。表 2-19 反映了 2011—2021 年我国进口大豆的来源情况，可以发现从 2013 年以来我国从巴西大豆的进口份额均超过美国，2018 年贸易战后，我国从美国进口大豆的占比骤减，加大从巴西、阿根廷等国家大豆进口。此外，阿根廷等南美国家也具有很强的竞争力。

表 2-19 2011—2021 年中国进口大豆来源占比(%)

中国进口大豆来源	2011	2012	2013	2014	2015	2016	2017	2018	2019	2020	2021
巴西大豆占比	39.2	40.9	50.2	44.8	49.1	45.7	54.4	75.1	65.1	64.1	60.2
美国大豆占比	42.5	44.5	35.1	42.1	34.8	40.4	34.2	18.9	19.2	25.8	33.5

(续表)

中国进口大豆来源	2011	2012	2013	2014	2015	2016	2017	2018	2019	2020	2021
阿根廷大豆占比	14.9	10.1	9.7	8.4	11.6	8.4	6.7	1.7	9.9	7.4	3.9

数据来源:http://futures.hexun.com/2018-04-12/192816108.html；
联合国粮食及农业组织 FAOSTAT 数据,https://www.fao.org/faostat/en/。

在进口端,中美贸易摩擦对中国改变大豆内在的结构性矛盾是一次重要的机会[1],必须坚持耕地保护和资源节约的基本国策,统筹规划、合理利用耕地后备资源,确保国家耕地红线和粮食安全底线,可以适当加大对国内豆农的补贴力度、及早推出补贴措施[2],同时将耕地质量提升与大豆种植挂钩,从而提高大豆种植面积,减缓美国进口减少的影响[3]。当然,核心在于回归正常的国际贸易体系及可持续的耕地资源利用机制。

2.5 自给平衡与耕地保有

2.5.1 新形势下中国耕地保有量测算

耕地需求量＝粮食需求总量÷粮食作物单产÷耕地复种指数÷粮食作物比。需要预测未来粮食作物单产产量、耕地复种指数和粮食作物比重。

耕地保有量则在需求量的基础上考虑 100%、95%、90% 和 80% 的粮食自给率确定。

粮食作物单产方面,我国的主要农作物品种更新换代 1 次一般是 10 年左

---

① 温铁军:中美贸易战是解决大豆内在结构性矛盾契机[N].和讯网,2018-04-10.
② 刘航,申格,杨婧,等.中国大豆进口关税调整对全球水土资源转移的影响评估[J].自然资源学报,2021,36(6):1535-1544.
③ 周曙东,郑建,卢祥.中美贸易争端对中国主要农业产业部门的影响[J].南京农业大学学报(社会科学版),2019,19(1):130-141+167-168.

右,每次增产幅度在10%以上[1]。已有研究测算了2030年我国粮食单产为6 567公斤/公顷[2]。按照每年单产上升1%来推算,2035年为6 902公斤/公顷,2050年为7 946公斤/公顷。

耕地复种指数方面,利用遥感估算的结果表明:20世纪80年代初到90年代末的20年之间,复种指数下降的耕地占全国总面积15%左右、提高的占全国耕地面积的26%,呈现总体上升的趋势[3]。另外一项利用遥感估算的结果表明在1999—2013年,整体上中国耕地复种指数呈现显著上升趋势、2.12%的耕地复种指数明显降低、16.4%的耕地复种指数上升。[4] 但是,遥感解译与统计数据在耕地面积的统计口径以及对播种面积的统计方面存在很大差异。[5] 利用相关年份《中国统计年鉴》中的播种面积数据和原国土资源部的耕地面积数据计算,得到1996—2020年各年全国平均复种指数(表2-20)。1996年和2009年两年分别是第一次和第二次全国土地调查基准年,这两年的复种指数均为117.2%(1.17)。1996—2008年和2009—2017年平均复种指数分别是123.08%和121.24%。考虑到今后轮作休耕政策实施的进一步展开[6],播种面积可能会有所减少,且低复种指数也体现了生态文明意识的进一步提升[7]。因此,考虑未来复种指数稳定在1.2和下降到1.1两种水平下的耕地保有量。

---

[1] 孙其信.作物育种科学的发展[M]//中国农业科学技术政策.北京:中国农业出版社,1996:118-120.

[2] 卢布,陈印军,吴凯,等.我国中长期粮食单产潜力的分析预测[J].中国农业资源与区划,2005(2):1-5.

[3] 闫慧敏,刘纪远,曹明奎.近20年中国耕地复种指数的时空变化[J].地理学报,2005(4):559-566.

[4] 丁明军,陈倩,辛良杰,等.1999—2013年中国耕地复种指数的时空演变格局[J].地理学报,2015,70(7):1080-1090.

[5] 徐昔保,杨桂山.太湖流域1995—2010年耕地复种指数时空变化遥感分析[J].农业工程学报,2013,29(3):148-155+297.

[6] 《农业部等十部委办局关于印发探索实行耕地轮作休耕制度试点方案的通知》(农农发〔2016〕6号).

[7] 谢花林,刘桂英.1998—2012年中国耕地复种指数时空差异及动因[J].地理学报,2015,70(4):604-614.

表 2-20　1996—2020 年全国播种面积、耕地面积和复种指数

年份	耕地面积(万公顷)	播种面积(万公顷)	复种指数(%)
1996	13 003.92	15 238.06	**117.2**
1997	12 956.15	15 396.92	118.8
1998	12 929.77	15 570.57	120.4
1999	12 886.36	15 637.28	121.3
2000	12 824.31	15 629.99	121.9
2001	12 761.58	15 570.79	122.0
2002	12 592.96	15 463.55	122.8
2003	12 339.22	15 241.50	123.5
2004	12 244.43	15 355.26	125.4
2005	12 208.27	15 548.77	127.4
2006	12 177.59	15 214.90	124.9
2007	12 173.52	15 346.39	126.1
2008	12 171.59	15 626.57	128.4
2009	13 538.46	15 861.36	**117.2**
2010	13 526.83	16 067.48	118.8
2011	13 523.86	16 228.32	120.0
2012	13 515.84	16 341.57	120.9
2013	13 516.47	16 462.69	121.8
2014	13 505.73	16 544.63	122.5
2015	13 499.87	16 637.38	123.2
2016	13 492.10	16 664.96	123.5
2017	13 488.22	16 633.20	123.3
2018	13 137.21	16 590.24	126.3
2019	12 786.19	16 593.07	129.8
2020	12 743.67	16 748.71	131.4

粮食作物比方面,2000—2017年,我国粮食作物比[①]从69%下降到68%,呈现逐年微降的趋势(年均下降0.06%),本书按照年均下降0.06%来推算未来我国的粮食作物比,预计2025年粮食作物比为67.3%,2030年粮食作物比为67%,2035年粮食作物比为66.7%,2050年粮食作物比为65.8%。值得注意的是,粮食作物比可以通过政策调节来提高或者降低,因此在调节耕地保有量时可以重点关注。

根据前文预测的未来我国粮食需求总量、满足食物用粮需求、满足口粮需求来计算我国未来耕地保有量(见表2-21)。

表2-21 不同情景下中国典型年份耕地保有量预测(亿亩)

年份	情景	粮食需求总量情况下				满足食物用粮需求情况下				满足口粮需求情况下			
		粮食作物比保持不变		粮食作物比年均下降0.06%		粮食作物比保持不变		粮食作物比年均下降0.06%		粮食作物比保持不变		粮食作物比年均下降0.06%	
		复种指数1.2	复种指数1.1	复种指数1.2	复种指数1.1	复种指数1.2	复种指数1.1	复种指数1.2	复种指数1.1	复种指数1.2	复种指数1.1	复种指数1.2	复种指数1.1
2025	下限	24.60	26.83	24.69	26.94	16.28	17.76	16.34	17.83	5.98	6.53	6.01	6.55
	上限	25.09	27.37	25.19	27.48	16.78	18.30	16.84	18.37	6.00	6.54	6.02	6.57
2030	下限	24.23	26.43	24.42	26.64	16.12	17.59	16.24	17.71	5.63	6.15	5.68	6.19
	上限	25.04	27.32	25.24	27.53	16.93	18.47	17.05	18.61	5.66	6.18	5.71	6.22
2035	下限	23.65	25.80	23.93	26.10	15.73	17.16	15.90	17.35	5.36	5.85	5.42	5.92
	上限	24.56	26.80	24.85	27.11	16.65	18.16	16.82	18.36	5.40	5.89	5.46	5.95
2050	下限	21.98	23.98	22.50	24.54	14.76	16.10	15.08	16.45	4.39	4.79	4.49	4.90
	上限	23.50	25.64	24.06	26.25	16.28	17.76	16.64	18.15	4.63	5.05	4.73	5.16

1. 粮食需求总量情况下

(1)在粮食作物比保持现状稳定不变的情景下:① 若复种指数稳定在1.2,则2030年我国耕地应保持在24.23亿~25.04亿亩,2035年我国耕地应

---

① 粮食作物比=粮食作物种植面积/耕地总面积。

保持在 23.65 亿～24.56 亿亩,2050 我国耕地应保持在 21.98 亿～23.50 亿亩。② 若复种指数下降到 1.1,则 2030 年我国耕地应保持在 26.43 亿～27.32 亿亩,2035 年我国耕地应保持在 25.80 亿～26.80 亿亩,2050 我国耕地应保持在 23.98 亿～25.64 亿亩。

(2) 在粮食作物比年均下降 0.06% 的情景下:① 若复种指数稳定在 1.2,则 2030 年我国耕地应保持在 24.42 亿～25.24 亿亩,2035 年我国耕地应保持在 23.93 亿～24.85 亿亩,2050 我国耕地应保持在 22.50 亿～24.06 亿亩。② 若复种指数下降到 1.1,则 2030 年我国耕地应保持在 26.64 亿～27.53 亿亩,2035 年我国耕地应保持在 26.10 亿～27.11 亿亩,2050 我国耕地应保持在 24.54 亿～26.25 亿亩。

2. 满足食物用粮需求情况下

(1) 在粮食作物比保持现状稳定不变的情景下:① 若复种指数稳定在 1.2,则 2030 年我国耕地应保持在 16.12 亿～16.93 亿亩,2035 年我国耕地应保持在 15.73 亿～16.65 亿亩,2050 我国耕地应保持在 14.76 亿～16.28 亿亩。② 若复种指数下降到 1.1,则 2030 年我国耕地应保持在 17.59 亿～18.47 亿亩,2035 年我国耕地应保持在 17.16 亿～18.16 亿亩,2050 我国耕地应保持在 16.10 亿～17.76 亿亩。

(2) 在粮食作物比年均下降 0.06% 的情景下:① 若复种指数稳定在 1.2,则 2030 年我国耕地应保持在 16.24 亿～17.05 亿亩,2035 年我国耕地应保持在 15.90 亿～16.83 亿亩,2050 我国耕地应保持在 15.08 亿～16.64 亿亩。② 若复种指数下降到 1.1,则 2030 年我国耕地应保持在 17.71 亿～18.61 亿亩,2035 年我国耕地应保持在 17.35 亿～18.36 亿亩,2050 我国耕地应保持在 16.45 亿～18.15 亿亩。

3. 满足口粮需求情况下

(1) 在粮食作物比保持现状稳定不变的情景下:① 若复种指数稳定在 1.2,则 2030 年我国耕地应保持在 5.63 亿～5.66 亿亩,2035 年我国耕地应保持在 5.36 亿～5.40 亿亩,2050 我国耕地应保持在 4.39 亿～4.63 亿亩。② 若复种指数下降到 1.1,则 2030 年我国耕地应保持在 6.15 亿～6.18 亿亩,2035 年我国耕地应保持在 5.85 亿~5.89 亿亩,2050 我国耕地应保持在 4.79 亿~5.05 亿亩。

（2）在粮食作物比年均下降 0.06% 的情景下：① 若复种指数稳定在 1.2,则 2030 年我国耕地应保持在 5.68 亿~5.71 亿亩,2035 年我国耕地应保持在 5.42 亿~5.46 亿亩,2050 我国耕地应保持在 4.49 亿~4.73 亿亩。② 若复种指数下降到 1.1,则 2030 年我国耕地应保持在 6.19 亿~6.22 亿亩,2035 年我国耕地应保持在 5.92 亿~5.95 亿亩,2050 我国耕地应保持在 4.90 亿~5.16 亿亩。

取各年份 8 个估算值的最低值和最高值作为需要保有耕地量的区间,分别计算粮食需求总量情况下、满足食物用粮需求情况下、满足口粮需求情况下的耕地保有量：

1. 粮食需求总量情况下

在完全自给水平下（自给率 100%）,2030 年、2035 年和 2050 年需要保有耕地量分别应是 [24.23,27.53]、[23.65,27.11] 和 [21.98,26.25]；(2) 在 90% 的自给率水平下,2030 年、2035 年和 2050 年需要保有耕地量分别应是 [21.81,24.78]、[21.29,24.40] 和 [19.78,23.63]；(3) 在 80% 的自给率水平下,2030 年、2035 年和 2050 年需要保有耕地量分别应是 [19.38,22.02]、[18.92,21.69] 和 [17.58,21.00]。

2. 满足食物用粮需求情况下

在完全自给水平下（自给率 100%）,2030 年、2035 年和 2050 年需要保有耕地量分别应是 [16.12,18.61]、[15.73,18.36] 和 [14.76,18.15]；(2) 在 90% 的自给率水平下,2030 年、2035 年和 2050 年需要保有耕地量分别应是 [14.51,16.75]、[14.16,16.52] 和 [13.28,16.34]；(3) 在 80% 的自给率水平下,2030 年、2035 年和 2050 年需要保有耕地量分别应是 [12.90,14.89]、[12.58,14.69] 和 [11.81,14.52]。

3. 满足口粮需求情况下

中国要保障口粮完全自给,在完全自给水平下（自给率 100%）,2030 年、2035 年和 2050 年需要保有的口粮所需耕地量分别应是 [5.63,6.22]、[5.36,

5.95]和[4.39,5.16]。

在计算耕地保有量时,粮食作物单产、复种指数和粮食作物比三个参数变化会对结果产生不同程度的影响。新品种的培育或粮食作物种植技术的提升有可能会使粮食作物单产产生质的飞跃,政策的引导和约束也会改变粮食作物比的大小,而复种指数则更为敏感,从测算结果来看,复种指数变化0.1会使耕地保有量产生1亿~2亿亩的偏差。因此,从参数角度来说,技术、政策、环境等诸多不确定因素会对我国耕地保有量产生较大影响。

此外,未来我国粮食需求总量也存在不确定性,主要来自国际方面,体现在生物质能源加工需求和投机需求两个角度。(1)生物质能源加工需求,使粮食和石油价格直接联系起来,导致国际粮价的更大波动[1]。虽然我国政府对以粮食为投入的生物质能源发展严格控制,同时对粮食价格和市场波动不断进行有效调控[2],但国际市场粮价波动依然在一定程度上影响到国内粮食市场。(2)投机需求,使粮食价格与资产价格、通货膨胀等联系起来。在国际上,主要表现为一些投机者在农产品期货市场的炒作;国内对粮食的投机需求,则主要是一些游资对部分产量小、耐储存的小杂粮的炒作。当然,由于我国政府对于任何形式的农产品投机炒作都实行严厉打击,因而在粮食领域,投机需求在我国的影响不是很大[3]。

2.5.2 2035年耕地资源保有水平分析

计算我国历年的粮食需求量和对应的耕地需求量,如图2-11所示。可以发现,1999年以来,我国粮食需求量稳步上升,对应的耕地需求量则在15.5亿亩~17.5亿亩之间浮动。2017年年底我国耕地面积达20.23亿亩,并划定永久基本农田15.5亿亩,但其中质量高等及以上的耕地数量仅有7.22亿亩,

---

[1] 尹靖华,顾国达.我国粮食中长期供需趋势分析[J].华南农业大学学报(社会科学版),2015,14(2):76-83.

[2] 刘正山,刘剑.必须保有合理的耕地量——从粮食价格突然上涨谈起[J].中国土地,2003(12):24-28.

[3] 武拉平.中国粮食经济进入新的阶段:特征、原因和对策[J].农业经济与管理,2014(1):28-34.

中等及以上的耕地数量仅有 17.28 亿亩。因此，从供需层面来看，目前我国耕地供给量足以支撑需求量，但仍需预防非农用途侵占耕地，并重点保护及提高现有耕地质量。

相比传统研究，本书在测算中国粮食需求量与相应的耕地保有量时主要有以下三个方面的完善和创新：一是测算了中国全用途用粮，即把以往被忽略的库存用粮和粮食损耗这两种粮食用途一起包括在粮食需求总量内；二是考虑了豆类单产和其他粮食的巨大差异，单独测算了口粮和饲料粮中豆类的需求量和对应的耕地面积，使得测算结果更为准确；三是设定了保障粮食需求总量、保障食物用粮需求和保障口粮需求三种情形，分别对三种情形下的中国耕地保有量进行测算。在生态文明的背景下，我国的耕地战略要保证粮食自给，面对国际粮食贸易的不稳定性，综上所述，这里从必保量、应保量和可保量三个方面提出 2035 年耕地守多少。

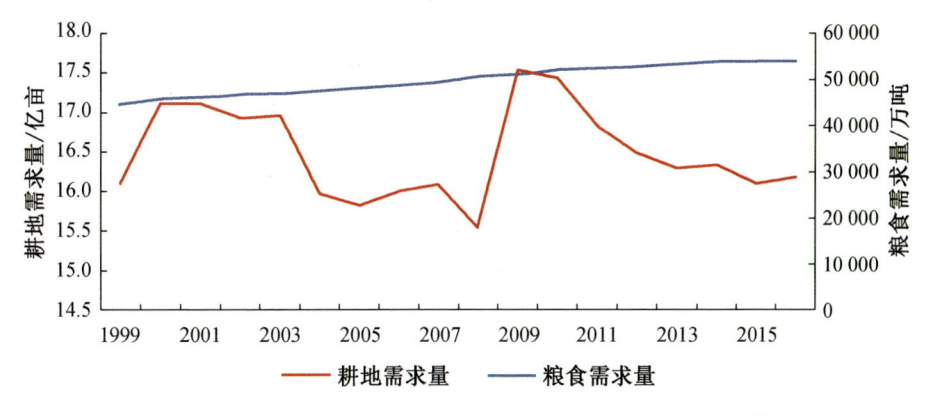

图 2-11　1999 年以来我国粮食需求量与对应耕地需求量[①]

(1) 必保量

研究将必保量界定为充分满足生态退耕等生态文明建设需求、满足基本食物用粮需求所需要耕地面积的下限。研究测算出在 100% 基本食物用粮自给率下，2035 年我国保证满足口粮、饲料用粮需求的耕地下限为 15.73 亿亩。

---

① 人均粮食需求量数据来源于 FAO 网站：http://www.fao.org/faostat/en/#data/FBS，人口、粮食作物比、单产等数据来源于历年《中国统计年鉴》，复种指数为本书 2.5.1 的遥感数据。

其他耕地可以用于休耕或退耕。

为此,从实现粮食安全、生态文明两个目标,并增强应对新全球化、全球变化等影响能力情形下,2035年我国耕地资源必保量为16亿亩。

而现有优、中连片性耕地面积达16.29亿亩,因此,可以实现以优、中连片性耕地面积为主的耕地保护要求,为此,建议在各类规划中,注重必保量耕地优先布局在拥有优、中连片性耕地资源的地区,即山东、河北、河南、安徽、江苏大部分地区,黑龙江、吉林、辽宁、湖北部分地区和四川盆地。

(2) 应保量

研究将应保量界定为满足食物用粮需求所需要耕地面积的上限,以充分保障"中国人要把饭碗端在自己手里,而且要装自己的粮食",并同时适度考虑保护生态。研究测算出在100%食物用粮(口粮+饲料用粮)自给率下,2035年我国保证满足食物用粮需求耕地需要的上限为18.36亿亩。

为此,我国2035年耕地资源应保量为18亿亩。此外,该上限考虑到了粮食产能的提升,同时,还考虑到粮食作物种植比例的下降以及复种指数的降低等方面的趋势。

(3) 可保量

研究将可保量界定为最大限度地实现全口径用粮自给所需要的耕地面积。研究测算出在100%粮食自给率下,2035年我国保证满足全口径用粮的耕地需求平均数为25.38亿亩。

结合目前中国粮食进口现状,以80%粮食自给率为底线,同时考虑到我国耕地资源可开垦的潜力,则我国耕地资源可保量为20.30亿亩,且其中3亿~4亿亩可以作为储备耕地,保有其耕作功能,实现藏粮于地的战略布局。在应保量耕地的基础上,建议可保量中的储备耕地优先布局在河套地区、河西走廊以及云南、广西、广东和海南的小部分区域。

(4) 耕地保有量预测总结

2017年耕地保有现状为20.23亿亩,要满足2035年食物用粮基本自给的必保量有4.5亿亩盈余,要满足2035年食物用粮基本自给并适当考虑消费结构转变和复种指数降低的应保量有1.87亿亩盈余,要满足2035年全口径粮食需求及休养生息的可保量有 0.12 亿亩缺口（图 2-12）。

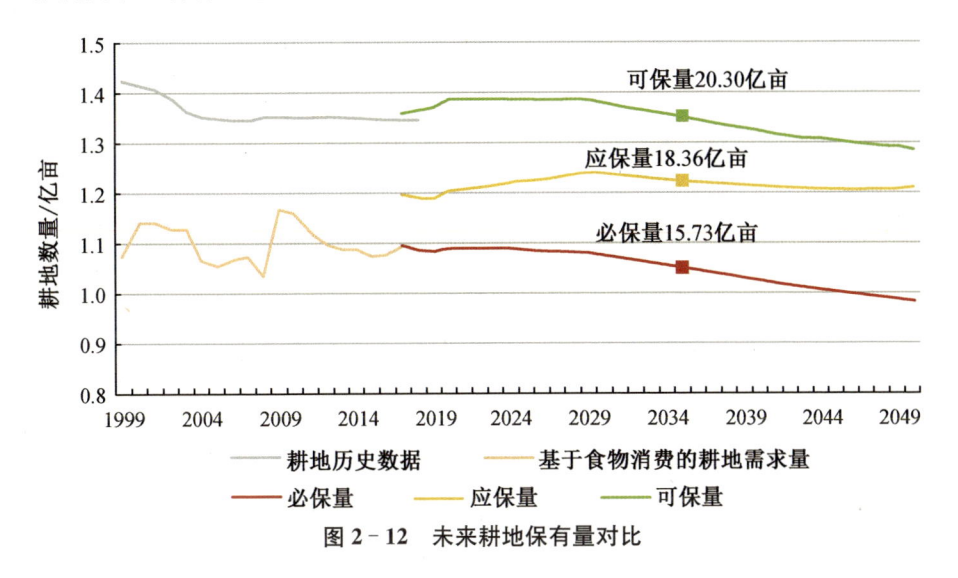

图 2-12　未来耕地保有量对比

第 3 章 / 面向 2035 年的耕地保护空间供给布局

结合现状耕地情况,基于数据真实性、方法多维性、逻辑严谨性的原则,本章从耕地演化的去向用途角度以及实际影响因素角度两个方面分别建立预测模型,选择趋势外推以及系统动力学和神经网络模型相结合的预测方法,对 1999 年以来的耕地时空动态演化过程特征和机理展开分析并基于此段数据对未来 2035 年的耕地供给情况进行模拟,这有利于分析归纳我国经济快速发展时期的耕地整体变化规律,总结评述阶段性的耕地利用成效及存在的问题,并对未来耕地占补的趋向及建设开发空间与耕地保护空间的平衡利用提供参考。[①]

3.1 耕地供给测算技术路线

本节将通过两种方式测算未来耕地的供给数量,其一,从耕地演化的去向用途角度出发,基于现状趋势外推进行供给量测算,其二,从耕地演化的实际影响因素角度出发,通过 Markov 模型得出土地利用需求预测值并结合 FLUS 模型对 2015—2035 年的全国耕地利用空间分布进行模拟。

---

① 韩杨.中国耕地保护利用政策演进、愿景目标与实现路径[J].管理世界,2022,38(11):121-131.

表 3-1 耕地保护供给主要研究方法

测算方案	计算内容	相关指标及参数	方法	参考及数据来源
基于现状趋势外推的供给量测算	建设占用	GDP	线性回归	《中国统计年鉴》(2009—2017年) 土地利用变更调查(2009—2017年)
		GDP增长率		
		城镇化率		
	生态退耕	自然保护区内耕地退出量		
		25°坡耕地退出量		
		不稳定耕地中旱地退出量		
	地灾毁坏	耕地转：盐碱地、沼泽地、沙地、裸地、荒草地调整量		
	农业结构调整	耕地转：园地、设施农用地、田坎、坑塘水面、沟渠调整量		
	土地整治	土地整理、复垦、开发量		
基于FLUS模型的供给量预测	各地类面积	人口、GDP空间分布网格	系统动力学 自适应惯性机制改进的元胞自动机	中科院遥感所栅格化数据(2010/2015) 国家气象中心(2010/2015) PROTECTED PLANET(2015)
		道路空间分布		
		农村居民点、城镇居民点分布		
		高程、坡度		
		降水量、年平均气温		
		自然保护区空间分布		

基于现状趋势外推的供给量测算主要采用土地利用变更调查数据，分别对耕地流出去向——建设占用、生态退耕、农业结构调整减少、灾毁和耕地流入去向——土地整治、农业结构调整增加等途径的耕地数量变化进行分省预测。其中，建设占用耕地的变化量选用历年GDP、人口进行回归模拟，并考虑了GDP增速减缓以及上海、北京等经济发达地区减量化规划政策实施下的强制性建设用地发展限制拐点等因素。该方法数据来源口径与国家自然资源部发布数据一致，且从耕地数量去向用途角度测算的结果符合实际土地利用变化规律。

基于FLUS模型的供给量模拟主要选用了中科院遥感所土地利用遥感以及相关气象、自然地理和人口经济等多类型多渠道数据，综合人类影响——

人口，GDP；自然地理——与城镇、农村居民点、河流、道路距离，高程，坡度；气候——降水量，平均气温进行土地利用变化模拟，并考虑将自然保护区和宽阔水面作为限制演化区。该方法是耦合人类活动与自然环境影响的未来土地利用变化情景模拟模型，特点在于：考虑人类活动与自然效应的共同作用对土地利用变化的影响，具有预测多种土地利用变化的能力；结合气候变化情景，将气温、降水以及社会经济数据耦合到 SD 模型和 CA 模型中；提出土地利用的"自适应惯性竞争机制"，用于处理局部不同土地利用之间复杂的竞争关系。

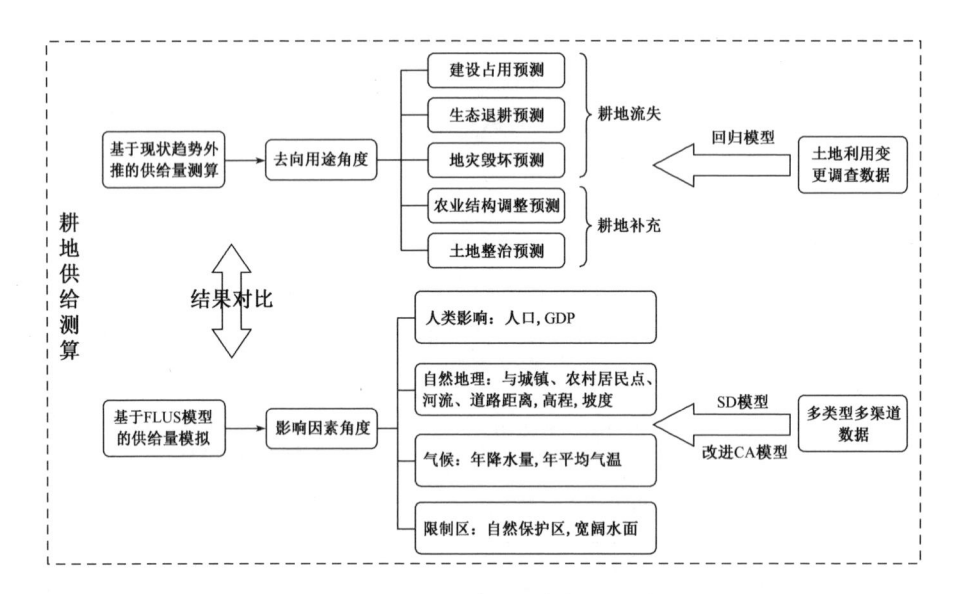

图 3-1　耕地供给量计算技术路线图

通过两种方法进行模拟测算可以得到更科学合理的未来全国耕地供给数量，结合我国耕地需求数量进行耕地供需关系的对比分析。

3.2　耕地空间变化规律

3.2.1　耕地减少的时空格局特征

2003—2017 年，中国耕地减少的主要途径有 4 种：一为建设占用，二为生态退耕占用,三为灾毁,四为农业结构调整[①][②][③]。鉴于前三类占用情况对耕地的影响最为显著,因此本章将分析建设占用、生态退耕以及灾毁造成的耕地减少特征,根据历年的全国土地利用变更调查数据统计得到不同途径下的占用耕地情况。

表3-2 2003—2017年中国耕地数量减少及其途径分析

年份	建设占用 面积（公顷）	比例（%）	灾毁 面积（公顷）	比例（%）	生态退耕 面积（公顷）	比例（%）	结构调整 面积（公顷）	比例（%）
2003	229 105.83	7.93	43 091.31	1.49	2 143 626.23	74.23	425 083.94	14.72
2004	292 803.74	19.72	45 976.56	3.10	644 429.40	43.40	445 345.43	29.99
2005	212 111.65	21.25	42 896.05	4.30	337 470.40	33.81	331 947.03	33.26
2006	258 539.68	25.00	15 127.25	1.46	253 546.75	24.52	418 849.28	40.51
2007	188 286.05	54.47	13 664.43	3.95	18 078.80	5.23	111 807.30	32.34
2008	191 568.29	76.93	16 166.75	6.49	3 360.41	1.35	23 163.46	9.30
2010	329 080.85	76.68	45 929.59	10.70	8 723.09	2.03	45 454.18	10.59
2011	320 180.72	78.71	22 351.16	5.49	9 433.40	2.32	54 835.77	13.48
2012	323 564.76	80.49	15 932.13	3.96	10 762.70	2.68	51 735.20	12.87
2013	291 706.22	82.46	6 645.55	1.88	7 716.04	2.18	47 688.80	13.48
2014	334 099.07	86.11	2 380.99	0.61	2 670.44	0.69	48 839.97	12.59
2015	247 130.51	81.90	3 685.91	1.22	24 746.18	8.20	26 169.53	8.67
2016	253 759.75	73.55	6 302.45	1.83	52 023.30	15.08	32 938.29	9.55
2017	252 467.70	82.47	4 021.02	1.31	17 266.89	5.64	32 367.31	10.57

从表3-2可以看出,2003—2006年中国耕地数量减少的途径主要为生

---

① Zhou Y, Zhong Z, Cheng G. Cultivated land loss and construction land expansion in China: evidence from national land surveys in 1996, 2009 and 2019[J]. Land use policy, 2023, 125: 106496.

② Guo L, Di L, Tian Q. Detecting spatio-temporal changes of arable land and construction land in the Beijing-Tianjin corridor during 2000—2015[J]. Journal of geographical sciences, 2019, 29: 702-718.

③ Chen X, Yu L, Du Z, et al. Toward sustainable land use in China: a perspective on China's national land surveys[J]. Land use policy, 2022, 123: 106428.

态退耕,尤其是在2000年前后占到耕地减少总量的50%以上;其次为结构调整,2004—2006年有较大的占比;这一时期的建设占用减少耕地比例较小,但随着城市化进程的加快,2006年后,建设占用逐渐成为耕地减少的主要因素,尤其是在2008年后占比稳定在70%以上。而随着退耕工程的逐渐完成,生态退耕减少所占的比例已基本降至5%以下,灾毁耕地除了在2008—2010年有一定的增幅外,其余年份仅占1%左右,而近年来结构调整减少耕地的占比基本稳定在10%左右。

在上述4个途径中,灾毁属于自然因素,基本不受人为控制,因此造成的历年耕地减少数量都相对稳定且占比不大,但灾毁对耕地带来的影响仍然不可忽视。生态退耕工程于1999年在四川等地试点,2002年在全国25个省份全面展开,因此在2002年前后几年生态退耕是耕地减少的主要途径之一,这一途径减少的耕地主要为坡耕地和旱地等劣等耕地,退出这类耕地有利于防止水土流失和改善生态环境,但随着大部分可退耕的劣等耕地的退出,生态退耕工程已进入优化调整阶段,不再有大面积的生态退耕。相较以上两类途径,建设占用对耕地保护和粮食安全产生的负面效应更大,在工业化和城市化的过程中,一部分耕地转为建设用地是必须且必然的,但建设过度占用耕地也对国家粮食安全造成不利影响[1][2]。

(1) 建设占用

中国的快速经济增长离不开城镇化和工业化,作为经济发展在空间上的映射,耕地流失和建设用地扩张是土地利用结构变化最显著的特征并持续在发生[3][4]。

在空间上,建设用地占用耕地存在显著差异。由于各省在自然、经济、人

---

[1] 吕晓,黄贤金,陈志刚,等.中国耕地保护政策的粮食生产绩效分析[J].资源科学,2010,32(12):2343-2348.

[2] 漆信贤,张志宏,黄贤金.面向新时代的耕地保护矛盾与创新应对[J].中国土地科学,2018,32(8):9-15.

[3] Yu M, Chen Z, Long Y, et al. Urbanization, land conversion, and arable land in Chinese cities: the ripple effects of high-speed rail[J]. Applied geography, 2022, 146: 102756.

[4] 范泽孟,李赛博.1990年来中国城镇建设用地占用耕地的效率和驱动机理时空分析[J].生态学报,2021,41(1):374-387.

口等因素上差异较大,建设占用耕地的数量表现出很强的空间差异性[①]。2003—2007 年,建设占用耕地最多的五个省份依次是江苏、山东、浙江、河南以及河北,占用耕地最少的五个省份依次是海南、西藏、青海、甘肃以及新疆。2008—2012 年(除 2009 年),建设占用耕地最多的五个省份依次是江苏、河南、山东、四川以及安徽,占用耕地最少的五个省份依次是西藏、海南、青海、北京以及宁夏,相比 2003—2007 年建设占用增长率最高的五个省份依次是海南、新疆、甘肃、黑龙江以及贵州,增长率最低的五个省份依次是北京、浙江、天津、广东以及上海。2013—2017 年,建设占用耕地最多的五个省依次是河南、山东、江苏、湖北以及安徽,占用耕地最少的五个省份依次是西藏、北京、海南、上海以及天津,相比 2008—2012 年(除 2009 年)建设占用增长率最高的五个省份依次是西藏、广东、贵州、云南以及河北,增长率最低的五个省份依次是上海、天津、北京、辽宁以及黑龙江。

表 3-3 不同时期各省份建设占用减少耕地数量统计(公顷)

省份	2003—2007 年	2008—2012 年	2013—2017 年
北京市	17 782.32	8 284.58	5 271.79
天津市	27 255.14	14 576.15	9 255.46
河北省	69 734.33	52 254.75	78 944.03
山西省	32 601.97	24 697.30	33 837.96
内蒙古自治区	21 902.36	23 299.64	27 407.22
辽宁省	41 543.46	48 841.81	32 267.88
吉林省	15 901.91	29 733.14	28 352.33
黑龙江省	14 442.61	35 788.48	29 750.38
上海市	26 781.45	14 955.67	6 869.95
江苏省	145 074.79	96 189.91	88 966.38
浙江省	114 552.15	60 067.69	58 520.05

---

① Liu T, Liu H, Qi Y. Construction land expansion and cultivated land protection in urbanizing China: Insights from national land surveys, 1996—2006[J]. Habitat international, 2015, 46: 13-22.

(续表)

省份	2003—2007 年	2008—2012 年	2013—2017 年
安徽省	54 503.89	68 533.77	79 693.31
福建省	33 772.64	29 449.45	29 605.46
江西省	32 724.76	34 915.00	43 099.89
山东省	129 015.65	82 344.33	97 130.96
河南省	79 205.52	95 461.29	140 094.31
湖北省	31 844.44	61 890.01	81 851.48
湖南省	26 479.43	30 036.98	40 573.02
广东省	39 275.97	21 359.37	40 711.1
广西壮族自治区	34 892.30	29 762.99	39 802.23
海南省	1 580.72	6 389.67	5 887.85
重庆市	32 128.02	31 843.05	40 805.49
四川省	40 895.59	71 701.52	77 536.99
贵州省	19 264.66	41 212.11	65 583.6
云南省	34 894.69	33 742.36	53 130.38
西藏自治区	2 255.99	1 344.52	3 716.79
陕西省	26 338.48	43 298.82	45 852.24
甘肃省	8 647.40	22 019.84	31 323.34
青海省	5 345.97	6 856.62	9 267.27
宁夏回族自治区	10 175.24	12 173.68	13 245.25
新疆维吾尔自治区	10 033.11	31 317.55	40 808.86

注：缺少 2009 年耕地数据。

通过比较各省不同时期的建设占用耕地状况可以发现：

从建设占用耕地的实际数量来看，江苏、河南、山东一直稳居在建设占用耕地数量最多省份的前五名，一方面，这几个省份集中了大量优质土地，自身土地基数较庞大，另一方面，三个省份均属于人口大省，人口城镇化效应显著，对建设用地的需求不断增加，因此增量位居前列，类似地区还有安徽、浙江、四川和湖北等地，均属于建设占用耕地增量大省，这些省份可以列为"耕地总量大、占用需求高"地区。

2003—2007 年建设占用耕地　　　　2008—2012 年建设占用耕地

2013—2017 年建设占用耕地　　　　2003—2017 年建设占用耕地

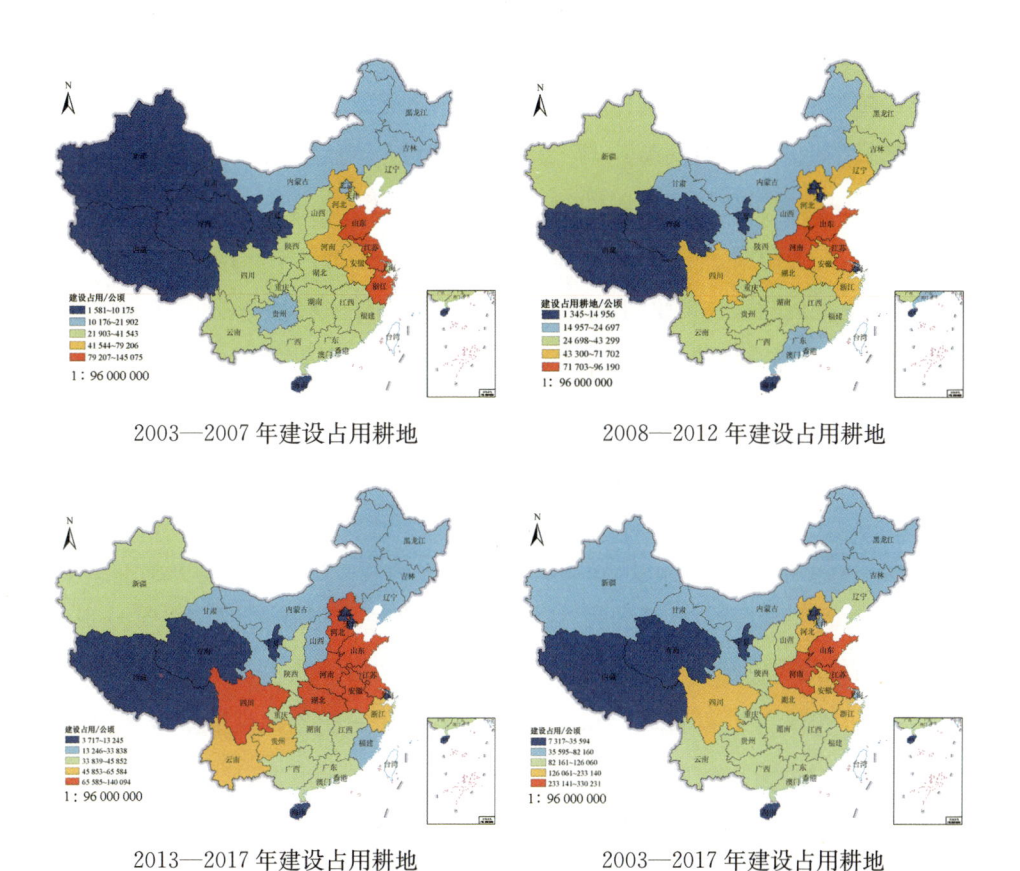

图 3-2　不同时期全国各省份建设占用耕地空间分布

注：缺少 2009 年耕地数据。港澳台资料暂缺。

建设占用耕地最少的省份分为两类，一类是人口少，建设需求小，可利用土地资源本身也较为匮乏的"耕地总量小、占用需求小"地区——西藏、青海等西部省份，因此建设占用耕地少；一类是人口多，建设需求大，城市开发较早，在 2003—2007 年这一时段建设占用较多，但随着城市化建设逐步成熟，建设用地也进入了减量化阶段，因此近 10 年的建设用地占用逐渐减少的"耕地总量小、占用需求高但占用管控强"地区——北京、天津、上海等经济发展前列省市。

从建设占用耕地增长率来看，增长率高的地区分三类：① 耕地总量小、占用量小但增长率大的"伪高增长"地区——西藏、甘肃等省份，② 土地基数小但建设占用需求大、政策监管较不严格的"超载增长"地区——海南（2008—

2012年建设占用尤其严重),③土地基数较大、开发难度大但人口城镇化需求逐年增加的"刚需增长"地区——贵州、云南等省份。

增长率低的地区分两类:一类是城市化建设早、土地开发逐渐抵达上限、建设用地进入减量化发展阶段的"减量化管控"地区——北京、上海、天津、浙江等省份,一类是属于中国粮食主产区的"耕保减量"地区——辽宁、黑龙江等省份,无论是从国家政策驱动还是自身发展约束条件来看,这些地区未来的建设占用增长率都会维持在一个较低水平①。

(2) 生态退耕

生态退耕于1999年开始试点,2002年全面启动,该政策的重要实施阶段为1999—2008年,2008年后生态退耕工程基本完成,通过此途径退出的耕地出现断崖式的减少②,因此,生态退耕呈现出明显的阶段性时空变化特征,可以将其从2000—2017年划分为2个时期:一是生态退耕前期(2000—2008年),以耕地面积急剧减少、面积分布重心向东移动为特征③;二是生态退耕后期(2010—2017年),以耕地面积缓慢减少、相比上一阶段出现数量级式的递减为特征。

生态退耕政策实施期间,耕地减少有明显的空间分布差异。2000—2008年,生态退耕最多的五个省份依次是内蒙古、陕西、四川、河北以及山西,生态退耕最少的五个省份依次是上海、福建、江苏、天津以及山东。2010—2017年,生态退耕工程已完成阶段性任务,相比上一时期,耕地减少量最低的省份已降至3.08公顷。生态退耕最多的五个省份依次是重庆、内蒙古、宁夏、北京以及海南,生态退耕最少的五个省份依次是青海、云南、上海、广西以及西藏④。前后两个时期对比来看,2010—2017年各省份的生态退耕总量在

---

① 刘涛,史秋洁,王雨,等.中国城乡建设占用耕地的时空格局及形成机制[J].地理研究,2018,37(8):1609-1623.

② Wang H, Zhang C, Yao X, et al. Scenario simulation of the tradeoff between ecological land and farmland in black soil region of Northeast China[J]. Land use policy, 2022, 114: 105991.

③ 王秀红,申建秀.中国生态退耕重要阶段耕地面积时空变化分析[J].中国农学通报,2013,29(29):133-137.

④ 李长生,严金明.生态退耕背景下黄河流域耕地变化与农业生产和生态环境关系研究[J].中国农业资源与区划,2022,43(10):1-8.

2000—2008 年总量的 0.002%～63.4% 不等的范围内浮动,整体均有降幅。

表 3-4 不同时期各省份生态退耕减少耕地数量统计(公顷)

省份	2000—2008 年	2010—2017 年
北京市	14 999.95	4 340.44
天津市	3 176.99	158.88
河北省	451 719.23	2 618.38
山西省	379 351.11	430.60
内蒙古自治区	1 010 258.09	10 945.74
辽宁省	73 765.99	547.16
吉林省	42 165.52	4 086.31
黑龙江省	115 729.48	1 671.44
上海市	69.79	33.75
江苏省	2 646.97	224.44
浙江省	36 897.79	842.49
安徽省	133 189.44	2 193.34
福建省	1 171.84	221.53
江西省	113 730.57	508.24
山东省	3 690.54	2 339.78
河南省	137 370.56	440.00
湖北省	208 444.91	2 433.40
湖南省	129 513.24	542.79
广东省	4 557.50	981.40
广西壮族自治区	102 946.60	65.50
海南省	27 634.13	4 332.20
重庆市	236 281.15	80 937.36
四川省	487 164.22	685.35
贵州省	254 796.43	566.67
云南省	234 660.61	12.30
西藏自治区	6 916.18	118.07

(续表)

省份	2000—2008 年	2010—2017 年
陕西省	772 394.49	155.86
甘肃省	377 959.46	321.89
青海省	147 164.54	3.08
宁夏回族自治区	363 035.53	6 781.98
新疆维吾尔自治区	152 707.90	3 625.27

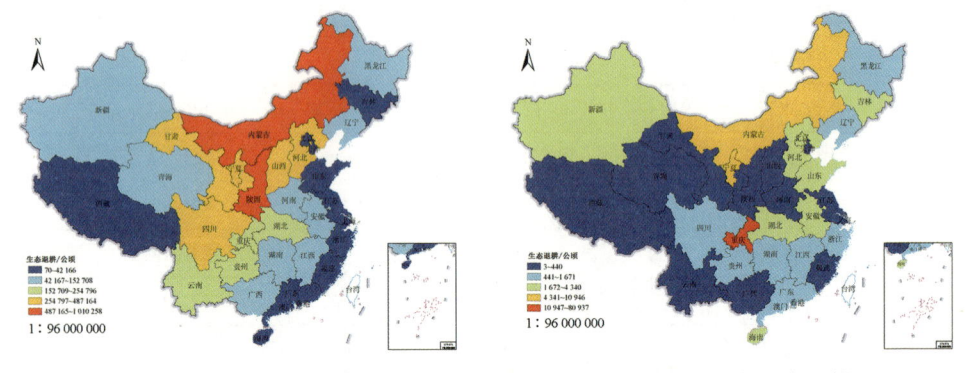

2000—2008 年生态退耕

2010—2017 年生态退耕

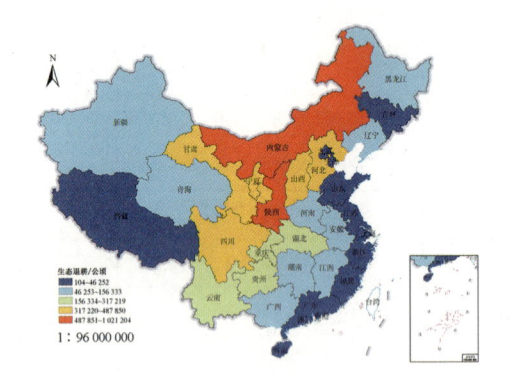

2000—2017 年生态退耕

图 3-3 不同时期全国各省份生态退耕空间分布

注：港澳台资料暂缺。

从生态退耕的时空特征可以看出，早期生态退耕主要集中在西部和北部等土地荒漠化、水土流失严重的省份，例如内蒙古、陕西、四川、重庆、山西、河北等,这些地区退耕的农田多属于劣质耕地,粗放式的经营造成土地迅速退化。生态退耕政策的实施一方面是为达到保护生态环境、提高农民生产生活水平的目的,另一方面也是为了改变不合理的土地利用方式,推动高效集约化的耕作。退耕最少的地区则分为两类:一类为优质耕地所在省份,例如江苏、福建、山东等地;另一类则是耕地资源本身不足或难开发的省份,例如上海、天津、西藏等地。通过生态退耕,中国耕地数量分布重心整体向东部移动,在保障粮食安全的前提下,退出部分西部劣质耕地,保证东部优质耕地持续高效的产出。近年来,各省份的生态退耕数量已大量减少,除重庆、内蒙古等山区、高原地区仍有一定量的劣等耕地需要还林、还草,其余省份的生态退耕工程已基本进入平稳发展期,没有大量耕地需要退出。

(3) 灾毁耕地

灾毁耕地主要是受滑坡、洪水等自然灾害的影响,其耕作层被破坏,失去了耕作条件的耕地。在土地利用变更调查中表现为耕地变更为未利用地,一般是旱地和水田向裸地、其他草地、河流水面、内陆滩涂等用地类型转换。

从各省份灾毁耕地的时空分布来看,2003—2007年的灾毁耕地数量相对较多,2013—2017年的灾毁耕地数量相比之前两期有较大的降幅。2003—2007年,灾毁减少耕地最多的五个省依次是陕西、山东、云南、辽宁以及内蒙古,减少最少的五个省依次是宁夏、上海、北京、山西以及西藏。2008—2012年(除2009年),灾毁减少耕地最多的五个省依次是甘肃、吉林、四川、贵州以及陕西,减少最少的五个省依次是天津、西藏、青海、上海以及海南,相比2003—2007年灾毁耕地数量有所增加的省份有十一个:宁夏、上海、吉林、甘肃、江西、北京、新疆、四川、河北、河南以及贵州,其余省份均为负增长。2013—2017年,灾毁减少耕地最多的五个省依次是吉林、江西、陕西、甘肃以及云南,减少最少的五个省依次是天津、广东、广西、北京以及海南,相比2008—2012年(除2009年),有山西、湖南、重庆、青海、上海和山东六个地区的灾毁减少耕地有少量增加。

表 3-5 不同时期各省份灾毁减少耕地数量统计(公顷)

省份	2003—2007 年	2008—2012 年	2013—2017 年
北京市	35.09	119.36	1.3
天津市	1 284.87	0.00	0
河北省	3 235.93	4 051.27	1 347.63
山西省	410.23	362.35	377.51
内蒙古自治区	8 435.54	3 870.54	1 467.43
辽宁省	10 202.50	2 132.53	434.93
吉林省	765.37	18 218.13	2 544.08
黑龙江省	1123.44	849.51	702.02
上海市	0.22	100.00	154.05
江苏省	6 569.33	929.99	396.84
浙江省	1 102.49	239.34	65.83
安徽省	7 650.33	667.44	618.64
福建省	3 577.88	3 049.71	753.51
江西省	896.45	4 117.62	1 986.54
山东省	20 699.40	314.36	894.83
河南省	2 324.19	3 082.45	276.4
湖北省	5 718.31	4 169.28	1 069.76
湖南省	3 358.04	633.91	789.13
广东省	3 764.52	554.68	0
广西壮族自治区	3 508.58	169.99	0.76
海南省	3 577.20	115.00	22.65
重庆市	4 364.70	641.66	835.98
四川省	6 742.32	10 876.85	703.27
贵州省	6 582.93	7 550.01	1 287.87
云南省	19 463.78	3 258.03	1 891.35
西藏自治区	470.17	75.09	67.58
陕西省	31 514.69	4 774.97	1 976.88
甘肃省	1 880.41	23 126.91	1 976.42

(续表)

省份	2003—2007年	2008—2012年	2013—2017年
青海省	654.47	87.20	155.27
宁夏回族自治区	0.00	533.18	50.12
新疆维吾尔自治区	842.22	1 660.77	187.34

注：缺少2009年耕地数据。

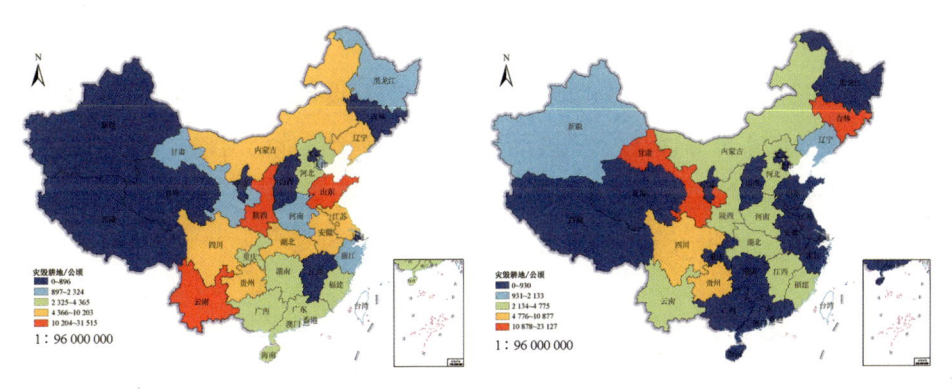

2003—2007年灾毁减少耕地　　　　　2008—2012年灾毁减少耕地

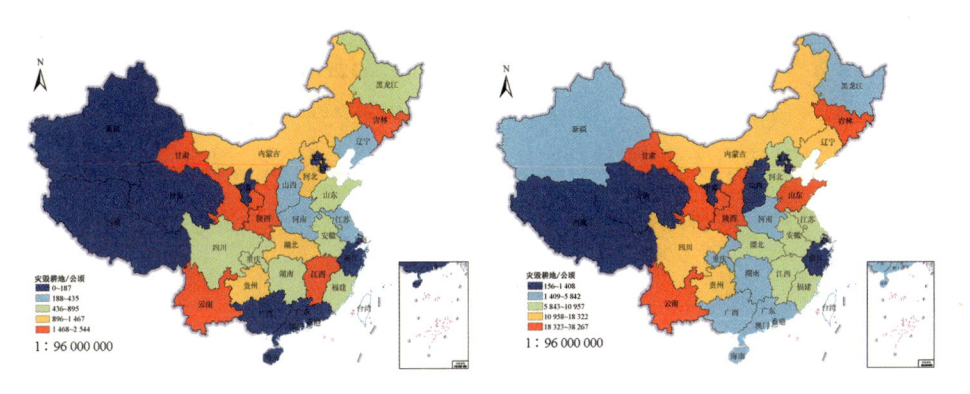

2013—2017年灾毁减少耕地　　　　　2003—2017年灾毁减少耕地

图3-4　不同时期全国各省份灾毁减少耕地空间分布

注：缺少2009年耕地数据。港澳台资料暂缺。

由于耕种技术不成熟以及农业基础设施不完备，20世纪初期的灾毁耕地情况比较严重，陕西、云南、内蒙古、甘肃、四川等省份是主要的重灾区，这与该类地区的地形地貌特征紧密相关,山地、高原地区滑坡、泥石流较频繁,因此耕地灾毁更易发生。此外,山东和辽宁较大的耕地总量、粗放式的农业经营模式等原因,也导致其在2003—2007年的灾毁情况较为严重,但后期经过土地整治,灾毁耕地已逐渐减少,恢复到较稳定的减少水平。灾毁耕地数量较少的地区,一类是耕地条件较好但总量不大的省份,包括北京、天津、上海、海南等地,一类是耕地条件较差且数量基础也较薄弱的省份,包括西藏、青海、宁夏等地,还有一类是耕地质量较高、自然环境优良、发生滑坡等自然灾害的可能性相对较低的省份,包括广东、广西等地。

虽然经过不断的农业技术改良和基础设施建设,现阶段的灾毁耕地仅占减少耕地的极小部分,但根据刘波的研究结论,灾毁耕地的国家自然等别以中等地居多[①],因此,通过技术手段持续防止灾毁产生并复垦灾毁土地、恢复耕作,对耕地保护和生态安全仍然具有极重要的意义。

3.2.2 耕地补充的时空格局特征

中国耕地增加的主要途径是土地整治,通过整理、复垦和开发,对利用不当、未被利用或分散的土地进行深度再开发,以此提高土地利用效率[②]。2006年后,随着城乡建设用地增减挂钩政策的施行,通过增减挂钩补充耕地也成为保证一定区域范围内城镇建设用地与耕地面积动态平衡的主要途径[③][④]。基于中国土地利用变更调查数据,统计得到历年土地整治、增减挂钩以及结构调整等不同途径下的耕地补充情况,分析不同途径下补充耕地的时空数量特征。

---

① 刘波.重庆市灾毁耕地分布及其开发潜力分析[J].农村经济与科技,2017,28(13):39-41.

② Liu C, Song C, Ye S, et al. Estimate provincial-level effectiveness of the arable land requisition-compensation balance policy in mainland China in the last 20 years[J]. Land use policy, 2023, 131: 106733.

③ Zhou Y, Li Y, Xu C. Land consolidation and rural revitalization in China: mechanisms and paths[J]. Land use policy, 2020, 91: 104379.

④ 戈大专,龙花楼,杨忍.中国耕地利用转型格局及驱动因素研究——基于人均耕地面积视角[J].资源科学,2018,40(2):273-283.

表 3-6 2000—2017 年中国土地整治途径补充耕地

年份	土地整治合计		整理		复垦		开发	
	面积（公顷）	比例（%）	面积（公顷）	比例（%）	面积（公顷）	比例（%）	面积（公顷）	比例（%）
2000	291 064.66	49.67	41 942.19	7.16	65 531.46	11.18	183 591.01	31.33
2001	202 608.29	76.18	43 611.44	16.40	24 450.72	9.19	134 546.13	50.59
2002	260 760.70	76.43	52 479.81	15.38	35 042.88	10.27	173 238.01	50.77
2003	261 999.08	76.25	165 114.40	48.05	32 514.12	9.46	64 370.57	18.73
2004	283 295.91	53.42	166 138.68	31.33	59 710.90	11.26	57 446.34	10.83
2005	306 667.15	49.23	164 632.18	26.43	70 663.59	11.34	71 371.38	11.46
2006	367 194.93	51.01	224 654.57	31.21	63 645.85	8.84	78 894.51	10.96
2007	195 835.71	65.28	123 926.20	41.31	26 346.01	8.78	45 563.51	15.19
2008	229 607.29	88.75	138 363.72	53.48	29 334.06	11.34	61 909.51	23.93
2010	261 091.38	82.90	95 165.53	30.22	38 178.98	12.12	127 746.87	40.56
2011	315 787.83	83.69	102 405.83	27.14	54 783.35	14.52	158 598.65	42.03
2012	227 598.31	70.72	—	—	—	—	—	—
2013	272 542.67	75.72	—	—	—	—	—	—
2014	196 763.04	70.11	—	—	—	—	—	—
2015	139 195.28	57.45	—	—	—	—	—	—
2016	190 427.11	71.01	—	—	—	—	—	—
2017	211 494.26	79.45	—	—	—	—	—	—

从表 3-6 可以看出，土地整治这一途径补充的耕地数量常年占中国新增耕地数量的 50% 以上但有所浮动[1]。2004—2007 年，补充耕地数量有一定的跌幅，每年占补充总量的 49.23%～65.28%，此后至 2017 年，土地整治补充耕地的数量基本稳定在补充总量的 70% 以上，是最重要的耕地补充来源[2]。

---

[1] 刘彦随,朱琳,李玉恒. 转型期农村土地整治的基础理论与模式探析[J]. 地理科学进展, 2012, 31(6): 777-782.

[2] Long H. Land consolidation: An indispensable way of spatial restructuring in rural China[J]. Journal of geographical sciences, 2014, 24: 211-225.

由于统计口径的变化,土地变更调查分别记录了2000—2011年(除2009年)土地整治的三大来源——整理、复垦和开发的数量情况,但2012年之后将其合并统计为土地整治补充耕地的总数量。从2000—2011年(除2009年)的三大来源补充耕地数量来看,复垦耕地占比最少,历年均不超过总量的15%;2000—2002年、2010—2011年通过开发途径补充的耕地占比较大,占补充总量的31.33%~50.77%;与开发耕地相反,整理耕地数量在这两个时段占比较小,但其他时期的占比较大且历年补充耕地均稳定在较高水平,介于25%和55%之间。

表3-7 2000—2017年中国结构调整及增减挂钩途径补充耕地

年份	结构调整		增减挂钩	
	面积(公顷)	比例(%)	面积(公顷)	比例(%)
2000	199 793.76	34.09	—	—
2001	44 490.81	16.73	—	—
2002	67 700.16	19.84	—	—
2003	32 796.50	9.54	—	—
2004	184 736.75	34.83	—	—
2005	125 004.86	20.07	—	—
2006	83 084.93	11.54	—	—
2007	75 829.22	25.28	—	—
2008	22 735.67	8.79	—	—
2010	53 836.56	17.09	—	—
2011	61 514.49	16.30	—	—
2012	31 178.08	9.69	37 924.35	11.78
2013	21 932.15	6.09	27 886.50	7.75
2014	35 959.76	12.81	23 585.34	8.40
2015	37 179.34	15.35	20 081.87	8.29
2016	34 027.12	12.69	15 869.13	5.92
2017	13 351.27	5.02	13 348.42	5.01

结构调整和增减挂钩也是新增耕地的两大重要来源①,农业结构调整是双向变化,虽然结构调整补充和减少的耕地占总量比例大致相当,但仅 2010—2011 年及 2015—2016 年通过结构调整补充耕地数量大于减少耕地数量,其余年份流入耕地仍少于流出耕地,尤其在 2002—2006 年,结构调整导致的耕地净减少尤其严重②。此外,2012 年以来,增减挂钩补充耕地数量逐年减少,因此复垦的耕地数量也越来越少。

上述途径中,土地整治补充耕地是主要的新增耕地来源③④,由于工矿废弃地是主要的复垦土地类型,复垦难度较大,因此通过复垦补充的耕地仅占一小部分,不是主要的土地整治内容。土地整理对田、水、路、林、村等的综合整治是持续性工程,因此每年通过土地整理补充的耕地数量相对较多且稳定。土地开发是对未利用地的再利用,近年来也逐渐成为土地整治的重点工程,在土地整治补充耕地中的占比逐渐提升,未来国家有加快未利用土地资源开发利用的趋势⑤⑥。此外,增减挂钩实施以来,一方面推进了城市化建设,实现了城乡更加合理化的布局,但另一方面,部分地区把增减挂钩仅当作增减城镇建设用地计划指标的手段,未必能确保新复垦耕地质量,这也对耕地保护造成了一定程度的负面影响⑦。因此,随着增减挂钩实施过程中重建新、轻拆旧、重城镇、轻农村等问题的出现,城镇建设用地的规划管控越来越严格,增减挂钩的周转指标规模逐渐减少,所以复垦的耕地数量也随之减少。

(1) 土地整治

2000—2017 年,全国通过土地整治补充耕地总量为 421.39 万公顷,占全

---

① Chen L, Zhao H, Song G, et al. Optimization of cultivated land pattern for achieving cultivated land system security: a case study in Heilongjiang Province, China[J]. Land use policy, 2021, 108: 105589.
② 王振波,方创琳,王婧. 城乡建设用地增减挂钩政策观察与思考[J]. 中国人口·资源与环境, 2012,22(1):96-102.
③ 龙花楼. 论土地整治与乡村空间重构[J]. 地理学报,2013,68(8):1019-1028.
④ 刘彦随. 土地综合研究与土地资源工程[J]. 资源科学,2015,37(1):1-8.
⑤ 龙花楼,张英男,屠爽爽. 论土地整治与乡村振兴[J]. 地理学报,2018,73(10):1837-1849.
⑥ 刘彦随. 科学推进中国农村土地整治战略[J]. 中国土地科学,2011,25(4):3-8.
⑦ 牛善栋,方斌. 中国耕地保护制度 70 年:历史嬗变、现实探源及 路径优化[J]. 中国土地科学, 2019,33(10):1-12.

国耕地总量的 3.12%,从四大经济分区来看,各地区土地整治总量占耕地总量的比例为东部地区(5.66%)＞西部地区(3.16%)＞中部地区(2.81%)＞东北地区(1.02%);从九大土地利用分区来看,土地整治数量最多的地区为西北区、西南区和苏浙沪区,但土地整治数量占地区耕地总量比例最大的地区为苏浙沪区和闽粤琼区,说明苏浙沪、闽粤琼的土地整治效率高于其他地区,而西南和西北由于自身土基数大且需要整治的土地数量多,因此土地整治的总量大。从各省(区、市)土地整治总量来看,内蒙古、江苏、浙江、新疆、山东等几个省份属于土地整治大省,各区土地整治补充耕地面积均占到了全国总量的 6% 以上,北京、天津、海南、青海、西藏等地土地整治量不足全国总量的 1%,其中,天津、北京属于耕地量少的经济发达地区,海南属于耕地条件好、土地整治需求相对较小的地区,青海、西藏等地则属于土地整治难度大、耕地条件极差的地区。

表 3-8　2000—2017 年全国土地利用分区土地整治总量情况分布

利用分区		土地整治	
		总量(万公顷)	占区内耕地总量比例(%)
全国		421.39	3.12
西部地区		159.26	3.16
	西北区	89.71	3.57
	西南区	65.68	2.71
	青藏区	3.87	3.74
东北地区		28.40	1.02
中部地区		85.71	2.81
	晋豫区	32.76	2.69
	湘鄂皖赣区	52.94	2.89
东部地区		148.02	5.66
	京津冀鲁区	55.86	3.78
	苏浙沪区	63.89	9.48
	闽粤琼区	28.27	6.07

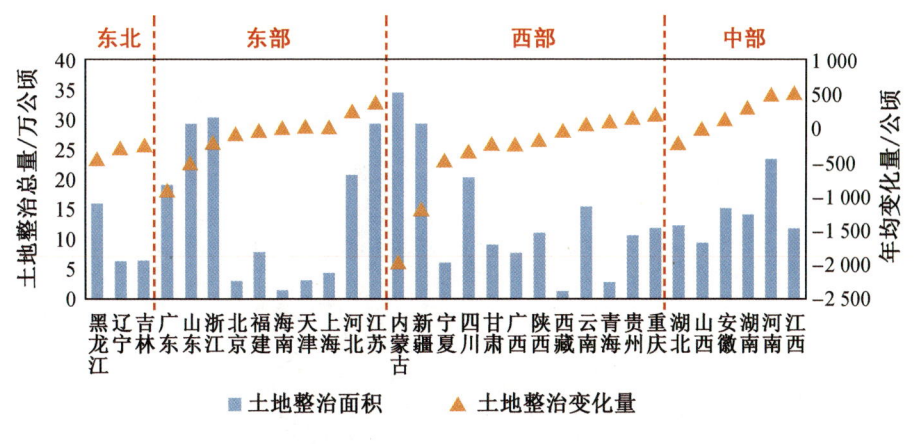

图 3-5　2000—2017 年各省份土地整治增量变化

从各地区 2000—2017 年土地整治的年均变化量来看,仅中部地区历年年均增量呈正值,逐年增量均值为 201.73 公顷,其余地区土地整治的年均增量均为负,西部地区(-344.34 公顷)、东北地区(-324.68 公顷)、东部地区(-107.74 公顷),即东北地区土地整治总量低且逐年减小,中部地区土地整治总量也相对较低但逐年增多,东部和西部地区土地整治总量大但逐年减小,且西部年均负增长值最大。

(2) 增减挂钩

增减挂钩试点工作于 2006 年展开,虽然通过增减挂钩补充的耕地占比较小,但增减挂钩既是推动城市化发展和新农村建设的有效机制,也是促进耕地保护和集约节约用地的重要途径。

从 2012—2017 年各省份增减挂钩补充耕地面积数量分析得到,江苏、安徽和山东是增减挂钩补充耕地最多的三个省份且逐年补充量呈现递减趋势;长江经济带地区各省市增减挂钩补充耕地总量大,各省份增减挂钩补充耕地的空间差异与我国人口城镇化水平的变化规律相符合。

各省份增减挂钩补充耕地的空间差异与我国人口城镇化水平的变化规律相符合。增减挂钩补充耕地较多的地区多属于人口大省,城市和农村发展差距较大且当前的城镇建设用地无法满足现阶段的人口城镇化需求,因此需要通过增减挂钩调剂城镇和农村的建设用地占用耕地指标,最终既能实现建新

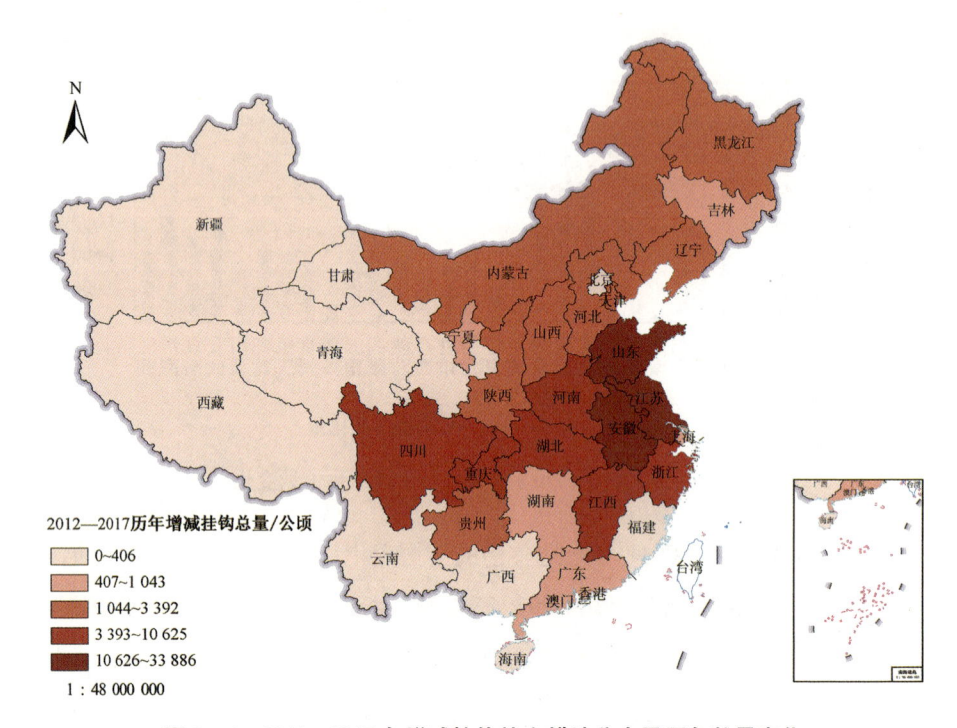

图 3-6　2012—2017 年增减挂钩补充耕地分布及历年数量变化

注：港澳台资料暂缺。

拆旧区内的耕地面积不减少，又能保障城乡统筹发展下建设用地指标足量化，但实际许多地区未能实现增减挂钩中的耕地保护目标。而通过"增减挂钩"补充耕地少的地区一类是北京、上海等人口城镇化水平已经非常高的地区，另一类则是西藏、青海、甘肃等人口增长少、土地总量大但人口城镇化水平还停留在较低层次的地区，因此均不需要通过增减挂钩调节建设用地指标进而补充耕地。

3.3　耕地保有现状特征

3.3.1　全国耕地空间布局

随着我国耕地保护制度越来越严格、节约用地意识增强，土地集约利用水平越来越高,之前粗放式土地开发模式可能不再对未来城镇化建设有较强参考价值[①]。相较于2000—2008年这一中国城镇化建设提速急行时期,2009—2017年,随着生态退耕工程基本完成、激进式的城镇化工业化发展速度放缓,耕地减少量显著降低,总量趋于稳定,未来我国也将较长时间维持这一状态并进一步保证耕地的总量可控和高效利用,这一时期的耕地数量变化规律对未来的耕地数量管控有一定的趋势研究意义[②]。因此,结合《全国土地利用总体规划纲要》中明确区域土地利用方向的要求,根据各地资源条件、耕地利用情况、经济社会发展阶段和区域发展战略定位的差异,对全国九个土地利用区2009—2017年历年的耕地总量和流动情况进行分析。

(1) 耕地变化数量分析

从2009—2017年耕地总量变化情况来看,全国层面上,仍然守住了20亿亩耕地总量,2009—2017年的耕地面积总体呈现下降趋势但变化量较小,共计减少753.55万亩,约为1999—2008年1.07亿亩减少总量的7.04%;年均耕地减少94.19万亩,约为1999—2008年1 075万亩年均减少量的8.76%。

从地理分区上,**耕地总量最多的西部和东北地区减少量小,耕地总量相对较少的中部和东部地区反而减少量大**[③]。从四大经济分区来看,2017年年底的耕地总量占比情况为西部地区(30.50%)>东北地区(27.49%)>中部地区(22.62%)>东部地区(19.39%),西部地区耕地数量远多于其他三个地区,东北、中部和东部地区耕地总量水平基本相当;2009—2017年的耕地减少量情况为中部地区(309.65万亩)>东部地区(205.40万亩)>西部地区(159.55万亩)>东北地区(78.74万亩)。从九大土地利用区来看,西北区、青藏区和闽粤琼区2017年耕地数量有所增加,其余地区耕地均减少,其中西南区、京津冀鲁区、湘鄂皖赣区减少最多。

---

① Ma L, Long H, Tu S, et al. Farmland transition in China and its policy implications[J]. Land use policy, 2020, 92: 104470.
② Wu Y, Shan L, Guo Z, et al. Cultivated land protection policies in China facing 2030: dynamic balance system versus basic farmland zoning[J]. Habitat international, 2017, 69: 126-138.
③ Ye S, Song C, Shen S, et al. Spatial pattern of arable land-use intensity in China[J]. Landuse policy, 2020, 99: 104845.

表 3-9 九大土地利用区 2009—2017 年耕地总量变化情况（万亩）

地区		2009 年		2017 年		2009—2017 年变化总值	历年变化均值
		总值	占比	总值	占比		
全国		203 076.80	100.00%	202 323.25	100.00%	−753.55	−94.19
西部地区		61 867.80	30.47%	61 708.25	30.50%	−159.55	−19.94
	西北区	23 728.40	11.68%	23 834.11	18.65%	105.71	13.21
	西南区	36 592.90	18.02%	36 322.98	17.95%	−269.92	−33.74
	青藏区	1 546.50	0.76%	1 551.15	0.77%	4.65	0.58
东北地区		55 691.30	27.42%	55 612.56	27.49%	−78.74	−9.84
中部地区		46 072.00	22.69%	45 762.35	22.62%	−309.65	−38.71
	晋豫区	18 390.60	9.06%	18 252.83	9.02%	−137.77	−17.22
	湘鄂皖赣区	27 681.40	13.63%	27 509.51	13.60%	−171.89	−21.49
东部地区		39 445.50	19.42%	39 240.10	19.39%	−205.40	−25.68
	京津冀鲁区	22 355.90	11.01%	22 138.70	10.94%	−217.20	−27.15
	苏浙沪区	10 184.00	5.01%	10 112.97	5.00%	−71.03	−8.88
	闽粤琼区	6 905.60	3.40%	6 988.43	3.45%	82.83	10.35

从不同省份耕地总量来看，2017 年年底全国 31 个省份的平均耕地面积为 6 526.56 万亩，耕地总量水平在平均值上下的省份各占一半，高于平均水平的有 16 个省，低于平均水平的有 15 个省。但从图 3-7 各省市耕地面积总量的正态分布曲线和频率直方图及空间分布图可以看出，各省的耕地面积总量值主要集中于 250 万~11 991 万亩，个别省份差异较大，耕地总量高于 11 991 万亩的三个省分别是黑龙江、内蒙古和河南，这三个地区为我国重要的粮食生产大省、土地总量大省以及人口规模大省，耕地总量最低的五个省分别是上海、北京、天津、西藏和青海，这五大地区耕地数量少的原因分别是土地总面积小且城镇化需求高以及土地开发条件恶劣且劳动力缺乏[①]。

---

① 解帅，殷冠羿，娄毅，等.1990—2020 年中国耕地利用的"水旱分异"格局及机制分析[J].中国土地科学，2022，36(6)：113-124.

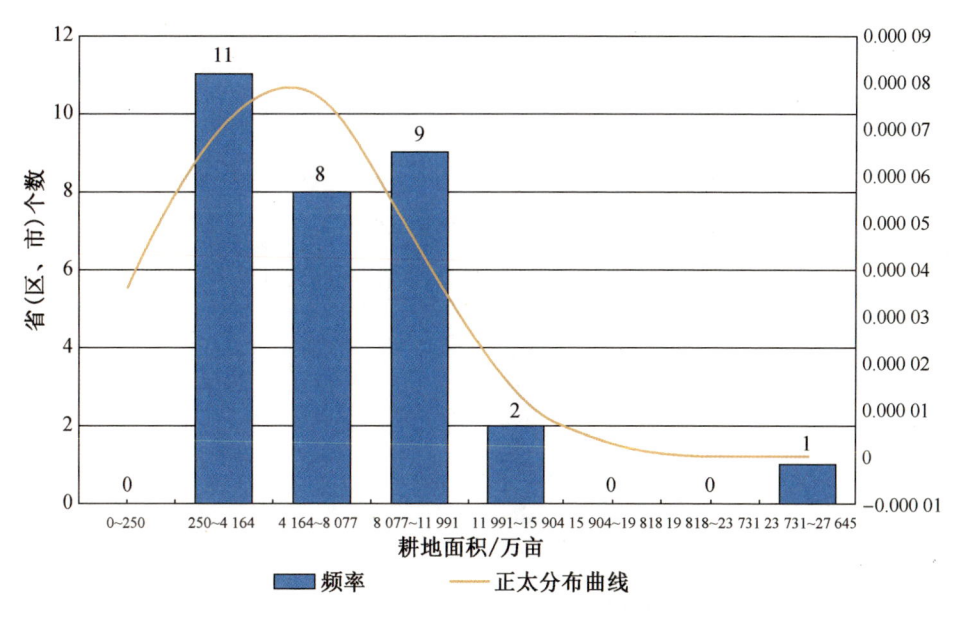

图 3-7 2017 年全国 31 个省(区、市)耕地面积总量正态分布图

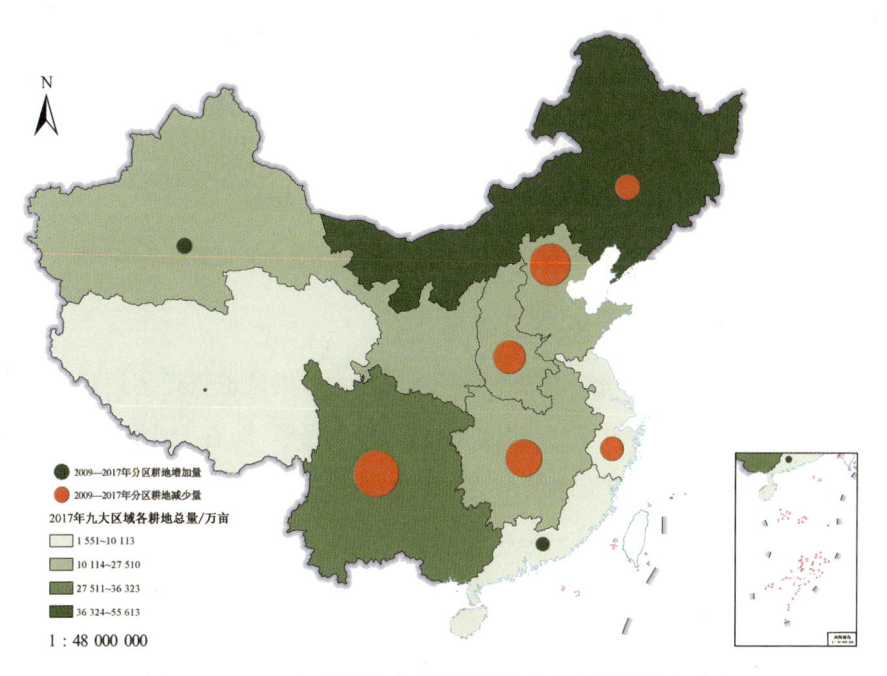

图 3-8 2017 年全国九大土地利用分区耕地总量空间分布

注：港澳台资料暂缺。

从31个省(区、市)2009—2017年耕地变化量来看,平均耕地减少面积为24.31万亩,减少面积高于平均值的省(区、市)有14个,减少面积小于均值的省(区、市)有17个,其中内蒙古、广东、新疆三省(区)耕地面积不减反增且各省的耕地增加值都超过100万亩。从图3-9各省(区、市)耕地变化量的正态分布曲线和频率直方图可以看出,各省的耕地面积变化值主要集中在-48万~3万亩,耕地减少最多的5个省(市)为湖北、河南、山东、辽宁和重庆。

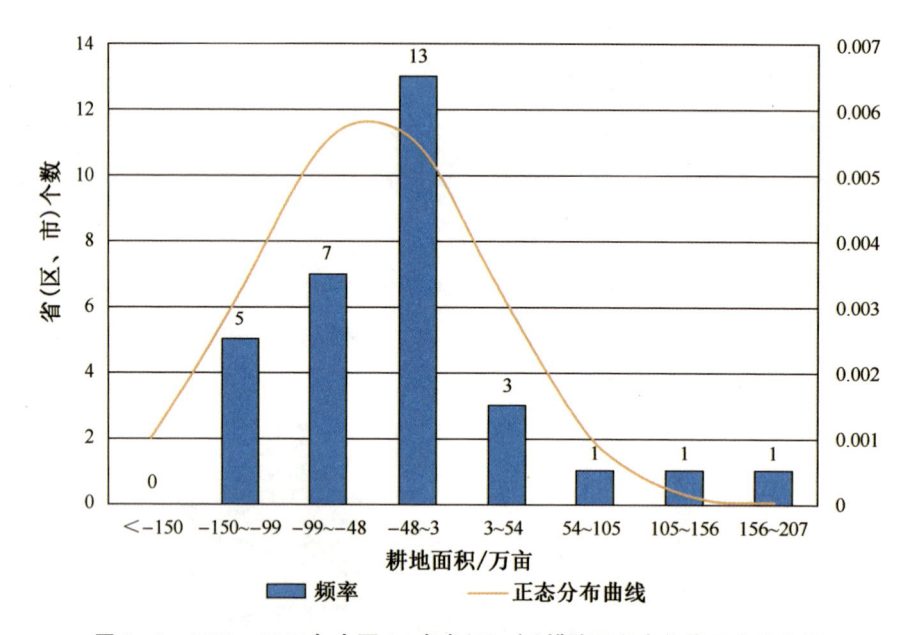

图3-9　2009—2017年全国31个省(区、市)耕地面积变化量正态分布图

(2) 耕地变化流向分析

2009—2017年,上一阶段以生态环境保护为目的的退耕还林还草工程已进入稳定减少期,大面积的生态退耕项目已基本完毕,随着工业化、城镇化的发展,这一时期耕地资源流出最多的土地类型仍为建设用地。

从全国层面来看,2009—2017年耕地主要流出地类为建设用地,占耕地流失总量的71.63%,主要流入地类为未利用地,占耕地补充总量的35.57%。

表 3-10 2009—2017 年九大土地利用分区耕地转入情况（万亩）

土地利用区	耕地 N+	园地	林地	草地	建设用地	未利用地
西北区	377 843.99	24 133.73	21 374.32	74 872.83	12 180.00	206 508.81
西南区	418 241.93	38 555.03	50 617.82	1 373.65	33 998.53	40 072.69
青藏区	24 992.91	2.51	2 594.45	10 201.35	388.90	10 454.73
东北地区	276 468.18	2 101.94	36 001.50	66 692.09	16 331.91	111 000.12
晋豫区	228 421.52	11 627.86	38 122.82	157.85	30 556.53	134 749.73
湘鄂皖赣区	349 805.87	17 030.15	126 100.99	1 003.30	69 314.43	102 280.87
京津冀鲁区	282 027.57	33 639.80	34 980.34	1 563.90	41 645.26	124 309.19
苏浙沪区	273 298.15	33 807.61	29 417.16	12.18	76 288.27	54 750.22
闽粤琼区	200 408.46	62 288.81	60 600.71	7 260.86	7 279.15	39 649.48

表 3-11 2009—2017 年九大土地利用分区耕地转出情况（万亩）

土地利用分区	耕地 N−	园地	林地	草地	建设用地	未利用地
西北区	307 391.72	9 693.25	1 778.82	9 318.30	185 945.88	18 916.75
西南区	599 728.24	20 836.36	82 095.80	370.29	375 982.25	12 296.63
青藏区	21 966.82	0.14	6.78	1.97	17 579.89	309.57
东北地区	328 759.20	1 864.66	9 423.92	9 616.06	221 936.73	28 288.93
晋豫区	318 315.77	438.77	686.82	364.79	228 351.64	2 080.18
湘鄂皖赣区	464 098.53	3 167.77	5 198.80	1 359.53	343 899.73	9 085.91
京津冀鲁区	426 940.08	3 635.19	8 957.54	533.27	259 453.27	6 656.77
苏浙沪区	320 783.32	3 300.42	1 035.28	126.18	243 999.23	1 825.27
闽粤琼区	145 268.34	5 563.60	4 579.85	928.88	101 448.07	3 600.71

从不同土地利用分区来看，耕地减少情况为：西南区、湘鄂皖赣区、京津冀鲁区耕地流失量最大，青藏区和闽粤琼区由于耕地条件或耕地总量限制，流失数量最少。各地耕地流失去向有所不同：耕地转园地数量最多的地区为西南区和西北区，耕地转林地数量最多的地区为西南区和东北区，耕地转草地最多的地区为东北区，耕地转建设用地最多的地区为西南区和湘鄂皖赣区，耕地转未利用地最多的地区为东北区和西北区。耕地补充情况为：西南区、西北区和

湘鄂皖赣区补充耕地最多,青藏区和闽粤琼区补充耕地最少。其中,园地转入耕地最多的地区为闽粤琼区、西南区和苏浙沪区,林地转入耕地最多的地区为湘鄂皖赣区、闽粤琼区、西南区,草地转入耕地最多的地区为西北区,建设用地转入最多的地区为苏浙沪区和湘鄂皖赣区,未利用地转入最多的地区为西北区和晋豫区。

从省域耕地转化特征来看,耕地流出上,2009年以来的退耕还林主要分布于重庆,有超过8万公顷的耕地转化为林地;耕地转化为建设用地主要集中于江苏、河南、安徽、山东、湖北、四川等人口城镇化需求高的大省,吉林、甘肃等剩余耕地转化为未利用地面积最大。从区域差异上看,京津冀地区和长三角地区耕地流失以建设用地为主,西南地区是耕地向林地流失的最主要省份,西北地区省份流向草地的比例相对较大。耕地流入上,林地开垦为耕地的地区主要有湖南、广东、河南和内蒙古等省份,草地开垦为耕地的地区主要分布于内蒙古和西北部省份(包括新疆、宁夏等地),未利用地转耕地最多的地区主要包括新疆、河南、河北、贵州、江西、内蒙古等地,建设用地复垦最多的地区也和建设占用最严重的地区一致,主要包括江苏、安徽、山东、河南等地区[①]。

3.3.2 全国耕地质量与产能空间特征分析

基于2015年全国耕地质量等别评价成果对全国耕地质量和产能空间特征进行分析,按照1~4等、5~8等、9~12等、13~15等将15个耕地等别划分为优等地、高等地、中等地和低等地,结果显示我国耕地质量结构和空间分布具有显著差异性,耕地质量水平总体不高,以中等地为主,优质耕地主要集中于中东部地区,耕地产能较大的地区包括湘鄂皖赣区、西南区和东北区。亩均产能较大的区域包括闽粤琼区、苏浙沪区和湘鄂皖赣区[②]。

---

① 吴常艳,陈博文,黄贤金,等.耕地利用变化的近远程驱动机制研究——以长江经济带为例[J].地理研究,2023,42(11):3003-3019.
② 刘晶,金晓斌,徐伟义,等.1990—2020年中国耕地景观细碎化演变特征与趋势预判[J].地理学报,2023,78(9):2163-2185.

(1) 全国耕地质量空间特征分析

从全国层面来看,采用面积加权法,计算得到全国耕地平均利用等别为9.44等,质量水平不高且在空间上分布不均匀。与平均利用等别相比,高于平均利用等别的1~9等地占总面积的39.92%,低于平均利用等别的10~15等地占60.08%。2015年全国耕地总计20.26亿亩,共分布于2 727个县市,高等地和中等地占耕地总量的79.01%,其中,中等地面积占耕地总面积的49.39%;优等地占比最小,仅为5.80%,低等地占比为15.19%。

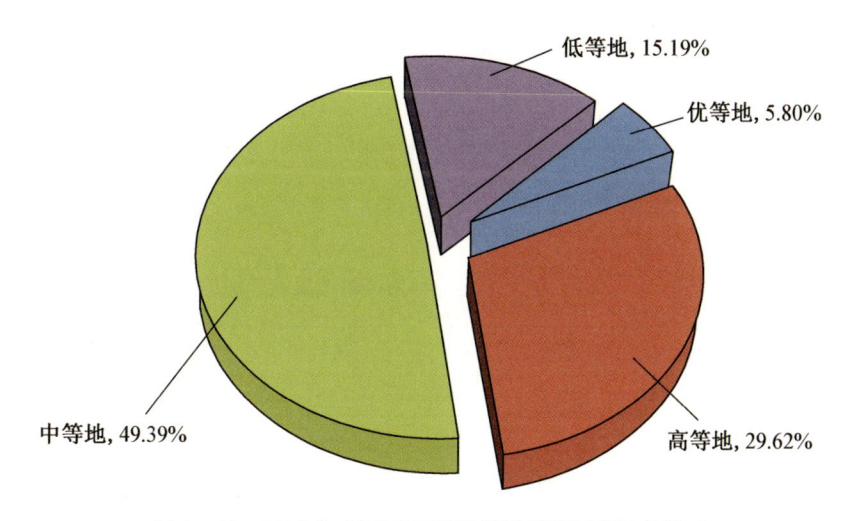

图3-10　2015年全国不同质量等别耕地面积比例构成

- 低等地, 15.19%
- 优等地, 5.80%
- 高等地, 29.62%
- 中等地, 49.39%

从九大土地利用区耕地质量来看,平均利用等别最高的利用区是闽粤琼区,其平均利用等别为5.26等;其次是苏浙沪区,其平均利用等别为6.42等;平均利用等别最低的地区是西北区,其平均利用等别为11.64等(内蒙古西部地区位于西北区,但在计算过程中将内蒙古所有耕地划入东北地区,因此东北地区的实际耕地平均地力应高于11.65等)。平均等别最高的闽粤琼区比最低的西北区约高6等,空间差异极大[①]。

[①] 张婕,刘玉洁,张二梅,等.中国县域耕地动态演变及其驱动机制[J].地理学报,2023,78(9):2105-2127.

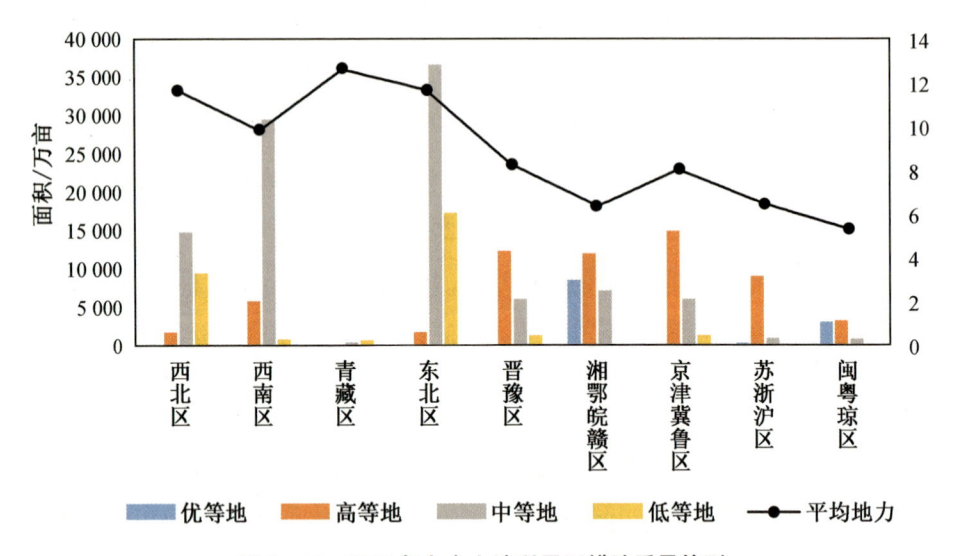

图 3-11 2015 年九大土地利用区耕地质量等别

表 3-12 2015 年九大土地利用区耕地质量等别（万亩）

地区		平均地力	优等地	高等地	中等地	低等地
全国		9.44	11 801.01	60 362.07	100 647	30 953.02
西部地区		10.61	2.54	7 465.77	44 728.02	10 733.14
	西北区	11.64	0	1 679.7	14 774.59	9 334.98
	西南区	9.82	2.54	5 786.07	29 501.64	752.39
	青藏区	12.62	0	0	451.79	645.77
东北地区		11.65	0	1 629.13	36 657.32	17 337.14
中部地区		7.12	8 420.04	24 187.44	11 623.92	1 597.92
	晋豫区	8.28	0	12 245.53	4 570.56	1 456.09
	湘鄂皖赣区	6.35	8 420.04	11 941.91	7 053.36	141.83
东部地区		7.13	3 378.43	27 079.73	7 637.75	1 284.83
	京津冀鲁区	8.05	15.75	14 827.65	5 977.13	1 273.50
	苏浙沪区	6.42	331.63	8 994.58	940.06	0
	闽粤琼区	5.26	3 031.05	3 257.50	720.56	11.33

注：内蒙古大部分耕地位于东部，因此将其合并到东北地区。

由以上图表可得，全国耕地以高等地和中等地为主，主要分布于东北地区（除内蒙古外）、西南区、湘鄂皖赣区、京津冀鲁区，占全国耕地面积比重约在

10%以上,优等地主要分布于湘鄂皖赣,占全国优等地面积比例的71.35%,低等地主要分布于西北区以及东北地区的内蒙古。

西部地区分布最多的是中等地和低等地,其中,西北区、青藏区和西部地区总体等级分布水平情况相当,均是中低等地占比最大,西南地区耕地质量相对较好,以中高等地为主。

东北地区包括东三省和内蒙古,虽然东三省耕地主要为中等地,但内蒙古低等耕地面积大,导致东北地区耕地总体水平偏低。

中部地区是四大经济分区中耕地平均地力最好的地区,耕地分布最多的利用等别为高等地和中等地,优等地数量在全国位居首位。其中,优等地全部来自湘鄂皖赣区,且该地区优、高和中等地分布较均匀,差异不大,低等地较少,晋豫区主要以高等地为主,中部地区耕地质量均较高。

东部地区的耕地平均地力与中部地区大致相当,耕地质量等级以高等地为主,也有一定的优等地,优等地主要来自气候条件优越的闽粤琼地区,闽粤琼三省是我国耕地质量最好的地区,平均地力高达5.26,耕地质量主要为优、高等。与闽粤琼相比,京津冀鲁和苏浙沪地区耕地质量相对差一些,但也是我国耕地质量较好的地区,以高等地为主。

表3-13 2015年全国31个省(区、市)耕地质量等别情况(万亩)

行政区	优等地	高等地	中等地	低等地	平均地力
北京	0.00	166.86	162.42	0.00	8.75
天津	0.00	280.39	376.16	0.00	8.97
河北	0.00	3 867.64	4 534.57	1 273.50	9.59
山西	0.00	954.22	3 681.01	1 456.09	10.91
内蒙古	0.00	4.24	1 424.10	12 314.47	14.11
辽宁	0.00	616.48	6 808.13	48.23	10.06
吉林	0.00	932.60	9 113.82	456.43	9.98
黑龙江	0.00	75.81	19 311.27	4 518.01	11.46
上海	0.00	286.83	0.00	0.00	5.81
江苏	0.00	6 870.72	0.00	0.00	6.16

(续表)

行政区	优等地	高等地	中等地	低等地	平均地力
浙江	331.63	1 837.03	940.06	0.00	7.05
安徽	326.42	6 083.96	2 408.47	0.00	7.56
福建	38.54	1 719.38	249.19	0.00	6.77
江西	104.49	1 413.35	3 093.85	12.71	8.80
山东	15.75	10 512.76	903.98	0.00	6.68
河南	0.00	11 291.31	889.55	0.00	6.96
湖北	4 808.72	2 175.61	840.22	54.13	4.66
湖南	3 180.41	2 268.99	710.82	74.99	4.96
广东	2 943.25	942.77	37.77	0.00	3.72
广西	0.19	2 966.17	3 643.38	0.00	8.44
海南	49.26	595.35	433.60	11.33	8.01
重庆	0.00	422.94	3 225.54	0.00	9.74
四川	2.35	2 094.45	7 826.77	188.67	9.30
贵州	0.00	39.37	5 757.87	556.09	10.99
云南	0.00	263.14	9 048.08	7.63	10.61
西藏	0.00	0.00	249.34	47.95	11.73
陕西	0.00	1 113.60	2 150.67	2 737.86	11.54
甘肃	0.00	4.51	2 553.61	5 504.71	12.68
青海	0.00	0.00	202.45	597.82	12.95
宁夏	0.00	327.85	1 063.73	550.70	11.06
新疆*	0.00	233.74	9 006.58	541.71	10.94

* 注：含新疆建设兵团。

从九个地区的耕地数量和质量对比图可以看出，若将九个地区按耕地平均地力高低依次排列，各地区的耕地总量值呈现出倒U形分布特征，耕地质量最优和最差的两个地区耕地数量均最少，大量耕地分布在耕地质量中低等水平的地区。

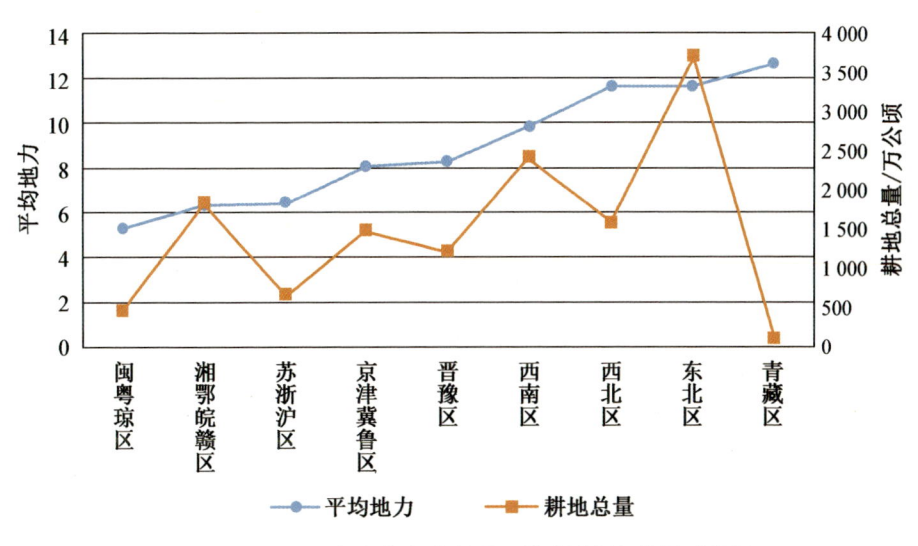

图 3-12　2015 年九大土地利用区耕地质量与数量对比图

(2) 全国耕地产能空间特征分析

根据农用地利用等别与生产能力的关系，1 等地的标准粮平均生产能力为 $2.1×10^4 \sim 2.25×10^4$ kg/hm²，取中值为 $2.175×10^4$ kg/hm²，以此类推，每降低一个等别，标准粮生产能力降低 1 500 kg/hm²，计算得到全国各等别耕地粮食生产能力。全国高等地、中等地产能较大，占全国耕地总产能的 83.7%，耕地产能较大的区域是湘鄂皖赣区、西南区和东北地区，亩均产能较大的则是闽粤琼区、苏浙沪区和湘鄂皖赣区。

表 3-14　2015 年全国各等别耕地标准粮生产能力情况

利用等别		面积(万公顷)	产能(万吨)
优等地	1 等	58.52	1 272.81
	2 等	170.56	3 453.86
	3 等	271.93	5 098.62
	4 等	285.73	4 928.78
	小计	786.74	14 754.07

(续表)

利用等别		面积(万公顷)	产能(万吨)
优等地	5等	378.93	5 968.20
	6等	1 232.47	17 562.75
	7等	1 296.04	16 524.55
	8等	1 116.69	12 562.73
	小计	4 024.13	52 618.23
中等地	9等	1 512.68	14 748.60
	10等	1 980.34	16 337.84
	11等	1 900.93	12 831.26
	12等	1 315.85	6 908.22
	小计	6 709.80	50 825.92
低等地	13等	959.63	3 598.61
	14等	611.04	1 374.85
	15等	492.86	369.64
	小计	2 063.53	5 343.10
总计		13 584.20	123 541.35

2015年全国耕地产能供给共123 541.35万吨,其中优等地产能为14 754.07万吨,高等地产能为52 618.23万吨,中等地产能为50 825.92万吨,低等地产能为5 343.10万吨,占比分别为11.94%、42.59%、41.14%和4.32%。

从产能分布来看,总产能高的区域是湘鄂皖赣区、东北地区和西南区,分别为25 205.04万吨、21 425.09万吨和20 461.85万吨,但亩均产能高的是闽粤琼区、苏浙沪区和湘鄂皖赣区,中东部产能效率远高于西部和东北部地区。

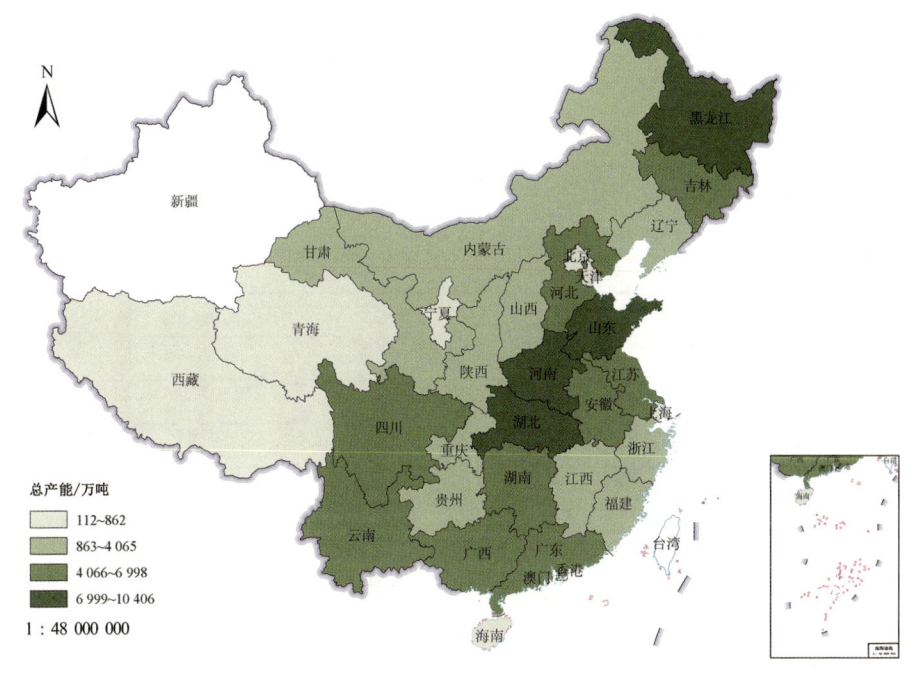

第3章 面向2035年的耕地保护空间供给布局

图 3-13 全国 31 个省耕地产能分布情况

注：港澳台资料暂缺。

表 3-15 2015 年全国各利用分区产能状况

利用分区		总产能（万吨）	亩均产能（千克/亩）
全国		123 541.35	610.61
西部地区		30 744.16	498.22
	西北区	9 965.87	418.13
	西南区	20 461.85	563.33
	青藏区	316.44	204.01
东北地区		21 425.09	385.26
中部地区		38 406.40	839.26
	晋豫区	13 201.36	723.25
	湘鄂皖赣区	25 205.04	916.23
东部地区		32 965.69	840.10
	京津冀鲁区	16 452.37	743.15
	苏浙沪区	9 322.25	921.81
	闽粤琼区	7 191.08	1 029.00

对比各区的总产能和亩均产能情况可知,湘鄂皖赣区、京津冀鲁区总产能和亩均产能均较大,属于高产高效区,苏浙沪区、闽粤琼区和晋豫区的亩均产能大但总产能较低,属于低产高效区,东北地区和西南地区总产能大但亩均产能低,属于高产低效区,西北区、青藏区均属于低产低效区。

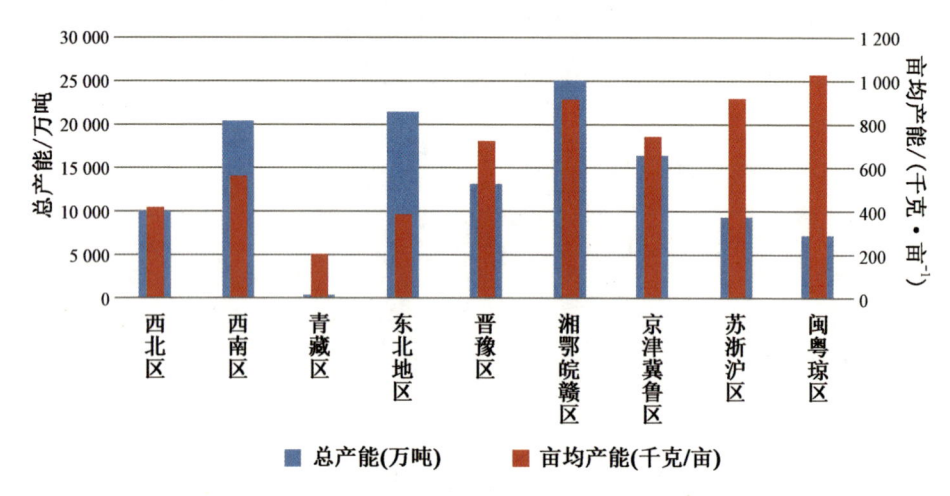

图 3-14 2015 年不同土地利用区耕地产能及亩均产能情况

全国各省的平均总产能为 3 985 万吨、亩均产能为 610.61 千克/亩,将平均总产能＞3 985 万吨、亩均产能＞610 千克/亩的视为高产高效区,平均总产能＞3 985 万吨、亩均产能＜610 千克/亩的视为高产低效区,平均总产能＜3 985 万吨、亩均产能＞610 千克/亩的视为低产高效区,平均总产能＜3 985 万吨、亩均产能＜610 千克/亩的视为低产低效区,得到各省产能水平情况如下。

表 3-16 2015 年全国 31 个省份产能水平分区

高产高效区	低产低效区
江苏、安徽、山东、河南、湖北、湖南、广东、广西、四川	山西、内蒙古、重庆、贵州、西藏、陕西、甘肃、青海、宁夏
高产低效区	低产高效区
河北、辽宁、吉林、黑龙江、云南、新疆	北京、天津、上海、浙江、福建、江西、海南

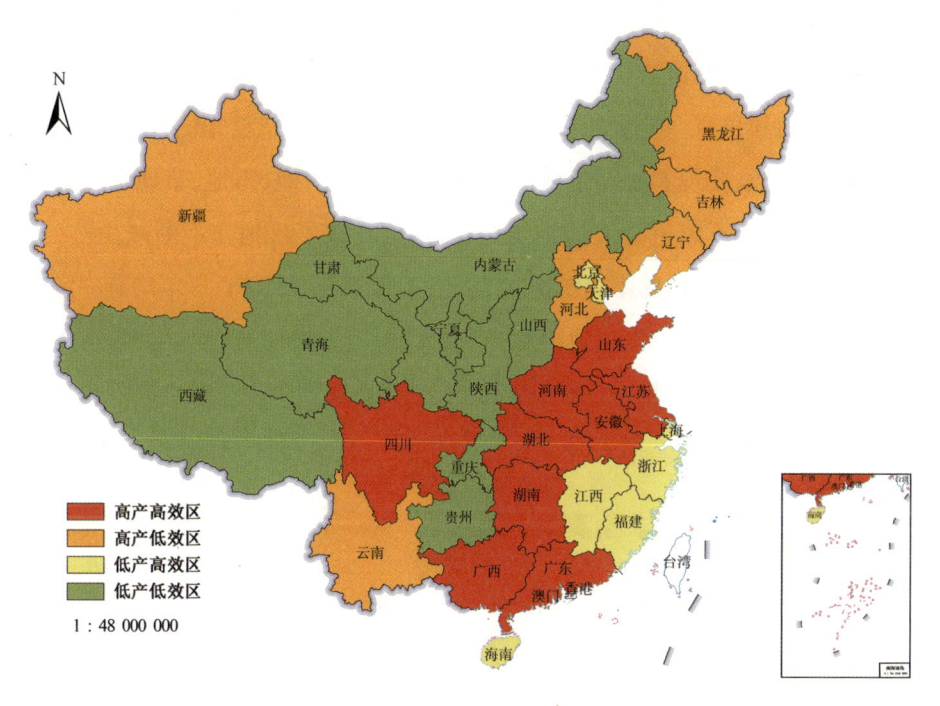

第 3 章　面向 2035 年的耕地保护空间供给布局

图 3-15　2015 年全国 31 个省份产能空间分区

注:港澳台资料暂缺。

3.4　全国占用耕地(耕地减少)预测

耕地减少主要是由于国家建设的需求、土地政策调整的需求以及环境改变的需求[①]。在国家建设需求背景下,各地区经济社会发展及工业化、城镇化的推进必然伴随着大量的土地开发行为,建设用地作为保障城市经济发展的重要载体,在过去几十年中占用了大量耕地,是主要的耕地流失去向[②]。在土

---

① 宋小青,吴志峰,欧阳竹.1949 年以来中国耕地功能变化[J].地理学报,2014,69(4):435-447.

② 赵雲泰,黄贤金,钟太洋,等.区域虚拟休耕规模与空间布局研究[J].水土保持通报,2011,31(5):103-107.

地政策调整需求背景下,因生态环境建设需要,国家有计划、有步骤地退耕还林、还草、还湖,生态退耕工程在 20 世纪 90 年代退出了大量耕地,目前虽已趋于平缓,但每年仍有一定量的耕地属于生态退耕减少类型。出于增加农民收入、加快市场化、实现农业资源合理化使用的目的,耕地、园地、草地和林地等各类农用地之间不断进行农业结构调整,这也导致了耕地在不断减少[①]。此外,由于人为破坏或自然不可抗因素等外部环境改变的影响,每年均有一定量耕地发生灾毁损坏而流失。为了对将来全国用地需求情况有所预判,本部分将从建设占用、生态退耕、农业结构调整和地灾毁坏四个方面对未来的耕地减少进行预测。

3.4.1 建设占用需求预测

加强对建设用地的管控是预防耕地无序流失的关键[②③]。全国层面的建设占用需求变化有一定的宏观规律性,各地区的建设用地扩张程度与经济增长水平、人口城镇化水平都有密切的关系,因此,为得到更准确和有深层次需求变化内涵的预测结果,本部分也将基于 2005—2017 年 31 个省份的 GDP 水平以及人口城镇化水平两大主要的建设开发限制因素,同时考虑经济增速下行因素的影响,对全国及 31 个省份未来的建设占用需求情况进行预测。

全国建设用地总量与 GDP 以及人口城镇化历年统计值均呈现线性增加趋势,GDP 增长率呈现线性减少趋势,各省的演化情况也同全国变化趋势总体一致,因此选用线性回归方程求解四者之间的线性关系具有合理性,得到 31 个省份基于历史趋势外推的(1) GDP 线性预测方程、(2) 人口城镇化线性预测方程、(3) GDP 增长率线性预测方程,以及(4) 建设用地总量、GDP、GDP

---

① 徐智颖,钟太洋. 土地出让相关收入央地分成政策变迁与耕地资源流失的关系[J]. 资源科学,2016,38(1):73-82.

② 刘彦随,乔陆印. 中国新型城镇化背景下耕地保护制度与政策创新[J]. 经济地理,2014,34(4):1-6.

③ Wang L, Anna H, Zhang L, et al. Spatial and temporal changes of arable land driven by urbanization and ecological restoration in China[J]. Chinese geographical science, 2019, 29: 809-819.

增长率以及人口城镇化之间的线性关系方程。

31个省份的建设用地总量、GDP、GDP增长率以及人口城镇化之间的线性关系方程如下：

表3-17 基于经济和人口城镇化发展的建设用地总量预测

地区	方程
安徽	$Y=4.502a+7\,560.879b+151\,371.751c+1\,455\,158.96$
北京	$Y=1.131a+4\,767.961b-99\,003.76c-86\,444.198$
福建	$Y=1.949a+10\,221.598b-168\,484.3c+117\,030.129$
甘肃	$Y=11.862a+6\,719.288b-204\,013.19c+491\,692.614$
广东	$Y=6.004a-2\,160.202b+189\,089.093c+1\,640\,192.29$
广西	$Y=6.783a+6\,634.446b-28\,046.922c+762\,175.743$
贵州	$Y=19.654a+237.387b+83\,939.878c+446\,388.357$
海南	$Y=17.594a-1\,202.019b-26\,140.41c+307\,649.12$
河北	$Y=4.753a+14\,889.208b+169\,902.591c+1\,220\,992.63$
河南	$Y=6.289a+9\,936.014b-52\,639.251c+1\,855\,705.84$
黑龙江	$Y=5.696a+13\,879.439b+89\,437.553c+684\,001.319$
湖北	$Y=11.623a-2\,800.214b-215\,380.07c+1\,501\,343.79$
湖南	$Y=7.279a+2\,535.57b+285\,602.493c+1\,225\,727.07$
吉林	$Y=7.279a+5\,509.937b-31\,352.093c+664\,989.218$
江苏	$Y=2.243a+6\,098.006b-321\,062.91c+1\,698\,223.34$
江西	$Y=4.924a+12\,167.595b+322\,453.16c+507\,300.632$
辽宁	$Y=-0.32a+17\,938.775b-115\,430.73c+391\,830.827$
内蒙古	$Y=-6.353a+29\,521.937b-223\,804.87c-55\,709.038$
宁夏	$Y=15.819a+2\,221.59b-67\,407.882c+138\,661.222$
青海	$Y=16.692a+2\,660.38b-135\,231.78c+175\,069.131$
山东	$Y=5.78a+915.392b-157\,929.54c+2\,364\,688.15$
山西	$Y=-0.734a+8\,760.856b-88\,966.223c+529\,799.669$
陕西	$Y=1.415a+7\,041.262b-309\,430.53c+539\,027.254$
上海	$Y=2.01a+2\,405.033b-95\,583.024c+46\,491.904$

(续表)

地区	方程
四川	$Y=-5.403a+28\,253.832b+110\,022.175c+595\,919.278$
天津	$Y=1.521a+2\,845.627b-45\,760.21c+149\,495.016$
西藏	$Y=9.179a+1\,504.621b+260.612c+90\,220.066$
新疆	$Y=46.387a+5\,276.679b-908\,573.28c+912\,514.588$
云南	$Y=1.193a+9\,716.239b-860\,811.53c+677\,236.62$
浙江	$Y=7.305a-1\,540.263b-46\,635.887c+1\,042\,705.25$
重庆	$Y=5.141a+2\,900.307b+97\,604.004c+386\,634.529$

注：Y 为建设用地总量，a 为 GDP，b 为 GDP 增长率，c 为人口城镇化率。

基于表 3-17 的方程和 GDP 及城镇人口占比预测值可以得到未来基于经济和人口城镇化发展限制下的历年的建设用地总量，再结合各省土地利用规划要求进行修正，可以得到各省未来相对合理的建设用地总量值。其中，根据规划政策限制所得，上海市在"上海 2035"城市总体规划中确定了 3 200 平方公里的建设用地总规模"天花板"，因此，超过 3 200 平方公里的建设用地总量预测值即应该停止增加。经计算，2025 年之前的建设用地总量已超过 3 200 平方公里，因此应当按照规划要求修正其建设用地面积，不再有建设占用增加。北京市新城市总体规划要求到 2035 年减少到 2 760 平方公里左右，结合《北京市土地利用总体规划(2006—2020 年)》的建设用地指标预测值以及北京未来建设用地减量化的要求，北京市建设用地的总规模应该在 4 000 平方公里即停止增加。将 2017 年实际建设用地总量与预测得到的 2025 年、2035 年、2045 年、2050 年预测建设用地总量依次相减，可以分别得到 2017—2025 年的建设用地总增量值、2026—2035 年总增量值、2036—2045 年总增量值和 2017—2050 年总增量值，由各省 2010—2016 年建设占用耕地增量与各年份建设用地总增量相比得到历年建设占用耕地增量所占建设用地总增量的比例，求出各省的占比均值。其中，全国层面的建设占用耕地增量与建设用地总增量的历年平均占比为 52%。基于各省的平均占比值，求出 2025 年、2035 年、2045 年和 2050 年全国及各省不同阶段建设占用耕地的预测需求值如下：

表 3-18 全国及 31 省不同阶段建设占用耕地需求预测(公顷)

地区	2017—2025 年建设占用	2026—2035 年建设占用	2036—2045 年建设占用	2017—2050 年建设占用
安徽	104 999.57	113 384.06	97 895.85	370 299.24
北京	9 521.04	11 435.65	0.00	20 956.70
福建	35 628.33	35 928.37	29 679.29	117 445.78
甘肃	23 283.08	21 613.62	16 801.48	70 737.15
广东	55 260.99	62 970.92	56 106.85	205 516.00
广西	40 697.86	42 757.06	36 288.96	139 690.09
贵州	82 969.27	93 482.43	82 761.78	305 138.00
海南	13 109.16	15 254.40	13 749.57	49 772.54
河北	65 621.25	64 743.89	52 675.85	211 705.38
河南	147 009.25	152 992.39	129 060.13	499 899.45
黑龙江	39 771.70	41 042.99	34 432.76	134 122.39
湖北	158 618.14	184 272.14	165 945.70	601 260.98
湖南	58 770.36	66 457.85	58 957.94	216 916.72
吉林	46 192.77	51 433.02	45 225.05	167 908.52
江苏	116 729.64	125 974.99	108 726.90	411 422.96
江西	41 544.36	41 907.34	34 625.73	136 989.78
辽宁	20 812.94	15 016.58	9 034.54	49 358.55
内蒙古	17 833.82	12 867.14	7 741.36	42 293.48
宁夏	15 429.31	16 046.61	13 530.65	52 432.44
青海	17 247.70	20 492.42	18 677.36	66 846.71
山东	150 716.87	170 710.11	151 585.36	557 182.17
山西	65 701.00	64 848.92	64 430.07	233 380.96
陕西	20 746.21	12 147.66	5 083.49	40 107.56
上海	4 366.46	0.00	0.00	4 366.46
四川	158 290.15	124 949.11	124 132.34	482 254.85
天津	16 503.49	17 973.73	15 598.84	58 693.66
西藏	1 577.93	1 777.75	1 573.81	5 802.80

(续表)

地区	2017—2025 年 建设占用	2026—2035 年 建设占用	2036—2045 年 建设占用	2017—2050 年 建设占用
新疆	54 376.17	59 571.38	51 883.58	194 517.09
云南	29 677.92	25 367.73	18 381.91	83 131.23
浙江	106 264.35	122 146.37	109 359.43	398 602.39
重庆	56 118.96	62 773.08	55 343.48	204 917.53
全国	1 775 390.06	1 852 339.68	1 609 290.08	6 133 666.66

全国层面上，以十年为一个发展阶段：2017—2025 年的建设占用需求有 177.54 万公顷，2026—2035 年的建设占用需求有 185.23 万公顷，2036—2045 年的建设占用需求有 160.93 万公顷，2017—2050 年的建设占用总需求有 613.37 万公顷。

3.4.2 生态退耕需求预测

根据上文统计的 2000—2008 年（73.55%）以及 2010—2017 年（4.54%）两个时期的生态退耕总量占当期耕地减少总量比例情况可知，生态退耕工程已从 2008 年之前的大力推进阶段调整进入了当前的巩固现有成果阶段，2008 年后，大规模的生态退耕工作不再持续展开，这意味着未来一定时期内我国不会再进行大规模的生态退耕，将维持 2010 年后的变化速率稳步巩固现有退耕成果。因此，基于 2010—2017 年 31 个省份退耕还草、还林和还湿的历史数据以及生态退耕方向的调整路线，对未来生态退耕量进行预测。

生态退耕是国家生态文明建设的实现路径与必然要求。《退耕还林条例》中要求要将水土流失严重的；沙化、盐碱化、石漠化严重的；生态地位重要、粮食产量低而不稳的耕地纳入退耕还林规划。江河源头及其两侧、湖库周围的陡坡耕地以及水土流失和风沙危害严重等生态地位重要区域的耕地优先安排退耕。《全国造林绿化规划纲要（2011—2020 年）》要求将重要生态区位 25 度以上陡坡耕地和严重沙化土地有规划、有步骤地安排退耕还林。而《耕地草原河湖休养生息规划（2016—2030 年）》要求完成 25 度以上陡坡耕地、严重沙化耕地、重要水源地 15~25 度坡耕地和严重污染耕地退耕还林还草任务。同时国家按退耕还林每亩补助 1 500 元（其中中央财政专项资金安排现金补助 1 200 元、国家发展改革委安排种苗造林费 300 元），生态退耕适当向经济薄弱地区倾斜以实现生态帮扶。鉴于此，本研究将自然保护区内生态和生产功能冲突的耕地、扣除梯田的 25°坡耕地、不稳定耕地中的旱地作为未来生态退耕的需求潜力，其中考虑到东北地区作为我国粮食生产重要基地，不稳定耕地中的旱地可通过土地整治的开发变为质量更高的耕地，故不安排退耕。

表 3-19　2017 年生态退耕需求潜力分析（公顷）

省份	自然保护区核心区、缓冲区内耕地	25°坡耕地	不稳定耕地中的旱地	潜力总计
北京	20.86	216.28	0.00	237.14
天津	2 051.70	0.00	0.00	2 051.70
河北	7 606.81	2 768.48	106 562.33	116 937.62
山西	1 915.87	85 525.53	0.00	87 441.40
内蒙古	25 610.97	0.00	1054 079.12	1079 690.09
辽宁	8 874.33	646.27	0.00	9 520.60
吉林	70 515.29	0.57	0.00	70 515.86
黑龙江	381 521.36	0.00	0.00	381 521.36
上海	1 088.50	0.00	0.00	1 088.50
江苏	13 325.91	0.00	0.00	13 325.91
浙江	1 443.13	23 615.80	4 174.36	29 233.29
安徽	7 344.35	2 532.50	0.00	9 876.85
福建	1 669.59	113 828.57	0.00	115 498.16
江西	600.91	28 687.25	51 633.73	80 921.89
山东	703.42	16 513.20	16 006.70	33 223.32
河南	40 064.47	4 378.78	49 637.75	94 081.00
湖北	6 660.13	74 400.99	154 028.75	235 089.87
湖南	5 262.37	19 589.79	49 465.12	74 317.28
广东	2 330.20	116 369.23	0.00	118 699.43

(续表)

省份	自然保护区核心区、缓冲区内耕地	25°坡耕地	不稳定耕地中的旱地	潜力总计
广西	7 023.34	169 276.06	0.00	176 299.40
海南	92.58	226.49	517.63	836.70
重庆	3 695.82	62 287.03	46 360.64	112 343.49
四川	4 198.77	53 203.54	0.00	57 402.31
贵州	6 907.84	114 099.87	0.00	121 007.71
云南	14 164.47	73 742.16	42 346.29	130 252.92
西藏	25 416.60	4 476.89	0.00	29 893.49
陕西	3 478.83	93 832.01	0.00	97 310.84
甘肃	6 013.85	33 562.70	102 474.80	142 051.35
青海	5 693.15	1 364.85	5 270.73	12 328.73
宁夏	4 920.38	1 330.57	64 266.99	70 517.94
新疆	5 687.48	0.24	18 825.08	24 512.80
总计	665 903.28	1 096 475.65	1 765 650.02	3 528 028.95

按照相关退耕需求估算，全国大致还有 352.8 万公顷（约 0.53 亿亩）的低质量、不稳定及存在功能冲突的耕地需要有序地安排退耕。其中，西部地区是生态退耕的重点区域，也是实现生态帮扶的重点区域，退耕需求潜力约占全国 58%。自然保护区核心区和缓冲区的耕地主要分布在东北地区，占全国 69%，25°坡耕地和不稳定耕地中的旱地主要分布在西部地区，分别占全国 55%和 76%。

2000—2017 年总共有 615.93 万公顷耕地被安排生态退耕，每年约 34.22 万公顷耕地被退耕。而近年来生态退耕速度放缓，如将这些需求按 2050 年的需求潜力测算，将以每年 10.38 万公顷的速度退耕。到 2035 年约退耕 197.15 万公顷，具体到每个区域，西部将有 114.76 万公顷，主要通过不稳定耕地中的旱地和 25°坡耕地来退耕，东北地区退耕 25.79 万公顷，主要通过自然保护区内耕地退耕的方式，东部和中部分别退耕 24.09 万公顷和 32.51 万公顷。到 2050 年约退耕 352.80 万公顷，具体到每个区域，西部将有 205.36

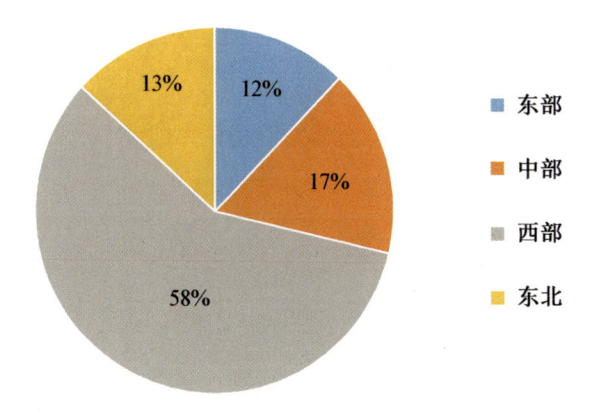

图 3-16　2017 年生态退耕需求潜力分析

万公顷,主要通过不稳定耕地中的旱地和 25°坡耕地来退耕,东北地区退耕 46.16 万公顷,主要通过自然保护区内耕地退耕的方式,东部和中部分别退耕 43.11 万公顷和 58.17 万公顷。

表 3-20　未来生态退耕类型及区域安排(公顷)

地区	2035			2050		
	自然保护区内耕地	25°坡耕地	不稳定耕地中的旱地	自然保护区内耕地	25°坡耕地	不稳定耕地中的旱地
东部	16 949.92	152 853.06	71 113.46	30 332.71	273 538.05	127 261.02
中部	34 560.72	120 206.17	170 302.88	61 848.10	215 114.84	304 765.35
西部	63 039.07	339 289.90	745 228.90	112 811.51	607 175.92	1 333 623.65
东北	257 557.05	361.45	0.00	460 910.98	646.84	0.00

3.4.3　农业产业结构调整需求预测

农业结构调整是耕地数量减少的一个重要原因,从 2000—2017 年总共有 289.81 万公顷的耕地减少是由于农业结构调整,其中东部地区占到全国农业调整占用耕地的 48.22%,其次为西部地区(33.54%)、中部地区(12.49%)和东北地区(5.75%)(图 3-17)。

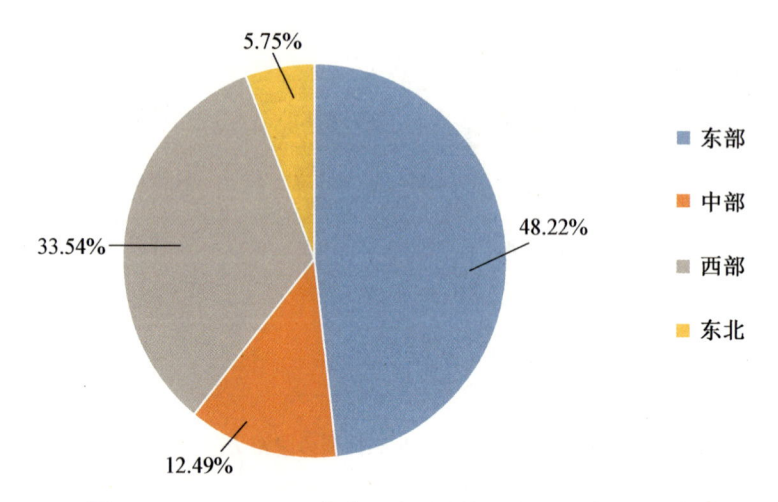

图 3-17　2000—2017 年农业产业结构调整占用耕地分布图

从农业产业结构调整的变化趋势来看（图 3-18），2000—2008 年有较大的增减波动，2008 年以后基本维持在每年 5 万公顷左右的减少数量，由此依据 2008 年以后四大区域各自的平均变化率预测 2035 年及 2050 年农业结构调整占用耕地的数量。

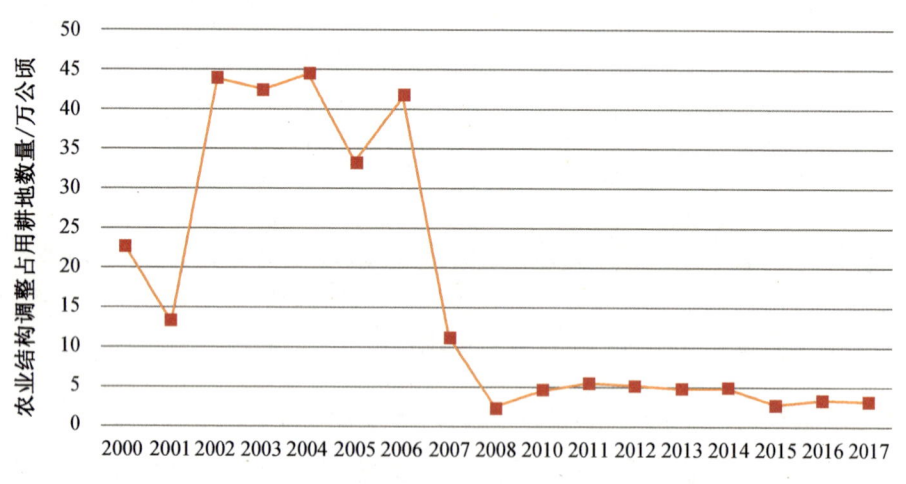

图 3-18　2000—2017 年全国农业产业结构调整占用耕地变化趋势图

按照东部地区年均增加 0.24%，中部地区年均增加 6.81%，西部地区年均减少 2.13%，东北地区年均减少 2.90% 预估 2035 年和 2050 年结构调整占用耕地情况。结果显示,到2035年全国通过结构调整还将占用69.02万公顷耕地,到2050年全国通过结构调整将占用169.74万公顷耕地。

表3-21 未来全国农业产业结构调整占用耕地预测情况(公顷)

年份	东部	中部	西部	东北	全国
2035	205 813.93	297 603.89	147 817.67	38 997.79	690 233.28
2050	384 240.97	1 020 254.65	234 003.26	58 924.27	1 697 423.15

3.4.4 灾毁耕地预测

在2011年以前,我国灾毁因素导致的耕地流失量历年均值为3万公顷以上,但2012年至今,随着防灾能力的加强,灾害损毁导致的耕地流失量减少至年均量0.65万公顷左右,且2014—2017年的灾毁耕地流失仅占每年耕地减少总量的1%左右,相对上一时期有阶梯式的降低且保持平稳化减少。总体来看,未来随着我国土地整治能力以及防灾能力的加强,大面积的耕地灾毁事件发生的概率会逐渐降低,预计灾毁将不再成为我国耕地流失的典型限制性因素。

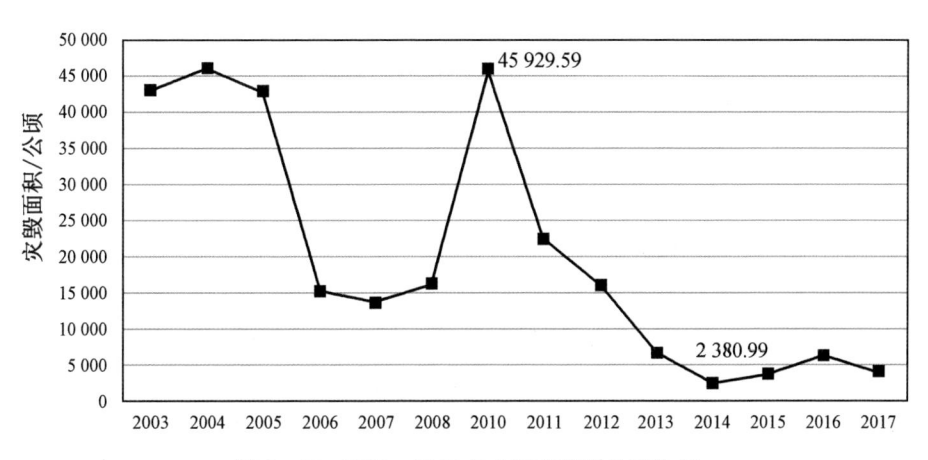

图3-19 2003—2017年全国灾毁耕地流失量

因此,以2012—2017年趋于平稳的灾毁耕地数为基准,得出地灾毁坏导致的耕地减少年均减少基准值,从全国来看,每年减少均量为0.56万公顷。

此外，考虑到未来土地整治水平、防灾害能力提升程度以及全球环境变化的不确定性，灾毁耕地数量会在一定范围内增减，所以设定环境稳定情景、环境恶劣情景、环境优良情景进行预测。环境稳定情景设置系数为1，表示以现势年均减少量为基础作为灾毁耕地年减少量，环境恶劣情景设置系数为1.2，表示以现势年均减少量的1.2倍作为灾毁耕地年减少量，环境优良情景设置系数为0.8，表示以现势年均减少量的0.8倍作为灾毁耕地年减少量。

表3-22 灾毁耕地年均减少基准值

单位名称	年均变化水平（公顷）
全国	5 566.86
北京市	12.43
天津市	0.00
河北省	405.81
山西省	70.80
内蒙古自治区	534.60
辽宁省	305.44
吉林省	380.37
黑龙江省	103.13
上海市	24.38
江苏省	132.08
浙江省	11.73
安徽省	130.36
福建省	137.56
江西省	371.67
山东省	164.47
河南省	41.03
湖北省	232.17
湖南省	113.66
广东省	1.49
广西壮族自治区	7.45

(续表)

单位名称	年均变化水平(公顷)
海南省	3.24
重庆市	120.32
四川省	284.37
贵州省	327.09
云南省	452.43
西藏自治区	9.67
陕西省	448.26
甘肃省	669.77
青海省	22.70
宁夏回族自治区	16.67
新疆维吾尔自治区	31.71

得到2025年、2035年、2050年不同情景下的灾毁耕地减少总量如表3-23所示。

由表3-23可知,2050年我国灾毁耕地减少总量介于14.70万公顷～22.04万公顷。

表 3-23　不同时期不同情景下灾毁耕地减少总量（公顷）

地区	环境稳定			环境优良			环境恶劣		
	2025 年	2035 年	2050 年	2025 年	2035 年	2050 年	2025 年	2035 年	2050 年
全国	44 534.91	100 203.56	183 706.52	35 627.94	80 162.84	146 965.20	53 441.92	120 244.26	220 447.84
北京	99.42	223.69	410.10	79.53	178.95	328.08	119.30	268.43	492.11
天津	0.00	0.00	0.00	0.00	0.00	0.00	0.00	0.00	0.00
河北	3 246.48	7 304.58	13 391.73	2 597.18	5 843.66	10 713.38	3 895.78	8 765.50	16 070.08
山西	566.39	1 274.37	2 336.35	453.11	1 019.50	1 869.08	679.67	1 529.25	2 803.62
内蒙古	4 276.80	9 622.80	17 641.80	3 421.44	7 698.24	14 113.44	5 132.16	11 547.36	21 170.16
辽宁	2 443.50	5 497.87	10 079.43	1 954.80	4 398.29	8 063.54	2 932.20	6 597.44	12 095.31
吉林	3 042.95	6 846.63	12 552.16	2 434.36	5 477.31	10 041.73	3 651.54	8 215.96	15 062.60
黑龙江	825.06	1 856.39	3 403.38	660.05	1 485.11	2 722.71	990.08	2 227.67	4 084.06
上海	195.04	438.84	804.54	156.03	351.07	643.63	234.05	526.61	965.45
江苏	1 056.64	2377.44	4 358.64	845.31	1 901.95	3 486.91	1 267.97	2 852.93	5 230.37
浙江	93.83	211.11	387.04	75.06	168.89	309.63	112.59	253.34	464.45
安徽	1 042.91	2 346.56	4 302.02	834.33	1 877.25	3 441.62	1 251.50	2 815.87	5 162.43
福建	1 100.51	2 476.16	4 539.62	880.41	1 980.93	3 631.70	1 320.62	2 971.39	5 447.55
江西	2 973.33	6 689.98	12 264.97	2 378.66	5 351.99	9 811.97	3 567.99	8 027.98	14 717.96
山东	1 315.77	2 960.49	5 427.56	1 052.62	2 368.39	4 342.05	1 578.93	3 552.58	6 513.07

(续表)

地区	环境稳定			环境优良			环境恶劣		
	2025 年	2035 年	2050 年	2025 年	2035 年	2050 年	2025 年	2035 年	2050 年
河南	328.26	738.59	1 354.08	262.61	590.87	1 083.27	393.92	886.31	1 624.90
湖北	1 857.35	4 179.03	7 661.56	1 485.88	3 343.23	6 129.25	2 228.82	5 014.84	9 193.88
湖南	909.26	2 045.83	3 750.69	727.41	1 636.66	3 000.55	1 091.11	2 454.99	4 500.82
广东	11.94	26.87	49.26	9.55	21.50	39.41	14.33	32.25	59.12
广西	59.61	134.13	245.90	47.69	107.30	196.72	71.53	160.95	295.08
海南	25.89	58.24	106.78	20.71	46.59	85.42	31.06	69.89	128.13
重庆	962.54	2 165.71	3 970.47	770.03	1 732.57	3 176.37	1 155.04	2 598.85	4 764.56
四川	2 274.93	5 118.58	9 384.07	1 819.94	4 094.87	7 507.25	2 729.91	6 142.30	11 260.88
贵州	2 616.73	5 887.65	10 794.02	2 093.39	4 710.12	8 635.21	3 140.08	7 065.17	12 952.82
云南	3 619.47	8 143.82	14 930.33	2 895.58	6 515.05	11 944.27	4 343.37	9 772.58	17 916.40
西藏	77.38	174.11	319.20	61.91	139.29	255.36	92.86	208.93	383.05
陕西	3 586.09	8 068.71	14 792.63	2 868.87	6 454.96	11 834.10	4 303.31	9 682.45	17 751.15
甘肃	5 358.19	12 055.94	22 102.55	4 286.56	9 644.75	17 682.04	6 429.83	14 467.12	26 523.06
青海	181.60	408.60	749.10	145.28	326.88	599.28	217.92	490.32	898.92
宁夏	133.38	300.11	550.20	106.71	240.09	440.16	160.06	360.13	660.25
新疆	253.66	570.73	1 046.34	202.93	456.58	837.07	304.39	684.87	1 255.60

3.5 耕地开发与利用潜力分析

3.5.1 开发潜力分析

耕地后备资源是目前我国重要的耕地开垦和复垦补充来源,耕地后备资源评价得出的可开垦土地和可复垦土地的结论性成果也是我国补充耕地的决策性依据,当前耕地后备资源的剩余量决定了未来耕地开发的潜力[1][2]。因此,以 2012 年耕地后备资源数据分别与历年土地利用变更调查数据叠加,将转变为耕地和建设用地的后备资源视为已利用耕地后备资源,将其他剩余土地视为未利用耕地后备资源,计算每年的耕地后备资源利用量并得到 2017 年的耕地后备资源剩余量[3]。

2013—2017 年共计有 185.4 万公顷耕地后备资源转为建设用地,而 2013—2017 年仅有 138.0 万公顷的耕地转为建设用地,耕地后备资源被占用的情况更加明显[4]。2013 年耕地后备资源利用量最大,转用为建设用地的面积为 170.44 万公顷,占历年利用总量的 91.94%,转用为耕地的面积为 13.92 万公顷,占历年利用总量的 29.52%,此后每年转为耕地和建设用地的后备资源数量有限,利用速率较为缓慢。

从 2017 年各省剩余耕地后备资源来看,当前后备资源剩余量主要分布在新疆、甘肃、青海、宁夏等西北部以及贵州、重庆等西南部,有明显的东西差异性且多分布在高原和山地地区。从 2013—2017 年耕地后备资源的使用量来看,耕地

---

[1] Ye S, Ren S, Song C, et al. Spatial patterns of county-level arable land productive-capacity and its coordination with land-use intensity in mainland China [J]. Agriculture, ecosystems & environment, 2022, 326: 107757.

[2] Liu X, Xu Y, Sun S, et al. What is the potential to improve food security by restructuring crops in Northwest China? [J]. Journal of cleaner production, 2022, 378: 134620.

[3] Liu L, Xu X, Liu J, et al. Impact of farmland changes on production potential in China during 1990—2010[J]. Journal of geographical sciences, 2015, 25: 19-34.

[4] 宋小青,欧阳竹,柏林川. 中国耕地资源开发强度及其演化阶段[J]. 地理科学,2013,33(2):135-142.

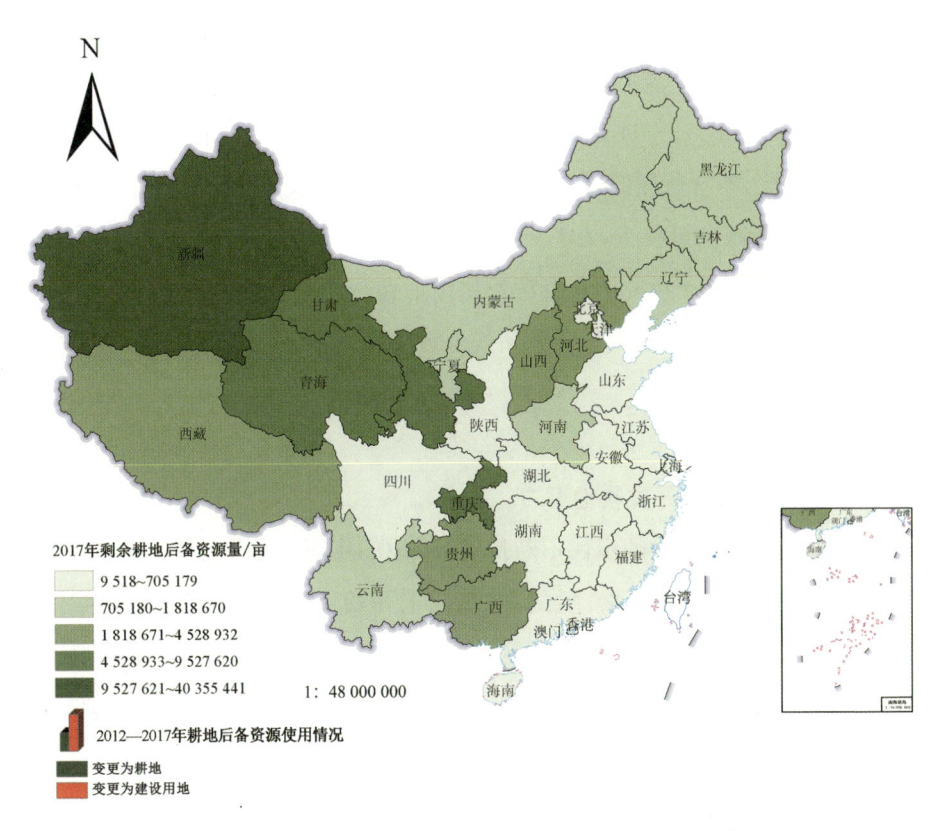

图 3-20　2017 年剩余耕地后备资源及使用总量分布

注：港澳台资料暂缺。

后备资源被使用为建设用地的较多，被使用为耕地的较少。建设用地使用较多的省份集中在中东部的山西、河南、河北和山东等地，有明显的空间差异性。

此外，原国土资源部组织了两次全国性的耕地后备资源调查，第一次 2000 年至 2003 年，按照"西部—中部—东部"分三个阶段完成了全国 31 个省份后备资源调查评价，基本摸清了耕地后备资源的类型、数量和分布情况。在新形势新条件下，上一轮调查评价结果已经不能全面、客观地反映我国当前的耕地后备资源状况，因此于 2014—2016 年开启了我国新一轮全国耕地后备资源调查。根据第二轮耕地后备资源评价，全国耕地后备资源总面积为 8 029.15 万亩，其中，可开垦土地 7 742.63 万亩，占 96.4%，可复垦土地 286.52 万亩，占 3.6%，全国耕地后备资源以可开垦荒草地、可开垦盐碱地、可开垦内陆滩涂和可开垦裸地为主，共占耕地后备资源总量的 93.2%。结合当前水资源利用限制条件可以得到，全国近期可开发利用耕地后备资源为 3 307.18 万亩①。相比 2003 年期减少 3 000 万亩且集中连片的耕地后备资源减少明显。但与官方数据相比，本章所用的数据 2012 年耕地后备资源总量达 9 607.36 万亩，2012—2017 年减少量极少，2017 年仍剩余 9 375.54 万亩，这可能是由 2012 年与 2003 年及 2014 年原国土资源部耕地后备资源调查评价的口径不同所造成，需要明确每一期耕地后备资源调查土地类型内涵。

3.5.2 利用潜力分析

(1) 特殊时期易开发耕地潜力

随着生态文明建设的步伐不断推进，耕地的生态功能和生产功能之间的复杂性与矛盾性并存。从 20 世纪 90 年代末开始，为遏制大面积土地利用不合理而致土地大面积退化，我国开展了大规模的生态退耕工作，各省市对大量不适宜耕种、与生态保护地区利用相冲突的劣等耕地进行了还草、还湖和还林②。这些生态退耕耕地虽然大部分质量等别不高，但也属于在未来我国粮食安全受到威胁时有一定生产潜力、在农业技术提升保障下能尽快复垦进行耕种的土地③④。2000—2017 年，全国生态退耕的耕地总量共计达 615.93 万公顷，这部分土地在未来国家有特殊耕种需求时能重新复垦为耕地。

生态退耕土地大部分位于西部地区，占比达生态退耕总量的 52.43%；西北和西南为主要的生态退耕地区，其主要的生态退耕类型为还林和还草；东北地区生态退耕土地也较多，内蒙古是生态退耕工程实施的重要省份，承担了大量生态退耕任务，还草数量多，未来重新复垦为耕地的潜力较大；苏浙沪和闽粤琼地区生态退耕数量极少，仅占到总数的 0.66% 和 0.63%，相对应，未来可

---

① 全国耕地后备资源调查结果发布会公布数据。
② Qin Y, Yan H, Liu J, et al. Impacts of ecological restoration projects on agricultural productivity in China[J]. Journal of geographical sciences, 2013, 23: 404-416.
③ Yan H, Ji Y, Liu J, et al. Potential promoted productivity and spatial patterns of medium-and low-yield cropland land in China[J]. Journal of geographical sciences, 2016, 26: 259-271.
④ 孔祥斌. 耕地"非粮化"问题、成因及对策[J]. 中国土地, 2020(11): 17-19.

重新复垦的生态用地也较少。

表 3-24 2000—2017 年全国土地利用分区生态退耕土地数量

利用分区		生态退耕	
		数量（公顷）	占比（%）
全国		6 159 276.39	100.00
西部地区		3 229 300.43	52.43
	西北区	1 676 982.38	27.23
	西南区	1 398 116.18	22.70
	青藏区	154 201.88	2.50
东北地区		1 259 169.74	20.44
中部地区		1 108 148.20	17.99
	晋豫区	517 592.27	8.40
	湘鄂皖赣区	590 555.93	9.59
东部地区		562 658.02	9.14
	京津冀鲁区	483 044.20	7.84
	苏浙沪区	40 715.23	0.66
	闽粤琼区	38 898.60	0.63

此外，对 2009 年后的土地利用变更调查成果中的耕地流出数据进行统计，将历年土地变更调查数据中耕地转换为林地识别为退耕还林，耕地转换为草地识别为退耕还草，耕地转换为湖泊水面（包括变更调查数据中的河流水面、湖泊水面、水库水面、坑塘水面）识别为退耕还湖，耕地转换为湿地（包括变更调查数据中的沼泽地、沿海滩涂、内陆滩涂）识别为退耕还湿。可以得到，2009—2016 年，全国共有 9.68 万公顷耕地转变为林地，这些耕地与林地的转变主要分布于西北（内蒙古、新疆）、东北（吉林、黑龙江）和长江经济带（四川、重庆、湖北、安徽、浙江）。2009—2016 年，全国共有 6.08 万公顷耕地转变为草地，这些耕地与草地的转变主要分布于西北（内蒙古、甘肃、新疆）。2009—2016 年，全国共有 4.69 万公顷耕地转变为湖泊水面。2009—2016 年，全国共有 1.62 万公顷耕地转变为湿地。

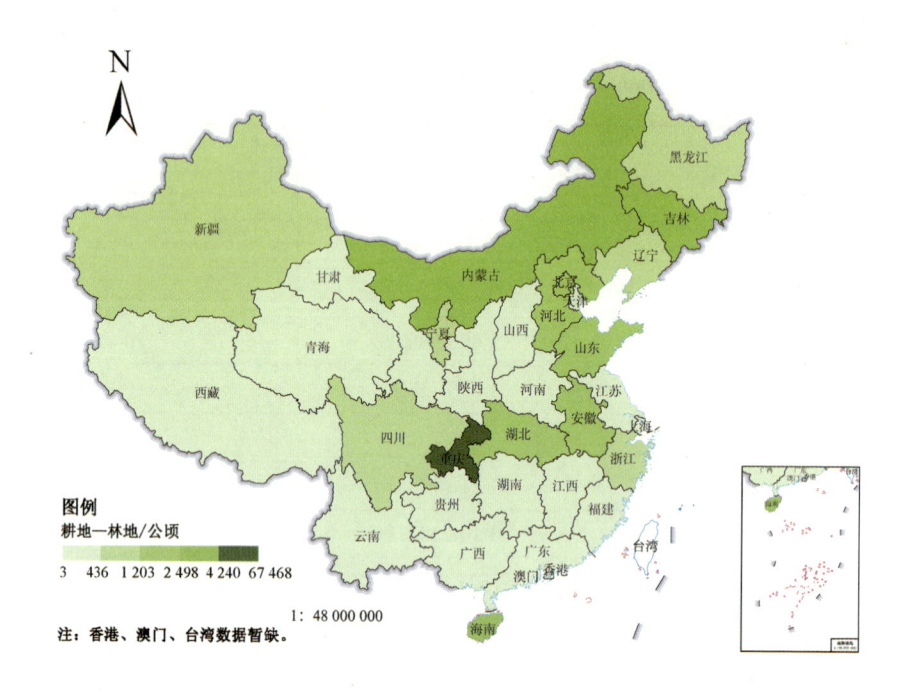

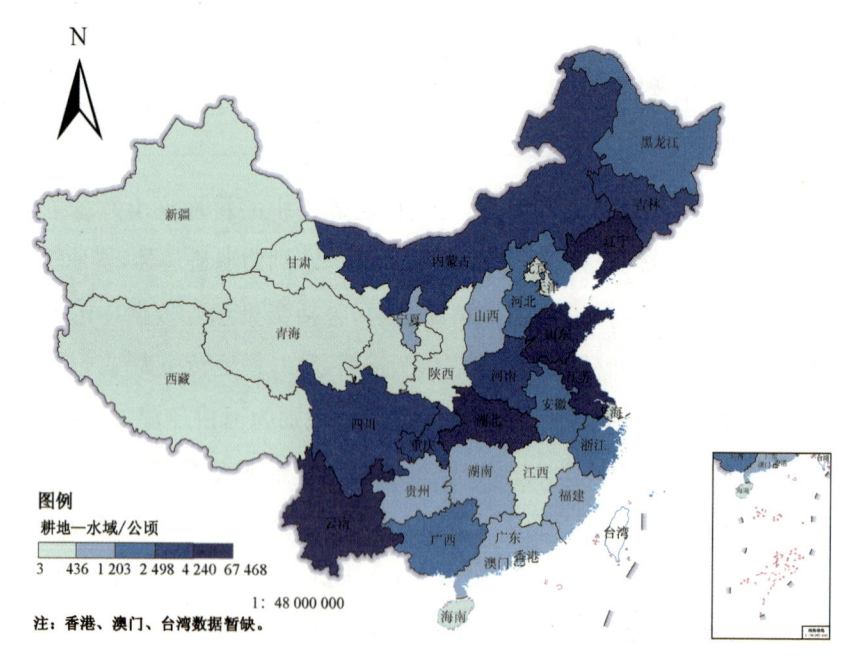

图例
耕地—林地/公顷
3　436　1 203　2 498　4 240　67 468

1:48 000 000

注：香港、澳门、台湾数据暂缺。

图例
耕地—水域/公顷
3　436　1 203　2 498　4 240　67 468

1:48 000 000

注：香港、澳门、台湾数据暂缺。

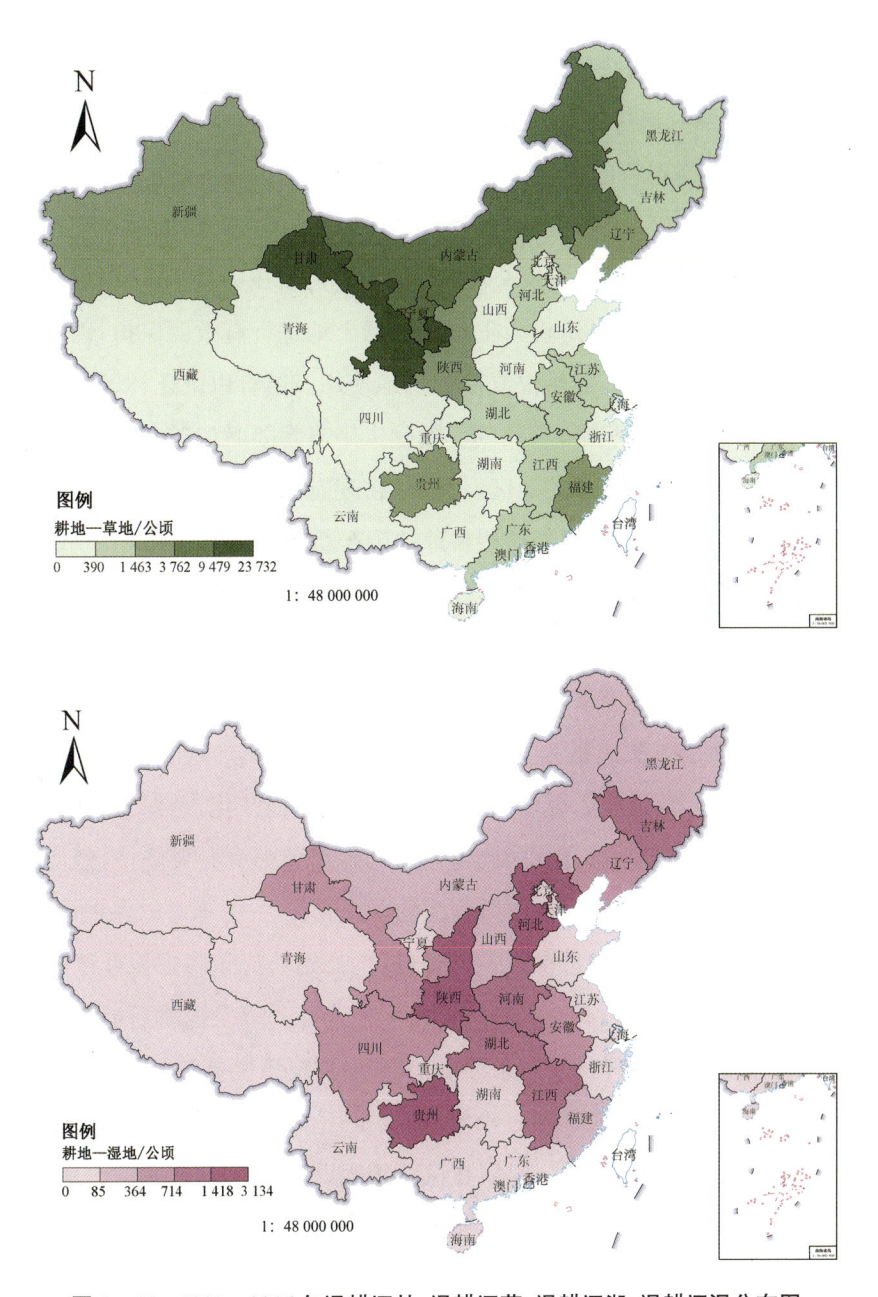

图 3-21 2009—2016 年退耕还林、退耕还草、退耕还湖、退耕还湿分布图

注：港澳台资料暂缺。

随着生态文明建设的进一步推进,耕地的生产功能和生态服务功能用地的冲突会进一步加重,按照生态文明要求,预计到 2035 年将有 800 万公顷耕地通过"退耕还林、退耕还草、退耕还湖、退耕还湿"转换为生态用地。2000—2017 年,全国生态退耕的耕地总量已达到 615.93 万公顷,这期间生态退耕的总量面积已占到 2035 年预测生态退耕总值的 76.99%,2018—2035 年期间仅有 23.01% 的退耕压力。因此,未来我国的生态退耕压力较小,可以保持更平稳的生态退耕节奏并对已退耕为生态用地的土地进行有效的保护,以便未来我国有特殊用地需求时,能尽快复垦为耕地使用。结合以上还林、还草、还湖区域的分析,由于草地相对容易复垦,因此未来有需要时应首先复垦内蒙古、甘肃、新疆等生态退草较多的地区。此外,在现有的国家自然保护区中,还存在着 173.33 万公顷耕地,虽然这些耕地的生产功能和保护区的生态功能相冲突,目前无法利用这部分耕地,但依据山水林田湖草沙生命共同体的思想以及未来特殊时期,这些耕地同样应该在保护区内被重点保护。

因此,基于粮食安全保障的需求,生态退耕一方面要实现保护生态环境的目的,另一方面也要关注耕地生产力的保护[①]。将退化严重的耕地退耕是保护生态环境的要求,退耕后可以减少水土流失和风蚀沙化,是保持地力、实现土地可持续利用的合理选择。因此未来生态退耕依然有必要坚持,但应该根据各地区的土地生产潜力实行不同程度的草田轮作,一方面可以保护地力,另一方面在必要时候也可以再次复耕。另外,生态退耕应该考虑该地区退耕后能否保证粮食有所结余、有一定的抗灾稳定生产能力以及退耕后能否获取相对应的经济效益,在这样的限制条件下,未来退耕应该主要考虑还草而非还林还湖。其一是因为还草成本相对较低,其二是还草能较快获得收益且相对容易种植,其三是草地相对容易开垦,在饥荒年假设情况下,可以临时开垦复耕。因此,未来落实到变更调查中,可以不核减因生态退耕转化为草地的耕地而仅

---

① He G, Zhao Y, Wang L, et al. China's food security challenge: Effects of food habit changes on requirements for arable land and water[J]. Journal of cleaner production, 2019, 229: 739-750.

仅标注其转化方向,降低地方的耕地保有压力,实现耕地总量的动态平衡①。

(2) 坡耕地复耕潜力

根据《中华人民共和国水土保持法》的规定可知,开垦 25 度以上的土地极易造成水土流失,因此,虽然有 25 度以上的坡耕地,但这类耕地一直都作为严格禁止开垦的部分。与法规法律要求不同,在实际农业耕种中,修筑梯田致使土地的坡度减小,水的侵蚀作用减弱,田埂稍高于梯田面即能够保证水肥,起到保持水土的作用,从这一技术层面来看,25 度以上的梯田并非完全不可以耕种,未来随着农业技术水平的提升以及国内人口增加、粮食安全压力的加大,25 度以上的梯田有潜力且有必要进行复耕,这部分可复耕梯田耕地的面积为 436.63 万公顷。

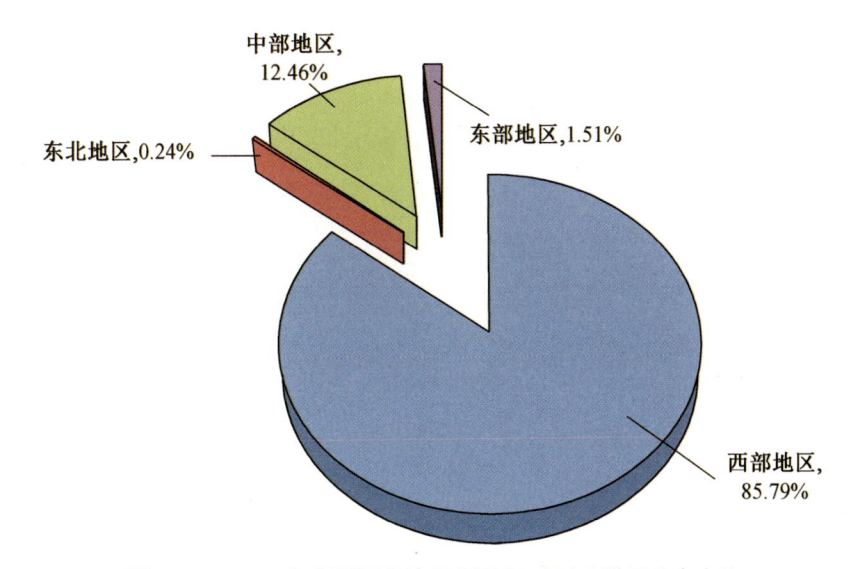

图 3‐22　2017 年全国四大地理分区 25 度以上梯田分布占比

由 2017 年耕地坡度等级分布情况可知,我国大部分 25 度以上的梯田分布在西部地区,西部地区的 25 度以上梯田总数占到全国 25 度以上梯田总数的 85.79%,其次是中部地区,占比为 12.46%,东部地区和东北地区的占比基

---

① 孙萍,盖兆雪,张景奇.县域耕地后备资源调查评价及补充耕地潜力分析[J].中国农业资源与区划,2017,38(11):145-152.

本可以忽略不计，分别仅有1.51%和0.24%。其中，西北区和西南区的25度以上耕地分别占到该地区耕地总数的7.74%和10.30%，重庆、陕西、贵州以及云南多山地，因此是主要的25度以上梯田分布区域，陕西省25度以上的梯田面积甚至占到耕地总量的21.30%，这些地区25度以上梯田数量大，但由于山势地形条件复杂，其复耕难度也较大；此外，晋豫区和湘鄂皖赣区也有一定量的25度梯田分布，分别占到该地区耕地总量的2.25%和1.47%，这些地区的地形地貌和光温水气条件相对较好，可以作为最先进行复耕的25度以上梯田地区。

表3-25 2017年全国土地利用分区25度以上梯田数量

利用分区		>25度梯田面积	
		数量（公顷）	占比（%）
全国		4 366 253.76	3.24
西部地区		3 745 703.56	9.11
	西北区	1 229 312.35	7.74
	西南区	2 494 265.71	10.30
	青藏区	22 125.50	2.14
东北地区		10 563.26	0.03
中部地区		544 202.70	1.78
	晋豫区	273 889.87	2.25
	湘鄂皖赣区	270 312.83	1.47
东部地区		65 784.24	0.25
	京津冀鲁区	5 074.32	0.03
	苏浙沪区	42 941.85	0.64
	闽粤琼区	17 768.07	0.38

因此，未来在农业技术水平达到一定高度的时候，应该优先退出耕地亩均产能水平较高地区的梯田，如湘鄂皖赣区、晋豫区，并逐步推进较难开垦山地地区如西北区、西南区省份的25度以上梯田的复耕工作，恢复耕种，将其作为我国重要储备耕地资源。

3.6 基于FLUS模型的供给量模拟

3.6.1 模型框架

FLUS模型是一种耦合人类活动与自然环境影响的未来土地利用变化情景模拟模型,是自上而下的系统动力学(SD)和自下而上的神经网络(CA)的集成体,其模拟步骤框架如下[1][2]。

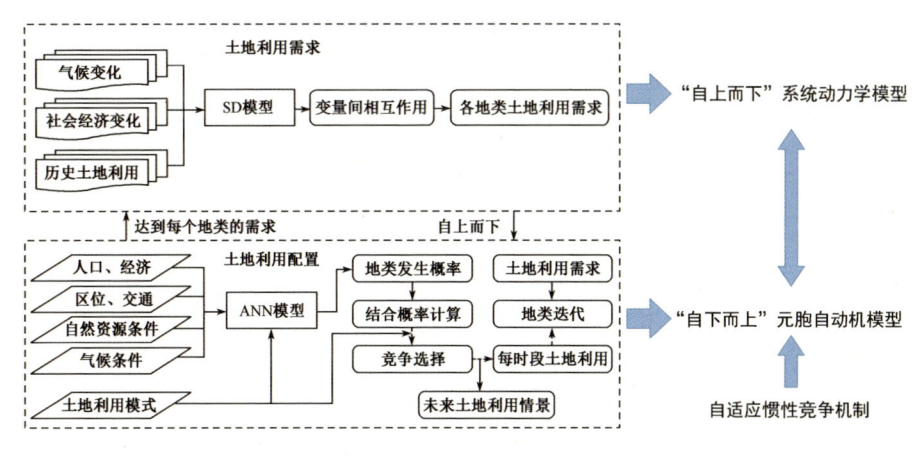

图3-23 FLUS模型框架

其中,SD模型用于在研究范围内根据各种社会经济和自然环境驱动因素预测土地利用情景需求;CA模型则对传统元胞自动机模型进行了改进,开发了自适应惯性竞争机制,用于处理不同土地利用类型之间的复杂竞争和相互作用关系,FLUS模型中的CA模型包括两部分内容——一部分是基于神经网络(ANN)的适宜性概率计算,另一部分则是自适应惯性竞争机制。

---

[1] 宋小青,欧阳竹,柏林川. 中国耕地资源开发强度及其演化阶段[J]. 地理科学,2013,33(2):135-142.
[2] 高周冰,王晓瑞,隋雪艳,等. 基于FLUS和InVEST模型的南京市生境质量多情景预测[J]. 农业资源与环境学报,2022,39(5):1001-1013.

3.6.2 模型驱动因子选择

土地利用变化过程受到多种自然、社会、经济因素的共同作用,基于土地利用转化驱动力相关研究的指标选取,以及考虑到数据的可获得性、来源的可靠性等原因,FLUS模型选择了10类驱动力因子、2类限制性因素作为土地利用变化模拟的基础数据[①]。

下表列出了用于建立和训练土地利用变化模型的空间数据集,包括历史(2010年)和当前(2015年)的土地利用数据、自然条件(海拔、坡度及河流)、人类活动(人口、GDP、路网及居民点)、气候(温度和降水)和生态限制(自然保护区、宽阔水面)等,所有空间数据集都重新采样为1 km×1 km统一分辨率的栅格数据。

表3-26 驱动因子分类

	分类	数据	年份	概述
自变量	土地	土地利用现状数据	2010/2015	1 km栅格内的土地类型
因变量	人类影响	人口	2010/2015	1 km栅格内常住人口数
		GDP	2010/2015	1 km栅格内GDP总产值
		与城镇距离	2010/2015	栅格中心与最近城镇距离
		与农村居民点距离	2010/2015	栅格中心与最近农村居民点距离
		与高速公路距离	2013	栅格中心与最近道路距离
	自然条件	高程	2010	栅格所处位置高程
		坡度	2010	栅格所处位置坡度
		与河流距离	2015	栅格中心与最近河流距离
	气候	年降水量	2010/2015	栅格所处位置年降水量
		年平均气温	2010/2015	栅格所处位置年平均气温
	限制区	自然保护区	2015	限制发生土地转化区域
		宽阔水面	2015	

---

① 袁雪松,周俊,胡蓓蓓,等.基于FLUS模型粤港澳大湾区"三生空间"多情景模拟预测[J].地理科学,2023,43(3):564-574.

所有驱动力因子与限制区指标均在 ArcGIS 中进行预处理。其中,与城镇、农村居民点、道路、河流距离指标均选择欧氏距离法测算,并按照 1 千米、5 千米、10 千米、20 千米、30 千米、40 千米、50 千米及 50 千米以上将各指标进行重分类,以区分不同距离圈层与土地利用变化的作用关系。此外,限制区的处理方式为将自然保护区和宽阔水面(面积大于全国平均值的水域)属性设置为 0,表示限制地类转化区,其他区域设置为 1,表示允许地类转化区。

3.6.3 基于 ANN 的土地利用类型适宜性概率计算

将 2010 年和 2015 年两期土地利用现状数据和 10 个驱动力因子导入 FLUS 计算模块 ANN-based Probability-of-Occurrence Estimation,该模块采用神经网络算法计算各地类在每一栅格出现的概率,最终得出各地类在不同像元上的多波段适宜性概率结果。

虽然总体规律是各地类发生转移概率最高的区域主要是环绕在其原有土地周边扩散式分布,但不同土地类型出现转移概率的空间分布不同。耕地发生转移概率最大的地区一直从东三省偏西部地区延伸至环渤海地区及其周边的河南、安徽、江苏等地,此外四川盆地、湖北中部也是耕地发生转移的高概率地区。其他地类中,林地发生高概率转移的地区涵盖了整个除四川盆地以外的南部地区以及黑龙江北部、吉林和辽宁东部地区;草地发生高概率转移的地区分布在胡焕庸线以西,主要为西藏和内蒙古以东地区;水域基本不发生转移,相对发生较高概率转移的地区分布在西藏与新疆交界的边缘地区,可能与冰川融化等气候变化相关;城乡工矿居民点用地发生转移的概率较小,呈现点面分布的主要形态,高概率转移面主要在环渤海至长三角这一沿线地区,散点分布则以苏浙沪沿海地带、成渝中心、粤港澳大湾区几个主要的典型地区为代表;未利用地发生较高概率转移的地区也分布在胡焕庸线以西,但主要在新疆、内蒙古以西一带,与草地发生转移的地区呈现互补趋向。

3.6.4 2035 年土地利用模拟分省结果

基于 2010 年土地利用现状数据和上一步骤得到的地类适宜性概率结果

对 2015 年的土地利用现状进行预测,将得到的 2015 年预测结果与 2015 年土地利用实际现状进行对比分析,检验模型精度,当精度满足模拟情景需求时,则可以通过以上步骤对 2015—2035 年的土地利用变化进行空间模拟预测。由于中科院遥感所土地利用空间数据与官方口径的土地利用变更调查数据有差异,因此,基于土地利用变更调查的数据口径将模拟得出的各省 2035 年耕地预测数据进行折算,最终折算得到各省 2035 年的耕地数量如下:

表 3-27 基于 FLUS 模型的 2035 年全国耕地数量模拟(万公顷)

地区	2035 年预测值	2035 年折算值
北京	35.15	17.44
天津	57.24	38.38
河北	950.92	642.04
山西	613.05	414.29
内蒙古	1 162.68	941.59
辽宁	658.05	507.47
吉林	775.78	718.87
黑龙江	1 673.32	1 617.53
上海	28.33	14.14
江苏	590.08	409.31
浙江	234.15	183.98
安徽	775.81	575.90
福建	193.51	124.83
江西	454.53	314.23
山东	977.23	734.68
河南	1 034.17	792.20
湖北	677.61	529.32
湖南	615.35	426.13
广东	414.13	254.80
广西	513.45	443.10
海南	93.13	78.15
重庆	376.28	245.77

(续表)

地区	2035年预测值	2035年折算值
四川	1 200.39	679.08
贵州	489.84	456.52
云南	678.22	620.02
西藏	42.52	41.18
陕西	700.16	401.82
甘肃	665.24	547.74
青海	81.17	58.05
宁夏	179.43	129.09
新疆	769.25	517.78

将基于现状趋势外推和FLUS模型模拟得出的各省2035年耕地总量进行对比,结果如下,差额占总量平均占比为5.0%。

表3-28 两种方法测算的2035年耕地总量模拟结果对比(万公顷)

地区	耕地总量（现状趋势外推）	耕地总量（FLUS）	差额	差额占总量比
北京	20.08	17.44	2.64	13.1%
天津	42.37	38.38	3.99	9.4%
河北	651.17	642.04	9.13	1.4%
山西	398.31	414.29	−15.98	−4.0%
内蒙古	883.11	941.59	−58.48	−6.6%
辽宁	495.00	507.47	−12.47	−2.5%
吉林	690.12	718.87	−28.75	−4.2%
黑龙江	1 564.24	1 617.53	−53.29	−3.4%
上海	22.35	14.14	8.21	36.7%
江苏	453.98	409.31	44.67	9.8%
浙江	191.62	183.98	7.64	4.0%
安徽	579.40	575.90	3.50	0.6%
福建	131.87	124.83	7.04	5.3%
江西	311.07	314.23	−3.16	−1.0%

(续表)

地区	耕地总量（现状趋势外推）	耕地总量（FLUS）	差额	差额占总量比
山东	742.11	734.68	7.43	1.0%
河南	802.09	792.20	9.89	1.2%
湖北	488.79	529.32	-40.53	-8.3%
湖南	415.25	426.13	-10.88	-2.6%
广东	262.72	254.80	7.92	3.0%
广西	425.68	443.10	-17.42	-4.1%
海南	70.98	78.15	-7.17	-10.1%
重庆	234.19	245.77	-11.58	-4.9%
四川	665.22	679.08	-13.86	-2.1%
贵州	446.02	456.52	-10.50	-2.4%
云南	620.44	620.02	0.42	0.1%
西藏	43.80	41.18	2.62	6.0%
陕西	399.63	401.82	-2.19	-0.5%
甘肃	534.62	547.74	-13.12	-2.5%
青海	58.47	58.05	0.42	0.7%
宁夏	128.24	129.09	-0.85	-0.7%
新疆	537.17	517.78	19.39	3.6%

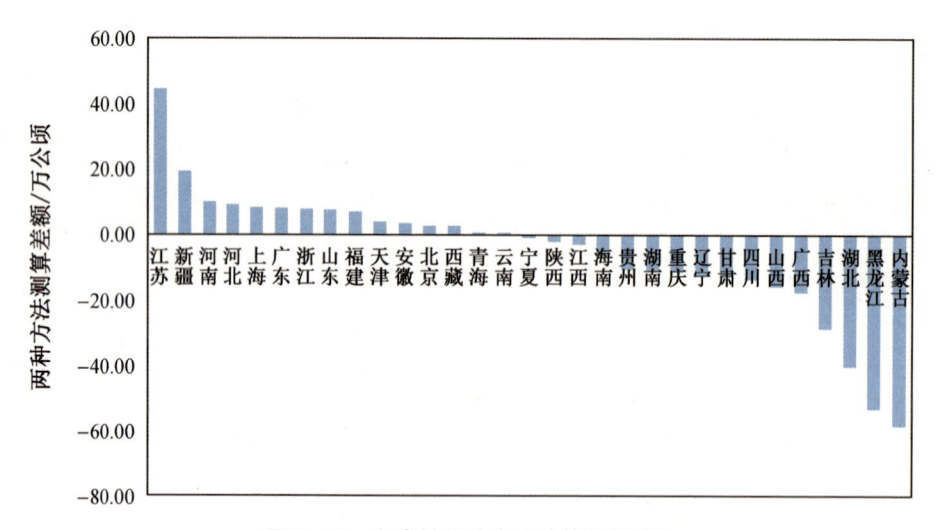

图 3-24　各省份两种方法计算差额对比

由以上图表对比可知,两种方法计算得到的各省耕地数量总体差异不大,其中,有 17 个省的差异在 10 万公顷以内,9 个省的差异在 10 万～20 万公顷,仅有 5 个省份的差异超过 20 万公顷,分别是江苏、吉林、湖北、黑龙江和内蒙古,并且以上 5 个差异最大的省份中仅有江苏基于现状趋势外推得到的结果高于基于 FLUS 模型得到的结果,这是因为前者土地利用去向途径角度考虑了较多的人为影响和政策调控,所以得出的耕地数量多于不加调控、在空间上发生自主演化的耕地数量,其余 4 个省份均属于基于现状趋势外推得到的结果低于基于 FLUS 模型得到的结果的地区,未来的耕地利用需求进一步扩大,但按不同影响因素模拟得出的耕地演化则相对较慢。

相比之下,虽然两种方法得出的结果差异不大,但从土地去向用途角度出发,通过现状趋势外推,基于土地利用变更调查数据预测得出的结果更符合未来全国耕地的数量变化规律,而从耕地实际影响因素角度出发,通过 FLUS 模型,基于土地利用遥感数据模拟得出的结果能体现图斑层面的耕地空间分布差异性,二者各有侧重。本研究的目的在于耕地总量的动态测算,运用 FLUS 模型,从多重角度模拟未来耕地供给的动态变化,增加了差异化的结果对比,更具科学性,更易发现耕地演化中存在的客观规律及问题,但考虑到数据来源的权威性、计算口径的一致性以及人为政策调控的相关性,因此后续研究继续采用基于土地利用变更调查测算的结果。

将基于现状趋势外推得出的各省 2035 年耕地总量与 2017 年耕地后备资源情况进行对比,结果如表 3-29 所示,2035 年全国仅有 58% 省份的耕地后备资源有盈余,其余省份耕地后备资源无法满足区域耕地的动态平衡。2035 年全国耕地资源将还有 446.9 万公顷的盈余,但在全国空间存在较强的不均衡性。剩余的耕地后备资源有 68.0% 集中于西北区,而湘鄂皖赣区、东北地区和苏浙沪区分别还有 29.2 万公顷、7.8 万公顷和 4.5 万公顷的耕地赤字。北京、江苏等 13 个省份无法实现省域内的耕地占补平衡,而新疆、青海等中西部省份还余有较多的耕地后备资源。从表 3-30 可以看出,湘鄂皖赣区、苏沪浙区和东北区存在省域内耕地占补平衡的缺口,而西北区、青藏区还余留较多的耕地后备资源,占总剩余耕地后备资源的 90.83%。因此,未来需探索建立跨省域补充耕地国家统筹机制。

表 3-29 基于现状趋势外推的 2035 年各省耕地后备资源剩余情况（万公顷）

地区	耕地总量（现状趋势外推）	2017 年耕地后备资源	2035 年剩余耕地后备资源
北京	20.08	0.72	−0.58
天津	42.37	0.17	−1.14
河北	651.17	22.28	21.56
山西	398.31	30.19	22.87
内蒙古	883.11	7.90	−36.09
辽宁	495	7.45	5.29
吉林	690.12	5.21	−3.35
黑龙江	1 564.24	10.63	−9.69
上海	22.35	0.06	3.26
江苏	453.98	0.60	−2.76
浙江	191.62	1.06	−5.02
安徽	579.4	1.13	−6.14
福建	131.87	2.10	0.28
江西	311.07	2.21	4.68
山东	742.11	4.70	−12.17
河南	802.09	6.36	−2.77
湖北	488.79	2.71	−32.09
湖南	415.25	4.22	4.37
广东	262.72	3.04	5.79
广西	425.68	17.18	4.11
海南	70.98	0.30	−0.97
重庆	234.19	2.02	−0.78
四川	665.22	23.93	16.56
贵州	446.02	12.12	6.27
云南	620.44	24.30	23.40
西藏	43.80	39.88	39.28
陕西	399.63	3.91	5.25

(续表)

地区	耕地总量 (现状趋势外推)	2017年 耕地后备资源	2035年剩余 耕地后备资源
甘肃	534.62	49.13	46.05
青海	58.47	63.52	62.98
宁夏	128.24	6.98	6.22
新疆	537.17	269.04	282.25

表3-30 基于现状趋势外推的2035年耕地后备资源剩余情况(万公顷)

地区	2035年耕地后备资源	2035年剩余耕地后备资源占比
西北区	303.68	67.95%
西南区	49.56	11.09%
青藏区	102.26	22.88%
东北地区	-7.75	-1.73%
晋豫区	20.10	4.50%
湘鄂皖赣区	-29.18	-6.53%
京津冀鲁区	7.67	1.72%
苏浙沪区	-4.52	-1.01%
闽粤琼区	5.10	1.14%

3.7 耕地供给动态测算

根据以上建设占用、生态退耕、灾毁和结构调整的耕地减少预测值以及土地整治和结构调整的耕地补充量预测值[1]，在规划限制、社会经济自然条件约束背景下，测算出了供给要求下未来2035年和2050年耕地保有总值[2]，结果如下：

---

[1] 韩杨.中国耕地保护利用政策演进、愿景目标与实现路径[J].管理世界,2022,38(11):121-131.
[2] 钟太洋,黄贤金,马其芳,等.区域人均基本农田需求面积测算模型及应用——以江苏省为例[J].自然资源学报,2006(5):717-726.

表 3-31 2035 年及 2050 年各省耕地保有总量预测值(万公顷)

地区	2035 年	2050 年
北京市	20.08	20.79
天津市	42.37	41.87
河北省	651.17	654.40
山西省	398.31	393.43
内蒙古自治区	883.11	848.96
辽宁省	495.00	494.97
吉林省	690.12	684.43
黑龙江省	1 564.24	1 549.22
上海市	22.35	23.11
江苏省	453.98	455.74
浙江省	191.62	189.65
安徽省	579.40	577.25
福建省	131.87	132.42
江西省	311.07	315.66
山东省	742.11	732.34
河南省	802.09	800.92
湖北省	488.79	463.25
湖南省	415.25	417.63
广东省	262.72	267.35
广西壮族自治区	425.68	416.41
海南省	70.98	70.25
重庆市	234.19	234.09
四川省	665.22	664.22
贵州省	446.02	443.95
云南省	620.44	622.21
西藏自治区	43.80	43.42
陕西省	399.63	403.51
甘肃省	534.62	533.83

(续表)

地区	2035 年	2050 年
青海省	58.47	58.48
宁夏回族自治区	128.24	128.51
新疆维吾尔自治区	537.17	551.13
全国	13 310.11	13 233.40

由上表测算可知，我国 2035 年和 2050 年在完成建设需求、生态保护需求、客观灾毁需求和土地整治供给等必要的供给和需求条件下，还能保有的耕地总量分别为 13 310.11 万公顷（19.97 亿亩）和 13 233.40 万公顷（19.85 亿亩），到 2050 年，耕地保有量最多的三个地区仍然和 2017 年相同，分别为黑龙江、内蒙古以及河南，但耕地减少最多的三个地区为内蒙古、湖北和黑龙江。基于此保有量预测数据，在保障我国耕地保有量满足全国粮食安全需求的前提下，可以在国土空间规划过程中对发展建设、生态保护以及开发整治条件下的多方面土地开发利用进行动态管控与调整[1][2][3]。

将未来耕地的供给和需求相对比，得到下表：

表 3-32　耕地供给量及需求量对比（亿亩）

年份	需求端			供给端
	必保量	应保量	可保量	
	满足基本食物需求下限	满足基本食物需求上限	全口径粮食需求上限平均×0.8	
2017	16.42	17.96	20.43	20.23
2018	16.28	17.88	20.51	20.21

---

[1] Lan Y, Xu B, Huan Y, et al. Food security and land use under sustainable development goals: insights from food supply to demand side and limited arable land in China[J]. Foods, 2023, 12(22): 4168.

[2] Long H, Zou J. Grain production driven by variations in farmland use in China: an analysis of security patterns[J]. Journal of resources and ecology, 2010, 1(1): 60-67.

[3] 刘洛,徐新良,刘纪远,等. 1990—2010 年中国耕地变化对粮食生产潜力的影响[J]. 地理学报,2014,69(12):1767-1778.

(续表)

年份	需求端			供给端
	必保量	应保量	可保量	
	满足基本食物需求下限	满足基本食物需求上限	全口径粮食需求上限平均×0.8	
2019	16.24	17.82	20.59	20.19
2020	16.32	18.07	20.84	20.17
2021	16.30	18.12	20.84	20.15
2022	16.30	18.18	20.84	20.13
2023	16.30	18.25	20.84	20.11
2024	16.30	18.32	20.84	20.09
2025	16.28	18.37	20.83	20.07
2026	16.26	18.41	20.82	20.07
2027	16.24	18.48	20.81	20.06
2028	16.22	18.57	20.81	20.04
2029	16.20	18.61	20.80	20.03
2030	16.12	18.61	20.70	20.02
2031	16.04	18.54	20.62	20.01
2032	15.96	18.49	20.54	20.00
2033	15.88	18.43	20.45	19.99
2034	15.81	18.40	20.38	19.98
2035	**15.73**	**18.36**	**20.30**	**19.97**
2036	15.65	18.32	20.17	19.98
2037	15.58	18.29	20.09	19.97
2038	15.50	18.25	20.02	19.96
2039	15.43	18.23	19.93	19.95
2040	15.37	18.21	19.86	19.95
2041	15.29	18.18	19.79	19.94
2042	15.22	18.15	19.72	19.93
2043	15.14	18.13	19.66	19.92

(续表)

年份	需求端			供给端
	必保量	应保量	可保量	
	满足基本食物需求下限	满足基本食物需求上限	全口径粮食需求上限平均×0.8	
2044	15.08	18.12	19.63	19.91
2045	15.01	18.11	19.57	19.90
2046	14.95	18.11	19.52	19.89
2047	14.90	18.11	19.47	19.88
2048	14.85	18.12	19.42	19.87
2049	14.80	18.13	19.38	19.86
2050	14.76	18.15	19.29	19.85

根据耕地减少及补充的计划与趋势，预测到2035年全国耕地可供给量为19.97亿亩，能够满足食物用粮基本自给的上限和下限，且和适当考虑消费结构转变和复种指数降低的应保量对比有约1.61亿亩的盈余，但距全口径粮食需求及休养生息的可保量有约0.33亿亩的缺口(图3-25)。

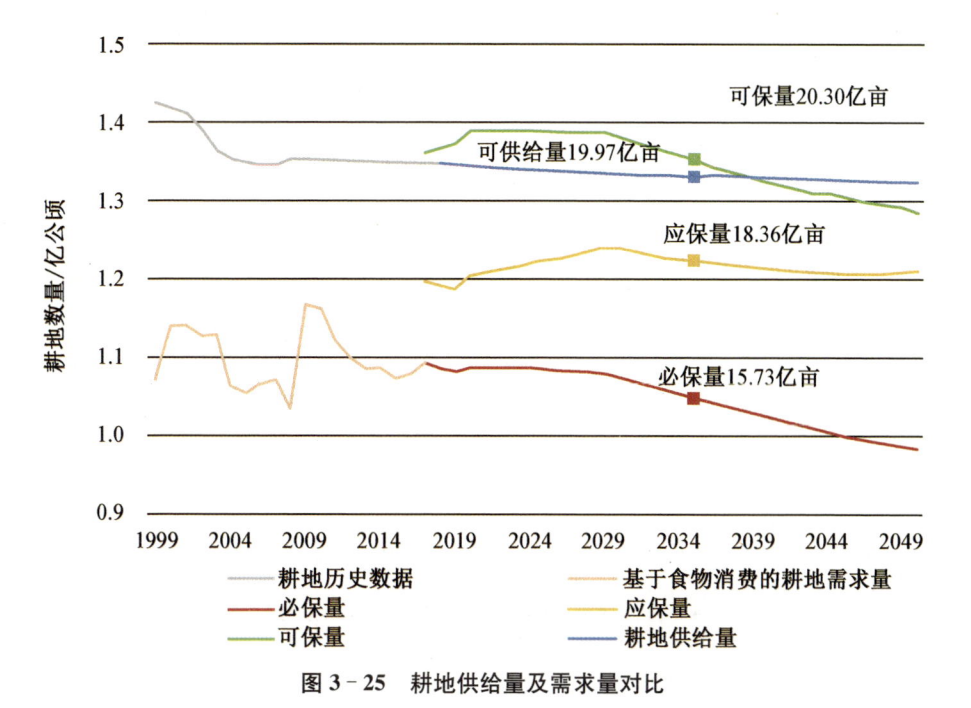

图3-25 耕地供给量及需求量对比

第 4 章 / 中国耕地供需系统动力学模型构建

4.1 系统动力学原理及优势

系统动力学(SD)是将系统论、反馈理论和信息论相结合,分析规划目标和规划因素之间的因果关系,来建立信息反馈机制,从而解决一系列社会经济发展问题的定量研究方法,极具动态性的特点。因此系统动力学模型也被称为"战略与策略的实验室"[1][2][3]。目前对耕地利用动态变化进行定量分析的方法主要有指数法[4]、多元线性回归[5][6]、马尔科夫链[7][8][9]、BP 神经网

---

[1] 王其藩.系统动力学(修订版)[M].北京:清华大学出版社,1994.
[2] 姜涛,袁建华.人口—经济—资源—环境系统分析模型体系[J].系统工程理论与实践,2002(12):67-72.
[3] 何春阳,史培军,陈晋,等.基于系统动力学模型和元胞自动机模型的土地利用情景模型研究[J].中国科学(D辑:地球科学),2005(5):464-473.
[4] 陈朝,吕昌河.基于综合指数的湖北省耕地质量变化分析[J].自然资源学报,2010,25(12):2018-2029.
[5] 曹银贵,周伟,王静,等.基于主成分分析与层次分析的三峡库区耕地集约利用对比[J].农业工程学报,2010,26(4):291-296.
[6] 张惠中,宋文,张文信,等.山东省耕地"非粮化"空间分异特征及其影响因素分析[J].中国土地科学,2021,35(10):94-103.
[7] 何宝忠,高敏华,赵军安.基于马尔科夫模型的吐鲁番市土地覆被动态变化研究[J].水土保持研究,2014,21(5):41-48.
[8] 殷少美,周寅康,濮励杰,等.马尔科夫链在预测土地利用结构中的应用——以湖南娄底万宝镇为例[J].经济地理,2006(S1):120-123+130.
[9] 刘蒙罢,张安录,文高辉.长江中下游粮食主产区耕地利用生态效率时空格局与演变趋势[J].中国土地科学,2021,35(2):50-60.

络[1][2][3]和元胞自动机[4][5][6]等，虽然在一定程度上能够反映出某些社会经济指标与耕地变化的相关性，但这些模型大多无法对耕地利用系统内与耕地具有非线性关系的自然因素和社会因素进行综合分析，部分组合模型虽然为解决非线性的问题提供了新的研究思路，但组合模型具有基于最小原则的缺陷[7][8]，使得分析过程缺少科学严谨的计量方法，分析结果易趋向于局部最优[9][10]。

而中国的耕地需求和供给是一个巨大的系统工程，涉及经济、人口、社会和土地等多个方面的内涵，由于系统各要素之间相互联系和影响，并随着时间的变化而变化，具有非线性、复杂性、综合性和动态性等特点，强调对复杂整体性和对子系统间相互作用的非线性关系进行研究。[11][12][13][14] 因此利用系统间因

---

[1] 曹银贵,王静,刘爱霞,等.基于BP神经网络的三峡库区开县耕地面积预测研究[J].中国农业资源与区划,2007,28(4):30-34.

[2] 叶云,赵小娟,胡月明.基于GA-BP神经网络的珠三角耕地质量评价[J].生态环境学报,2018,27(5):964-973.

[3] 李小刚,马友华,张益,等.基于模糊评价与BP神经网络模型的耕地质量评价对比研究——以淮北平原凤台县为例[J].土壤通报,2015,46(4):816-822.

[4] 柯新利,邓祥征,刘成武.基于分区异步元胞自动机模型的耕地利用布局优化——以武汉城市圈为例[J].地理科学进展,2010,29(11):1442-1450.

[5] 李月臣,何春阳.中国北方土地利用/覆盖变化的情景模拟与预测[J].科学通报,2008(6):713-723.

[6] 韦春竹,郑文锋,孟庆岩,等.基于元胞自动机的遗传神经网络在土地利用变化模拟分析中的应用[J].测绘工程,2014,23(1):45-49.

[7] 张豪,罗亦泳,张立亭,等.基于遗传算法最小二乘支持向量机的耕地变化预测[J].农业工程学报,2009,25(7):226-231.

[8] Wang Z, Li X, Mao Y, et al. Dynamic simulation of land use change and assessment of carbon storage based on climate change scenarios at the city level: a case study of Bortala, China[J]. Ecological indicators, 2022, 134: 108499.

[9] Luo G, Yin C, Chen X, et al. Combining system dynamic model and CLUE-S model to improve land use scenario analyses at regional scale: a case study of Sangong watershed in Xinjiang, China[J]. Ecological complexity, 2010, 7(2): 198-207.

[10] Yang H, Huang J, Liu D. Linking climate change and socioeconomic development to urban land use simulation: analysis of their concurrent effects on carbon storage[J]. Applied geography, 2020, 115: 102135.

[11] 秦钟,章家恩,骆世明.基于系统动力学的土地利用变化研究[J].华南农业大学学报,2009,30(1):89-93.

[12] 钱国英,张长勤,董斌,等.基于遥感与系统动力学模型的土地利用/覆被变化研究[J].遥感信息,2014,29(1):44-50.

[13] 方创琳.中国人地关系研究的新进展与展望[J].地理学报,2004(S1):21-32.

[14] 史培军,王静爱,陈婧,等.当代地理学之人地相互作用研究的趋向——全球变化人类行为计划(IHDP)第六届开放会议透视[J].地理学报,2006(2):115-126.

素的反馈关系建立仿真模型对耕地利用动态变化进行模拟,并对不同社会经济发展情景下的耕地变化过程及演变进行合理预测,为优化耕地利用变化的研究方法提供新方向①。鉴于此,本研究针对目前耕地变化研究模型的不足,提出改进基于时间序列对耕地变化驱动力研究的模式,采用定性与定量分析结合的方式,利用系统动力学模型从动态的耕地变化仿真模拟过程中开展中国耕地变化的趋势预测,以期对不同社会经济发展情景下的耕地保护情况的实施进行模拟和分析,为中国未来耕地保护政策的制定提供时间支撑,为提高耕地利用模拟拟合精度提供参考。

4.2 中国耕地供需系统动力学模型结构解析

本研究将采用系统动力学作为研究方法,将耕地保护政策分为耕地需求子系统和耕地供给子系统,系统的变量主要涉及耕地自身因素、人口因素、经济因素、粮食因素等②③。系统模型的变量选择就从这四个方面进行④⑤。

耕地因素:对耕地增加起作用的主要是土地整治和结构调整的耕地补充量,耕地减少则主要考虑建设占用、生态退耕、灾毁和结构调整的耕地⑥。

人口因素:我国人口基数大,且人口的增长率较高,造成了对粮食和土地的需求大,并导致我国耕地面积的下降和粮食的不足。在考虑人口因素时,必须考虑到人口与粮食以及耕地等因素之间的关系。人口的增长必然产生粮食

---

① 廖蛟.基于系统动力学的眉山市东坡区土地利用结构优化研究山[D].成都:四川农业大学,2010.
② 曹祺文,顾朝林,管卫华.基于土地利用的中国城镇化 SD 模型与模拟[J].自然资源学报,2021,36(4):1062−1084.
③ 李秀霞,徐龙,江恩赐.基于系统动力学的土地利用结构多目标优化[J].农业工程学报,2013,29(16):247−254+294.
④ Jiang S, Meng J, Zhu L, et al. Spatial-temporal pattern of land use conflict in China and its multilevel driving mechanisms[J]. Science of the total environment, 2021, 801: 149697.
⑤ 宋小青.论土地利用转型的研究框架[J].地理学报,2017,72(3):471−487.
⑥ 张英男,龙花楼,戈大专,等.黄淮海平原耕地功能演变的时空特征及其驱动机制[J].地理学报,2018,73(3):518−534.

的需求,这些又必然产生对耕地的需求。因此,这些因素都应该纳入系统之中。因此,耕地需求系统必须考虑人口数量、人口增长等因素。

社会经济因素:社会经济的发展一方面会产生大量的建设用地需求,导致大量耕地被占用,另一方面经济的发展带来的科技进步会提高粮食的单产水平。因此,耕地需求系统应该考虑到GDP等因素[1][2]。

粮食因素:耕地存在的最主要意义是满足人口生存所需要的粮食需求。因此对耕地系统进行分析时必须要考虑到粮食因素。人口产生粮食的需求,而粮食的需求必然会产生对耕地的需求,从而产生粮食的供需和耕地的供需等一系列变量[3][4]。

4.2.1 中国耕地供需系统的指标体系构建

表 4-1 中国耕地供需系统的指标体系

一级指标	二级指标	三级指标	四级指标	具体参数
耕地需求	食物用粮	口粮	谷物	人均谷物消费量、人均薯类消费量、上年人均谷物消费量、上年人均薯类消费量、人均豆类消费量、总人口
			薯类	
			豆类	
		饲料用粮	豆粕含量	国产大豆平均出油率、猪饲料豆粕含量、家禽饲料豆粕含量、禽肉产量消耗系数、禽肉产量、禽肉产量增长率、猪肉产量、猪肉产量增长率、猪肉饲料粮消耗系数、羊肉产量、羊肉产量增长率、羊肉饲料粮
			猪肉产量用粮	
			羊肉产量用粮	
			禽肉产量用粮	

---

[1] 戈大专,龙花楼,杨忍.中国耕地利用转型格局及驱动因素研究——基于人均耕地面积视角[J].资源科学,2018,40(2):273-283.

[2] 邵景安,张仕超,李秀彬.山区耕地边际化特征及其动因与政策含义[J].地理学报,2014,69(2):227-242.

[3] 陈浮,刘俊娜,常媛媛,等.中国耕地非粮化空间格局分异及驱动机制[J].中国土地科学,2021,35(9):33-43.

[4] Chen L, Zhao H, Song G, et al. Optimization of cultivated land pattern for achieving cultivated land system security: a case study in Heilongjiang Province, China[J]. Land use policy, 2021, 108: 105589.

(续表)

一级指标	二级指标	三级指标	四级指标	具体参数
			牛肉产量用粮	消耗系数、牛肉产量、牛肉产量增长率、牛肉饲料粮消耗系数、牛奶产量、牛奶产量增长率、牛奶饲料粮消耗系数、养殖水产品产量、养殖水产品产量增长率、养殖水产品饲料粮消耗系数
			牛奶产量用粮	
			养殖水产品产量用粮	
	非食物用粮	库存用粮	—	粮食库存消费比、种子用粮比例、工业用粮年增长率、粮食消费总量、收割损失率、脱粒损失率、干燥过程损失率、国家粮库损失率、人均粮食需求量、农业技术进步、粮食作物比、单产指数、复种指数
		种子用粮		
		工业用粮		
		粮食损耗	收割损失、储存损失、运输损失	
耕地供给	耕地补充	结构调整净变化	—	总人口、城镇人口、农村人口、城镇人口增长率、城镇计划生育因子、城镇人口减少率、农村人口增长率、农村计划生育因子、农村人口减少率、城镇化率、GDP、GDP增长率、建设用地数量、建设用地增量、建设用地占用耕地比例、上年建设用地数量
		土地整治		
	耕地流失	地灾毁坏		
		生态退耕		
		耕地后备资源		
		建设用地占用		

4.2.2 SD模型子系统

(1) 耕地需求子系统

一般来说,中国粮食需求可以分为两大类和六大用途。两大类是指食物用粮和非食物用粮,其中,食物用粮指直接和间接满足人们食物消费需求的粮食,又可分为口粮和饲料用粮两大用途,口粮消费主要包括谷物、薯类和豆类三种。饲料粮消费主要包括禽肉产量用粮、猪肉产量用粮、羊肉产量用粮、牛肉产量用粮、牛奶产量用粮、养殖水产品产量用粮,以及饲料粮中的豆粕含量。非食物用粮主要分为种子用粮、工业用粮、库存用粮和粮食损耗四大用途。中国的粮食需求结构由口粮、饲料用粮、工业用粮、种子用粮、库存用粮和粮食损耗这六种用途构成,本部分分别计算100%自给率下六种用途粮食需求量。

图 4-1 耕地需求子系统

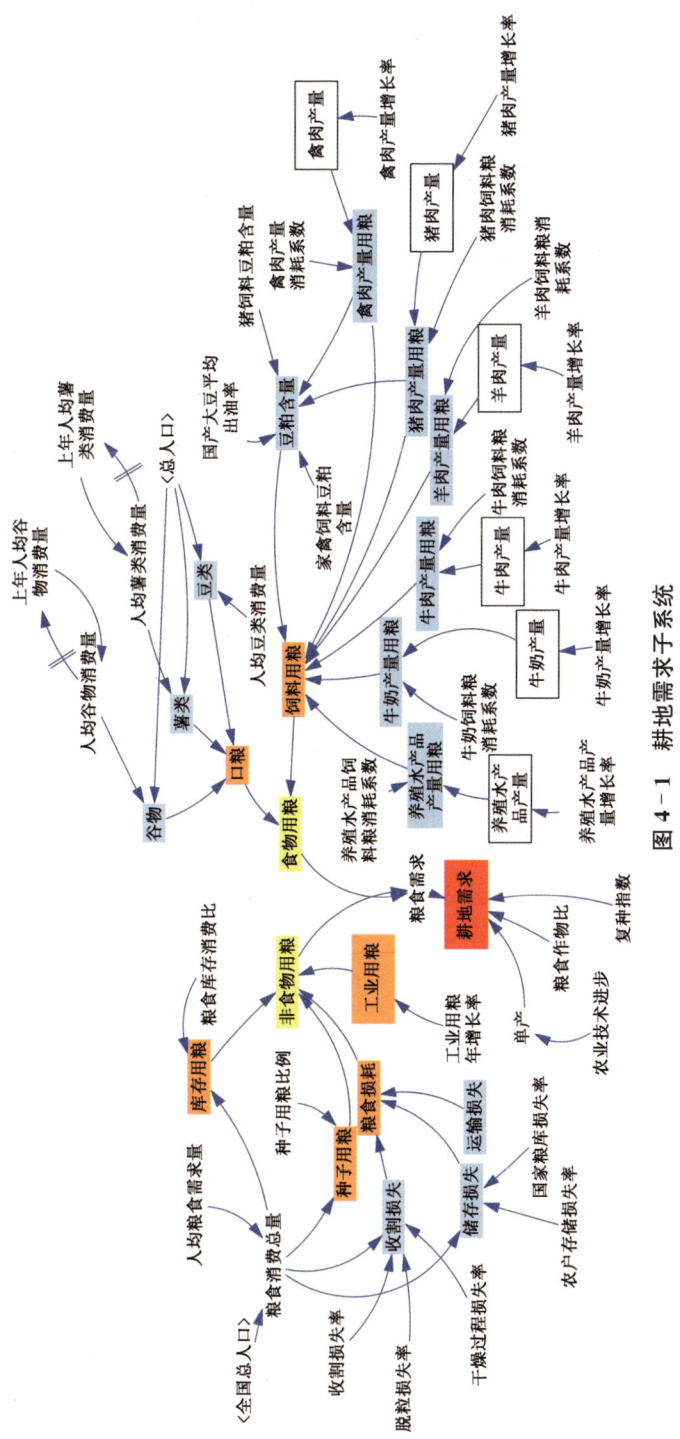

(红色代表一级指标,黄色代表二级指标,橙色代表三级指标,蓝色代表四级指标,下同)

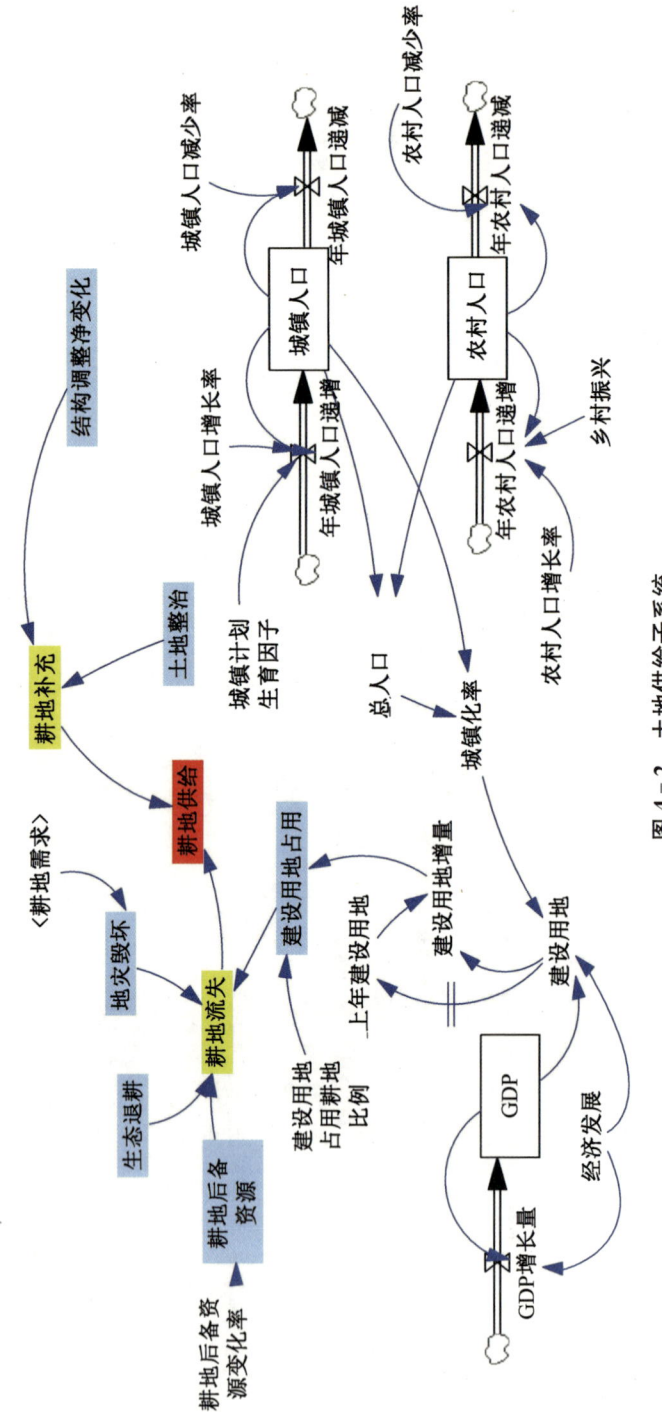

图 4-2 土地供给子系统

(2) 耕地供给子系统

2003—2020年,中国耕地减少的主要途径有4种:一为建设占用,二为生态退耕,三为灾毁,四为农业结构调整[①]。中国的快速经济增长离不开城镇化和工业化,作为经济发展在空间上的映射,耕地流失和建设用地扩张是土地利用结构变化最显著的特征并持续在发生[②][③]。灾毁耕地主要是受滑坡、洪水等自然灾害的影响,其耕作层被破坏,失去了耕作条件的耕地。中国耕地增加的主要途径是土地整治,通过整理、复垦和开发,对利用不当、未被利用或分散的土地进行深度再开发,以此提高土地利用效率[④]。因此土地供给主要从耕地演化的去向用途角度出发,包括建设占用、生态退耕、灾毁和结构调整的耕地减少以及土地整治和结构调整的耕地补充量[⑤]。

4.2.3　确定系统流图

根据对模型系统的分析,以及各变量的关系的分析,建立的中国耕地供给需求系统动力学模型流图如图4-3所示。

4.2.4　模型检验与修正

模型建立起来后,还需要对其进行真实性检验(历史性检验)以确保模型在实际操作中可以更加准确。

历史性检验是指选取模型模拟的数据与相应时间段内的真实数据进行误

---

① 刘彦随,李裕瑞.中国县域耕地与农业劳动力变化的时空耦合关系[J].地理学报,2010,65(12):1602-1612.

② Zhou Y, Li X, Liu Y. Land use change and driving factors in rural China during the period 1995—2015[J]. Land use policy, 2020, 99: 105048.

③ Su Y, Qian K, Lin L, et al. Identifying the driving forces of non-grain production expansion in rural China and its implications for policies on cultivated land protection[J]. Land use policy, 2020, 92: 104435.

④ Liu J, Jin X, Xu W, et al. Influential factors and classification of cultivated land fragmentation, and implications for future land consolidation: a case study of Jiangsu Province in eastern China[J]. Land use policy, 2019, 88: 104185.

⑤ Pan J, Chen Y, Zhang Y, et al. Spatial-temporal dynamics of grain yield and the potential driving factors at the county level in China[J]. Journal of cleaner production, 2020, 255: 120312.

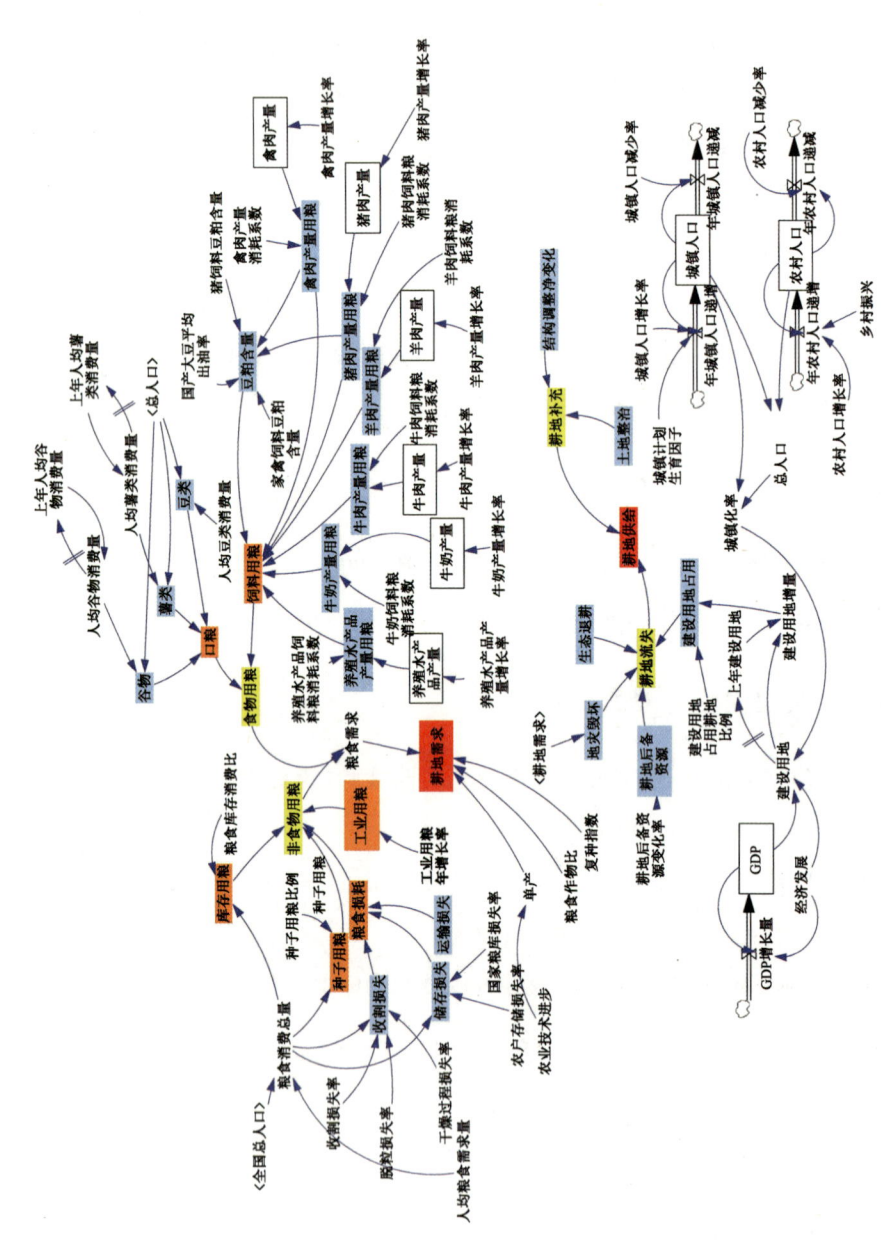

图 4-3 中国耕地供需 SD 系统动力学流图

差分析,一般来说,误差越小越好。本书选取 2000—2020 年共 21 年的数据进行检验。从历史检验结果看(表 4-2),系统模拟结果与实际数据拟合较好,平均误差在 10% 以内,模型具有良好的强壮性,说明所建系统动力学模型的模拟结果是有效的,可以进行实际仿真运行。

表 4-2 历史性检验

年份	城镇化水平			总人口			城镇人口		
	模拟值(%)	实际值(%)	误差率(%)	模拟值(万人)	实际值(万人)	误差率(%)	模拟值(万人)	实际值(万人)	误差率(%)
2000	36.22	36.22	0.000	126 743	126 743	0.000	45 906	45 906	0.000
2001	37.49	37.66	0.451	126 786	127 627	0.659	47 532	48 064	1.107
2002	38.78	39.09	0.793	126 917	128 453	1.196	49 217	50 212	1.982
2003	40.08	40.53	1.110	127 138	129 227	1.617	50 961	52 376	2.702
2004	41.40	41.76	0.862	127 451	129 988	1.952	52 767	54 283	2.793
2005	42.73	42.99	0.605	127 857	130 756	2.217	54 637	56 212	2.802
2006	44.08	44.34	0.586	128 359	131 448	2.350	56 574	58 288	2.941
2007	45.43	45.89	1.002	128 957	132 129	2.401	58 579	60 633	3.388
2008	46.78	46.99	0.447	129 653	132 802	2.371	60 655	62 403	2.801
2009	48.14	48.34	0.414	130 451	133 450	2.247	62 805	64 512	2.646
2010	49.51	49.95	0.881	131 351	134 091	2.043	65 030	66 978	2.908
2011	50.87	51.27	0.780	132 355	134 735	1.766	67 335	69 079	2.525
2012	52.24	52.57	0.628	133 467	135 404	1.431	69 721	71 182	2.052
2013	53.60	53.73	0.242	134 689	136 072	1.016	72 192	73 111	1.257
2014	54.96	54.77	0.347	136 022	136 782	0.556	74 751	74 916	0.220
2015	56.30	56.10	0.357	137 471	137 462	0.007	77 400	77 116	0.368
2016	57.64	57.35	0.506	139 036	138 271	0.553	80 143	79 298	1.066
2017	58.97	58.52	0.769	140 722	139 008	1.233	82 983	81 347	2.011
2018	60.25	61.50	2.033	141 359	140 541	0.582	85 168	86 433	1.463
2019	62.01	62.71	1.116	142 558	141 008	1.099	88 399	88 426	0.031
2020	63.81	63.89	0.125	144 082	141 212	2.032	91 936	90 220	1.902
平均误差率(%)			0.669			1.397			1.855

年份	乡村人口			GDP			谷物		
	模拟值（万人）	实际值（万人）	误差率（%）	模拟值（亿元）	实际值（亿元）	误差率（%）	模拟值（万吨）	实际值（万吨）	误差率（%）
2000	80 837	80 837	0.000	99 066	99 066	0.000	41 294	40 522	1.905
2001	79 252	79 563	0.391	112 182	109 276	2.659	42 097	39 648	6.177
2002	77 699	78 241	0.693	127 035	120 480	5.441	42 945	39 799	7.905
2003	76 176	76 851	0.878	143 855	136 576	5.330	43 842	37 429	17.134
2004	74 683	75 705	1.350	162 901	161 415	0.921	44 789	41 157	8.825
2005	73 219	74 544	1.777	184 469	185 999	0.823	45 790	42 776	7.046
2006	71 784	73 160	1.881	208 893	219 029	4.628	46 847	45 099	3.876
2007	70 377	71 496	1.565	236 551	270 844	12.662	47 965	45 963	4.356
2008	68 998	70 399	1.990	267 870	321 501	16.681	49 145	48 569	1.186
2009	67 645	68 938	1.876	303 336	348 499	12.959	50 391	49 243	2.331
2010	66 319	67 113	1.183	343 498	411 265	16.478	51 708	51 197	0.998
2011	65 019	65 656	0.970	388 977	484 753	19.758	53 099	54 062	1.781
2012	63 745	64 222	0.743	440 477	539 117	18.297	54 568	56 659	3.690
2013	62 496	62 961	0.739	498 796	590 422	15.519	56 119	58 650	4.315
2014	61 271	61 866	0.962	564 837	644 791	12.400	57 757	59 602	3.096
2015	60 070	60 346	0.457	639 621	686 450	6.822	59 487	61 818	3.771
2016	58 892	58 973	0.137	724 307	740 599	2.200	61 314	61 667	0.572
2017	57 738	57 661	0.134	820 206	824 828	0.560	63 242	61 521	2.797
2018	56 191	54 108	3.850	928 801	919 281	1.036	65 956	61 004	8.118
2019	54 159	52 582	2.999	1 051 770	986 515	6.615	68 139	61 370	11.030
2020	52 146	50 992	2.262	1 091 030	1 015 986	7.386	70 442	61 674	14.216
平均误差率（%）			1.278			8.056			5.482

年份	薯类			豆类(不含豆粕)			猪肉产量		
	模拟值(万吨)	实际值(万吨)	误差率(%)	模拟值(万吨)	实际值(万吨)	误差率(%)	模拟值(万吨)	实际值(万吨)	误差率(%)
2000	3 610	3 685	2.035	1 977	2 010	1.642	4 031	4 031	0.000
2001	3 538	3 563	0.702	1 978	2 053	3.653	4 110	4 185	1.792
2002	3 469	3 666	5.374	1 980	2 241	11.647	4 190	4 327	3.166
2003	3 405	3 513	3.074	1 983	2 128	6.814	4 272	4 519	5.466
2004	3 344	3 558	6.015	1 988	2 232	10.932	4 355	4 702	7.380
2005	3 286	3 469	5.275	1 995	2 158	7.553	4 440	4 555	2.525
2006	3 232	2 701	19.659	2 002	2 004	0.100	4 527	4 650	2.645
2007	3 182	2 742	16.047	2 012	1 709	17.730	4 615	4 308	7.126
2008	3 134	2 843	10.236	2 023	2 022	0.049	4 705	4 682	0.491
2009	3 089	2 793	10.598	2 035	1 905	6.824	4 797	4 933	2.757
2010	3 047	2 843	7.176	1 576	1 872	15.812	4 890	5 138	4.827
2011	3 008	2 924	2.873	1 588	1 863	14.761	4 986	5 132	2.845
2012	2 972	2 883	3.087	1 602	1 681	4.700	5 083	5 444	6.631
2013	2 938	2 855	2.907	1 616	1 542	4.799	5 182	5 619	7.777
2014	2 907	2 799	3.859	1 632	1 565	4.281	5 283	5 821	9.242
2015	2 878	2 729	5.460	1 650	1 513	9.055	5 386	5 645	4.588
2016	2 852	2 726	4.622	1 668	1 651	1.030	5 491	5 426	1.198
2017	2 828	2 799	1.036	1 689	1 842	8.306	5 598	5 452	2.678
2018	2 816	2 865	1.725	1 806	1 920	5.961	5 421	5 404	0.322
2019	2 790	2 883	3.229	2 028	2 132	4.868	4 267	4 255	0.268
2020	2 783	2 987	6.836	2 152	2 288	5.929	4 043	4 113	1.702
平均误差率(%)			5.801			6.974			3.592

年份	牛肉			羊肉			牛奶		
	模拟值（万吨）	实际值（万吨）	误差率（%）	模拟值（万吨）	实际值（万吨）	误差率（%）	模拟值（万吨）	实际值（万吨）	误差率（%）
2000	533	533	0.000	274	274	0.000	827	827	0.000
2001	546	549	0.546	283	293	3.413	1 038	1 026	1.170
2002	559	585	4.444	293	317	7.571	1 301	1 300	0.077
2003	572	630	9.206	303	357	15.126	1 632	1 746	6.529
2004	586	676	13.314	314	399	21.303	2 046	2261	9.509
2005	600	568	5.634	324	350	7.429	2 566	2 753	6.793
2006	614	590	4.068	336	368	8.696	3 217	2 945	9.236
2007	629	626	0.479	347	386	10.104	3 221	2 947	9.298
2008	644	618	4.207	359	393	8.651	3 225	3 011	7.107
2009	644	626	2.875	371	399	7.018	3 229	2 995	7.813
2010	644	629	2.385	384	406	5.419	3 233	3 039	6.384
2011	645	611	5.565	397	398	0.251	3 237	3 110	4.084
2012	645	615	4.878	411	405	1.481	3 241	3 175	2.079
2013	645	613	5.220	425	410	3.659	3 244	3 001	8.097
2014	645	616	4.708	440	428	2.804	3 248	3 160	2.785
2015	645	617	4.538	455	440	3.409	3 252	3 180	2.264
2016	645	617	4.538	471	460	2.391	3 256	3 064	6.266
2017	645	635	1.575	487	471	3.397	3 260	3 039	7.272
2018	652	644	1.227	504	475	6.083	3 264	3 075	6.160
2019	660	667	1.094	521	488	6.872	3 268	3 201	2.087
2020	669	672	0.506	539	492	9.486	3 272	3 440	4.886
平均误差率（%）			3.857			6.408			5.233

4.3 中国耕地供需 SD 模型模拟

本研究主要从土地的需求和供给两个角度分析耕地的保有量情况,其中需求端中,主要计算耕地的必保量、应保量、可保量,同时比较耕地供给量的情况。本研究对耕地的必保量、应保量、可保量的计算如下:

耕地必保量＝食物用粮/(1.2 复种指数×单产×0.68 粮食作物比)×100%自给率

耕地应保量＝食物用粮/(1.1 复种指数×单产×粮食作物比年均下降0.06%)×100%自给率

耕地可保量＝粮食总需求/(1.1 复种指数×单产×粮食作物比年均下降0.06%)×80%自给率

由于上文提到人口、社会经济等因素通过食物需求直接或间接对耕地的需求和供给产生影响,因此,主要通过人口、经济变化等要素来探讨未来中长期内中国耕地的供需情况[1][2]。

4.3.1 系统模拟参数设置

(1) GDP 增长率

经济增长是城镇化水平提高的基础,城镇化与经济增长之间的关系历来是研究的重点和热点话题[3]。顾朝林等[4]研究结果表明 GDP 增长率是影响中国城镇化发展的重要因素,而关于中国未来各时期的经济增长速度,国内学者

---

[1] Wu Y, Shan L, Guo Z, et al. Cultivated land protection policies in China facing 2030: Dynamic balance system versus basic farmland zoning[J]. Habitat international, 2017, 69: 126-138.

[2] Zhou Y, Li X, Liu Y. Cultivated land protection and rational use in China[J]. Land use policy, 2021, 106: 105454.

[3] 李小云,杨宇,刘毅,等. 中国人地关系的系统结构及 2050 年趋势模拟[J]. 地理科学,2021,41(2):187-197.

[4] 顾朝林,管卫华,刘合林. 中国城镇化 2050:SD 模型和过程模拟[J]. 中国科学,2017,47(7):818-832.

的共同观点是预计 GDP 增长率今后将不会超过 8%。因此,参照有关研究,将 GDP 增长率设置为高、中、低三种方案,依次在 8% 的基础上降低 0.5%,即 8%、7.5%、7%。

(2) 计划生育政策

原国家人口计生委统计资料表明,2011 年之前,"一孩半"政策覆盖 53.6% 的人口,"二孩"政策覆盖 9.7% 的人口。单独二孩与全面二孩政策的实施,将会在一定程度上缓解劳动力问题,同时也会对城市和农村的计划生育影响因子的作用发生变化。因此,本书利用 1998 年以来历年《中国人口统计年鉴》和《中国人口和就业统计年鉴》,得到 1998 年以来一孩、二孩和三孩及以上数据,计算出中国计划生育政策对城镇化影响系数,结果为:在城市地区,2 孩政策的影响因子平均为 1.81,1.5 孩政策影响因子平均为 1.31;在农村地区,2 孩政策影响因子平均为 1.44,1.5 孩政策影响因子平均为 0.94。根据联合国发布的《世界人口展望 2022》的预测,2050 年中国的总和生育率(TFR)将下降至 1.39,总人口将下降到 13.17 亿人。

表 4-3 关键参数设置方案

	高方案	中方案	低方案
生育参数	全面 2 孩	1.5 孩	低生育率
GDP 增长率	8%	7.5%	7%

4.3.2 情景模拟

以 2020 年为起始年份,则相关状态变量的起始值为 2020 年的相应值,运用中国耕地供需系统动力学模型基于不同人口政策、GDP 增长趋势对 2020—2050 年中国城镇化进行情景预测,进而分析不同政策条件下到 2050 年中国耕地的供需情况。共有 8 个方案①。

---

① 即(1) 2020 年前人口增长及经济发展趋势;(2) 全面二孩人口目标,经济较快增长;(3) 全面二孩人口目标,经济中速增长;(4) 全面二孩人口目标,经济低速增长;(5) 达成 1.5 孩人口目标,经济较快增长;(6) 达成 1.5 孩人口目标,经济中速增长;(7) 达成 1.5 孩人口目标,经济低速增长;(8) 低生育率,经济中速增长。

分别将8种方案下2050年的耕地供需情况进行汇总,如下表所示,可以发现,到2050年,耕地的必保量介于12.37亿~14.87亿亩,应保量介于16.37亿~20.28亿亩,可保量介于18.39亿~22.09亿亩,耕地的供给量为17.31亿~19.45亿亩。

表4-4 2050年八种方案情景模拟下的耕地供给量及需求量SD模型预测结果(亿亩)

方案	需求端			供给端
	必保量	应保量	可保量	
	满足基本食物需求下限	满足基本食物需求上限	全口径粮食需求上限平均×0.8	
1	14.80	18.04	21.17	19.45
2	14.87	16.37	22.09	17.51
3	14.87	20.28	21.94	17.43
4	14.87	20.28	21.94	17.35
5	13.35	18.20	19.85	17.47
6	13.35	18.20	19.85	17.38
7	13.35	18.20	19.85	17.31
8	12.37	16.87	18.39	17.39

第 5 章 / 气候变化对中国耕地空间影响

多方证据表明全球正经历着气候变暖的事实,而这一变化也对我国国土空间的开发和利用产生着深远的影响。由于我国地大物博,气候变暖对我国年均气温、降水、光照和积温等气候要素的影响存在差异性特征,而这些差异性的变化也将影响着我国的气候生产潜力,对于我国的农业生产和耕地利用将产生重要的影响。为了应对和适应气候变化的影响,理应采取差别化和战略性的耕地保护应对措施与方案。IPCC 最新出版的《全球 1.5 ℃增暖特别报告》中指出,全球升温 2 ℃的真实影响将比预测中的更为严重,而全球升温 1.5 ℃以内则能避免大量由气候变化带来的损失与风险。因此,如果不建立气候适应能力,预计随着气温上升和变得更加极端,全球粮食安全问题将进一步加重。农产品区域是对气候变化最敏感和最脆弱的区域,气候变化会改变温度、降水等农作物生长环境,加剧农作物产量波动,引发"粮食安全"忧患[①]。

---

① 尹朝静,李谷成,高雪.气候变化对中国粮食产量的影响——基于省级面板数据的实证[J].干旱区资源与环境,2016,30(6):89-94.

5.1 气候变化对中国耕地空间影响的主要观点

5.1.1 平均降水量存在区域差异,西部干旱和半干旱地区降水量持续增加

近百年全国平均年降水量均未见显著的趋势性变化,但具有明显的区域分布差异[①]。东部季风区出现"南涝北旱"的降水异常,而西部干旱和半干旱地区近30年在变湿,降水呈持续增加趋势。

中国相对湿度区域变化,在秦岭淮河一线以北变化明显,主要以相对湿度减小为主;秦淮以南相对湿度变化在区域上表现不明显;从季节分析看,夏季变化幅度不大,其他三个季节变化幅度大,特别是冬季变化幅度最大;从区域看,青藏高原、东北和华北变化显著。

到21世纪末,全国降水平均增幅为2%～5%,北方降水可能增加5%～15%,华南降水变化不显著。在CO_2浓度增加一倍时,东北地区夏季降水可能增加,华北地区冬季降水则可能减少。

5.1.2 北方的干旱和半干旱区沙漠化将加剧

在CO_2浓度增加一倍时,由于气候变暖,土壤水分蒸发量增加,全国土壤水分减少2.4%～2.9%。在中纬度地区,雨量有所增加,但由于温度高,蒸发量大,积雪融化提前,雨季也提前,故夏季将更干旱,我国沙漠化趋势会进一步增加[②]。

2000年以来,我国土地荒漠化退化区域面积约$20.74×10^4$平方公里,占国土总面积的2.16%。过去几十年湿地面积变化具有显著的区域差异,青藏高原和西北扩大,东部缩小并且退化。未来气候对湿地将主要是负面的影响。

[①] 苑全治,刘映刚,陈力.气候变化下陆地生态系统的脆弱性研究进展[J].中国人口·资源与环境,2016,26(S1):198-201.

[②] 王铮,郑一萍.全球变化对中国粮食安全的影响分析[J].地理研究,2001(3):282-289.

5.1.3 全球变化将影响我国种植制度和种植格局

气候变暖使东北地区和水田区粮食增产。 气候变暖使东北地区作物生长季节延长，引进中晚熟高产大豆、玉米等品种成为可能，低温冷害和霜冻发生频率减少，对粮食生产具有正面影响。同时，东北地区水稻生长期内光、热资源同步，且昼夜温差较大，为东北水稻发挥高产优质潜力提供了机遇。[①]《IPCC第四份评估报告》研究表明，农作物都将因气温和降雨变化而增产。中国作为世界最大的稻米和小麦生产国，中国的农作物可能将增产20%。农业生产潜力增加的地区则主要位于长江中下游和华北平原南部等地。[②]

气候变暖使西北地区和旱作区粮食减产。 气候变暖使西北地区东部降水量持续偏少、蒸发量加大、大面积干旱事件频繁发生，导致部分地区粮食作物大幅减产。[③] 在农业旱作区，气候变暖对种植制度、作物布局调整的有利影响在很大程度上受到了降水条件的制约。[④] 如气候变暖虽使绿洲灌溉区作物产量提高10%～20%，却使旱作区雨养作物产量减少10%～20%。[⑤] 而对华北、西南、西北地区来讲，气候变化对作物产量有抑制作用，但对东南和中南地区没有显著影响。[⑥] 1980—2008年气候总体变化趋势，包括气温、降水、太阳辐射等，导致小麦、玉米和大豆产量分别降低了1.27%、1.73%和0.41%，而

[①] 孙华，何茂萍，胡明成.全球变化背景下气候变暖对中国农业生产的影响[J].中国农业资源与区划，2015,36(7):51-57.

[②] 钟章奇，王铮，夏海斌，等.全球气候变化下中国农业生产潜力的空间演变[J].自然资源学报，2015(12):2018-2032.

[③] 刘德祥，董安祥，邓振镛.中国西北地区气候变暖对农业的影响[J].自然灾害学报，2005,20(1):119-125.

[④] 孙华，何茂萍，胡明成.全球变化背景下气候变暖对中国农业生产的影响[J].中国农业资源与区划，2015,36(2):51-57.

[⑤] 张强，邓振镛，赵映东，等.全球气候变化对我国西北地区农业的影响[J].生态学报，2008,28(3):1210-1218.

[⑥] 戴声佩，李海亮，海清，等.全球气候变暖背景下华南地区农业气候资源时空变化特征[J].中国农业资源与区划，2014,35(1):52-60.

水稻增加了 0.56%。[①] 20 世纪 80 年代以来,我国农业生产潜力减少的区域主要集中在胡焕庸线以东的地区,其中四川盆地和华北平原中部等地区的农业生产潜力减少最为明显,约在 4% 以上,而水分有效系数的下降是其农业生产潜力减少的主要因素。[②]

气候变暖影响了种植格局。1990—2010 年,中国粮食生产中心由 800 mm 以上雨量带向 400~800 mm 雨量带偏移,由亚热带向中温带和暖温带转移,并逐渐向平原地区集中。[③] 中国粮食生产格局变化不利于水热资源的高效利用,但有利于发展机械耕作,从而提高劳动生产率。应对格局变化,中国粮食生产应进一步提高水资源保障能力和防灾减灾能力。气候变暖造成了全国种植制度界限不同程度北移、冬小麦和双季稻种植边界北移,熟制的变化可能使种植制度界限变化区域的粮食单产增加。然而降水量的减少造成了雨养冬小麦—夏玉米稳产边界向东南方向移动。[④]

未来受全球变化的影响,在保持人民消费水平持续增长的条件下,中国未来粮食生产有可能不能满足需求增长的要求,存在 7%~8% 的粮食缺口。[⑤] 2041—2060 年我国农业生产潜力减少的区域可能主要位于长江以南以及青海中部地区,其中四川盆地和湖北中南部等地的农业生产潜力下降趋势最为明显,因而这也可能会对这些地区的平均粮食产量造成一定程度的下降。[⑥] 东北地区温度增幅在 3.89 ℃的情景下,东北粮食主产区的玉米光温生产潜力可增加 217.6 kg/hm², 大豆光温生产潜力可增加 72.6 kg/hm², 可使农用地等别

[①] Tao F, Zhang S, Zhang Z. Spatiotemporal changes of wheat phenology in China under the effects of temperature, day length and cultivar thermal characteristics [J]. European journal of agronomy, 2012, 43: 201-212.

[②⑥] 钟章奇,王铮,夏海斌,等. 全球气候变化下中国农业生产潜力的空间演变[J]. 自然资源学报, 2015(12): 2018-2032.

[③] 徐海亚,朱会义. 基于自然地理分区的 1990—2010 年中国粮食生产格局变化[J]. 地理学报, 2015, 70(4): 582-590.

[④] 杨晓光,刘志娟,陈阜. 全球气候变暖对中国种植制度可能影响 I. 气候变暖对中国种植制度北界和粮食产量可能影响的分析[J]. 中国农业科学, 2010, 43(2): 329-336.

[⑤] 王铮,郑一萍. 全球变化对中国粮食安全的影响分析[J]. 地理研究, 2001, 20(3): 281-288.

提高10%左右。[①] 未来(2040—2069年)全球变暖将导致马铃薯产量降低18%~32%[②]，高纬度区域可采取调整播种期、提前播种、种植晚熟品种等应对措施；在低纬度地区所采取的应对措施收效甚微[③]。中国黄土高原马铃薯产量总体呈现下降趋势；未来50年(2011—2060年)，可通过改善灌溉条件，增加马铃薯产量，一定程度上补偿气候变化对马铃薯的负面影响。[④]

未来全球性气候变暖对我国的种植制度将产生明显的影响，预计我国各地的热量资源将有不同程度的增加，使一年二熟、一年三熟的种植北界有所北移，主要农作物的种植范围、产量、质量都会有所变化。东北三省春玉米种植北界明显向北向西移动，春玉米的可能种植面积增加。一方面，全球气候变化将给中国冬小麦生产带来某些不利影响：增温将缩短冬小麦生育期(特别是灌浆期)的长度，使光合时间减少，灌浆不充分；北部和西南冬麦区干旱加剧及长江中下游冬麦区湿害加重均会造成大幅度减产。这种不利影响到2050年前后最为严重。但另一方面，全球气候变化也会给中国冬小麦生产带来一些益处：黄淮平原降水量增加将对冬小麦生产有利，增温还将有利于扩大中国冬小麦的种植面积，特别是CO_2的直接影响可以很大程度地补偿或抵消增温造成的减产。气候变暖将造成中国粮食自给率下降，粮食安全风险增加，其中水资源短缺是农业可持续发展最大的限制因素。

5.1.4　全球变化正在改变国土空间格局

气候变暖改变了气候带的空间边界。 气候变暖后，我国东部亚热带、温带

[①] 云雅如,郑文聚,苏强,等.气候变化敏感区温度因子对农用地等别的影响评价[J].农业工程学报,2008,24(增刊1):113-116.

[②] Hijmas R J. The effect of climate change on global potato production [J]. American journal of potato research, 2003, 80(4): 271-279.

[③] 姚玉璧,杨金虎,肖国举,等.气候变暖对马铃薯生长发育及产量影响研究进展与展望[J].生态环境学报,2017,26(3):538-546.

[④] 王春玲.气候变化对西北半干旱地区马铃薯生产影响的研究[D].南京:南京信息工程大学,2015:141-142.

的界限北移[1]，干湿地区较气候变暖前的分布差异减小[2]；热带北界和亚热带北界在西部丘陵山区北移不明显，主要是向高海拔地区上移，而在东部平原区北移明显；农牧过渡带变暖变干，其边界从西北向东南移[3]。

气候变化改变了水资源空间配置格局。近50年来六大江河的实测径流量大多呈下降趋势。[4] 海河区近20年降水量较以往减少10%，地表水资源量减少达41%，水资源总量减少25%。气候变化导致西北地区蒸发量增加、径流减少，水资源供需矛盾加剧，尤其是黄河上游和西部内陆河蒸发量增大、天然径流量减少。[5] 黄河源区年平均气温的显著上升使年降水量呈微弱增加趋势，年径流量呈微弱减少趋势，两者变化趋势都不显著；未来全球变化条件下黄河源区径流和土壤含水量将有可能呈减少态势，发生干旱的可能性进一步加大，将会对工农牧业生产构成威胁[6]。在以增温为基本特征的全球气候变化影响下，我国北旱南涝的基本降水态势将予维持，水资源需求呈增加趋势，水资源供需矛盾将更趋紧张。[7] Brown 等[8]甚至认为日益严峻的水资源短缺将使中国的粮食进口需求大大增加，导致世界粮食的总进口需求超过其总出口能力，从而影响世界粮食安全。

北方各个沙区对全球变化的响应不尽相同。西部沙区的干旱将加强，沙漠化加剧；东部沙区气温升高、降水减少、湿润度下降幅度最大，暖干化趋势最明显；塔里木沙区气温变化平稳，降水及湿润度略增；其他沙区气温略升，降水

---

[1] 沙万英,邵雪梅,黄玫. 20世纪80年代以来中国的气候变暖及其对自然区域界线的影响[J]. 中国科学(D辑),2002,32(4):317-326.

[2] 赵名茶. 全球气候变化对中国自然环境条件及农业生产潜力的影响[M]. 北京:北京科学技术出版社,1993:195-204.

[3] 崔读昌,王继新. 气候变化对农业气候带和农牧过渡带的影响[M]. 北京:北京科学技术出版社,1993:210-222.

[4][7] 王刚,张诚,程兵芬,等. 变化环境下我国流域水资源管理的若干思考[J]. 水电能源科学,2011,29(12):8-12.

[5] 秦大河. 中国西部环境演变评估综合报告[M]. 北京:科学出版社,2002:30-66.

[6] 金君良,王国庆,刘翠善,等. 黄河源区水文水资源对气候变化的响应[J]. 干旱区资源与环境,2013,27(5):137-143.

[8] Brown L, Halweil B. China's water shortage could shake world food security [J]. World watch, 1998,11(4):1-4.

略减,湿润度略降,呈弱的暖干化趋势。① 与气候变化相对应,我国北方沙区沙漠化土地面积增大,而且沙漠化主要发生在东部沙区。②

气候变暖引起的极端气候使成灾模式趋于多样化和复杂化。气候变化对地质灾害的影响主要表现在对地质灾害形成和诱发条件的改变,尤其是干旱与降雨模式的转变、长时间干旱、集中的高强度降雨以及台风频率和强度的变化。③ 冰川融化、冻土退化引发了一系列山地灾害并给青藏高原的资源环境带来深刻影响。④ 长江及长江以南地区极端降水事件趋于频繁,极端降水也增加了城市内涝的发生概率。⑤⑥ 在一切照旧的温室气体排放情景下,在2070—2100 年,华北平原将多次达到 35 ℃这一临界值(健康的人无法在户外生存超过 6 个小时),热浪将使华北平原不再适合人居住。⑦

5.2 情景模拟下未来各气候要素变化规律及趋势

2015 年 12 月达成的《巴黎协定》中设定了双重目标:本世纪全球平均气温升幅与工业革命前水平相比不超过 2 ℃,同时"尽力"不超过 1.5 ℃。世界气象组织秘书长塔拉斯解释说,1.5 ℃和 2 ℃有很大区别。如果能将气温升高控制在 1.5 摄氏度以内,会比"升温 2 摄氏度"更好地避免一系列生态环境损害。比如,全球缺水人口将减少一半;经常遭遇极端高温天气的人口将减少

---

① 董光荣.气候变化与沙漠化关系的研究[J].干旱区资源与环境,1988,2(1):31-45.
② 尚可政,董光荣,王式功,等.我国北方沙区气候变化对全球变暖的响应[J].中国沙漠,2001,21(4):72-77.
③ 石菊松,吴树仁,张永双,等.应对全球变化的中国地质灾害综合减灾战略研究[J].地质论评,2012,58(2):309-318.
④ 青藏高原冰川冻土变化对区域生态环境影响评估与对策咨询项目组.青藏高原冰川冻土变化对生态环境的影响及应对措施[J].自然杂志,2018,32(1):1-4.
⑤ 翟盘茂,王萃萃,李威.极端降水事件变化的观测研究[J].气候变化研究进展,2007,3(3):144-148.
⑥ 陈峪,陈鲜艳,任国玉.中国主要河流流域极端降水变化特征[J].气候变化研究进展,2010,6(4):265-269.
⑦ Suchul K, Eltahir E A B. North China Plain threatened by deadly heatwaves due to climate change and irrigation [J]. Nature communications, 2018, 9(1):2894.

大约 4.2 亿,遭遇异常高温天气的人口将减少 6 400 万;由高温、雾霾和传染病所导致的患病和死亡人数将下降;海平面将少上升 0.1 米,北冰洋海冰消融会更少;失去栖息地的脊椎动物和植物数量将减少一半;全球大部分珊瑚礁也可以得以幸存、避免灭绝。

本研究将从全球控制增温 1.5 ℃和 2 ℃两种情景探讨气候变化对我国农业生产的影响。全球气候变化已经严重地改变了我国气候的时空格局,导致了我国农业气候资源时空格局的显著变化[1][2]。

全球增温 1.5 ℃情景下,热量资源呈总体增加的趋势,但时空分布不均匀,其中南方地区增加幅度大于北方地区。各区域年降水量呈现出波动性变化,其中西部和华南地区降雨量增加较多,而华北地区降雨量增加较少甚至减少。特别是,降雨量的异常值变化,伴随着气候变化农业气象灾害不断加剧,使得高温、干旱、强降水等极端天气、气候事件日益频发,进一步制约我国农业的气候资源和生产潜力,并加剧了农业生产的不稳定性[3]。

全球增温 2.0 ℃情景下,全国各农业区划内 10 ℃积温增加明显,尤其是东北山地丘陵区、江南丘陵区和华南热作区,热量资源时空分布均匀。与全球增温 1.5 ℃情景不同,我国在全球增温 2.0 ℃情景下区域温度变化差异明显,主要是北方地区增温幅度大于南方地区;我国整体降雨量呈增加的趋势,但仍有部分区域降雨量将减少,如京津冀鲁平原、黄淮海平原和长江中下游地区;全国各农业区有效光照时间整体上也呈上升趋势,光热条件的改善有助于作物的生产潜力的提高。

5.2.1 多种情景下全国及各区域温度变化情况及趋势

我国地域辽阔,地跨众多的温度带和干湿地区,加上我国地形复杂,地势

---

[1] 戴声佩,李海亮,刘海清,等.全球气候变暖背景下华南地区农业气候资源时空变化特征[J].中国农业资源与区划,2014,35(1):52-60.
[2] 刘洋.气候变化背景下我国农业水热资源时空演变格局研究[D].北京:中国农业科学院,2013.
[3] 潘根兴,高民,胡国华,等.气候变化对中国农业生产的影响[J].农业环境科学学报,2011,30(9):1698-1706.

高低悬殊,更增加了我国气候的复杂多样性。我国冬季南北气温差异大,南方温暖,而越往北气温就越低,夏季南北普遍高温。我国气温分布特征为夏季全国普遍高温,南北温差小,而冬季则纬度越高,气温越低,南北温差大。而年均温度仍表现出明显的南北差异特征,受纬度位置的影响较大。整体年均温度较低的区域为内蒙古高原区和东北山地丘陵区,表现为负值;低值中心分布在青藏高原的西北部。整体年均温度较高的区域为东南沿海丘陵区和江南丘陵区,局部的高值中心分布在华南热作区内。

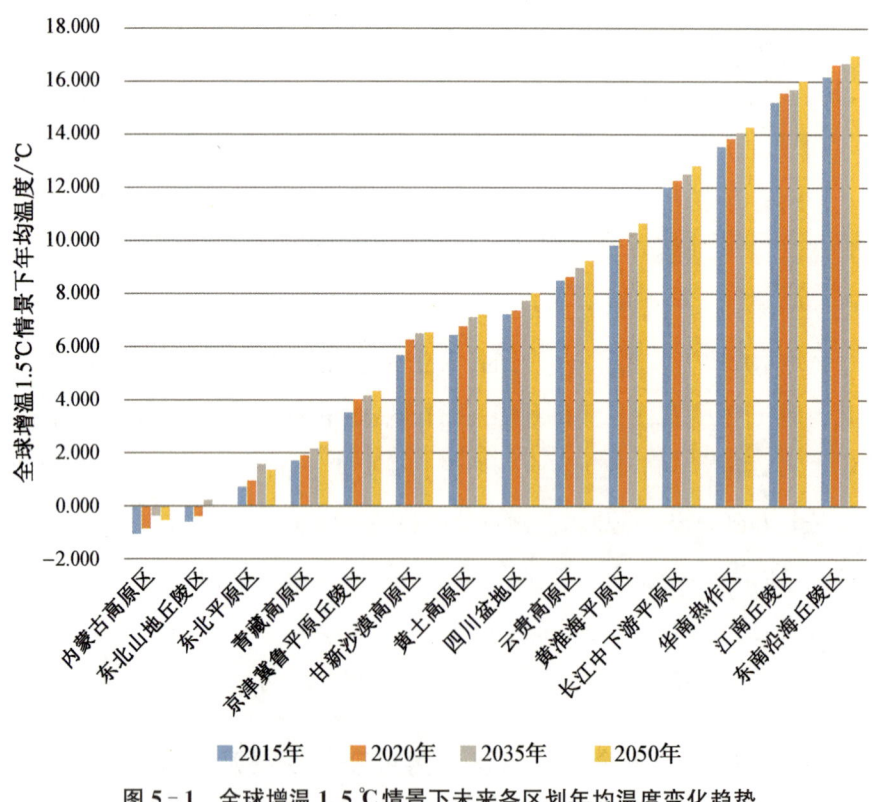

图 5-1 全球增温 1.5 ℃情景下未来各区划年均温度变化趋势

(1) 全球增温 1.5 ℃情景下

2020—2050 年全国各农业区划内年平均温度都呈上升趋势,其中四川盆地区、云贵高原区和黄淮海平原区增温最多,分别达 0.635 ℃、0.597 ℃、0.594 ℃;而京津冀鲁平原丘陵区、内蒙古高原区和甘新沙漠高原区增温幅度较小,分别增温 0.301 ℃、0.302 ℃、0.302 ℃。

2020—2035年，全国各农业区划内年均温度普遍增幅较大，其中东北山地丘陵区和东北平原区年均温度增加达 0.600 ℃，增温幅度较少的区域是东南沿海丘陵区，仅为 0.077 ℃。

2035—2050 年这一阶段，年均温度变化空间分异明显，北部地区包括东北山地丘陵区、东北平原区和内蒙古高原区年均温度都减少，而黄淮海平原和长江中下游平原区域相比于上一阶段，其温度增幅仍有上升。需注意的是东北山地丘陵区和东北平原区的温度变化剧烈，对农作物生长而言，易发生低温和高温气象灾害[①]。

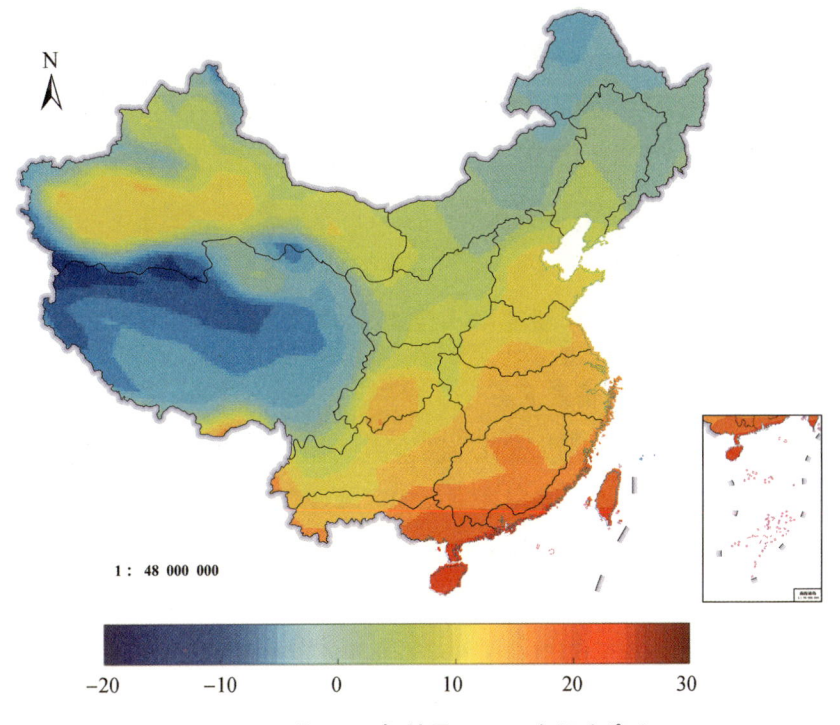

图 5-2 增温 1.5 ℃情景下 2035 年温度(℃)

---

① 程德瑜. 危害积温及其在作物灾害中的应用[J]. 中国农业气象，1988(1)：51-53.

图 5-3 增温 1.5 ℃情景下 2050 年温度(℃)

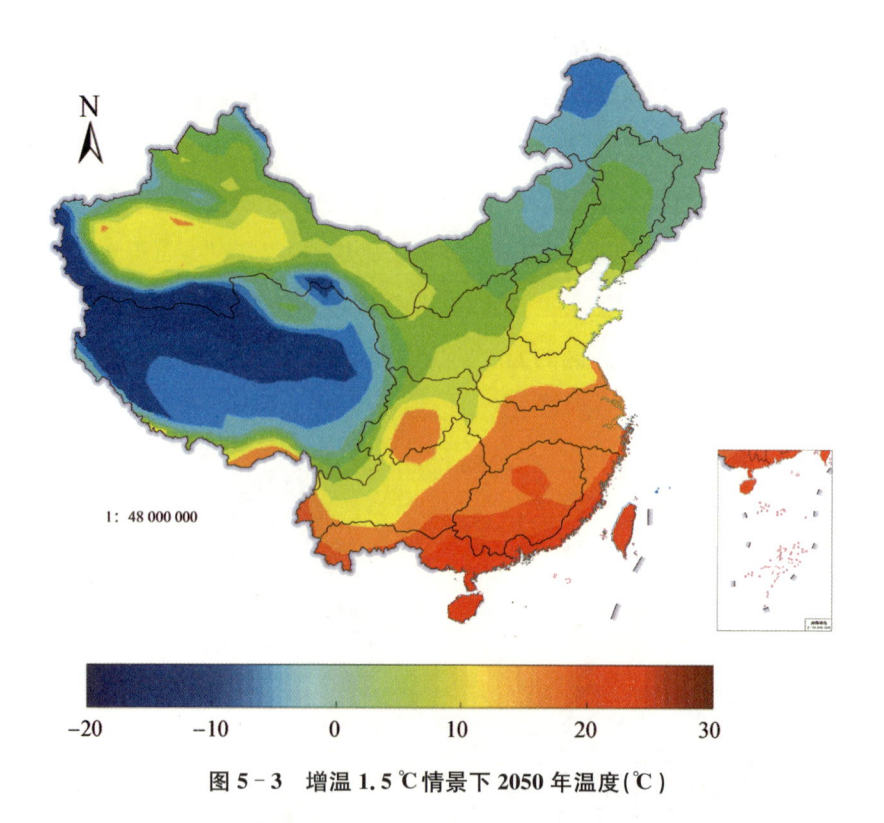

(2) 全球增温 2 ℃情景下

增温 2.0 ℃情景下,温度变化空间特征与 1.5 ℃情景差异较大,各区域年均温度都明显增加,未有年均温度降低的区域,增温最多的区域集中在北方,如东北山地丘陵区、东北平原区和内蒙古高原区,西南地区增温较少。

2020—2050 年,东北山地丘陵区和东北平原区年均温度增加值达 2.0 ℃以上,内蒙古高原区年均温度达 1.98 ℃,接近 2 ℃。而青藏高原区、四川盆地区和云贵高原区增温最少,仅有 0.78 ℃、0.88 ℃、0.96 ℃。

2020—2035 年,增温最多的区域是京津冀鲁平原丘陵区、黄土高原区和黄淮海平原区,这一时段温度升高值在整个时间段内贡献度较大。

2035—2050 年,增温最多的区域集中在东北部的三个农业区划,而四川盆地区和东南沿海丘陵区的年均温度增加较少;大部分农业区的年均温度增幅也较上一阶段明显降低。

第 5 章　气候变化对中国耕地空间影响

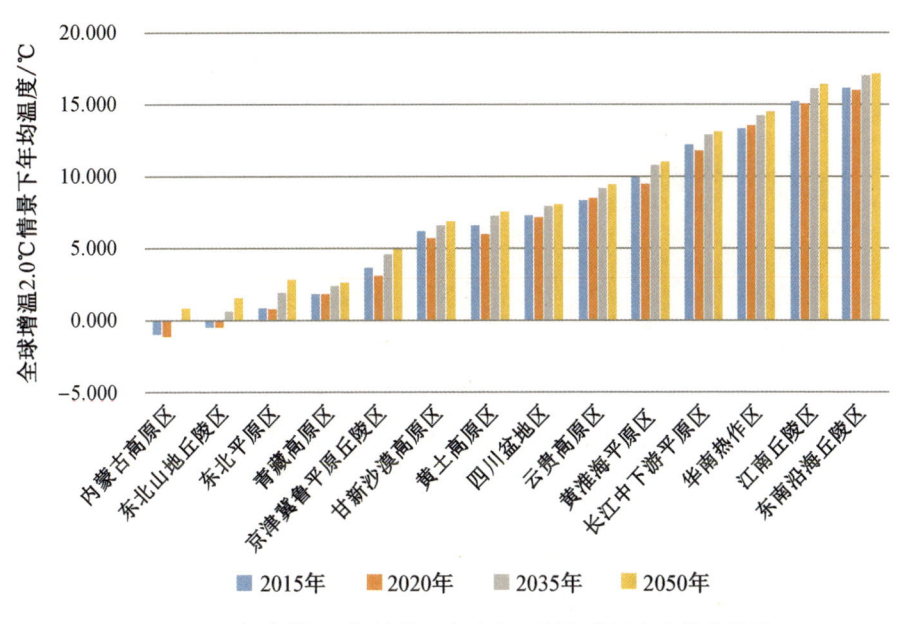

图 5-4　全球增温 2 ℃情景下未来各区划年均温度变化趋势图

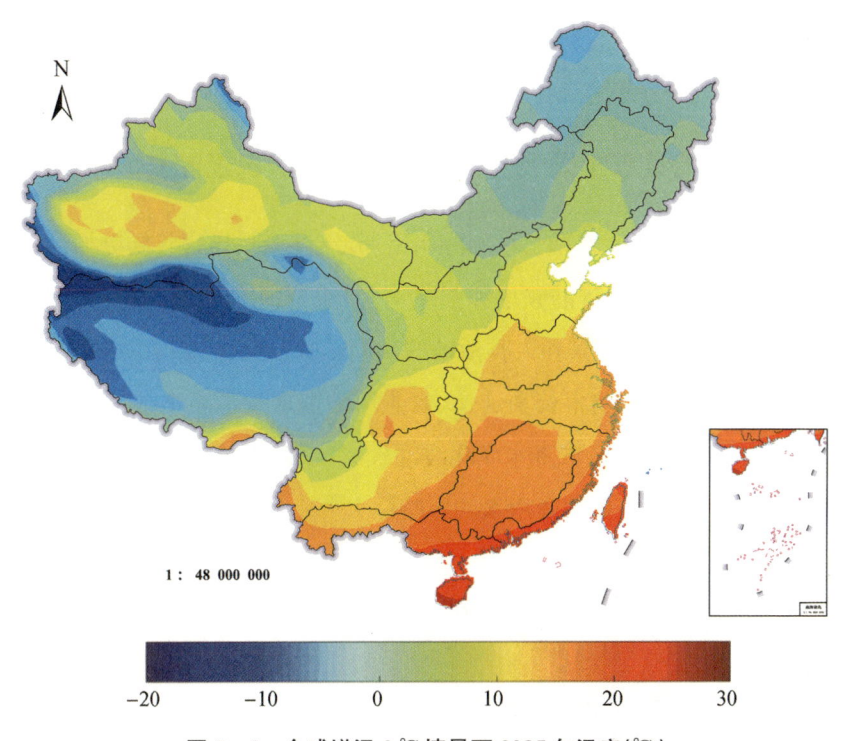

图 5-5　全球增温 2 ℃情景下 2035 年温度（℃）

图 5-6　全球增温 2℃情景下 2050 年温度(℃)

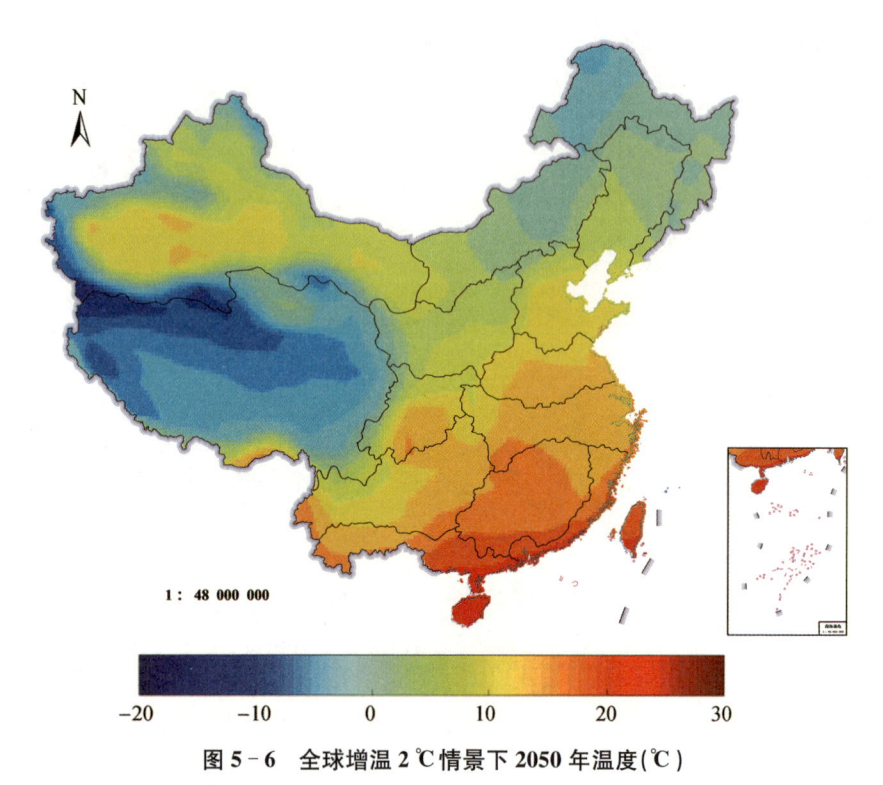

5.2.2　多种情景下全国及各区域降水变化情况及趋势

气候变化将改变区域降水量和降水格局,气候变暖导致气候更加不稳定,旱涝等极端气候事件出现的频率和强度增加,水资源的不稳定性与供需矛盾加剧[1][2]。在暖干气候背景和人类活动的共同影响下,大气降水对湖泊的补给量减少,气候变暖使作物生长季延长,农业用水需求量不断增加,对区域农业用水产生负面影响[3]。区域降水变化波动较大,华北大部、西北东部和东北地区降水量减少,对种植业灌溉用水的影响巨大[4]。

---

[1] 程德瑜. 危害积温及其在作物灾害中的应用[J]. 中国农业气象,1988(1):51-53.
[2] 周波涛,钱进. IPCC AR6 报告解读:极端天气气候事件变化[J]. 气候变化研究进展,2021,17(6):713-718.
[3] 刘兴汉,尤莉,魏煜. 气候变暖对内蒙古生态环境的影响[J]. 内蒙古气象,2003(2):22-24.
[4] 刘彦随,刘玉,郭丽英. 气候变化对中国农业生产的影响及应对策略[J]. 中国生态农业学报,2010,18(4):905-910.

依据历史资料数据,我国年降水量超过 1 600 mm 的地区大多分布在东南沿海地区和华南热作区,800 mm 等降水量线通过秦岭淮河附近至青藏高原东南边缘,400 mm 等降水量线大致通过大兴安岭、兰州等至喜马拉雅山脉东缘。

整体上,我国南部的云贵高原区、华南热作区、江南丘陵区和东南沿海丘陵区的年降水量普遍在 1 200 mm 以上;而甘新沙漠高原区的年降水量介于 200~400 mm,属于极度缺水干旱区;内蒙古高原区和东北山地丘陵区其降水量在 600 mm 上下浮动。

(1) 增温 1.5 ℃情景下

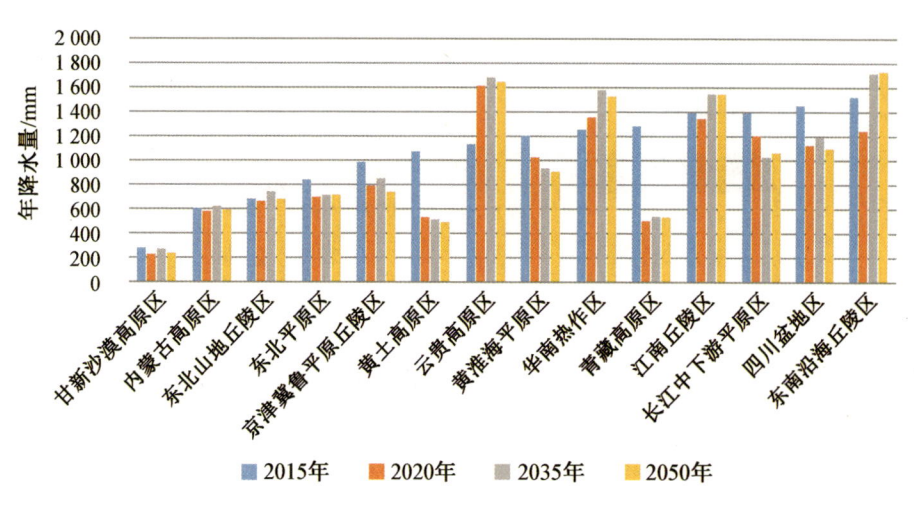

图 5-7 全球增温 1.5 ℃情景下农业区年降水量变化情况

2020—2050 年,中国整体上年降水量增加,而长江中下游平原区、黄淮海平原区、京津冀鲁平原丘陵区、黄土高原区和四川盆地区的年降水量明显减少,变化量分别为 −144.14 mm、−117.71 mm、−55.56 mm、−40.81 mm 和 −22.76 mm。降雨量的明显减少将对这些区域农作物的生长起到恶劣的影响。其中,长江中下游平原区在 2020—2035 年降水量减少最多,达到 −183.75 mm;在 2035—2050 年,京津冀鲁平原丘陵区和四川盆地区年降水量减少较多,达到 −111.96 mm 和 −96.40 mm。

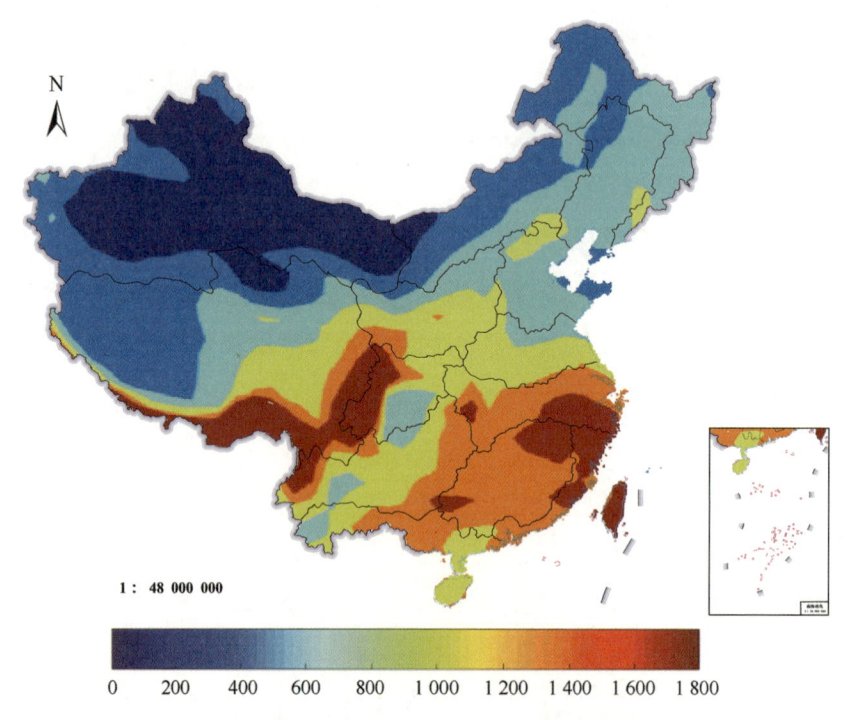

图 5-8　增温 1.5 ℃情景下 2035 年累积降水量(mm)

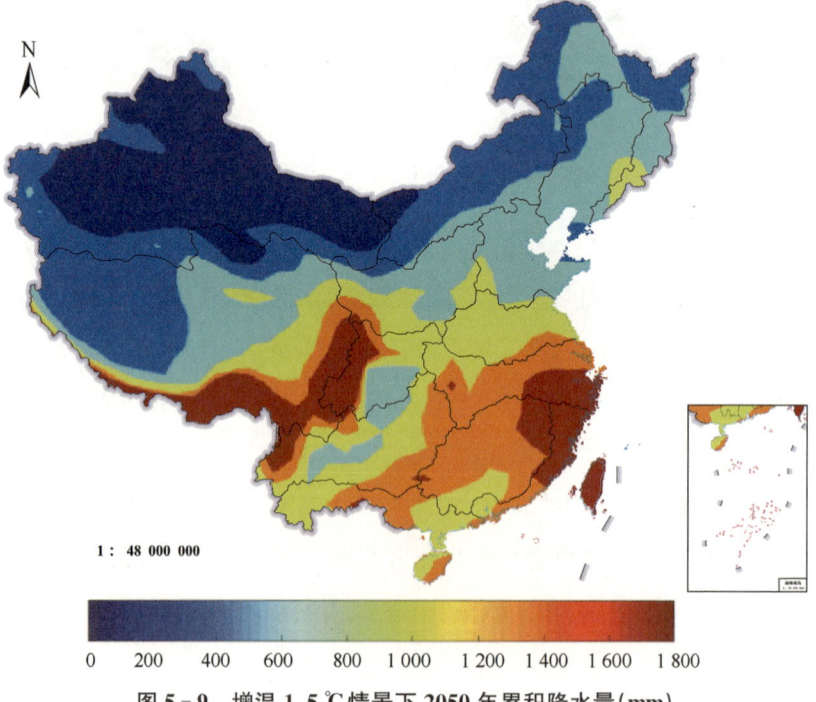

图 5-9　增温 1.5 ℃情景下 2050 年累积降水量(mm)

(2) 增温 2 ℃情景下

在全球增温 2.0 ℃情景下，2020—2050 年中国全域年降水量增加，其中云贵高原区、华南热作区和东北山地丘陵区年降水量增加较多，达到 124.51 mm、119.58 mm、109.72 mm。而江南丘陵区、长江中下游平原区、黄淮海平原区和东南沿海丘陵区的年降水量减少。

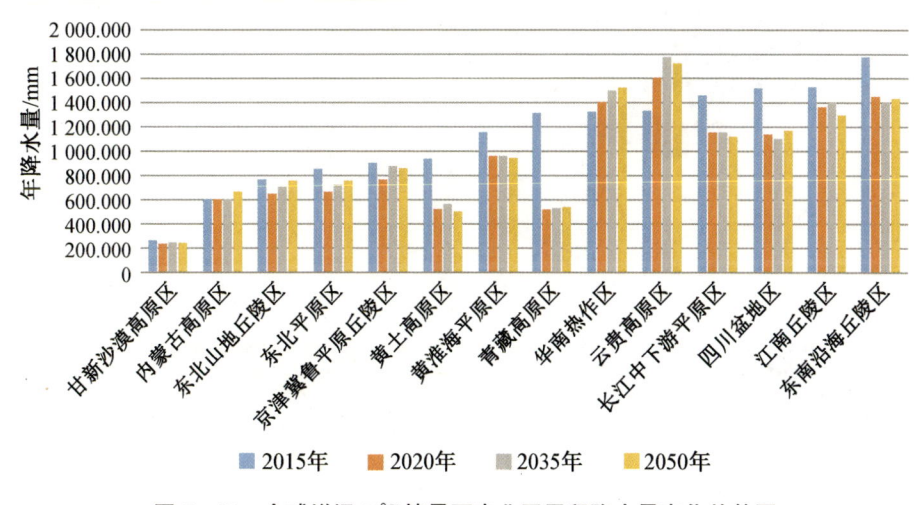

图 5-10　全球增温 2 ℃情景下农业区累积降水量变化趋势图

2020—2035 年，年降水量减少的农业区有东南沿海丘陵区(−32.82 mm)、四川盆地区(−28.97 mm)、黄淮海平原区(−6.04 mm)和长江中下游平原区(−2.14 mm)；2035—2050 年，年降水量明显减少的农业区有江南丘陵区(−117.47 mm)、黄土高原区(−54.79 mm)、云贵高原区(−49.78 mm)、长江中下游平原区(−38.13 mm)、京津冀鲁平原区(−17.70 mm)和黄淮海平原区(−17.66 mm)。

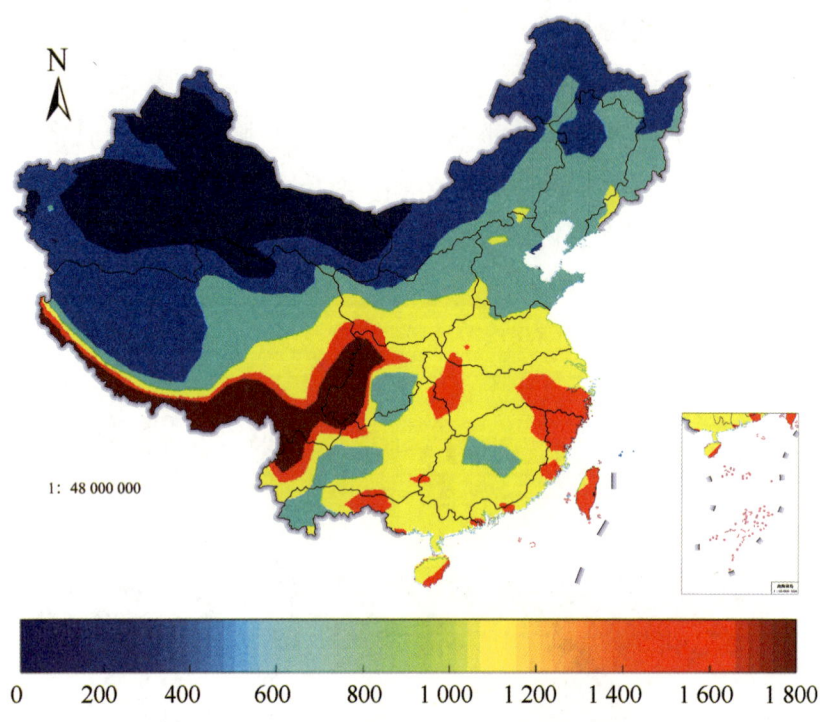

图 5-11 增温 2 ℃情景下 2035 年累积降水量(mm)

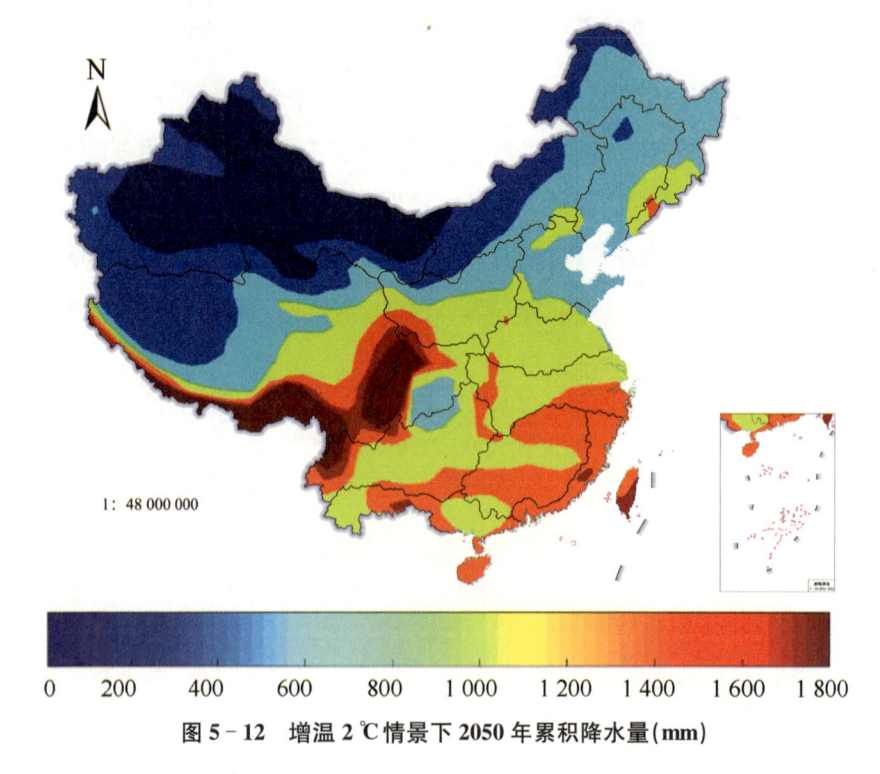

图 5-12 增温 2 ℃情景下 2050 年累积降水量(mm)

5.2.3　多种情景下全国及各区域光照变化情况及趋势

光资源是重要的农业气候资源之一。光以热效应形式给地球创造了生物得以生存的温度环境,光对绿色植物表现出光合效应、形态效应和光周期效应,保障植物正常生长、发育并形成产量[1][2]。

从我国各区域光照时长来看,在我国西部地区由南向北,由青藏高原丰富区向北到甘新沙漠高原区过渡,体现了由于太阳高度的大小关系,光照时长从低纬度向较高纬度递减规律;东部地区从东南沿海地区向内陆地区,光照时长由可利用区向较丰富区和丰富区过渡,这种和经度地带性类似的变化过程,主要是受其他气候气象条件的综合影响;同一纬度地带的青藏高原由于地势较高、空气稀薄,形成了丰富区,而四川盆地由于盆地地形影响,水汽不易散发,空气中含水汽的量多,阴天雾天较多,从而造成日照时间短、日照强度弱,形成了光照贫乏区,低值中心也分布在此区域内[3][4][5]。

(1) 全球增温 1.5℃情景下

中国全域 2020—2050 年,其光照时长均值仍有所增加,但仍有 8 个农业区其光照时长均值减少,其中东北平原区光照时长减少最多(-138.71 h),其次是长江中下游平原(-69.62 h)和甘新沙漠高原区(-64.08 h)。

2020—2035 年,共有 10 个农业区划的光照时长减少,只有华南热作区、云贵高原区的光照时长仍有增加。

2035—2050 年,不同于上一阶段,这一阶段的光照时长普遍增加。

---

[1]　王馥棠,赵宗慈,王石立,等.气候变化对农业生态的影响[M].北京:气象出版社,2003.
[2]　朱静娴.人工补光对植物生长发育的影响[J].作物研究,2012,26(1):74-78.
[3]　沈义.我国太阳能的空间分布及地区开发利用综合潜力评价[D].兰州:兰州大学,2014.
[4]　李立贤.我国的太阳能资源[J].自然资源,1977(1):69-71+73-79.
[5]　陈咸吉,张爱玲,陆龙骅.中国日照类型区划初探[J].气象学报,1984(4):398-406.

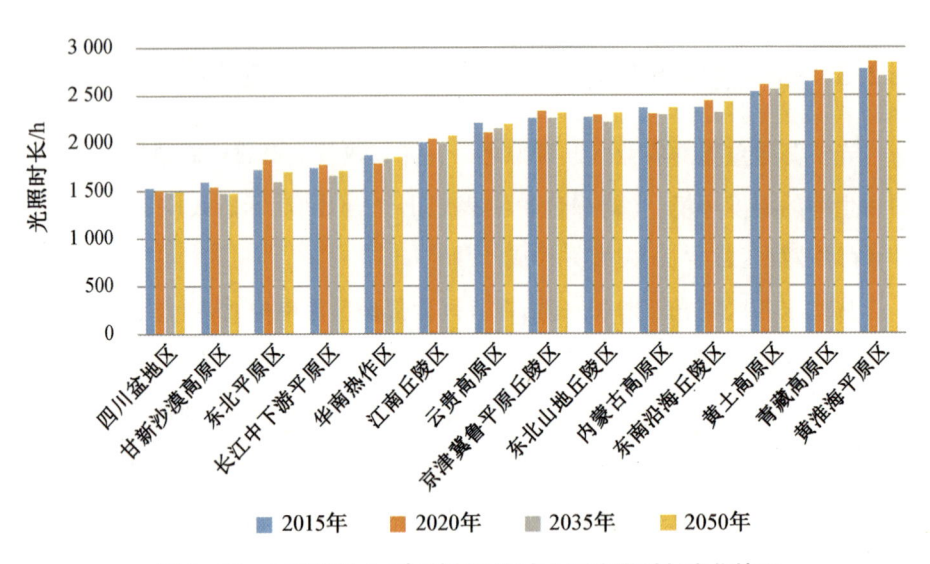

图 5-13　全球增温 1.5℃情景下各农业区光照时长变化情况

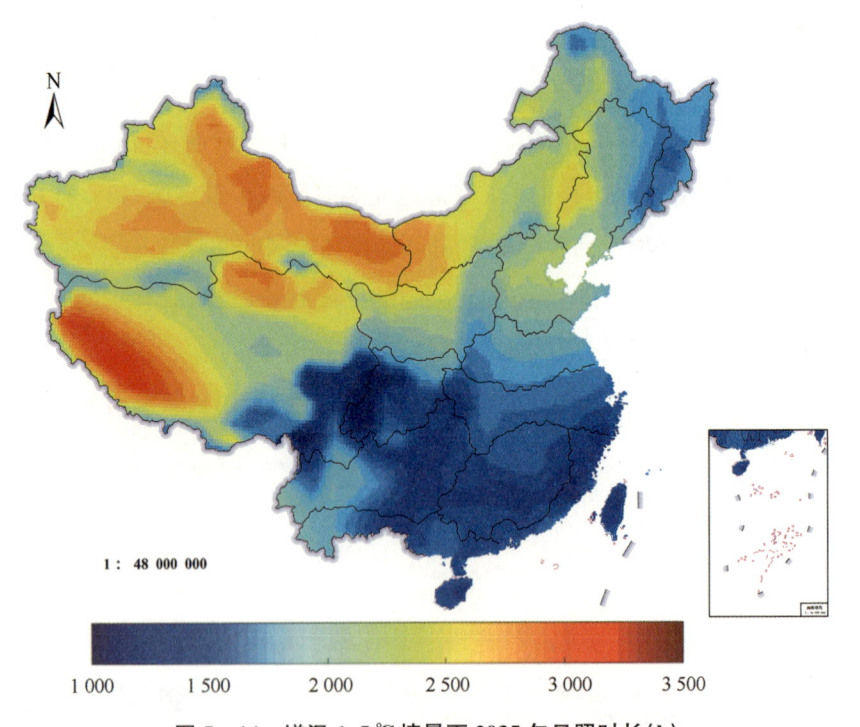

图 5-14　增温 1.5℃情景下 2035 年日照时长(h)

图 5-15　增温 1.5 ℃情景下 2050 年日照时长(h)

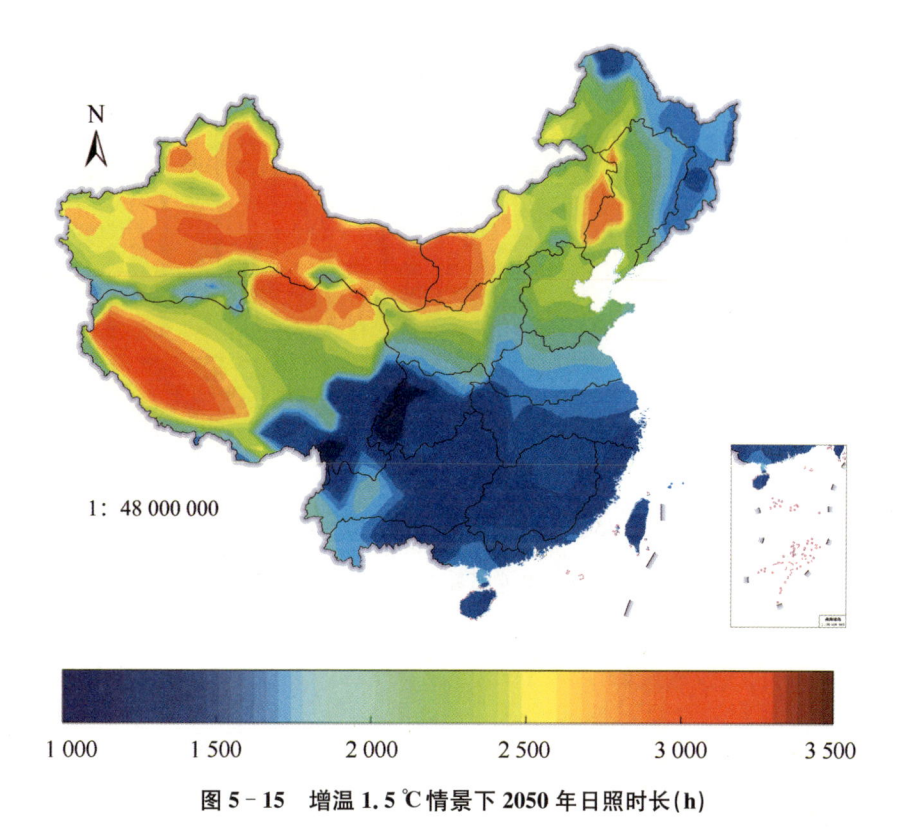

(2) 全球增温 2.0 ℃情景下

全球增温 2.0 ℃情景下，我国各区域光照时长总体上都增加，其中黄淮海平原区和青藏高原区的光照增加幅度最多。而在 2020—2035 年，云贵高原区、东南沿海丘陵区和四川盆地区的光照时长都有所减少。

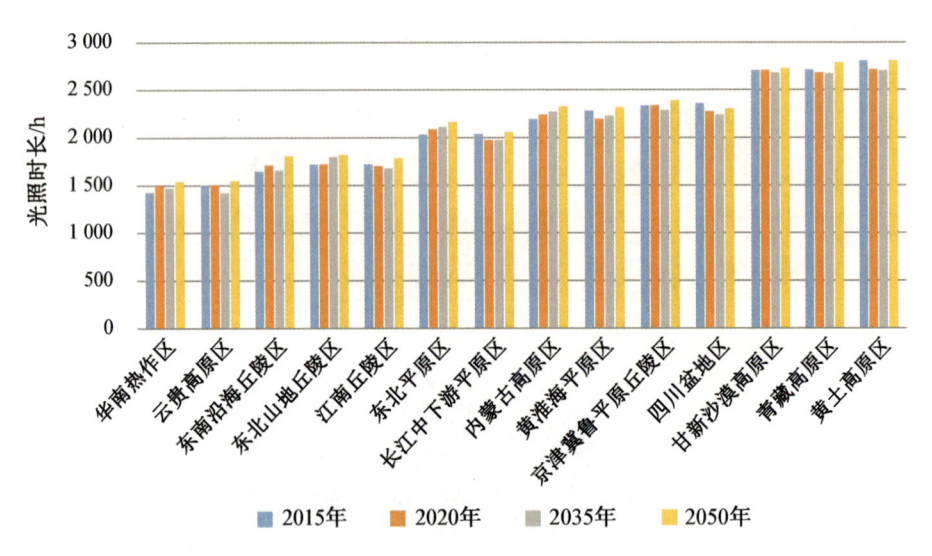

图 5‑16　全球增温 2.0 ℃情景下各农业区光照时长变化情况

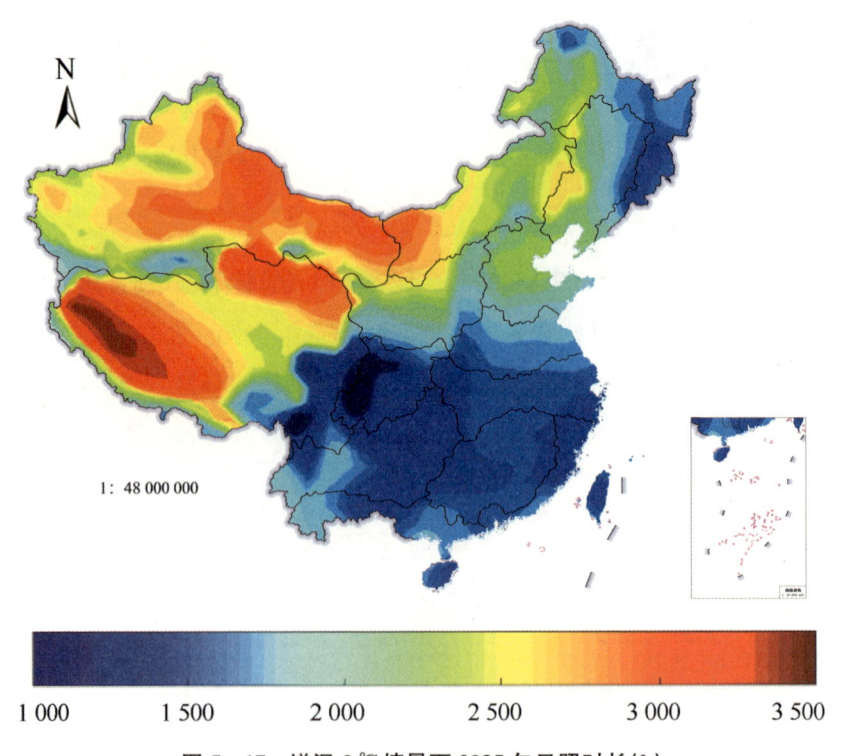

图 5‑17　增温 2 ℃情景下 2035 年日照时长（h）

图 5-18 增温 2℃情景下 2050 年日照时长(h)

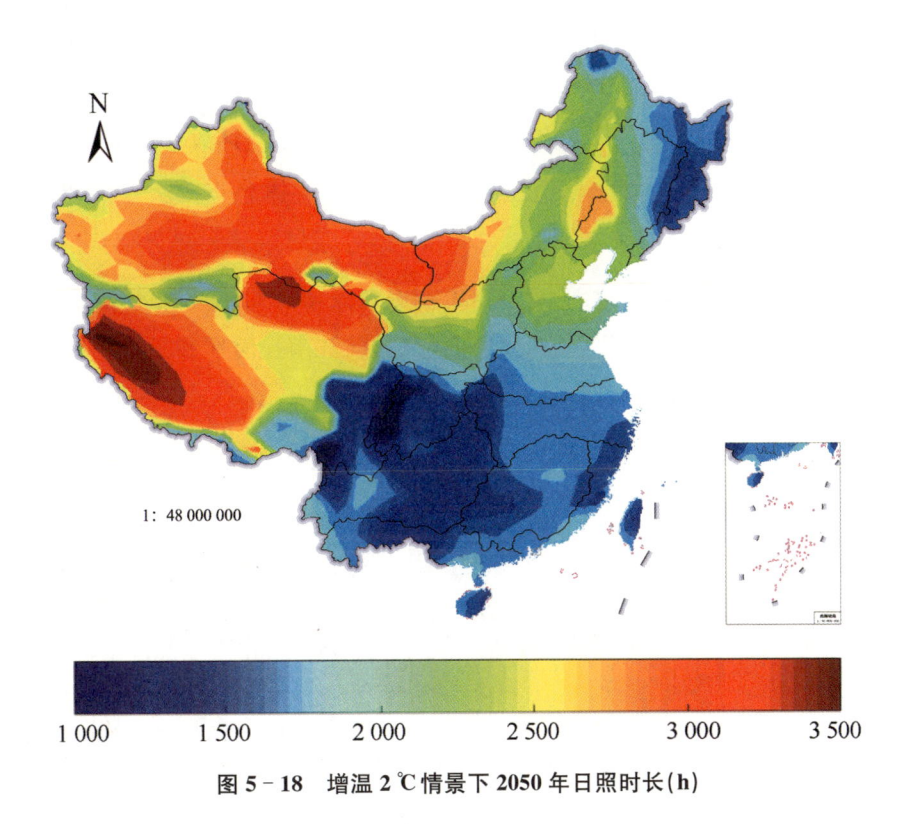

5.2.4 多种情景下全国及各区域 10℃以上积温变化情况及趋势

一定界限温度以上的积温及其持续日数是评价某地区农业热量资源的重要指标之一。一般以日均气温≥10℃的持续时间与积温反映喜温作物的生育期和生长期内的热量状况。喜凉作物如小麦、马铃薯、大麦等所需 10℃以上积温范围是：1 000～2 000℃，而喜温作物如玉米、谷类和大豆等所需 10℃以上积温范围是：＞3 000℃，喜热作物如甘蔗等生长发育所需的积温更多，需>5 000 ℃[1][2][3][4][5][6]。因此气候变化背景下10 ℃以上积温的变化可反映出各地热量状况，并影响农作物的熟制。

10 ℃积温在东部地区和华南热作区，接近东西走向（与纬线平行），主要受纬度（太阳辐射）因素影响；而西部地区的10 ℃等温区域整体上呈东北—西南走向。

(1) 增温1.5 ℃情景下

从整个时间段来看，全国10 ℃以上积温呈波动性变化，但整体上积温还是增加的。其中，华南热作区、东南沿海丘陵区、江南丘陵区和云贵高原区等南方区域的农业区的积温增加较多。

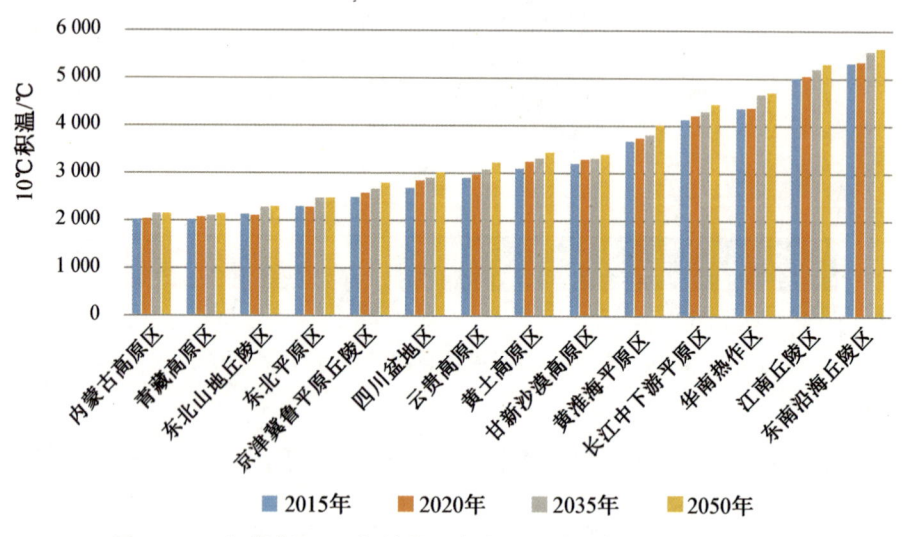

图 5-19 全球增温 1.5 ℃情景下未来各区划 10 ℃积温变化趋势图

---

① 苏李君，刘云鹤，王全九. 基于有效积温的中国水稻生长模型的构建[J]. 农业工程学报，2020，36(1)：162-174.

② 李克南，杨晓光，刘志娟，等. 全球气候变化对中国种植制度可能影响分析Ⅲ. 中国北方地区气候资源变化特征及其对种植制度界限的可能影响[J]. 中国农业科学，2010，43(10)：2088-2097.

③ 赵锦，杨晓光，刘志娟，等. 全球气候变暖对中国种植制度可能影响Ⅱ. 南方地区气候要素变化特征及对种植制度界限可能影响[J]. 中国农业科学，2010，43(9)：1860-1867.

④ Lin W, Tong Y, Han Z, et al. Analysis and assessment of heat resource for winter wheat northward moving during 1961—2001 in Shaanxi Province[J]. Chinese journal of eco-agriculture, 2013, 21(6)：772-778.

⑤ Hou P, Liu Y, Xie R, et al. Temporal and spatial variation in accumulated temperature requirements of maize[J]. Field crops research, 2014, 158：55-64.

⑥ Jenkins P D, Gillison T C, Al - Saidi A S. Temperature accumulation and physiological ageing of seed potato tubers[J]. Annals of applied biology, 1993, 122(2)：345-356.

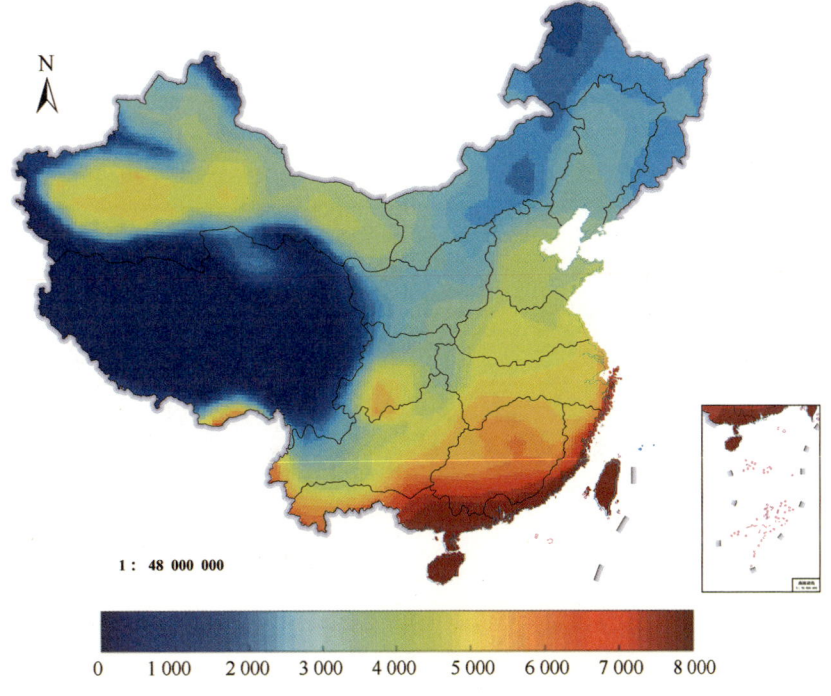

图 5-20　增温 1.5℃情景下 2035 年 10℃以上积温(℃)

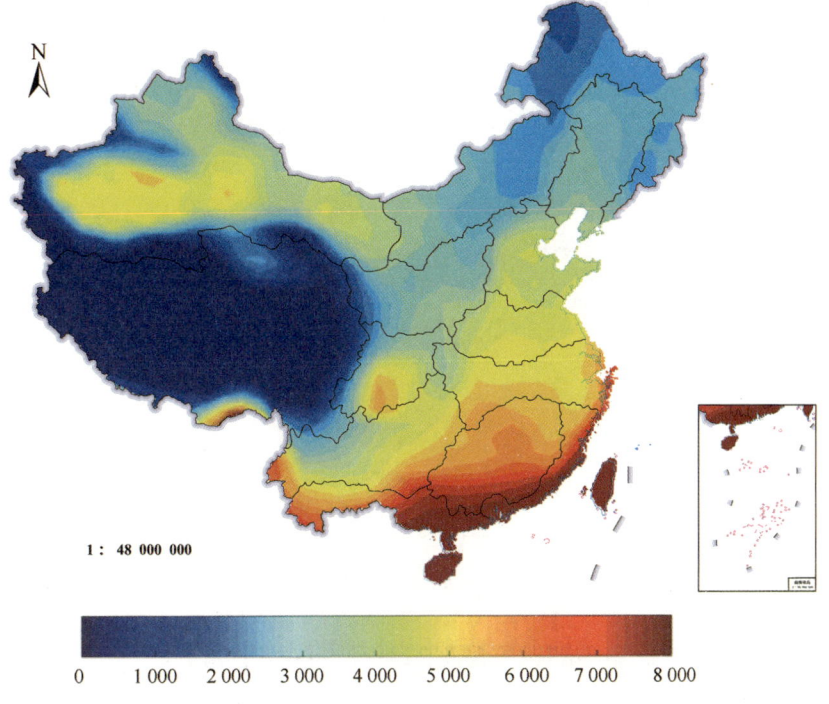

图 5-21　增温 1.5℃情景下 2050 年 10℃以上积温(℃)

(2) 增温 2 ℃情景下

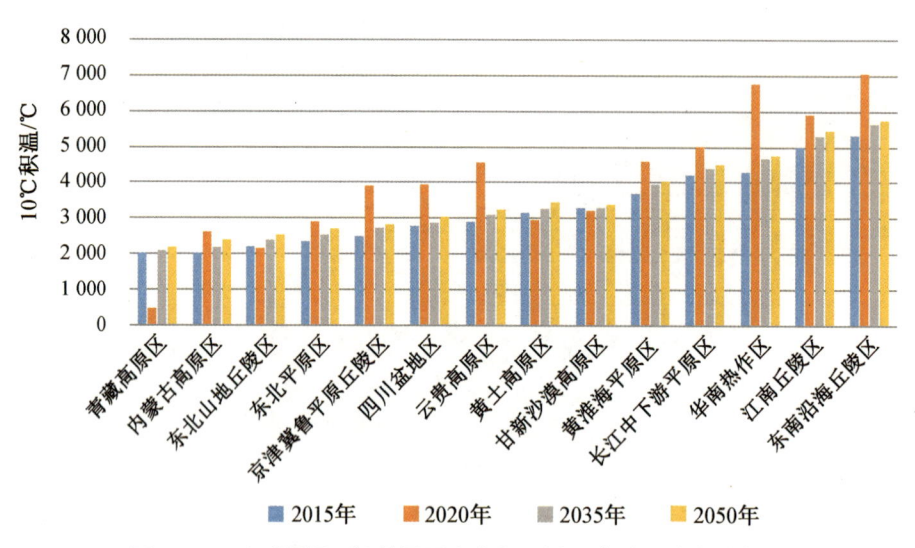

图 5-22　全球增温 2 ℃情景下未来各区划 10 ℃积温变化趋势图

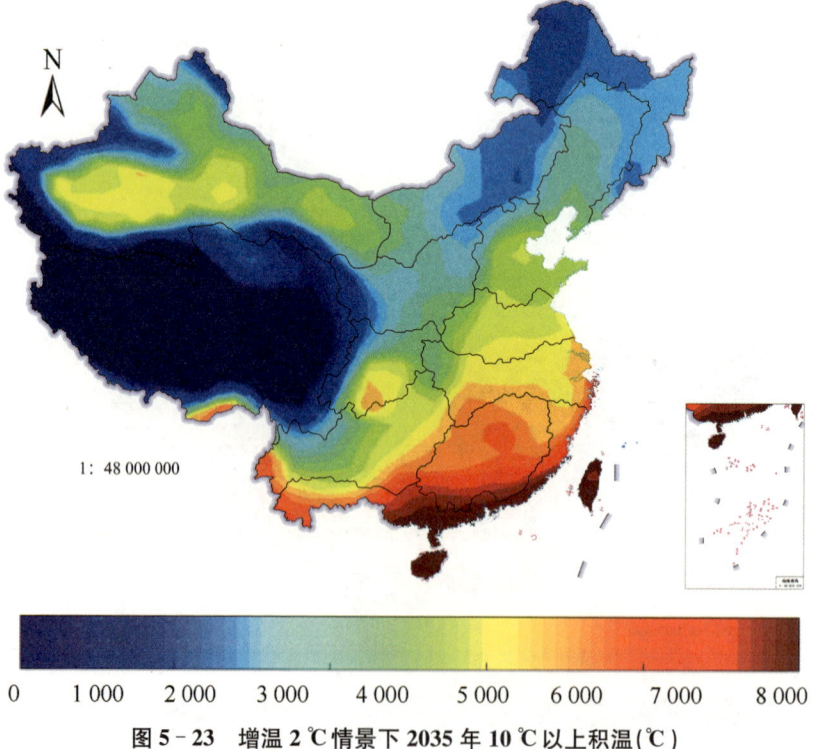

图 5-23　增温 2 ℃情景下 2035 年 10 ℃以上积温 (℃)

由图 5-22 可知,全球增温 2.0 ℃背景下,多个农业区 2020 年的积温值明显高于其他年份,导致 2020—2035 年这段时期,它们的积温值表现出下降的特征,其中,华南热作区积温减少得尤为明显,达—2 097 ℃。

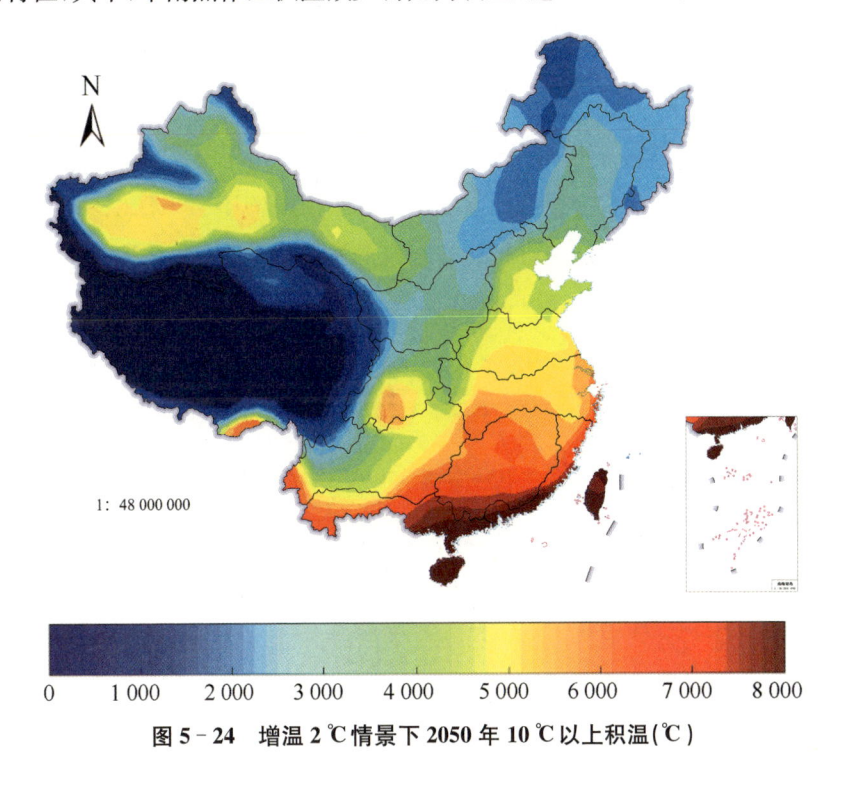

图 5-24 增温 2 ℃情景下 2050 年 10 ℃以上积温(℃)

5.3 未来气候变化下气候生产潜力变化

植被通过光合作用所产生的干物质中固定的太阳能是陆地生态系统中一些生命成分及其功能的基础。自然植被的净第一性生产力反映了植物群落在自然环境条件下的生产能力。在自然环境条件下,植被群落的生产能力除受植物本身的生物学特性、土壤特性等限制外,主要受气候因子的影响[1][2]。因

---

[1] 周广胜,张新时. 自然植被净第一性生产力模型初探[J]. 植物生态学报,1995(3):193-200.
[2] 朴世龙,方精云,郭庆华. 利用 CASA 模型估算我国植被净第一性生产力[J]. 植物生态学报,2001(5):603-608+644.

此可通过对气候因子(主要是太阳辐射、气温、降水)与植物干物质生产的相关性来估计植被的净第一性生产力(NPP,t 干物质 $hm^{-2} \cdot a^{-1}$),并利用该模型对中国自然植被的净第一性生产力现状及全球变化后的自然植被的净第一性生产力进行分析,预判中国陆地自然生态系统自然植被的净第一性生产力在全球变化条件下的变化图景,以及依据此指标研判中国未来耕地农作物净第一性生产力的变化及应采取的策略[1][2]。

本研究基于周广胜与张新时[3]建立的自然植被的净第一性生产力模型,即利用陆地表面所获得的降水量及其所获得的净辐射资料可求取该区域潜在的自然植被净第一性生产力。该模型可表示如下:

$$NPP = RDI \cdot \frac{r \cdot R_n(r^2 + R_n^2 + r \cdot R_n)}{(r + R_n) \cdot (r^2 + R_n^2)} \cdot e^{-\sqrt{9.87 + 6.25RDI}}$$

式中:RDI—辐射干燥度;R_n—年净辐射(mm);r—年降水量(mm);NPP—自然植被的净第一性生产力[$t\ DM/(hm^2 \cdot a)$]。

综合不同气候变化情景和不同年份,我国耕地的 NPP 整体上呈从南至北递减的空间态势。而农作物的净第一性生产潜力势必会受到降水和温度等的时空影响[4][5][6]。

5.3.1 升温 1.5 ℃情景下全国及各区域气候生产潜力变化

全国范围内农业区划的 NPP 变化范围仍保持相对稳定。但由于各类气象要素的影响,2020—2035 年,京津冀鲁平原区和黄淮海平原区的植物生产潜力

---

[1] Sun J W, Guan D X, Wu J B, et al. Research advances in net primary productivity of terrestrial vegetation[J]. World forestry research, 2012, 25(1): 1-6.

[2] Zhao J, Yan X, Zhu Y. Advance in research on net primary productivity of terrestrial vegetation[J]. Journal of desert research, 2007, 27(5): 780-786.

[3] 周广胜,张新时. 自然植被净第一性生产力模型初探[J]. 植物生态学报,1995(3):193-200.

[4] 蒋高明. 陆地生态系统净第一性生产力对全球变化的响应[J]. 植物资源与环境,1995(4):53-59.

[5] 闫淑君,洪伟,吴承祯,等. 福建近 41 年气候变化对自然植被净第一性生产力的影响[J]. 山地学报,2001(6):522-526.

[6] 蔡承侠. 植被净第一性生产力及其对气候变化响应研究进展[J]. 新疆气象,2003(6):1-7+12.

值下降;2035—2050年,东北山地丘陵区、东北平原区、江南丘陵区、内蒙古高原区、黄土高原区、四川盆地区、云贵高原区、甘新沙漠高原区等NPP也有所降低。

5.3.2 升温2.0℃情景下全国及各区域气候生产潜力变化

全球增温2.0℃背景下,中国整体上各阶段的NPP值仍然呈现出上升的趋势。但2020—2035年,东南沿海丘陵区、江南丘陵区的耕地NPP值降低,2035—2050年,黄淮海平原区、长江中下游平原区和青藏高原区的耕地NPP值降低。

5.4 情景模拟下未来国土空间开发应对

5.4.1 升温1.5℃气候生产潜力与耕地及耕地后备资源协调性分析

近期来看,2025年山西、安徽、吉林、陕西、河北、四川、云南、湖北、河南、黑龙江等省份协调程度相对较高,作物生产潜力较大,耕地后备资源也相对较充足;江苏、广东、江西、广西、贵州、新疆、湖南等省份作物生产潜力较低,耕地后备资源相对较多,耕地潜力开发难度较大;北京、上海、辽宁、甘肃、内蒙古、浙江等省份耕地后备资源较少,但作物生产潜力较高[1][2]。

表5-1 增温1.5℃情景气候生产潜力与耕地及耕地后备资源协调性分析(2025)

协调性分析		近期可开发耕地后备资源	
		低	高
NPP	低	宁夏、天津、海南、西藏、重庆、青海、山东、福建	江苏、广东、江西、广西、贵州、新疆、湖南
	高	北京、上海、辽宁、甘肃、内蒙古、浙江	山西、安徽、吉林、陕西、河北、四川、云南、湖北、河南、黑龙江

---

[1] 李玉娥,张厚瑄.温室效应对我国北方冬麦区粮食作物生产潜力的影响[J].中国农业气象,1992(4):37-39.
[2] 李军,王立祥,邵明安,等.黄土高原地区秋粮作物生产潜力模拟研究[J].西北农林科技大学学报(自然科学版),2001(5):56-60.

中长期来看，2035年黑龙江、辽宁、甘肃、山西、吉林、云南、四川等省份协调程度相对较高，作物生产潜力较大，耕地后备资源也相对较充足；青海、新疆、山东、宁夏、内蒙古、贵州、河南、江苏、河北等省份作物生产潜力较低，耕地后备资源相对较多，耕地潜力开发难度较大；湖南、安徽、湖北、江西、陕西、北京、上海、福建、浙江等省份耕地后备资源较少，但作物生产潜力较高。

表5-3 增温1.5℃情景气候生产潜力与耕地及耕地后备资源协调性分析（2035）

协调性分析		中长期可开发耕地后备资源	
		低	高
NPP	低	西藏、海南、天津、重庆、广东、广西	青海、新疆、山东、宁夏、内蒙古、贵州、河南、江苏、河北
	高	湖南、安徽、湖北、江西、陕西、北京、上海、福建、浙江	黑龙江、辽宁、甘肃、山西、吉林、云南、四川

远期来看，2050年辽宁、甘肃、陕西、山西、吉林、安徽、云南、四川等省份协调程度相对较高，作物生产潜力较大，耕地后备资源也相对较充足；新疆、山东、贵州、河北、广西、河南、黑龙江等省份作物生产潜力较低，耕地后备资源相对较多，耕地潜力开发难度较大；湖南、江苏、湖北、江西、上海、福建、浙江等省份耕地后备资源较少，但作物生产潜力较高。

表5-3 增温1.5℃情景气候生产潜力与耕地及耕地后备资源协调性分析（2050）

协调性分析		远期可开发耕地后备资源	
		低	高
NPP	低	青海、西藏、宁夏、海南、天津、重庆、广东、内蒙古、北京	新疆、山东、贵州、河北、广西、河南、黑龙江
	高	湖南、江苏、湖北、江西、上海、福建、浙江	辽宁、甘肃、陕西、山西、吉林、安徽、云南、四川

5.4.2 升温2.0℃气候生产潜力与耕地及耕地后备资源协调性分析

增温2.0℃情景下2025年、2035年和2050年气候生产潜力和可开发耕地后备资源协调状况见表5-4、表5-5、表5-6。

近期来看,2025年北京、山西、辽宁、上海、浙江、福建、甘肃省份协调程度相对较高,作物生产潜力较大,耕地后备资源也相对较充足;黑龙江、江西、湖南、广东、广西、贵州、新疆等省份作物生产潜力较低,耕地后备资源相对较多,耕地潜力开发难度较大;湖南、安徽、湖北、江西、陕西、北京、上海、福建、浙江等省份耕地后备资源较少,但作物生产潜力较高。

表5-4 增温2.0℃情景气候生产潜力与耕地及耕地后备资源协调性分析(2025)

协调性分析		近期可开发耕地后备资源	
		低	高
NPP	低	天津、内蒙古、江苏、山东、海南、重庆、西藏、青海、宁夏	黑龙江、江西、湖南、广东、广西、贵州、新疆
	高	湖南、安徽、湖北、江西、陕西、北京、上海、福建、浙江	北京、山西、辽宁、上海、浙江、福建、甘肃

中长期来看,2035年山西、辽宁、吉林、黑龙江、江苏、河南、四川、云南、甘肃等省份协调程度相对较高,作物生产潜力较大,耕地后备资源也相对较充足;河北、内蒙古、山东、贵州、宁夏、新疆等省份作物生产潜力较低,耕地后备资源相对较多,耕地潜力开发难度较大;北京、上海、浙江、安徽、湖北、陕西等省份耕地后备资源较少,但作物生产潜力较高。

表5-5 增温2.0℃情景气候生产潜力与耕地及耕地后备资源协调性分析(2035)

协调性分析		中长期可开发耕地后备资源	
		低	高
NPP	低	天津、福建、江西、湖南、广东、广西、海南、重庆、西藏、青海	河北、内蒙古、山东、贵州、宁夏、新疆
	高	北京、上海、浙江、安徽、湖北、陕西	山西、辽宁、吉林、黑龙江、江苏、河南、四川、云南、甘肃

远期来看,2050年河北、山西、辽宁、吉林、黑龙江、河南、四川、云南、陕西、甘肃等省份协调程度相对较高,作物生产潜力较大,耕地后备资源也相对较充足;安徽、山东、广西、贵州、新疆等省份作物生产潜力较低,耕地后备资源相对较多,耕地潜力开发难度较大;北京、上海、浙江、福建、江西等省份耕地后

备资源较少,但作物生产潜力较高。

表 5-6 增温 2.0 ℃情景气候生产潜力与耕地及耕地后备资源协调性分析(2050)

协调性分析		远期可开发耕地后备资源	
		低	高
NPP	低	天津、内蒙古、江苏、湖北、湖南、广东、海南、重庆、西藏、青海、宁夏	安徽、山东、广西、贵州、新疆
	高	北京、上海、浙江、福建、江西	河北、山西、辽宁、吉林、黑龙江、河南、四川、云南、陕西、甘肃

5.5 气候变化对耕地空间影响的主要结论

5.5.1 2035 年主要气候因子的格局及变化趋势

在增温 1.5 ℃情景和 2.0 ℃情景下,2035 年,东南沿海丘陵、江南丘陵区、华南热作区的年均温在 14 ℃以上,10 ℃以上积温也在 4 600 ℃以上,光照时长为 1 400~2 000 h(1.5 ℃情景下)和 1 600~2 000 h(2.0 ℃情景下),光热条件相对较好;两种情景下,黄土高原、黄淮平原区的 10 ℃以上积温和光照时长均处于较高的等级,积温在 3 000~4 000 ℃内,光照时长在 2 200 h 以上,光热条件匹配性较高;甘新沙漠高原区和青藏高原区光照时长在 2 500 h 以上,但有效积温不够高;全国范围内东北山地丘陵区、四川盆地区、云贵高原区的光照时长在两种情景下属于最少的,且有效积温值也不高,均在 2 000~3 000 ℃。

在增温 1.5 ℃情景下,2020—2035 年,全国除东北地区外,光照时间普遍减少,年均温度均增加,其中东北地区、内蒙古高原区和黄土高原区的温度增幅较大,分别是 0.60 ℃、0.48 ℃、0.33 ℃;年降水量在全国整体呈增加的趋势,但是黄淮海平原区、长江中下游地区和黄土高原区的年降水量呈减少趋势,因此这三个农业区的气候特征趋于暖干化。

在增温 2.0 ℃情景下,2020—2035 年,全国各农业区增温幅度更高,但黄淮海平原区、长江中下游平原区、东南沿海丘陵区、四川盆地区的年降水量均减少,这些区域的气候特征在此阶段整体上处于暖干化趋势;而云贵高原地区的平均温度和有效活动积温增加最少,且区域年降水量增加最多。另外,全国较多区域在此阶段光照时长减少,对农作物生产产生不良影响,包括京津冀鲁平原丘陵区、东南沿海丘陵区、江南丘陵区、黄土高原区、云贵高原区、四川盆地区、甘新沙漠高原区和青藏高原区。

5.5.2　2035 年气候生产潜力的格局及变化趋势

在增温 1.5 ℃情景和增温 2.0 ℃情景下,2035 年,NPP 最高的区域有东南沿海丘陵区、江南丘陵区和华南热作区,较高的区域有黄土高原区、甘新沙漠高原区、黄淮海平原区和长江中下游地区;最低的区域有东北平原区、东北山地丘陵区、青藏高原区和内蒙古高原区,较低的区域有京津冀鲁平原区、四川盆地区。

在增温 1.5 ℃和 2.0 ℃两种情景下,全国范围内农业区划的 NPP 值保持相对稳定。但由于各类气象要素的影响,全球增温 2.0 ℃背景下,2020—2035 年,京津冀鲁平原区、黄淮海平原区和黄土高原区的植物生产潜力值下降,中国整体上各阶段的 NPP 值仍然呈现出上升的趋势。但 2020—2035 年,东南沿海丘陵区、江南丘陵区的耕地 NPP 值降低,其他区域的 NPP 值增加,但在 2035—2050 年,14 个农业区的 NPP 将表现出上升趋势。

5.5.3　2035 年气候变化对我国后备耕地资源开发的影响

升温 1.5 ℃的情景会使得青海、新疆、山东、宁夏、内蒙古、贵州、河南、江苏、河北等区域的耕地后备资源开发出现不协调的问题,这些区域的耕地后备资源相对较多但是气候变化会使得这些区域的气候生产潜力下降,从而不利于耕地后备资源的开发。

升温 2.0 ℃的情景会使得河北、内蒙古、山东、贵州、宁夏、新疆等区域的耕地后备资源开发出现不协调的问题,相较于升温 1.5 ℃来讲,出现不协调矛盾的省份会减少,但仍需通过国土空间规划及相关政策调整以应对气候变化对于耕地后备资源开发的影响。

5.5.4 2035年气候变化对我国耕地保护格局的影响

气候变化会使得全国可供给的耕地资源增加,全国各个区域可供给耕地资源的变化量不同,可以据此来调整全国各个区域的耕地及生产力战略性布局。在增温1.5 ℃情景下,全国可供给的耕地资源将由于气候变化引起的气候生产潜力变化而增加5.62%,也就是2035年全国可供给耕地面积将为21.09亿亩。从全国来讲,2035年气候变化会使得大部分省份的耕地可供给量增加,其中四川省增加最多,将增加14.3%,但气候变化同样会使得内蒙古、新疆、青海和西藏等北方区域的可供给耕地面积减少。

在增温2.0 ℃情景下,全国可供给的耕地资源将由于气候变化引起的气候生产潜力变化而增加5.51%,也就是2035年全国可供给耕地面积将为21.06亿亩,较1.5 ℃情景增加量减少。而从全国来讲,增温2.0 ℃情景将使得耕地可供给量减少的区域增多,2035年气候变化会使得大部分省份的耕地可供给量增加,其中四川省增加最多,华北地区的北京市、天津市、河北省和北方地区的山西省、内蒙古自治区、辽宁省、西藏自治区、陕西省、甘肃省、青海省的可供给耕地面积将呈现不同程度的减少。

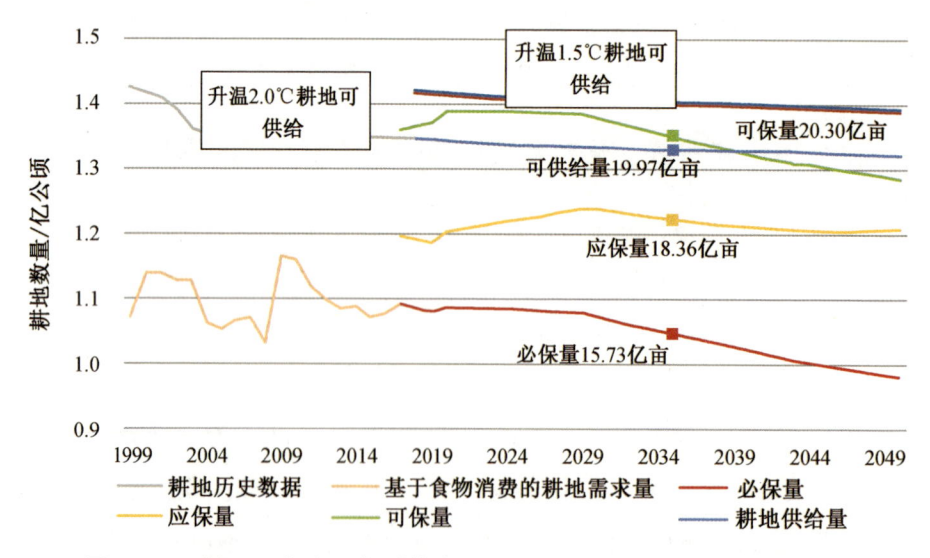

图5-25 升温1.5 ℃/2.0 ℃对耕地可供给量影响及与耕地保有需求的关系

第 6 章 / 适应未来变化的可持续耕地占补平衡格局构建

耕地占补平衡政策是我国耕地保护制度的重要组成部分[1],是在快速工业化、城镇化以及深度融入全球化背景下,抑制建设占用过快增长,缓解发展与保护矛盾,保障国家粮食安全和国民经济社会稳定发展的重大政策创新。自 1997 年中共中央、国务院颁布的《关于进一步加强土地管理切实保护耕地的通知》首次提出"要严格按照耕地总量动态平衡的要求"以来,我国逐步形成了以数量、质量和生态"三位一体"为目标的耕地占补平衡体系,有效地协调了保护耕地与保障发展之间的矛盾[2][3]。耕地占补平衡政策在保障国家耕地总量红线与粮食安全、对接耕地资源需求与供给、倒逼用地效率提升与空间优化、引导要素流动助力乡村振兴等方面都起到了积极的作用。中共十八大以来,中共中央、国务院高度重视耕地保护,十余次强调耕地资源的极端重要性[4]。中共二十大报告再次提出"牢牢守住十八亿亩耕地红线",并强调要逐步把永久基本农田全部建成高标准农田,由此可见保护耕地、保障粮食安全的重要性。然而由于后备资源空间分布不均衡,耕地占补平衡面临着占补空间不一致、占易补难,尤其是国家项目占地补充难落实和地方占补责任缺失等

---

[1] 费罗成,程久苗,殷鹏飞.基于耕地占补平衡的基准农田理论初探[J].资源开发与市场,2008(4):306-308.

[2] 蒋瑜,濮励杰,朱明,等.中国耕地占补平衡研究进展与述评[J].资源科学,2019,41(12):2342-2355.

[3] Orians G H, Lack P. Arable lands[J]. Agriculture, ecosystems & environment, 1992, 42(1):101-124.

[4] 李武艳,王华,徐保根,等.耕地质量占补平衡的绩效评价[J].中国土地科学,2015,29(11):78-82+95.

问题①②。据此，2023年7月中央财经领导小组工作会议提出了包括非建设占用耕地在内的耕地占补平衡制度。

6.1 耕地占补平衡制度的主要问题

6.1.1 储备型后备资源短缺问题十分突出

第三次全国国土调查数据显示，目前我国储备补充耕地尚存1 800万亩左右，根据2016年耕地后备资源调查数据，宜耕后备未利用地不足1 000万亩，耕地后备资源集中在中西部经济欠发达地区，主要储备在新疆(25.4%)、黑龙江(8.3%)、四川(8.2%)、河南(7.7%)、广西(5.0%)、吉林(4.0%)，这六个省份储备的耕地约占全国储备总量的58.6%(图6-1)，而经济发展较快的

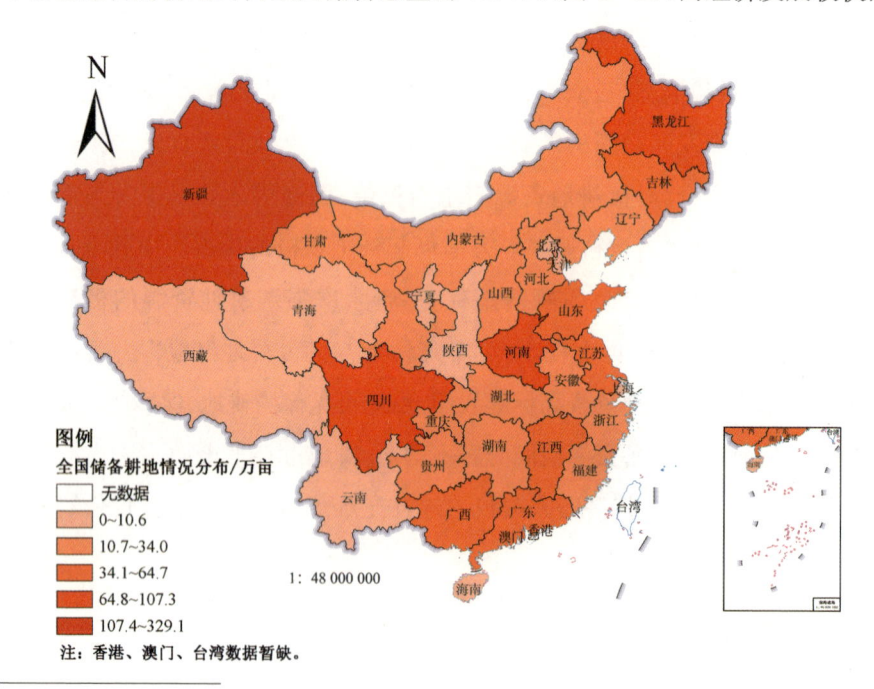

---

① 郑华玉,沈镭.农用地分等评价方法在耕地占补平衡考核中的应用——以广东省连州市为例[J].资源科学,2007(4):152-157.
② 谭永忠,吴次芳,王庆日,等."耕地总量动态平衡"政策驱动下中国的耕地变化及其生态环境效应[J].自然资源学报,2005(5):727-734.

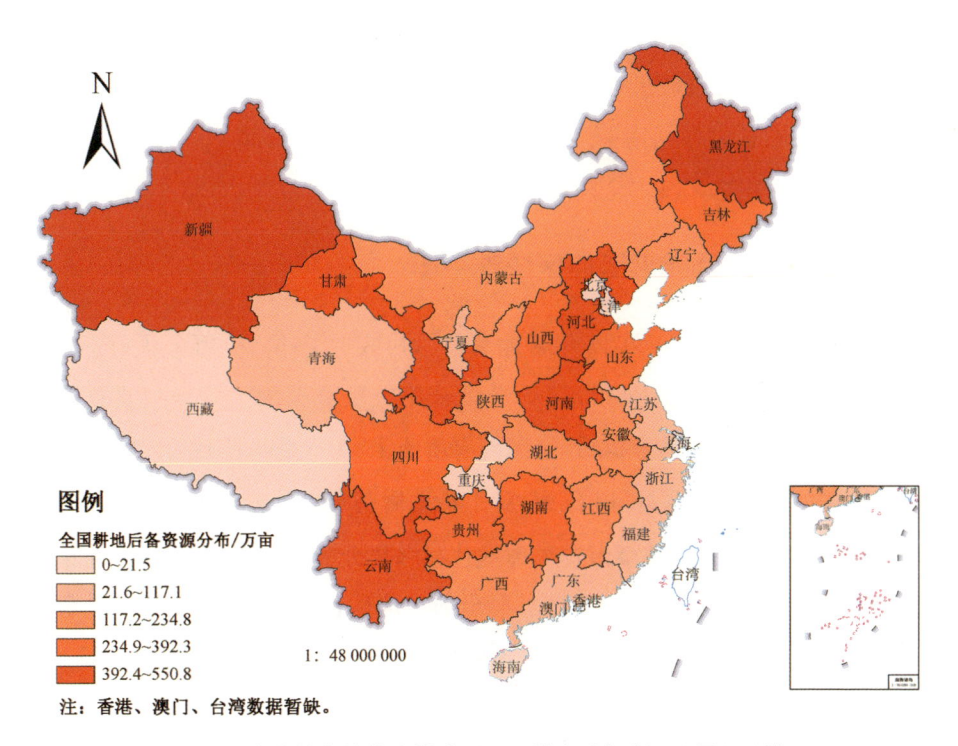

图 6-1　当前储备的补充耕地(上)及耕地后备资源总量(下)情况

东部各省份耕地后备资源之和仅占到全国的 15.4%。

6.1.2　储备耕地短缺且补充难度大

耕地后备资源呈现总量少、分布不均和集中连片程度低的特征[①]。耕地后备资源调查结果显示,中国近期可开发利用的仅有 3 307.2 万亩。从区域分布看,耕地后备资源主要集中在中西部、东北等经济欠发达地区,其中新疆、黑龙江、河南、云南、甘肃等 5 个省份后备资源面积占到全国近一半,但这些省份 GDP 仅占全国 11.3%,对中央财政依赖度较高,接受中央财政转移支付总额占全国 22.7%,地方补充耕地的资金投入十分有限。而经济发展较快的东部 11 个省份后备资源面积之和仅占到全国 15.4%。此外,后备耕地资源中

---

①　张凤荣,郭力娜,关小克,等.生态安全观下耕地后备资源评价指标体系探讨[J].中国土地科学,2009,23(9):4-8+14.

还有 10.9% 的沼泽地、沙地及裸地受到生态保护的制约较难开发[①]。后备耕地资源集中连片程度较低(35.3%)，集中连片耕地后备资源主要集中在新疆、黑龙江、吉林、甘肃和河南等 5 个省份，占 69.6%。而东部 11 个省份集中连片后备耕地面积之和仅占全国 11.0%。

6.1.3 全国总量能平衡但区域难平衡

从全国来看，1999—2017 年耕地总量总共减少了约 760 万公顷(约 1.14 亿亩)，其中建设占用耕地 425.7 万公顷，《第三次全国国土调查主要数据公报》已经发布，从"三调"数据看，全国现有耕地 19.18 亿亩，相比"二调"，10 年间我国耕地面积减少了 1.13 亿亩，对于耕地后备资源补充的需求较大[②]。如保持此前的占用速度，通过占补平衡来开发现有耕地后备资源，近期可开发耕地后备资源将在 2030 年前开发完，而全部耕地后备资源将在 2044—2046 年开发完。目前我国储备耕地尚存 1 800 万亩左右，按照每年补充需求 350 万亩计算，总量上尚且可以保障"十四五"期间的占补平衡。

然而，耕地后备资源分布不均使得区域性补充难度越来越大，很难实现区域性平衡。从省域尺度来看，补充需求主要集中在江苏省、河南省、山东省、浙江省、安徽省和河北省等省份，占全国补充需求的 42.7%，而这些省份的耕地后备资源仅占全国的 19.8%，耕地补充需求大与后备资源短缺的空间矛盾迫切要求通过跨省的补充耕地指标交易来实现占补平衡[③]。

---

① Tan Y, He J, Yu Z, et al. Can arable land alone ensure food security? The concept of arable land equivalent unit and its implications in Zhoushan City, China[J]. Sustainability, 2018, 10(4): 1024.
② 土地资源利用粗放 后备资源不容乐观[J]. 中国人口·资源与环境, 2000(S1): 23.
③ 王万茂, 余庆年, 赵登辉. 耕地总量动态平衡的实施途径构想[J]. 中国人口·资源与环境, 2001(3): 64-69.

6.2 补充耕地不足问题突出

6.2.1 补充耕地与生态空间有冲突

补充耕地的空间和生态保护空间也存在空间上的冲突,从而形成不稳定的人地关系地域系统。据统计,全国约有30.6%的补充耕地位于生态中度及以上脆弱的地级市区域。其中,约有15.6%的补充耕地位于生态中度脆弱区,13.4%位于生态重度脆弱区,1.6%位于生态极度脆弱区。

由于现行耕地保护政策缺乏生态平衡机制和差异化保护机制,一定程度上也诱发了以草地、湿地等生态用地消失为代价形成粮食产区等问题,激化了部分地区的农牧矛盾[1][2]。例如,内蒙古、甘肃、宁夏、新疆等地增加了相当数量的在林区、草原以及河流湖泊最高洪水位控制线范围内和25°以上陡坡的"不稳定耕地"。全国不稳定耕地调查评价成果数据显示,西北干旱半干旱地区的不稳定耕地面积占地区耕地总面积的比例达到4.1%,东北地区甚至高达11.6%[3]。

利用1980—2015年中国土地利用现状遥感监测数据[4],对这35年补充耕地的空间分布与水土流失等生态脆弱空间进行叠加分析。以浙江省为例,虽然补充耕地仅占全国补充耕地总量的1.2%,但是补充耕地中度及以上脆弱的比例在全国最高,达17.6%。2020年中央环保督察发现,浙江省金华市磐安县为获取补充耕地指标,违法违规毁林近1.4万亩,严重破坏了生态。而从补充耕地生态脆弱的总量来看,湖南省最为典型。中度及以上脆弱的补充耕地有38.7万公顷,约占全国补充耕地中度及以上脆弱总量的15.8%。

---

[1] 孙蕊,孙萍,吴金希,等.中国耕地占补平衡政策的成效与局限[J].中国人口·资源与环境,2014,24(3):41-46.
[2] 徐艳,张凤荣,颜国强,等.关于建立耕地占补平衡考核体系的思考[J].中国土地科学,2005(1):44-48.
[3] 汤怀志,桑玲玲,郧文聚.我国耕地占补平衡政策实施困境及科技创新方向[J].中国科学院院刊,2020,35(5):637-644.
[4] 数据来源:中国科学院资源环境科学与数据中心(http://www.resdc.cn/data.aspx?DATAID=96)。

6.2.2 补充耕地质量难保障

从现实来看,占优补劣趋势在减缓。2018 年全国耕地质量等别更新评价主要数据成果显示,全国耕地质量平均等别为 9.95 等,而新增耕地约 30 万公顷,平均质量为 8.63 等。补充耕地的等别高于全国平均质量(图 6-2)。2019 年全国耕地质量等别情况公报将全国 20.23 亿亩耕地质量等别由高到低依次划分为一至十等,平均等别为 4.76 等,较 2014 年提升了 0.35 个等别[①]。但是,耕地质量的降低已客观上成为我国补充耕地面临的一个难题[②]。研究表明,在耕地水热资源较好的东北地区,黑龙江有超过 70% 的耕地处于土壤养分轻度以上贫瘠化状态[③],黑土耕地质量整体退化。此外,占水补旱

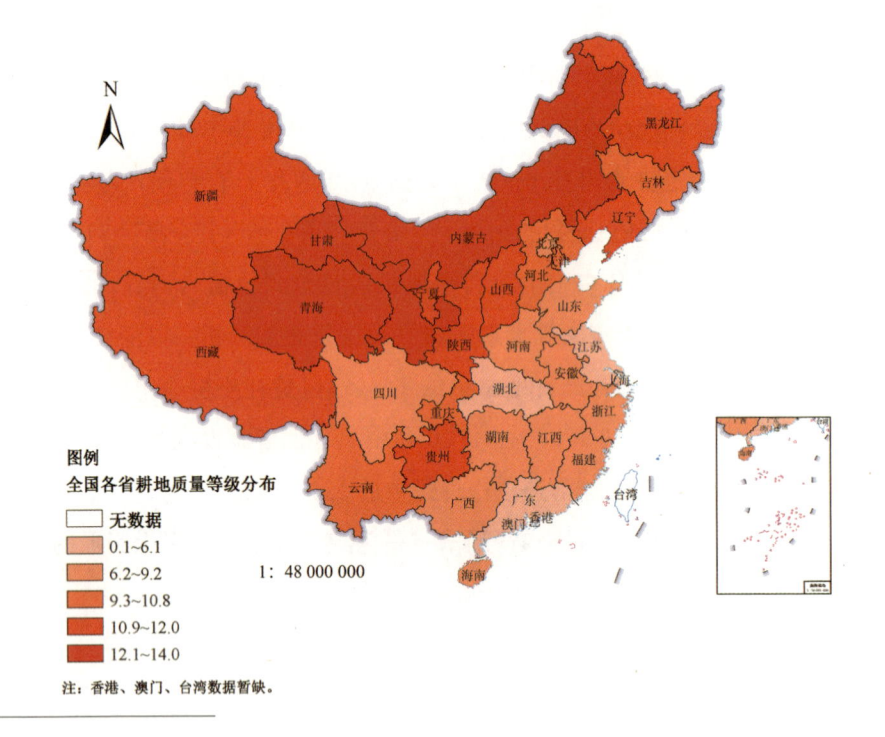

---

① 王文旭,曹银贵,苏锐清,等. 我国耕地保护政策研究:基于背景、效果与未来趋势[J]. 中国农业资源与区划,2020,41(10):40-51.

② 刘润秋. 耕地占补平衡模式运行异化风险及其防范[J]. 四川大学学报(哲学社会科学版),2010(3):89-96.

③ 汤怀志,桑玲玲,郧文聚. 我国耕地占补平衡政策实施困境及科技创新方向[J]. 中国科学院院刊,2020,35(5):637-644.

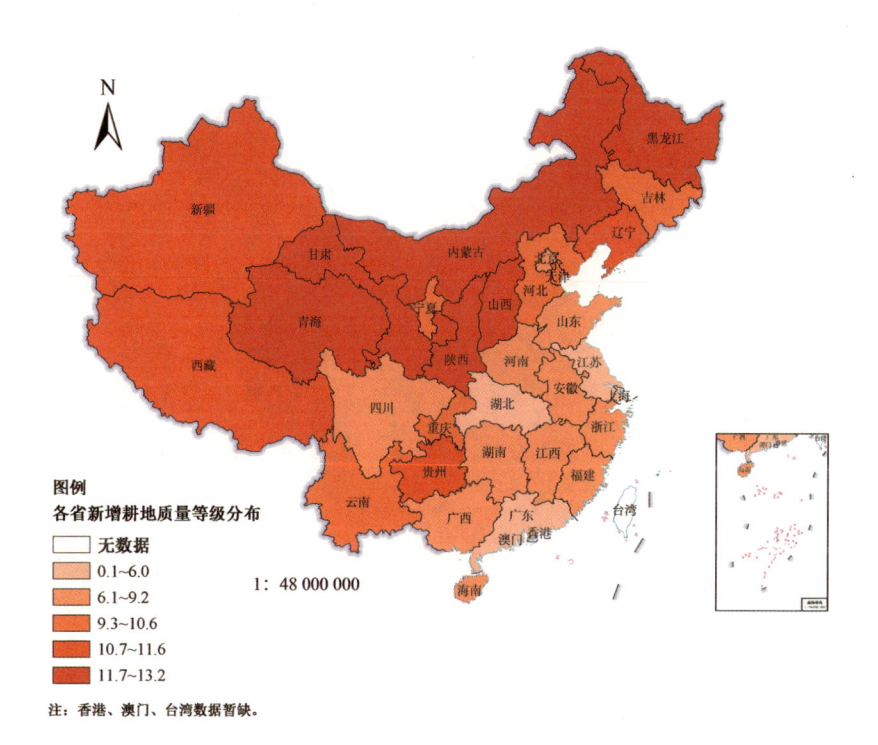

图 6-2　各省耕地质量等别(上)及新增耕地质量等别(下)情况①

问题仍然突出,使得补充耕地的质量难以保障。新增耕地仍然主要以中高等地为主(90.6%),其中,高等地占 47.9%,中等地占 42.7%,补充的优等地面积比例仅占 2.5%②。

从全国来看,2009—2017 年共补充水田 120 万公顷,主要分布于东北地区(63.3%)和长江经济带沿线省份(5.3%)。到 2020 年,全国共有水田 3 128.39 万公顷,与 2017 年相比,减少了近 200 万公顷。虽然 2009—2017 年全国补充的水田大于占用的水田,有 29 万公顷的盈余,但全国的水田占补存在极大的空间不平衡。仅有东北地区和部分北方地区实现了水田的占补平衡,有 74% 的省份无法在省内实现水田的占补平衡(图 6-3)。

---

① 数据来源:原国土资源部耕地质量评价成果数据。
② Wang L, Anna H, Zhang L, et al. Spatial and temporal changes of arable land driven by urbanization and ecological restoration in China[J]. Chinese geographical science, 2019, 29(5): 809-819.

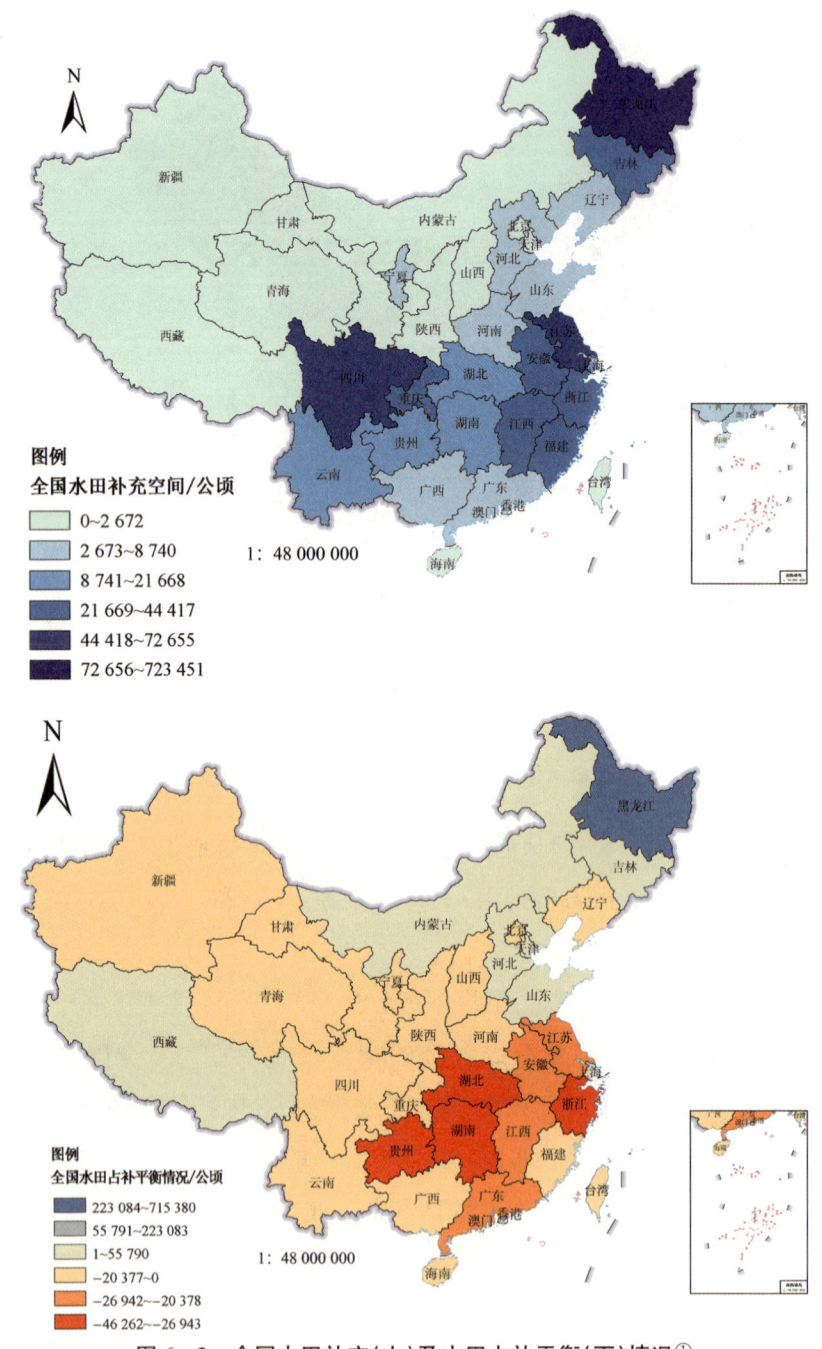

图 6-3　全国水田补充(上)及水田占补平衡(下)情况①

---

① 数据来源:第二次国土调查及历年变更调查数据。

但需要指出的是，我国有盐碱地 15 亿亩，约占全球的 10%[①]。可以通过物理、化学改良减少盐碱量及其对农作物生长的影响，选育耐盐碱的农作物品种，以及研发农作物耐盐碱技术等适度开展盐碱地。

6.3 耕地占用仍然持续高位

6.3.1 耕地占用需求居高难下

当前，我国发展不平衡不充分问题突出，以经济发展和城镇化为主要驱动的非农建设占用耕地难以避免[②]。据统计，近十年间，我国非农业建设占用耕地约 5 000 万亩，其中城镇面积增加 4 300 多万亩，耕地占用与经济发展、城镇化依然高度正相关。经济由高速增长向高质量转型的背景，特别是面对国家外部环境不稳定而实施双循环发展策略，使得建设占用耕地来保发展的需求仍将持续占高位[③][④]。以 GDP 水平及人口城镇化水平作为驱动建设占用的主要因素，同时考虑经济增速放缓及存量用地潜力释放，对全国及 31 个省未来的建设占用需求情况进行预测[⑤]。研究发现，到 2035 年全国还有约 363.3 万公顷（约 5 450 万亩）的非农建设占用需求，现有储备的耕地后备资源将难以满足 2035 年的建设占用需求[⑥]。具体来讲，东部地区的建设占用需求占全国的 33.2%，中部地区 33.0%，西部地区 27.9%，东北地区 5.9%（图 6-4）。

[①] 张蓝水. 充分开发利用盐碱地[J]. 农业技术与装备, 2023(8): 3-4.
[②] 刘涛, 史秋洁, 王雨, 等. 中国城乡建设占用耕地的时空格局及形成机制[J]. 地理研究, 2018, 37(8): 1609-1623.
[③] 鲁明中, 尹昌斌, 韩威. 我国耕地非农占用及其发展趋势分析[J]. 经济理论与经济管理, 1998(1): 56-60.
[④] 黄贤金, 彭补拙, 张建新, 等. 区域产业结构调整与土地可持续利用关系研究[J]. 经济地理, 2002(4): 425-429.
[⑤] 刘友兆, 曾志强, 钟太洋. 非农占用耕地损失估算[J]. 地域研究与开发, 2003(1): 14-16+21.
[⑥] Liu C, Song C, Ye S, et al. Estimate provincial-level effectiveness of the arable land requisition-compensation balance policy in mainland China in the last 20 years[J]. Land use policy, 2023, 131: 106733.

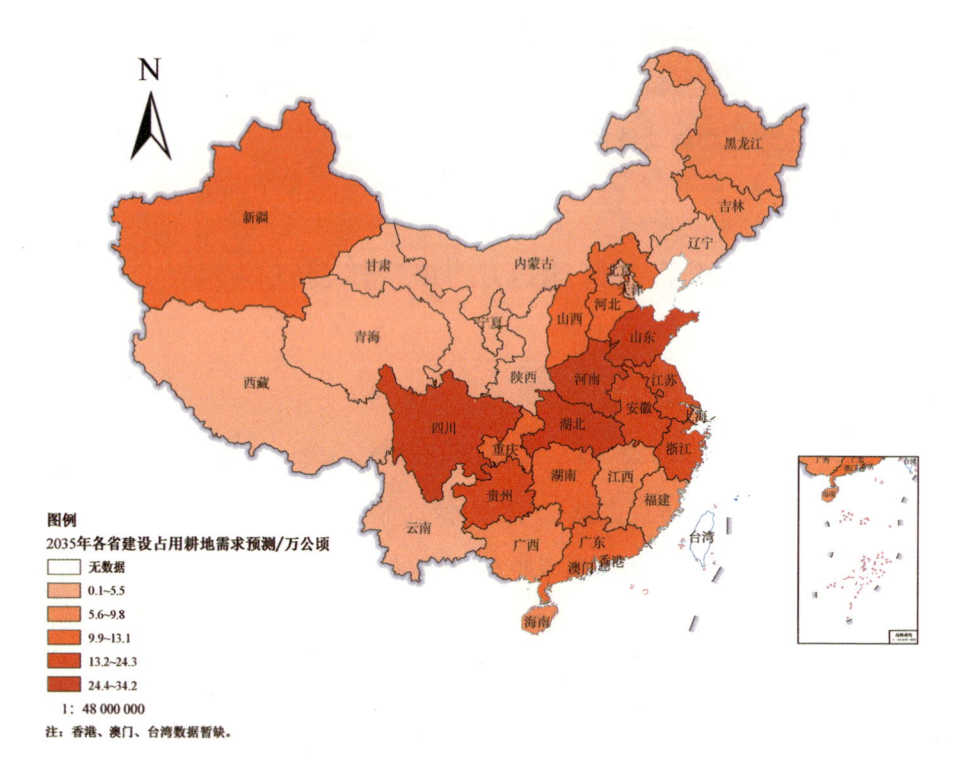

图 6-4　2035 年全国各省建设占用需求

6.3.2　存量建设用地利用效率有待提高

从全国来看,2018 年建设用地效率为 16.3 亿元/平方公里,以 1980 年作为不变价计算,自 1980 年以来增长了 3.4 倍,但从区域层面来讲存在较大的不平衡,有较大的提升潜力。其中,仅有 35.5% 个省份的建设用地效率高于全国平均水平,低于全国平均效率水平的建设用地约 3.0 万平方公里,占总建设用地面积的 46.0%(图 6-5)。如将相对低效的建设用地效率水平提高 20%,可增加 8.12 万亿元 GDP(约全国 GDP 的 8.9%)。

从区域来看,全国建设用地效率呈现东部地区(18.9 亿元/平方公里)＞中部地区(16.5 亿元/平方公里)＞西部地区(14.2 亿元/平方公里)＞东北地区(9.4 亿元/平方公里)的态势。以建设用地效率高于全国平均的江苏省为例,江苏省工业用地调查报告显示,江苏省国家级开发区的建设用地效率为

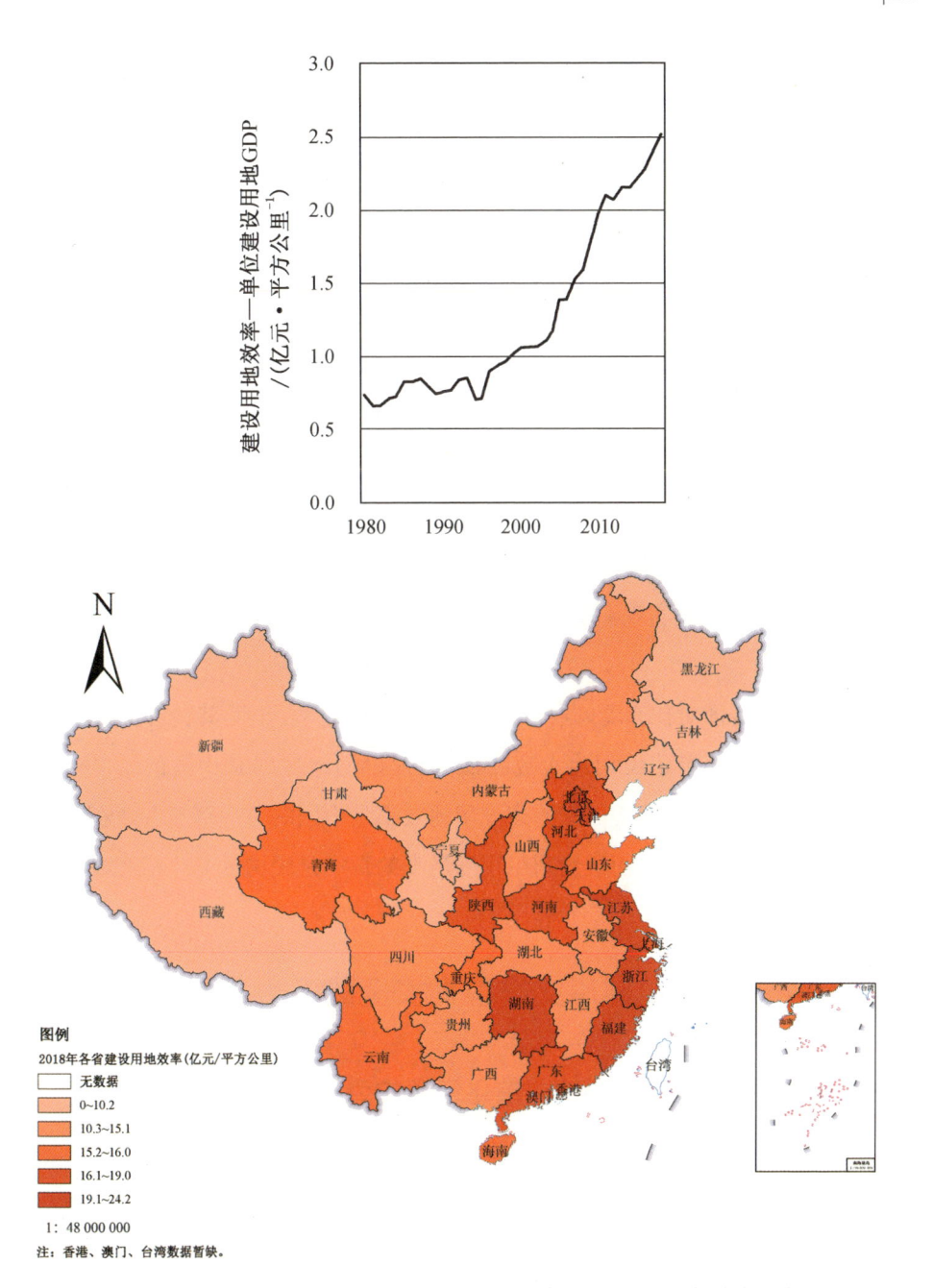

图 6-5　1980—2018 年全国建设用地效率变化趋势(上)及 2018 年效率分布(下)

52.9亿元/平方公里,而省级开发区建设用地效率仅为25.3亿元/平方公里,低于全省平均的31.7亿元/平方公里。如果提升省级开发区的建设用地效率至全省平均水平,每年可多创造约5 832.8亿元的GDP(约占江苏省2020年生产总值的5.7%)。

从存量用地来看,2009—2017年全国总共审批建设用地约445.8万公顷,"三调"结果显示,全国建设用地总量有4 086.7万公顷,城镇建设用地总规模达到1 033.3万公顷。对比全国各省建设用地供应情况,仍有约9.3万公顷(2%)的存量建设用地指标尚未使用。如将这些存量建设用地盘活,可创造约1.2万亿的GDP(约全年GDP总值的1.3%)。以经济发达地区广东省茂名市为例,全市"三旧"地块9 363.8公顷,约占建设用地总面积的9.2%。预计到2035年可以处置"批而未供"土地、闲置土地、"增存挂钩"土地约4 246.4公顷,以此实现GDP增加约107.9亿元,约占2018年全市GDP总量的3.5%。

与世界各国对比来看,同样是发展中国家的巴西、土耳其、委内瑞拉等国和中国的人均占有建设用地大致相似,而建设用地效率是中国的1.7～2.8倍。在发达国家中,北美国家的建设用地效率是中国的1.7倍左右,欧洲国家是中国的3.0倍左右,而节约利用程度最高的日本是中国的5.7倍[①]。

6.4 耕地利用支撑粮食安全的潜力仍然较大

6.4.1 耕地非农化、耕地非粮化问题较为突出

2003—2017年,我国因农业结构调整减少的耕地约3 000万亩,而由农业结构调整引发的耕地非粮化趋势也逐步扩大。1978—2018年我国非粮化率由19.7%上升至29.5%(图6-6),2018年我国非粮面积约4.9万公顷,2020年我国非粮化率约为27%,与2018年相比有所下降。其中1994—2003年非

---

① 数据来源:全球生态环境遥感监测报告。

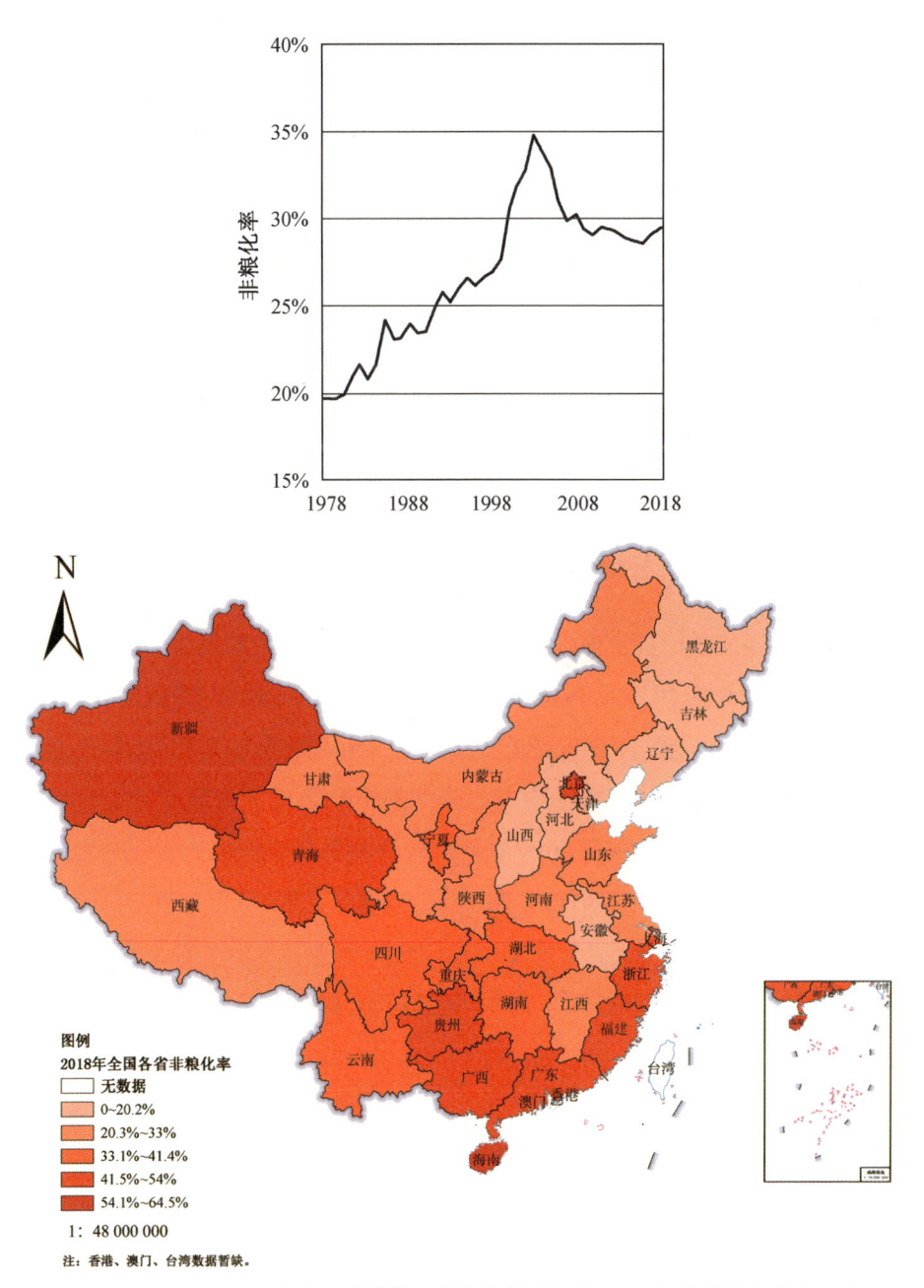

图 6-6　1978—2018 年中国非粮化率变化趋势(上)及 2018 年非粮化率分布(下)

粮化比例上升最为明显,累计上升了8.6%。此外,"非粮化"状况还存在较大的空间差异。华东地区的非粮化率为21%,非粮化主要以茶叶、柑橘和油料等为主;华南地区的非粮化率为41%,非粮化主要以种植橡胶以及热带水果为主;华北地区的非粮化率约为10%,非粮化主要为种植苹果和坚果等;华中地区的非粮化率为34%,非粮化主要为水产养殖和种植油料等;西南地区的非粮化率为46%,非粮化主要为种植花卉、茶叶等;西北地区的非粮化率为32%,非粮化主要以种植水果为主;东北地区的非粮化不太明显,非粮化率仅为7%。特别地,全国粮食主产区13个省份的非粮化率从20.7%上升到23.5%。食物型非粮化和非食物型非粮化共存,是现阶段耕地非粮化面对的一个重要难题[1]。

6.4.2 补而不用、补而少用问题突出

补充耕地的养护及管理机制的缺乏以及农村劳动力的流失,导致一些区域出现补充耕地利用不足甚至撂荒的"补多用少"局面[2]。据统计,2010—2017年,河南、山东等14个省份的补充耕地占全国补充总量近70%,而这些省份的农村劳动力人口流失年均1.2%,农村劳动力的流失导致补充耕地区域的耕地利用不足甚至抛荒,补充耕地的耕种和后期养护也成为新时代面临的难题。有研究表明,浙江、江西、湖南、广西、重庆、四川等多个省份的山区县撂荒率均已超过20%[3]。自然资源部通过全面核查9万多个补充耕地项目,发现问题补充耕地规模达三成,主要问题是补充耕地管护不力[4][5],尚未用于

---

[1] 李国敏,王一鸣,卢珂.耕地占补平衡政策执行偏差及纠偏路径[J].中国行政管理,2017(2):108-112.
[2] 吴次芳,谭永忠.制度缺陷与耕地保护[J].中国农村经济,2002(7):69-73.
[3] 汤怀志,桑玲玲,郧文聚.我国耕地占补平衡政策实施困境及科技创新方向[J].中国科学院院刊,2020,35(5):113-120.
[4] 陆汝成,黄贤金.基于省级和市级层次的违法占用耕地与经济发展的空间计量分析[J].中国土地科学,2012,26(3):60-66.
[5] 陆汝成,黄贤金.中国省域违法占用耕地的空间效应[J].中国人口·资源与环境,2011,21(11):86-91.

占补平衡就开展了农业结构调整,种植果树林木甚至挖塘养鱼、弃耕撂荒[①]。

6.4.3 高标准农田改造、中低产田改造有待优化

全国中低产田占比较大,据统计约有 12.8 亿亩中低产田,占耕地面积的 63.3%。而全国 13 个粮食主产省有中低产田面积 7.9 亿亩,占全国中低产田总面积的 61.7%,改造中低产田、保障粮食生产的任务重且艰巨。耕地灌溉设施的缺乏和水资源的分布不均是中低产田改造和高标准农田建设的重要限制性因素。13 个粮食主产省的粮食产量占全国总产量的 78.7%,但农业水资源利用率仅占全国总量的 56.2%。

6.4.4 我国稻麦主产区具有较高增产潜力

综合来看,在假设当前稻麦播种面积不变的情况下,我国稻麦主产区仍然具有较高的增产潜力。具体来讲,如果从实际产量提升到高产目标产量,则我国稻麦主产区的稻麦总产可提高 1.48 亿吨,相当于 2020 年全国稻麦总产量的 70%,人均可增加粮食 100 公斤;如果稻麦从高产目标产量提升到光温潜在产量,还有 0.85 亿吨增产潜力;总的来讲,如果从实际产量提升到光温潜在产量,则有 2.33 亿吨增产潜力(表 6-1)[②]。

表 6-1 增产潜力与实际产量对比(亿吨)

品类	实际产量	高产目标产量 (高产目标/实际产量)	光温潜力产量 (光温潜力/实际产量)
水稻	2.10	3.13(1.49)	3.73(1.78)
小麦	1.33	1.78(1.34)	2.03(1.53)
合计	3.43	4.91(1.43)	5.76(1.68)

---

① 黄贤金,濮励杰,尚贵华.耕地总量动态平衡政策存在问题及改革建议[J].中国土地科学,2001(4):2-6.

② Ye Z, Qiu X, Chen J, et al. Impacts of 1.5℃ and 2.0℃ global warming above pre-industrial on potential winter wheat production of China[J]. European journal of agronomy, 2020, 120: 126149.

6.5 耕地占补平衡制度改革与完善的建议

6.5.1 切实保证补充耕地质量

(1) 加强耕地补充后期管理,减少补而不用、补多用少

以"三调"数据为基础,摸清补充耕地的实际利用情况,并通过历年变更调查对耕地补充的利用情况进行监控和管理。通过将补充耕地的后期开发和养护责任纳入补充耕地责任制度中,从源头上杜绝补而不用、补多用少的问题。将补充耕地的开发利用纳入省长"米袋子"考核中,防范补充耕地非粮化甚至非农化问题。此外,探索指标供给与补充耕地使用情况挂钩,对补充耕地撂荒面积过大的地区,减少其新的占用耕地指标申请。

(2) 完善农用地用途管制,减缓非粮化趋势

当前,我国土地用途管制规则主要为限制农用地转为建设用地,但对耕地、园地、林地等各类农用地之间的转换规则缺位。着眼当前耕地"非粮化"趋势增加耕地安全和粮食安全风险的现状,从守住底线的角度,必须要在管住现有耕地的同时,建立耕地向园地、林地的转换规则,尤其是要严格约束政府以及资本主导的大规模占耕地发展种植园、林业问题。对于地力未被破坏、水土条件较好、易于恢复成粮田的园林地等其他农用地,视同耕地进行严格管控。要守好现有耕地和易于复耕的资源底盘,确保急用时即可恢复,及时形成粮食综合生产能力。

6.5.2 努力实现补充耕地有保障

(1) 建立国家补充耕地基地,增强国家重大项目耕地补充保障能力

针对耕地后备资源紧约束与国家重大工程建设占用难补充的问题,应在国家统筹和地方协同保障下共同推进国家补充耕地项目基地建设。结合"双评价"结果,在全国补充耕地库中选择后备资源丰富、水土资源条件好、集中连片程度高并与城市建设用地和生态用地空间冲突少的地区,划定为国家补充耕地基地,并确定先后开发时序,从而为国家重大项目的耕地补充提供重要保障。

(2) 结合国家重大工程和整治项目实施补充国家后备资源库

国家重大工程中涉及自然资源调配和生态环境保护等重大工程实施,为扩大适宜耕种的土地面积、补充国家后备资源库提供了良好契机。将国家后备资源库建设和国家重大生态工程建设相结合,如南水北调西线工程的实施能够有效缓解我国西北地区干旱缺水状况,将在远期为扩大耕地后备资源提供充足的水资源保障。此外,将补充耕地后备资源与国家重大整治项目结合,有利于改善自然条件约束较大区域的耕地。可以通过盐碱地改造治理及合理开发利用,促进盐碱地转化为可耕种的土地并纳入国家后备资源库。据统计,我国近期具备农业改良利用潜力的盐碱地面积约 1 亿亩,有 3 500 万亩盐碱障碍耕地在治理改良后可实现较大幅度增产,有 6 500 万亩尚未农业利用的盐碱地在开发改造后可实现农业利用,治理利用的潜力巨大。

6.5.3 不断创新耕地占补平衡政策

(1) 建立国家补充耕地基金,提供政策资金保障

充分利用政策性金融工具,增强永久基本农田建设的资金统筹。可统筹补充耕地省份出让金提留、国家农业开发基金等,建立国家耕地补充基金。由国家、补充耕地区域的地方政府牵头,并鼓励社会资本共同参与补充耕地建设与开发利用,参与增加耕地指标的收益分配。将国家补充耕地空间明确为永久基本农田建设空间,补充耕地的后续开发与维护的资金纳入国家补充耕地基金预算,以持续维护补充耕地建设成果。

(2) 保障优势发展区域占补,提高耕地占补平衡政策效率

适度放宽跨省域补充耕地国家统筹的实施条件及范围,各类建设用地均可使用国家统筹补充耕地指标。根据区域经济社会发展、资源环境承载状况和耕地后备资源条件,"十四五"时期,在长三角、京津冀、粤港澳大湾区等优势发展地区,国家重大基础设施建设地区和重点发展区域先行试点,调整现行批次批准方式。以省份提前申请、国家批准下达年度指标、国家异地集中开展补充耕地统筹方式,足额缴纳补充耕地资金后即可供地。地方按规定缴纳的补充耕地资金用于补充耕地支出和承担补充任务地区发展补偿。

(3) 放宽国家统筹条件及范围,协调国家与供/用地方关系

由于部分地区耕地后备资源的枯竭,以省、自治区和直辖市为单位的耕地总量动态平衡制度难以为继,亟待开展跨省域的占补平衡[1]。应在制定差异化的耕地保护目标与责任的前提下,进一步优化并逐步放宽耕地跨省域占补平衡条件,将国家重大项目和重要战略区域性建设项目的占地补充纳入国家统筹范围。协调好国家与供地方、用地方之间的关系。用地方应按规定标准向中央财政缴纳跨省补充耕地资金,资金收取标准应综合考虑补充耕地成本、资源保护补偿、管护费用及区域差异等因素[2]。此外,国家应适度降低跨省域统筹资金提取比例,提升地方政府进行跨省域耕地占补平衡的积极性[3]。

6.5.4 严格建设用地增量管控

(1) 实施建设用地年度计划减量化供应机制

充分发挥国土空间规划的整体管控作用,基于资源环境承载力评价和开发适宜性评价,对于国土开发强度过高和建设用地利用低效的区域实施建设用地年度计划减量化供应。同时,在建设用地年度计划中,根据各地区处置批而未供和闲置土地的任务完成情况实行指标奖励和核减。"十四五"规划编制中要严格控制建设用地占用耕地的面积,到"十四五"期末年度建设占用耕地全国总量应控制在250万亩以内。

(2) 严格实施"增存挂钩",实现增量与存量的合理平衡

进一步落实好建设用地"增存挂钩"机制,把批而未供和闲置土地数量作为重要测算指标,逐年减少批而未供、闲置土地多和处置不力地区的新增建设

---

[1] 许丽丽,李宝林,袁烨城,等. 2000—2010 年中国耕地变化与耕地占补平衡政策效果分析[J]. 资源科学,2015,37(8):1543-1551.

[2] 刘润秋. 耕地占补平衡模式运行异化风险及其防范[J]. 四川大学学报(哲学社会科学版),2010(3):89-96.

[3] 田孟. 耕地占补平衡的困境及其解释——基于国家能力的理论视角[J]. 南京农业大学学报(社会科学版),2015,15(4):122-130+135.

用地计划安排。实行新增建设用地计划安排与土地节约集约利用水平、补充耕地能力挂钩,对建设用地存量规模较大、利用粗放、补充耕地能力不足的区域,适当调减新增建设用地计划。统筹利用存量和新增建设用地,实行建设用地总量和强度双控。要严格控制增量,首要保证关系区域发展的重大基础设施建设、统筹城乡区域发展等重要项目[①]。建立健全低效用地再开发激励约束机制,推进城乡存量建设用地挖潜利用和高效配置。一方面可以将实际供地率作为安排新增建设用地计划和城镇批次用地规模的重要依据,对近五年平均供地率不达标的地区,暂停安排新增建设用地指标(除国家重点项目和民生保障项目外);另一方面对盘活存量土地成效较好的地区,给予适当用地计划指标奖励。

6.5.5 增强耕地产能平衡的科技支撑能力

(1) 注重占补平衡关键问题的科技支撑

应在国家重点补充耕地区域配套科技专项,加快研制土地生态工程技术体系,突破水土资源不匹配、生态环境脆弱的耕地可持续利用障碍。加强耕地健康管理,培养定期、制度化耕地资源安全保障科技服务能力[②],科学研判耕地资源演化动态趋势,推进实施全域土地综合整治。

(2) 建立耕地占补平衡产能评估技术支撑系统

构建科学的耕地产能核算体系,建立以产能为核心的补充耕地产能评估技术支撑系统。充分利用农用地分等定级成果和耕地地力评价成果,结合三调数据完成全国耕地质量调查,在耕地质量的基础上形成占用耕地、补充耕地空间的耕地产能核算方法与技术标准,开发耕地产能评估技术支撑系统,并将产能核算纳入耕地占补平衡动态监管系统中,以耕地产能平衡为原则实行耕地占补平衡,尤其是在跨省域指标交易过程中。

---

① 焦思颖.弈活土地"大棋局"——解读2017年全国土地利用计划[J].农村·农业·农民(A版),2017(6):16-17.

② 李晓亮,吴克宁,褚献献,等.耕地产能评价研究进展与展望[J].中国土地科学,2019,33(7):91-100.

6.5.6　创新耕地占补平衡实施新机制

(1) 打造专业化智慧耕地监管平台

利用国土资源遥感监测"一张图"和耕地占补平衡动态监管系统,打造专业化的综合监管平台。以三调数据为基准,完善耕地质量等级成果数据库,对占补平衡的数量和质量实行动态监测,建立数据实时更新机制,实现国家与省、市、县四级系统的互联互通,强化耕地保护全流程动态监管。加强对各级政府实施国土空间规划、履行耕地保护目标责任、健全耕地保护制度和落实产能监测等情况的监督检查。同时将群众监督、舆论监督和社会监督纳入监管平台,构建全方位、多渠道、多关口、网络化的耕地保护监管体系,尽快形成全覆盖、全流程、全要素的智慧耕地平台。

(2) 完善耕地占补平衡实现与年度用地计划挂钩的政策

对于耕地补充及时有效且超出预期的,经评估可给予一定的指标奖励。而对于补充耕地数量落实不到位、质量不合格、产能不达标、补充耕地撂荒面积过高的地区减少新占用耕地指标。改进土地利用年度计划指标分配管理办法,将指标分配与耕地保护责任目标履行、区域资源环境容量、国土开发强度、节约集约用地水平等挂钩。

(3) 探索以产能平衡为基础的占补平衡机制

以产能平衡为基本,创新"先补后占,补用挂钩"的耕地占补平衡政策的实施模式。具体可根据所占耕地的产能评价,在适宜补充区域补充同等产能的耕地进入储备耕地库,并做到数量不减少,质量不降低。同时对于优势发展地区或国家重大基础设施建设,可先根据产能评价向耕地保护基金缴纳足额的补充耕地资金后直接供地开发,进一步提升占补平衡的供地用地效率,占地的后续开发、使用与耕地的补充利用相挂钩,避免差额补充、补而不用等现象。此外,对于零星分散、质量和区位条件较差、承担粮食生产任务较少的一般耕地资源,在数量上探索实行"占、补分离"。

第 7 章 / 面向 2035 年的耕地保护战略选择

作为全球粮食消费大国,粮食安全始终是牵动国家社会经济发展和社会稳定的重大问题。从我国现实发展来看,新时代耕地保护战略依然是国家粮食安全和民族伟大复兴的重要基石,是统筹推进"五位一体"总体布局和协调推进"四个全面"战略布局的重要支撑,是落实乡村振兴、新型城镇化建设等的重要支点,也是践行"绿水青山就是金山银山"理念以及构筑生态文明体制的重要补充。然而,随着我国社会经济发展迈入新常态,新时代的耕地保护战略也面临着新挑战与新形势,这就要求我们在客观把握我国耕地保护现状的基础上,以更高的战略定位与更宽的战略视野来谋划耕地保护,以更全面、更系统、更具针对性的政策保护体系来保障耕地保护战略的落实①。

7.1 构筑坚持以我为主、适度进口的粮食安全战略

中国是世界人口大国、世界粮食生产大国和消费大国。中国的粮食问题不仅是重大经济问题,更是重大政治问题、安全问题。对此必须有大局意识,

---

① 朱满德,张振,程国强.建构新型国家粮食安全观:全局观、可持续观与全球视野[J].贵州大学学报(社会科学版),2018,36(6):27-33.

切实增强忧患意识,做到居安思危①。坚持以我为主、适度进口②的粮食安全战略,坚守耕地保护红线,把中国人的饭碗牢牢端在自己手中,是中国政府必须长期坚持的方针,也是中国农业发展转型必须长期坚持的底线③。

7.1.1 坚持以我为主的粮食供给

改革开放以来,我国粮食贸易规模不断扩大,尤其是 2000 年以来,我国粮食进口量逐年增大,同时出现了粮食产量不断增加、自给率持续下滑的局面。研究显示,如果把大豆纳入粮食范畴,则我国粮食自给率(包含豆类)从 2002 年的 100% 下滑到 2016 年的 82.30%(如图 7-1 所示),2020 年我国粮食自给率下降至 65.8%,而《国家粮食安全中长期规划纲要(2008—2020 年)》明确提出"中国粮食自给率要基本保持在 95% 以上"。一般认为,粮食自给率低于 90% 将存在粮食供给的风险。④ 当然,也有部分学者认为,适度进口,甚至扩

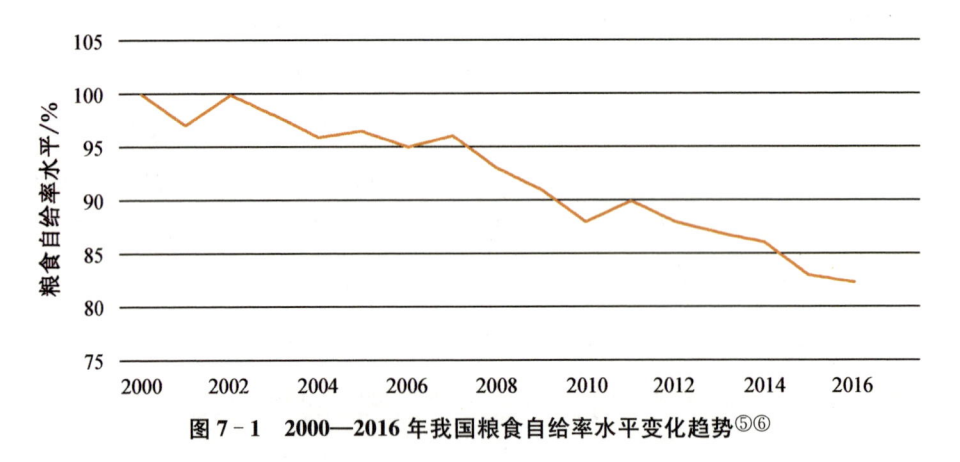

图 7-1 2000—2016 年我国粮食自给率水平变化趋势[5][6]

---

[1][3] 朱满德,张振,程国强.建构新型国家粮食安全观:全局观、可持续观与全球视野[J].贵州大学学报(社会科学版),2018,36(6):27-33.

[2] 《关于全面深化农村改革加快推进农业现代化的若干意见》(中发〔2014〕1 号).

[4] 唐华俊.新形势下中国粮食自给战略[J].农业经济问题,2014,35(2):4-10+110.

[5] 尹风雨,龚波.中国粮食自给率现状及其测算方法改进研究[J].湖南科技大学学报(社会科学版),2017,20(2):122-127.

[6] 郭修平.我国粮食自给率波动分析与粮食安全的保障[J].中国农机化学报,2016,37(5):258-263.

大进口国外粮食对保障我国粮食安全有重要意义[①②],并指出我国粮食自给率维持在85%～90%是较为合理的[③④]。

(1) 坚守基本农田数量底线

坚持以我为主的粮食供给,要进一步明确粮食安全的工作重点,合理配置资源,集中力量首先把最基本最重要的保住。经本研究测算,2035年满足我国口粮需求用地为5.36亿～5.95亿亩,基本食物用粮[⑤]需求用地为15.73亿～18.36亿亩,全口径粮食[⑥]需求用地为23.65亿～27.11亿亩。2050年我国口粮需求用地为4.39亿～5.16亿亩,基本食物用粮需求用地为14.76亿～18.15亿亩,全口径粮食需求用地为21.98亿～26.25亿亩。所以,永久基本农田划定应不低于基本食物用粮需求用地的下限,即2035年前,永久基本农田应不低于16亿亩,2050年前,永久基本农田应不低于15亿亩。当前我国划定了15.5亿亩永久基本农田,未来应当保证永久基本农田在现有基础上不减少。

(2) 提高基本农田质量

在质量和功能上,永久基本农田划定完成后,应达到耕地集中连片程度、平均质量等级有所提高的目的,同时能够起到优化城市空间格局、控制城市无序扩张、促进土地节约集约利用的作用。

(3) 充分发挥现代科学技术优势

在我国粮食生产过度依赖农药和化肥投入的情况下,要实现粮食生产的可持续性增长,必须充分利用现代科学技术选育良种,完善农田水利基础设施,装备粮食生产设备,提高粮食生产效率,从依靠高投入的粗放型增长向依靠科技的集约型增长转变,保障国内粮食生产。

---

① 黄季焜,杨军,仇焕广.新时期国家粮食安全战略和政策的思考[J].农业经济问题,2012,33(3):4-8.
② 王家新,吴志华.中国可持续粮食消费战略探析[J].中国经济问题,2001(6):55-60.
③ 柯炳生.我国粮食自给率与粮食贸易[J].中国农垦,2006(12):27-29.
④ 史培军,杨明川,陈世敏.中国粮食自给率水平与安全性研究[J].北京师范大学学报(社会科学版),1999(6):74-80.
⑤ 包括口粮和饲料粮。
⑥ 包括口粮、饲料粮、工业用粮、种子用粮、库存用粮和粮食损耗。

7.1.2 守卫耕地数量与质量底线

(1) 坚持必保耕地数量底线不能突破,应保耕地数量红线全力坚守,可保耕地数量下限尽力达成

我国未来的粮食安全战略应该采取最安全的国内生产途径,通过划定必保耕地确保基本食物用粮的供应,实现粮食的基本自给,这是耕地保护的数量底线。具体来讲,在粮食作物比和复种指数保持现状的情景下,2035年我国保证基本食物用粮需求的耕地必保量为16亿亩;考虑适度保护生态,粮食作物比及复种指数有逐年降低的趋势,2035年我国保证满足基本粮食需求的耕地应保量为18亿亩;结合目前中国粮食进口现状,以80%粮食自给率为底线,同时考虑到我国耕地资源可开垦的潜力,则我国耕地可保量约为20亿亩。其中,约有8 029万亩为耕地后备资源,以可开垦荒草地、可开垦盐碱地、可开垦内陆滩涂和可开垦裸地为主[①],保有其耕作功能,实现藏粮于地的战略布局。

(2) 坚守耕地保护红线不动摇,坚持耕地保护数量和质量并重,优化必保耕地、储备耕地空间布局

目前,我国现有优、中连片性耕地面积16.29亿亩,因此,可以实现以优、中连片性耕地面积为主的耕地保护要求。为此,建议在划定耕地保护红线时,注重必保耕地优先布局在拥有优、中连片性耕地资源的地区,即山东、河北、河南、安徽、江苏大部分地区,黑龙江、吉林、辽宁、湖北部分地区和四川盆地。在此基础上,建议储备耕地优先布局在河套地区、河西走廊和云南、广西、广东和海南的小部分区域。

7.1.3 加强农田基础设施建设

中共二十届三中全会明确要求,完善高标准农田建设、验收、管护机制。水资源是高标准农田建设尤其是粮食生产不可缺少的核心资源。近年来,我国商

---

① 全国耕地后备资源调查结果发布会,http://www.scio.gov.cn/xwfbh/gbwxwfbh/xwfbh/gtzyb/Document/1537297/1537297.htm。

品粮主产区已明显向水资源更为紧缺的北方地区集中,粮食生产与水资源之间的矛盾日益突出。我国耕地和灌溉面积主要分布在北方,分别占全国的65%和59%,但其水资源总量占不到全国的20%。如图7-2所示,我国大部分地区耕地有效灌溉面积都少于实际耕地面积,其中严重偏离45°线的省市集中在我国西北、华北地区。从全国范围来看,只有29.43%的耕地资源与水资源可基本协调。

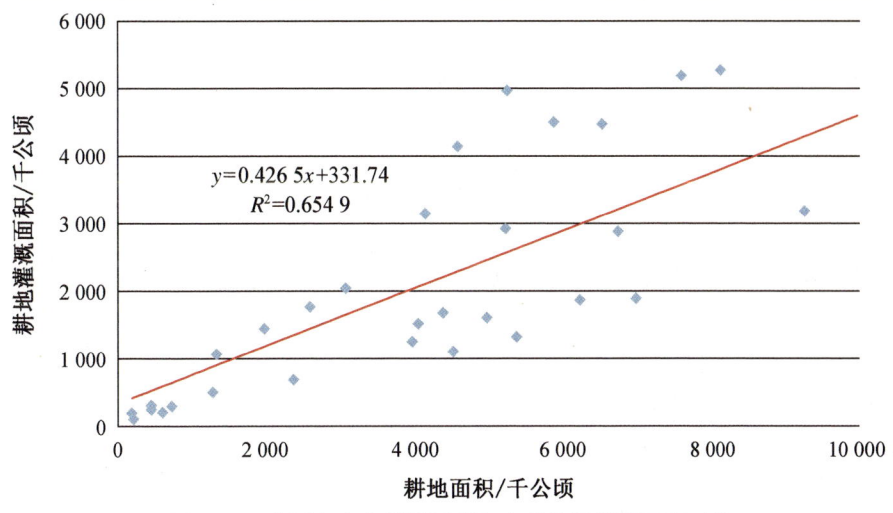

图7-2 我国各省市耕地面积和有效耕地灌溉面积对比

(1) 以水利设施为重点,进一步加强农田基础设施建设

长期以来的水土不平衡使得耕地可持续生产能力下降,严重威胁中国粮食安全。根据水利部门长期的调查统计,有效灌溉面积减少的主要原因有:工程设施损坏报废、机井报废、长期无水、建设占地、生态退耕及其他原因。当前,机井报废导致灌溉面积减少较快,且减少主要分布在华北平原区,工程设施损坏报废仍然严重。2011年3月,时任国家副主席习近平在湖南调研时就曾指出:水利是农业的命脉,切实加强农田水利基本建设,抓好重大水利枢纽和水利工程建设,不断提高抗御自然灾害和水资源调配能力。因此,要进一步加强农田基础设施建设,首先应以农田水利为重点。当前,应以北方粮食主产区为重点抓手,加大农村水利设施投入,加快水利工程设施改造与建设,合理调配水资源地区空间分布,提高水资源在农业生产利用中的利用效率和农业抗御水旱灾害能力。

(2) 注重农田生态建设，对农田生态系统和农田系统生物多样性给予更多关注

农田生态系统不仅具有食物供给的功能，还具有许多其他的生态服务功能。随着经济的发展，人们对农业资源的占用已经超过其自身向人类提供资源的最大限度，由于人类不合理的生产劳动，农业生态系统可能会产生栖息地丧失、养分流失、水源污染、土壤污染、物种丧失等问题。由于改革开放以来中国经济的高速增长对农业自然生态系统的占用，从1996年起整体上处于生态赤字期。[①] 目前，欧盟农地管护已经从农业生产基础设施建设，转向农田生态基础设施建设，对农田生态系统和农田系统生物多样性给予了充分的考虑[②]，而我国农田在生态建设和评价方面还有所欠缺。因此，应该全面认识、正确评估农业的生产功能，大力发展多功能生态农业，加快建立生态系统服务购买或生态补偿机制，确保耕地质量与设施永续利用。

7.1.4 实施农产品多元化进口

(1) 保持适度虚拟耕地规模

按进口农产品的虚拟耕地测算，2017年我国净进口农产品的虚拟耕地约为5亿亩，其中油料类农产品（主要为大豆）净进口耕地占比超过92%，进口依赖性较强，占我国已利用耕地的1/3左右。然而，2018年以来，中美贸易摩擦不断升级，严重影响了两国的农产品进出口贸易，特别是大豆的耕地保障程度一度下降到45%，对我国的粮食安全产生了威胁。虽然2019年大阪G20峰会结束后，中美贸易摩擦有所缓和，但是我们也必须看到粮食过度依赖进口所产生的风险。因此，为了把控粮食安全风险，耕地进口量应坚守本研究所提出的80%自给率底线，每年进口农产品的虚拟耕地应控制在3亿亩以内。

(2) 实施农产品多元化进口，分散进口风险

农产品适度进口对中国来说是经济的、必要的。进口产品单一，意味着进

[①] 李文华,成升魁,梅旭荣,等.中国农业资源与环境可持续发展战略研究[J].中国工程科学,2016,18(1):56-64.

[②] 郧文聚.呵护耕地健康维系自然生态[N].中国自然资源报,2019-05-23.

口来源地集中,进口风险增加;反之,进口品种越多,则意味着进口渠道和来源就越多,进口风险就会降低。实施多元化进口,就是通过多品种、多渠道、多区域进口所需农产品,综合考虑替代性农产品、农产品加工制品进口,用以分散进口风险。这是今后中国更加灵活利用全球农业资源和国际农产品市场的基本方向[①]。

(3) 调整农产品进口结构,加强与世界主要农产品供给国贸易合作

建议增加部分肉类及制品进口代替饲料粮进口,增加多种植物油脂进口代替油籽油料进口[②],深化与巴西、阿根廷在饲料粮、油料领域的合作,加强与泰国、缅甸等东南亚国家在大米等谷物领域的合作,加强与中亚国家在小麦、饲料粮领域的合作,重点解决中国大豆、玉米等粮食产品的结构性短缺问题。

为此,应与世界主要农产品供给国签订贸易与合作的"国家协定"、与跨国企业等签订农产品贸易长期契约,建立稳定可靠的战略贸易伙伴关系,稳定国内供需缺口较大、需求持续增长的农产品进口货源。根据农产品进口现实需要和国家战略需求,减少农产品进口壁垒,同步建立农产品进口监测、产业损害预警系统和快速反应机制[③]。

7.2 构缔支撑生态文明与食品安全的用养结合的耕地保育战略

耕地是最宝贵的资源,是粮食生产的基础。我国农业资源禀赋不足,耕地人口承载力严重不足,耕地水资源超强度利用,耕地资源环境约束趋紧,通过构缔支撑生态文明与食品安全的耕地用养结合战略,树立绿色发展、生态优先理念,降低耕地开发利用强度,减少化肥农药投入,利于农业面源污染修复,缓解生态环境压力,促进耕地资源可持续发展。

[①②③] 朱满德,张振,程国强. 建构新型国家粮食安全观:全局观、可持续观与全球视野[J]. 贵州大学学报(社会科学版),2018,36(6):27-33.

7.2.1 优化配置我国耕地休耕规模

(1) 确定我国整体休耕空间和规模比例

2016年6月,《探索实行耕地轮作休耕制度试点方案》提出率先在地下水漏斗区、重金属污染区和生态严重退化区开展休耕试点[①],并明确了三大类型区包括方法、手段和时长等方面的技术路径。但是,全国整体休耕规模比例如何确定、哪些区域耕地进行休耕、最好休耕多久等问题都需要进一步解决。

(2) 总结典型国家及地区的休耕时空配置经验

从典型国家及地区的实践来看,耕地休耕时空配置的内涵本质是将休耕规模、休耕区域和休耕时间进行优化组合,实现对休耕区域"定位、定量、定时"的宏观调控。

表7-1 典型国家及地区耕地休耕计划及其时空配置实践对比概况

休耕计划	主要目标	执行方式	休耕时空配置
美国的"土地休耕保护计划"	旨在改善生态环境,包括减少水土流失、改善水质和保护野生动物栖息地	自愿性休耕: ① 一般申请 ② 不间断申请	① 区域:一般申请,占耕地面积90%,1990年采用EBI指数筛选,指标权重动态变化;不间断申请,占耕地面积10%,1997年土地休耕强化项目(CREP)和2000年可耕种湿地项目(FWP),对象为环境脆弱区耕地; ② 规模:每个县休耕率上限25%;2007年巅峰时期的 $1\,489\times10^4\ hm^2$ 下降到2013年的 $1\,036\times10^4\ hm^2$;③ 时长:10~15a
欧盟的"农地休耕计划"	旨在控制并减少粮食产量和预算支出;2003年由粮食控制转向环境保护	① 强制性休耕(2009年取消); ② 自愿性休耕(含多年性休耕)	① 区域:强制性休耕,粮食产量大于92t,休耕至少15%;自愿性休耕,粮食产量小于92t,休耕最小地块 $0.3\ hm^2$;多年性休耕,$100\ hm^2$ 以下农场最多休耕 $5\ hm^2$,$100\ hm^2$ 以上农场最多休耕 $10\ hm^2$;② 规模:享受休耕上限33%的补贴;1999年休耕率固定为10%;2004—2005年度的休耕率降为5%;2007年强制性休耕地面积大约有 $370\times10^4\ hm^2$;2007年秋—2008年春休耕率降为0;平均休耕率为10%左右;③ 时长:季休、年休和多年性休耕(至少10a)

---

① 赵其国,滕应,黄国勤. 中国探索实行耕地轮作休耕制度试点问题的战略思考[J]. 生态环境学报,2017,26(1):1-5.

(续表)

休耕计划	主要目标	执行方式	休耕时空配置
日本的"农田休耕项目"	旨在减少食用水稻的产量和保护农户收入;1993年增加了生态环境保护目标	① 强制性休耕;② 自愿休耕(2007年开始,含永久性休耕)	① 区域:耕地面积4 hm² 以上的个体农户以及耕地面积超过20 hm² 以上的农业组织;② 规模:几乎每年休耕面积都大于50×10⁴ hm²;1993年总休耕率为64.6%,其中,永久性休耕率为2.6%;2010年休耕率为10.6%;③ 时长:年休和多年性休耕
中国台湾地区的"稻田转作休耕计划"	旨在减少水稻产量;2013年促进农业劳动力结构年轻化和规模化经营	自愿性休耕	① 区域:申请即可;② 规模:每年休耕率约27.5%(约22×10⁴ hm²),1988年稻田转作休耕5.12×10⁴ hm²;2002年再休耕10.5×10⁴ hm² 以上;2013年休耕面积已高达26×10⁴ hm²;2016年,每户农户每年最多申请3 hm²,并且两期耕地必须有一期耕作;③ 时长:一年两期;2013年调整为一年一期

(3) 优化配置我国休耕区域性和时序性安排

根据全国第二次土地调查结果,2017年中国耕地面积为20.23亿亩,但我国约有4亿亩耕地由于生态脆弱、水土资源不协调、农业面源污染等问题闲置撂荒、休养生息或用于其他用途,所以中国实际利用耕地面积只有约16亿亩。到2020年,我国耕地面积为18.65亿亩。借鉴世界其他区域的休耕规模比例,结合目前我国耕地数量下降、耕地质量衰退等影响因素复杂多样的现状,我国休耕比例可控制在10%~15%。休耕的时序安排,应优先考虑重金属污染型耕地区、地下水漏斗区和生态退化极严重区域[①]。

7.2.2 完善休耕轮作时空配置方案

(1) 诊断全国耕地问题空间,划定耕地修复、提升和稳固类型区

根据全国耕地空间生态环境质量状况,深入分析重点关注区域(如生态脆弱区、重金属污染区、地下水漏斗区)耕地生态环境退化的主要矛盾,研究区域

---

① 曾思燕.中国休耕的主控因素及其对粮食安全的影响研究[D].徐州:中国矿业大学,2021.

耕地资源及粮食生产、食品安全发展的限制因子,明确适于轮作休耕的耕地资源数量(如面积、范围、规模)和质量(如生产功能、环境功能、生态功能),开展适于区域轮作休耕的耕地资源区划,实现耕地数量、质量和生态并重,耕地增产增效相统一,生产生态相协调。

(2) 针对不同类型耕地空间,提出耕地轮作休耕方案

在华北平原等地下水超采地区连续多年组织实施季节性休耕,实行"一季休耕、一季种植",将主要依靠抽取地下水灌溉的冬小麦种植面积适当压减,只种植雨热同季的玉米、油料作物和耐旱耐瘠薄的杂粮杂豆等作物,减少地下水用量。季节性休耕期间支持农民种植油菜等绿肥作物,不抽取地下水浇灌,不收获,下茬作物种植前直接翻耕入田,减少地表裸露,培肥地力[①]。

在耕地干旱缺水,土壤沙化、盐渍化、石漠化严重的区域,以三年为期,通过改种防风固沙、涵养水分、保护耕层的作物,减少农事活动等措施,不断改善耕地生态环境,涵养地力,实现耕地资源的可持续发展。对休耕地采取保护性措施,禁止弃耕、严禁废耕,不能减少或破坏耕地、不能改变耕地性质,确保急用之时能够复耕,粮食能产得出、供得上。

在土壤污染区域,根据耕地质量现状分类施策,通过种植结构调整、休耕、修复治理等多种方式,实现耕地的有效利用和地力保护。休耕主要采用"休耕＋春季深翻耕＋淹水管理＋秋冬季旋耕＋绿肥"的模式,具体为每年春季在绿肥翻压时进行深翻耕,5—9月进行淹水管理,秋冬季旋耕后种植绿肥。探索选择在一定区域,设立镉污染治理生物移除技术示范开放性平台,引进国内外先进技术模式,开展植物移除＋生物质碳开发利用。因此提出我国休耕轮作时空配置方案。

(3) 完善我国休耕轮作制度安排和补偿机制

在生态脆弱区、土壤污染区、地下水严重超采区三种地区的一年两茬区和一年一茬区两种种植区域,分别推行两茬区季节性休耕、全年休耕和一茬区全

---

① 赵其国,沈仁芳,滕应,等.我国地下水漏斗区耕地轮作休耕制度试点成效及对策建议[J].土壤,2018,50(1):1-6.

年休耕三种模式,并对这些区域进行休耕补贴,如地下漏斗区季节性休耕补贴500元/亩,一季作物区全年休耕试点补贴800元/亩,两季作物区全年休耕补贴1000元/亩,重金属污染区全年休耕补贴1300元/亩,以达到结构调整、绿色环保、稳定农民收益、提升地力和资源节约的综合目标。

7.2.3 巩固耕地质量建设

(1) 针对问题空间,实施生态修复方案,建立生态补偿制度

针对我国耕地位于中度、重度和极度生态脆弱区的占比达37%以上,农业污染严重导致耕地质量退化、土壤结构变差、土壤板结、土壤重金属超标,以及水资源严重匮乏或水土流失严重等各类生态环境问题导致耕地不适宜的重点区域,应将其确定为耕地保护重点区域,明确具体的范围和面积,有序开展实施生态退耕、土壤修复、治理面源污染、减少地下水开采等战略,提升耕地系统的可持续性;建立生态补偿制度、管理和保护机制、行政问责制度等;建立区域生态环境保护机制,建立有效的耕地环境监测与修复网络,按照"谁治理、谁受益"的要求,积极鼓励和引导社会资源参与生态修复和污染土地治理。

(2) 针对改善空间,开展耕地综合治理,统筹推进提质改造

针对耕地环境质量待改善的区域,如区域内局部地区受土壤污染、水资源短缺、灾害等限制约束,可通过休耕或者国家财政投入进行一些生态质量建设类工程对区域耕地空间进行修复改善,实施提质改造,在确保补充耕地数量的同时,提高耕地质量,开展退化耕地综合治理,有效提高耕地产能,全面统筹推进耕地质量提升行动,将耕地质量等级情况、耕地生态文明建设目标纳入区域政府年终绩效管理。

(3) 针对提升空间,建设高标准农田,确保耕地稳产高效

依托土地整治、高标准农田建设等耕地质量建设工程进一步提升耕地质量。将优质耕地划入基本农田实行永久保护,建设一批集中连片、旱涝保收、稳产高产、生态友好的高标准农田,严控建设用地占用优质耕地;加快建设高标准基本农田,重点抓好重大工程、示范省和示范县建设及高标准基本农田日常管护;依托农村土地整治监测监管系统,对高标准基本农田建设情况进行集中统一、全面全程监管,并定期考核;严格执行耕地占补平衡政策规定,严格补充耕地项目验收和地类变更,切实提高新补充耕地产能;积极探索"以补定占"机制,实现补充耕地与占用耕地数量和产能双平衡。

7.3 构划以水定耕、以水养耕的耕地空间布局战略

水土资源是人类赖以生产和生活的基础。水土资源短缺及其匹配错位是乡村振兴战略和农业现代化进程中长期的、根本的制约因素,不仅影响土地生产潜力的发挥,而且常造成不同程度的旱涝灾害,使耕地资源利用受到损失。综合考虑我国水资源的盈亏情况,合理协调水资源的供需关系,积极应对和减缓全球气候变化对我国国土空间尤其是耕地资源和水资源的影响,构筑以水定耕、以水养耕的耕地空间布局战略,达到耕地资源与水资源二者之间的平衡与合理利用。

7.3.1 以水定地优化耕地利用结构

(1) 判别我国耕地资源与水资源的空间分布协调性

水分盈亏量作为降水量与同期潜在蒸散量的差值[①],其数值及分布规律取决于区域降水量和影响潜在蒸散量的太阳辐射、气温、相对湿度、风速等气候要素的格局,它较为真实地反映了气候条件对农作物水分盈亏状态的影响程度[②],因此,水分盈亏量被认为是气候学上度量区域农业旱涝程度的重要指标[③]。根据2015年LUCC数据,将耕地资源分为水田和旱地;依据作物生长期内所需水量将全国水分盈亏量划分成五个等级:重度缺水($\leqslant -800$ mm)、

---

① 林莎,贺康宁,王莉,等. 基于地统计学的黄土高寒区典型林地土壤水分盈亏状况研究[J]. 生态学报,2020,40(2):728-737.
② 黄会平,曹明明,宋进喜,等. 黄淮海平原主要农作物全生育期水分盈亏变化特征[J]. 干旱区资源与环境,2015,29(8):138-144.
③ 曾丽红,宋开山,张柏. 1951—2008年东北地区水分盈亏量时空格局[J]. 自然资源学报,2011,26(5):858-870.

中度缺水(−800～−200 mm)、基本自给(−200～200 mm)、中度丰裕(200～800 mm)和高度丰裕(>800 mm)。将水资源等级图与耕地资源叠加,分析我国耕地资源与水资源空间分布的协调性。

(2) 依据我国水田和旱地的水分盈亏量,优化耕地利用结构

对全国 31 个省份的农业需水量进行分析,可知,全国有 34.56% 的耕地资源处于中度缺水的旱地,29.43% 的耕地资源与水资源可基本协调;中度丰裕及以上的耕地资源占 28.13%,其中中度丰裕、高度丰裕的水田分别占 11.53% 和 5.08%,中度丰裕、高度丰裕的旱地分别占 9.52% 和 2.00%;此外,全国仍有 2.19% 的水田处于中度及以上缺水的状态,主要分布在东北平原和华北平原,缺水严重的水田总量较多的省份有黑龙江省、辽宁省、河北省和吉林省,这些区域为实行旱改水主要依靠超采地下水来供给农业用水。

(3) 对不同等级水资源做情景分析,针对性提出耕地保护措施

一是内蒙古、甘肃、新疆等地区有较大比例的旱地和少部分的水田处于重度缺水状态,主要是受这些区域降水量供给不足的影响。可通过调整耕地利用方式和作物种植结构、提高有效灌溉效率进行弥补;极度缺水的地区应考虑退出耕地。二是华北平原耕地大多处于旱地—中度缺水状态,地下水超采问题严重。而北方的粮食主产区,为追求粮食产量的稳增趋势,农业始终是耗水大户;为供给各部门的水资源需求,除地表水外,全国每年都有 900 亿～1 000 亿 m^3 的地下水被开采。根据 2017 年中国水资源公报,地下水开发最多的省份是河北省(148.74 亿 m^3),其次是黑龙江省(142.83 亿 m^3)、河南省(128.42 亿 m^3)、新疆维吾尔自治区(93.46 亿 m^3)和山东省(93.03 亿 m^3)。超采地下水可能会导致湿地变干、河流枯竭、地面沉降、海水入侵等,最终可能会导致地下水水质持续恶化,对区域的生态功能和资源环境承载力造成恶劣的影响。华北平原在开采强烈的中部和东部平原区地下水位下降幅度较大,沿海地区地面沉降造成河堤、水库大坝等裂缝、坍塌等地质灾害。由地下水超采导致的一系列生态与环境问题,危及供水安全、生态安全和粮食安全。三是长江中下游、江南丘陵地区水资源高度丰裕,暴雨洪涝灾害频发。近 30 年,长江流域和珠江流域内的降水在时间和空间上的集中度有明显增加,降水时空的变化,造成汛期涝渍灾害的增加,也造成非降水集中时段旱灾的增加。针对高度丰裕和中度丰裕的地区,应加强水利工程设施建设,减少洪涝灾害对耕地生产的影响;加强暴雨洪涝监测预警,加强流域上下游联防,实施气象灾害应急预案,保障粮食生产。

7.3.2 改善耕地系统的气候变化适应性

(1) 总结过去气候变化对我国耕地资源(种植面积和结构)的影响

气候变化改变了水资源空间配置格局。气候变化不仅影响耕地生产力,也使耕地种植品种和模式发生了变化。气候变化导致东北地区冬小麦种植北界明显北移西延,玉米晚熟品种种植面积不断扩大,水稻田面积大幅增长;农牧交错带向东南方向扩展;积温增加导致蒸散量增加,加剧旱情,使旱带北移。另外,气候变化加剧了耕地流转的面积与速度。近30年来中国北方大部分地区持续干旱,降水量的显著减少导致了耕地转向草地、未利用地等;气候变化影响下的农业比较经济效益低,农民将耕地转为园地(果园、菜园等)、养殖用地,严重威胁着18亿亩耕地红线。因此,迫切需要加强气候变化影响下耕地利用的适应性和动态化管理,从而提高耕地应对全球气候变化极端事件的能

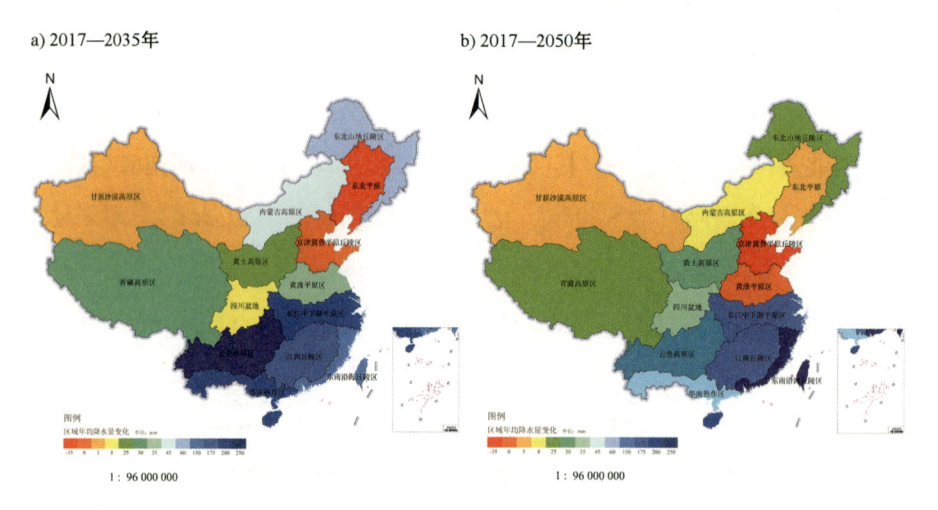

图 7-3 增温 1.5℃情景区域年均降水量变化预测(a:2035年;b:2050年)

力和弹性[①]。

(2) 预判未来气候变化对我国耕地影响,探索气候变化适应策略方案

一是减缓"南涝北旱"格局恶化。降水变化直接影响地表径流和入渗补给水量,在未来气候变化情景下,我国东北平原、京津冀鲁平原和甘新沙漠高原区的降水量仍呈减少趋势,我国北方地区水资源脆弱性将持续加剧,未来农业水资源量将日益短缺,这些区域干旱化进一步扩张和加剧;而华南地区的降水量仍呈增加趋势,涝灾频率呈波动中升高,气候变化将进一步加剧南涝北旱局面。应探索有效的气候变化适应策略方案,减缓"南涝北旱"对我国耕地生产的影响。

二是稳定耕地的生产潜力和粮食供应能力。由于温度升高、干旱化趋于加剧等因素的影响,2020—2035 年,京津冀鲁平原区和黄淮海平原区的植物生产潜力值下降;2035—2050 年,东北山地丘陵区、东北平原区、江南丘陵区、内蒙古高原区、黄土高原区、四川盆地区、云贵高原区、甘新沙漠高原区等 NPP 也有所降低。面对气候变化对土壤质量、耕作环境等的影响,我国耕地生产能力表现出波动性和脆弱性,尤其是我国耕地后备资源最多的东北和西北区域,是粮食作物生产力最不稳定的地区。

(3) 发展气候变化适应应用技术,改善耕地系统适应性和稳定性

随着未来全球气候变暖,干旱、洪涝、高温、冷冻等气象灾害发生的频率也可能增加。采用新技术,提高农业生产对气候变化不利影响的抵御能力,增强农业抗灾能力,最大限度地减少损失,改善农业基础设施,调整种植结构。根据我国各区域 2035 年、2050 年的气候变化趋势预测,改善灌溉和排水设施。根据区域气候变化特征,调整种植区域与品种类型,主要粮食作物生产向气候适宜区适度集中。

[①] 屈瑞洁,邓祥征,崔晓临.应对气候变化的耕地利用管理策略分析[C]//中国管理现代化研究会,复旦管理学奖励基金会.第七届(2012)中国管理学年会公共管理分会场论文集(选编).[出版者不详],2012:6.

7.3.3 提升耕地系统水资源利用效率

(1) 依据水资源—粮食产量匹配系数划定我国不同地区的水土匹配程度

水资源—粮食产量匹配系数可以间接反映地区水土资源匹配程度。根据计算结果,将我国不同地区的水土匹配程度划分为严重缺水型不平衡(≤0.2)、缺水型不平衡(0.2~0.5)、水土平衡(0.5~1.5)、富水型不平衡(1.5~3.5)和极度富水型不平衡(>3.5)五种类型,如图7-4所示。

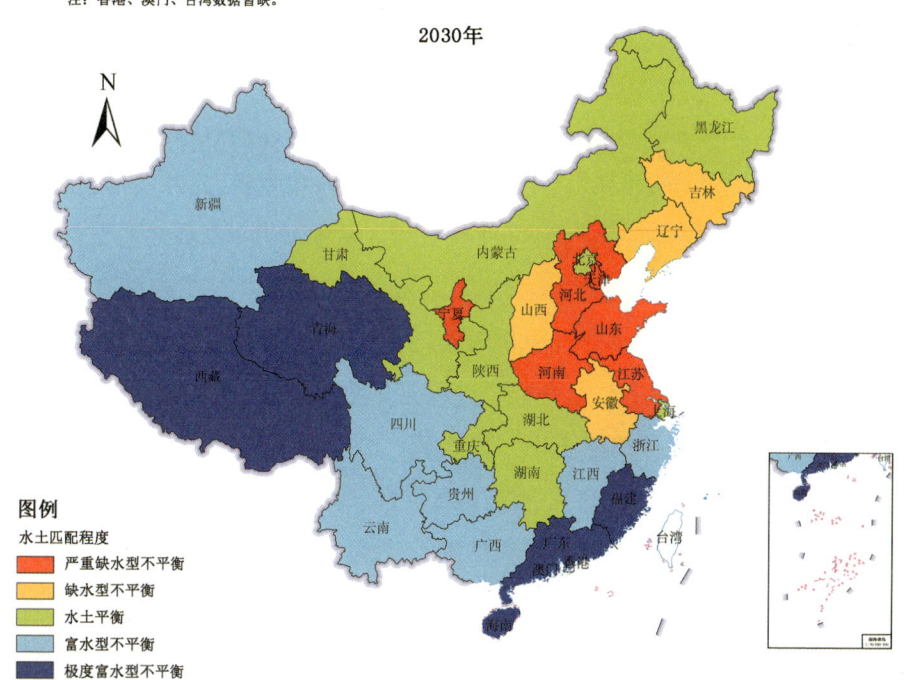

第 7 章 面向 2035 年的耕地保护战略选择

2025 年

图例
水土匹配程度
- 严重缺水型不平衡
- 缺水型不平衡
- 水土平衡
- 富水型不平衡
- 极度富水型不平衡

1∶48 000 000

注：香港、澳门、台湾数据暂缺。

2030 年

图例
水土匹配程度
- 严重缺水型不平衡
- 缺水型不平衡
- 水土平衡
- 富水型不平衡
- 极度富水型不平衡

1∶48 000 000

注：香港、澳门、台湾数据暂缺。

2035年

图例
水土匹配程度
- 严重缺水型不平衡
- 缺水型不平衡
- 水土平衡
- 富水型不平衡
- 极度富水型不平衡

1:48 000 000

注：香港、澳门、台湾数据暂缺。

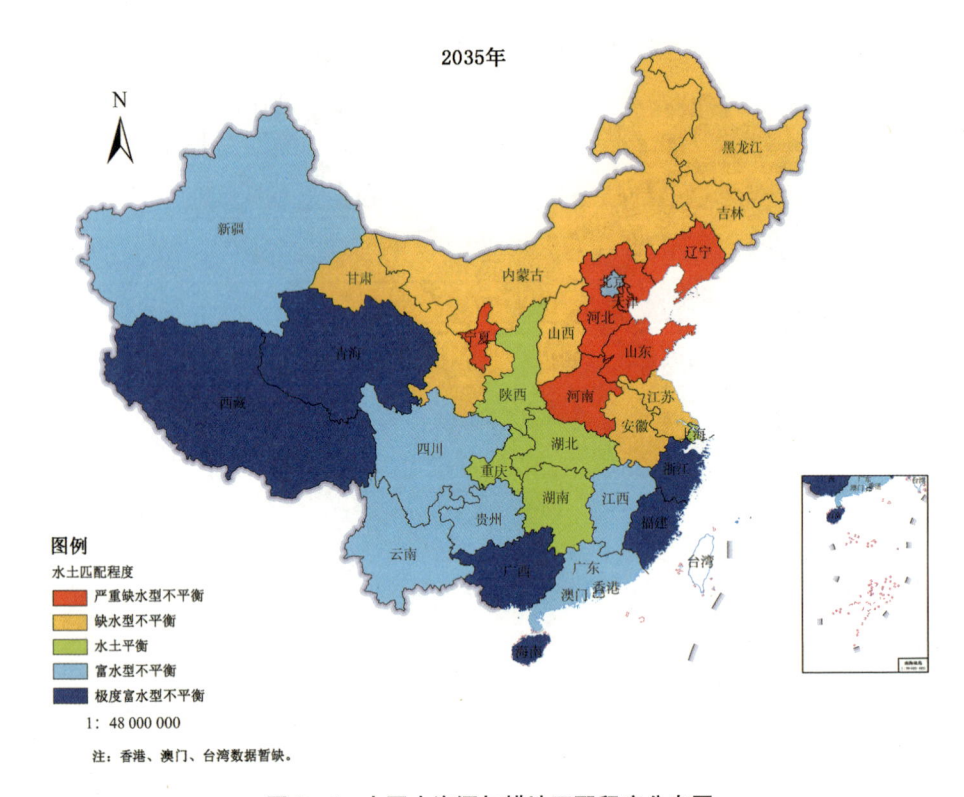

图 7-4 中国水资源与耕地匹配程度分布图

由图 7-4 可知，富水型不平衡地区主要位于我国东南、西南和西北地区，包括福建、广东、广西、贵州、云南、四川、西藏、青海和新疆，此外，浙江和江西在大部分年份也属于富水型水土不平衡区域。富水型不平衡地区主要受到海拔、光温、地貌等自然条件的影响，虽然水资源总量较多，但是粮食产量都不高。缺水型不平衡地区主要位于我国淮河以北、祁连山以东地区，包括江苏、安徽、山东、山西、河北、河南、山西、宁夏、辽宁和吉林，此外，内蒙古和黑龙江也有部分年份属于缺水型水土不平衡区域。受季风气候的影响，我国水资源的空间分布极不均匀，缺水型不平衡地区大部分是我国的粮食主产区，主要位于淮河以北，水资源严重匮乏，而农村水利、灌溉等基础配套设施建设又相对滞后，如黄淮海平原的河北和河南粮食主产区，灌溉农业用水对地下水依赖程度不断增大，安徽粮食主产区淮河以北地区农业用水开采量也呈逐年增加趋势。水土平衡地区主要位于我国中部，包括湖南、湖北、重庆、陕西等地，部分年份江西、黑龙江、内蒙古也能跻身水土平衡区域。总的来看,我国水土平衡地区较少,淮河以北的粮食主产区的水资源压力较大,建议未来降低严重缺水型水土不平衡地区的产粮要求,新增耕地以及耕地后备资源可布局在新疆、四川、广西、云南等光温、地貌等自然条件相对较好的富水型水土资源不平衡地区。

(2) 针对不同水土平衡程度,提出相应的耕地管控措施

一是严重失衡区的耕地管控。失衡有两种状况,水多田少和水少田多。其中,水资源少而耕地多的地区的水资源量成为限制发展的主要因素,为解决失衡区的发展问题,要做到以下几点:一是要控制用水总量,在部分地区实施退耕还水,改善生态环境。二是要严格控制地下水开采,完善地下水取水许可证的发放制度,对超过标准的部分收取高额超采费用,保证地下水资源的休养生息。三是要提高农业用水效率,要加强水利基础设施建设,全面推广喷灌、滴灌、膜上灌、波涌灌等节水灌溉技术。四是要增加休耕轮作面积,改良种植结构,要加强农作物节水品种的更新、改良和培育工作。

二是富水型地区的耕地管控。富水地区往往经济发达,人口稠密,工业发达,生活污水和工业污水会污染地表水资源。污水下渗还会对地下水造成污染。此外,农业生产中离不开化肥、农药等的使用,农业面源污染对水资源的危害也较大。污水直接用于灌溉会造成农业生态系统的恶性循环。富水地区的耕地管控重点如下:一是要进行农业改组,通过转变农业生产方式推动农业向绿色、清洁化的方向发展;二是要加强水污染状况监测,建设污水处理设施,提高水质。

三是水土平衡区的耕地管控。水土平衡区耕地管控的要点是如何继续保持这种平衡的状态,不使之向坏的方向发展。一是要处理好城镇用地与耕地保护的关系,控制城镇用地扩展,保护良好耕地资源。二是要加强污水的监测与治理,保证水资源的总量和质量。三是要发展绿色农业、清洁农业、高效农业。

7.4 构架全方位确保产能的耕地永续利用战略

耕地资源是生产粮食的重要来源,落实耕地永续利用战略是国家粮食安全的重要保障;耕地资源是自然生态系统的重要构成部分,落实耕地永续利用战略对践行生态文明建设起到重要支撑作用;耕地资源还是连接人类社会与土地利用系统的重要纽带,实现耕地资源的永续利用本质上也就达到了一种人类利用耕地资源的合理状态,是人类开发利用自然资源与保护自然资源的一种中间平衡态,也就实现了"人—地"关系的和谐。落实耕地永续利用战略,需要从全方位、全过程确保产能入手,实现"藏粮于优、藏粮于地、藏粮于技、藏粮于农"。

7.4.1 "藏粮于优",实施优质耕地优先保护策略

近年来,优质耕地急剧减少成为中国大城市"城乡失衡"的突出问题,已成为中国城市化进程"扯后腿"问题。因此,要以优质耕地优先保护为目标,优先将优质耕地划为永久基本农田。在划定永久基本农田时要注重空间格局,不能阻碍正常的城市发展。对于容易被城镇化侵占的交通沿线和城市周边地区的优质耕地,要优先划为永久基本农田,及时对其进行保护。

(1) 优化永久基本农田保护的空间格局

未来需要更加注重因地制宜确定永久基本农田的空间布局,才能更好地进行耕地保护。因此要在保证基本农田保护率不减小的基础上,科学优化永久基本农田的空间布局。主要是:

一、要把优化永久基本农田空间布局作为当前国土空间规划制定中安排其他各类用地布局的核心。二、永久基本农田布局需要基于现有布局,按照"划优不划劣、划近不划远、划整不划零"的基本原则,对不合理布局进行调整优化[①]。

---

① 程锋,郧文聚,苏强,等. 新一轮土地利用总体规划修编中关于基本农田布局调整与管制分区的几点思考[J]. 资源与产业,2008(5):122-124.

三是适时开展永久基本农田布局综合评价,按照永久基本农田调整的原则以及当地经济建设发展的需求,确定需要调出的基本农田的空间位置,根据耕地质量评价结果将高产优质的耕地调整进入基本农田保护区,达到调整后基本农田质量不降低或农业综合生产能力不降低的要求,从而优化基本农田空间布局,使基本农田规划布局更趋合理。

(2) 优化沿线优质永久基本农田的保护策略

针对沿线建设占用基本农田比例高、质量优、持续期长的问题,需要进一步优化沿线优质永久基本农田保护策略。主要是:

一、减少交通沿线建设规划设计的绿化带空间。注重通过草地、湿地生态系统减少沿线道路对于农田的污染影响。二、优化线路方案。道路沿线穿越大量的永久基本农田,为使道路对土地占用与破坏降到最小,在道路线位方案确定后,即对道路的用地情况及用地标准进行专项分析。三、对于高速公路中高架桥梁以及地下隧道的应用是对土地保护的有效措施,尤其是在经济条件比较好的地区,通过设置一定比例的高架桥或地下隧道,不仅增强节地效果,同时也为野生动物保护提供支持。

(3) 强化城市周边的优质耕地保护

依据"三线"划定,在已有划定永久基本农田工作的基础上,将城镇周边现有易被占用的优质耕地优先划为永久基本农田,最大限度地保障粮食综合生产能力,确保实有耕地面积基本稳定和国家粮食安全。一是要保证划定后的永久基本农田面积一般不低于原土地利用总体规划确定的基本农田保护面积指标,应保尽保原有基本农田中的高等级耕地、集中连片耕地;二是要把永久基本农田控制线作为城市发展的"刚性边界",即建设不能占用,城市发展必须绕开永久基本农田,并且永久基本农田一经划定不得因为城市发展等其他因素进行调整,引导城市向串联式、组团式、卫星城式的新型城镇化道路发展;三是允许城镇周边永久基本农田划定地块保留多重生态功能,允许在未破坏耕作层的前提下在城镇周边基本农田上种植水生作物、花卉、苗木等。

(4) 加强对种植基本农作物的耕地保护

基本农作物[①]直接关系生存安全、国家安全，对于耕地上种植基本农作物的应予以优先保障并加强保护。一是应根据各地区资源禀赋、气候条件、种植制度、区位条件等因素确定地区基本农作物，同时考虑地区具备种植历史、产业优势以及生产生活必备的区域性品种；二是在占补平衡中，应减少对于种植基本农作物的耕地占用，对于确需占用的须在补充耕地上保证原有基本农作物的种植，保证基本农作物面积不减少；三是健全保障耕地用于种植基本农作物的管理体系，明确耕地利用优先序，将优先的耕地资源有限用于基本农作物的生产。

7.4.2 "藏粮于地"，推进和完善耕地储备制度

"藏粮于地"是中央对确保粮食产能的新思路，可以缓解土地生态压力，提高土地综合生产能力，保护耕地资源，缓解粮食库存压力，减轻仓储财政负担，促进农业供给侧结构性改革，促进农民增收，保障国家粮食稳定供给和安全。要实现"藏粮于地"，需要实施耕地储备制度，让过度消耗的耕地得到休养，提升耕地质量和土地生产力，实现粮食稳产高产。

(1) 做好永久基本农田补划工作和储备区建设

要量质并重地做好永久基本农田的补划工作。坚持对划定的永久基本农田实施特殊保护，对于重大建设项目占用或生态建设、灾毁等依法认定减少永久基本农田的，按照"总体稳定、局部微调、量质并重"的原则，做好永久基本农田整改补划工作。原则上要在原县域范围内进行补划，确保辖区范围内数量不减少，质量有提升。同时要补充完善永久基本农田储备区建设，为重大建设项目占用永久基本农田提供补划空间。要在永久基本农田整备区数据库的基础上，结合第三次全国国土调查结果、国土空间规划和生态保护红线等成果，

---

① 《中共中央关于进一步全面深化改革、推进中国式现代化的决定》中提到，健全保障耕地用于种植基本农作物管理体系。基本农作物是指为了满足人们基本生产生活需要而大面积栽培的农作物。在国家层面，基本农作物主要包括粮食、油料、棉花、糖料、蔬菜、饲草饲料等基础性、战略性农作物品种。

确定市县永久基本农田储备区划定目标任务,补充完善永久基本农田储备区数据库,并交到国务院相关部门。

(2) 划定耕地后备资源开发保护区

近年来,建设占用、生态退耕和农业结构调整,以及对耕地的不合理开发和污染导致耕地资源大量减少,严重地威胁粮食安全和经济安全。2013—2017年共计有185.3万公顷耕地后备资源转为建设用地[①],占我国2012年耕地后备资源总面积640.5万公顷的28.9%[②],而同期有138.0万公顷的耕地转为建设用地,耕地后备资源被占用的情况更加明显。因此,合理划定耕地后备资源开发保护区,加强耕地后备资源的保护已是迫在眉睫。区域耕地后备资源的质量、数量直接影响经济发展、社会稳定、生态建设、环境治理等诸多方面。在经济新常态下耕地后备资源开发利用要注意以下几点[③]:一是加强顶层设计,设定耕地后备资源开发与保护差别化目标;二是加强生态保护,建立科学的耕地后备资源开发管理机制;三是吸引社会资本,完善耕地后备资源开发利益分配机制;四是强化耕地后备资源开发监督约束机制。

(3) 提升生态脆弱区的耕地质量

要特别注重生态脆弱区耕地的生态建设,提升生态脆弱区的耕地质量等别,增加生态脆弱区优质耕地的面积。对于水土流失严重的地区,加强水土流失治理,通过种植植物与采取各类工程措施,提高植被覆盖率,改善地表径流状况,降低水流冲刷对土壤资源的侵害。同时要稳步推进退耕还林还草还湖工程的实施,恢复被耕地资源侵占的生态资源空间,改善耕地资源局域生态环境;对于水资源匮乏的地区,要加强农村与农田生态环境建设,搞好水土资源整治和保护,调整耕作区水土资源配置,提高耕地灌溉水质量;加强水源的治理和保护,加快水域自然生态保护区建设;对于生态环境极其脆弱的喀斯特地

---

① 耕地后备资源转化为其他用地的数据是以2012年耕地后备资源数据分别与历年土地利用变更调查数据叠加,将转变为耕地和建设用地的后备资源视为耕地后备资源已利用,将其他剩余土地视为未利用耕地后备资源,计算后可得每年的耕地后备资源利用量。

② 2012年耕地后备资源面积统计自2012年土地变更调查数据。

③ 高星,吴克宁. 新常态下耕地后备资源开发利用思考[J]. 中国土地,2015(7):33-35.

区,可进一步探索休耕机制,休耕的推广应采取"统一部署、分区实践"的方式,尽早明确休耕的基本原则,建立"国家—区域—地方"自上而下的目标体系以及"村—镇—县—省"自下而上的休耕规模与布局方案体系,进而因地制宜有序开展休耕①。

7.4.3 "藏粮于技",科技政策促进耕地地力提升

"藏粮于技",需要以科学技术为支撑,通过科技创新解决当前农业生产中的难题,让科技力量为内涵式现代农业发展之路提供良好支撑。习近平总书记说过,农业的出路在现代化,而农业现代化的关键在科技进步。因此要走中国特色的现代化农业道路,给农业插上科技的翅膀,用现代科技理念改造农业。同时,构建以科技创新为主的动力机制,加快推进农业机械化,提高现代技术、信息技术在国土空间整治、耕地地力监测等领域的应用,通过实施科技政策促进耕地地力提升。

(1) 探索国土空间整治技术

国土空间整治要按照"山、水、林、田、湖、草"生命共同体理念,坚持节约优先、保护优先、自然恢复为主的方针②,构建国土生态安全屏障。在推进国土空间整治的过程中,要不断探索新的技术,以绿色发展、循环发展、低碳发展为导向,通过国土空间监测技术测定山水林田湖草的空间分布、特征及其相互关系,如监测生态保护红线、永久基本农田、城镇开发边界、城市中违法用地、违法建设情况,河长、湖长制实施及生态环境整治等情况。同时利用污染监测技术等测定水、大气、土壤等国土资源的污染,并通过生态修复等技术采取整治措施,对于不同的生态系统采用适应的调控修复技术。

(2) 提升"智慧耕地"管理技术

智慧耕地是当前国土资源信息化建设的重要组成部分,提升智慧耕地管

---

① 杨庆媛,毕国华,陈展图,等.喀斯特生态脆弱区休耕地的空间配置研究——以贵州省晴隆县为例[J].地理学报,2018,73(11):2250-2266.

② 严金明,张雨榴,马春光.新时期国土综合整治的内涵辨析与功能定位[J].土地经济研究,2017(1):11.

理技术能够推进耕地管理的科学化、规范化和智能化,提高管理效率。应继续坚持先行先试、部省联动,运用现代技术手段,构建全覆盖、全流程、全要素的智慧耕地平台,实现耕地保护管理的信息化、智能化、现代化,以智慧耕地建设推动智慧国土建设。建设以自然资源大数据为基础,以自然资源政务审批、综合监管、信息服务三大平台为支柱,围绕耕地信息监测、用途管制、条件建设、辅助决策、考核评估等,形成国家、省、市、县四级互联互通的智慧耕地管理平台。

(3) 健全地力动态监测技术体系

为实时监测耕地地力,需要发挥地力动态监测技术在耕地质量建设中的重要作用。需开展耕地数量、质量、生态"三位一体"动态监测,针对不同部门的具体要求建立完善的地力动态监测技术体系,充分体现自然资源部农用地质量分等调查、农业农村部耕地地力等级调查和国家统计局产能抽样等相关要求,并纳入地方考核。地力动态监测要实现横向联动、纵向联通、信息共享、全程监管,促进耕地保护规范化和精细化。做到空间全覆盖,业务全流程,信息全要素,实现耕地保护工作信息化、智能化、网络化,实现耕地质量的全周期监管。

7.4.4 "藏粮于农",完善种地者得益的耕地保护制度

农户储粮,在我国粮食储备体系中占有很重要的位置,是确保粮食安全的稳定器。但近年来农户存粮趋于下降,主要原因是农民不愿意种地种粮。种地种粮无法带来经济收入,因此农民缺少种地的动力,也缺少改善耕地质量的动力。农业生产不仅有着粮食安全的作用,更具有固碳的生态价值。因此需要通过种粮补贴、地力提升补偿机制和农业碳汇功能补偿机制,来激发农民种地种粮、提高地力的动力,从而保证粮食供给安全、粮食市场安全和低碳生态安全。

(1) 完善向耕种者补偿机制

目前,我国的农业补贴已经逐渐向种粮大户、种粮能手和其他新型农业经营主体倾斜,谁种地谁种粮,谁才会得到补贴。一是,未来应当总结种粮直补的实施经验,探索以保护耕种者利益为核心的补偿机制。二是依据耕种成本

以及地区发展差异,合理划定耕种者补偿区。三是开展耕种者补偿评估,不断完善制度设计,切实促进耕地资源合理利用、永续利用。

(2) 完善地力提升补偿机制

针对种地者地力提升的激励性措施缺乏问题,可以探索建立地力提升补偿机制。第一,要确立地力提升补偿标准。补偿标准不宜搞全国统一,应该综合考虑各地耕地质量等别、经济发展程度、农业经营方式和农户支付意愿等方面,针对地区差异建立不同补偿标准。补偿政策标准应该首先考虑各地耕地质量等级差异,将补贴资金向耕地自然质量等别较低的地区倾斜。耕地保护补偿标准应该考虑耕地质量和地力等级差异,考虑到基本农田和一般耕地的质量要求不同,实行差异补贴。第二,要确定地力提升补偿对象。补偿资金分配以农户和农村集体组织为主,对采纳保护性耕作和环境友好型生产行为保护耕地质量的农户以及实施高标准农田建设、中低产田改造工程项目的农村集体组织实施补贴。第三,要选择地力提升补偿方式。如果全部采用资金方式直接补贴农户,可能导致农户将这笔资金用于农业生产投入或家庭生活消费支出,真正用于耕地地力保护的可能性较低,因此不宜全部采用资金补贴方式,补偿方式可灵活采用资金补偿、物化补偿、技术服务等多种方式进行。考虑到不同地区种植结构和耕地质量差异,需要根据实际情况制订针对不同主体的技术补偿、资金补偿方案。

(3) 完善农业碳汇功能补偿机制

农田生态系统是全球陆地生态系统的重要组成部分,也是重要的大气碳源和碳汇。建立完善农业碳汇功能补偿可激励农业碳汇的增加,保障我国低碳减排目标的实现。一是将农业碳汇纳入碳交易体系,因此,补偿主体可以是政府、企业,或者其他社会组织等;二是建立农业碳汇的第三方评价机构,主要是针对规模化大田作物农业生产开展农业碳汇评估;三是不断发展和完善农业碳汇补偿政策,积极挖掘耕地利用潜能。

7.5 构创应对耕作成本高、积极性低的耕地保护基金制度

构建应对耕作成本高、积极性低的耕地保护基金制度,归集不同时期的、零散的土地资金,专项用于耕地保护,使当前土地收益的短期性、分散性、不稳定性转变为可持续的、高效集中的、有明确目标的基金使用和投资模式[①],促进形成耕地保护的长效机制。

7.5.1 构建三位一体的耕地保护基金制度

建设耕地保护基金机制的核心是保证耕地保护补偿资金的良性循环和有效监管。在操作层面,实现耕地保护补偿资金的有效筹集、使用和监管等既是构建耕地保护补偿机制的关键要素,也是实现我国耕地保护补偿资金良性循环的前提条件。

(1) 建立城乡统筹差别化的出让金计提中央耕地保护基金制度

可通过按照一定比例计提土地出让金筹集中央耕地保护基金,并由自然资源部统筹管理。各地区当年的土地出让收入扣除相关支出项目后,作为计提中央耕地保护基金的土地出让收益口径。出让金的计提要实行城乡统筹差别化,即通过出让新增建设用地获得的出让金,计提的比例要高一点;而通过出让存量建设用地获得出让金的计提比例较低,以鼓励地方政府多使用存量建设用地。各地区要建立健全中央耕地保护基金预决算制度,各级财政、自然资源部门要加强中央耕地保护基金资金的监督管理,计提、使用和管理依法接受审计监督。中央耕地保护基金经过自然资源部再次分配补偿到地方政府、集体和农户,三者根据各自分担的耕地保护成本分配补偿资金,并主要向农户倾斜。地方政府和集体所分补偿资金除补贴进行耕地保护的日常支出外,应主要用于农业基础设施建设、农民社会保障和农村社会福利事业。对农户的

---

① 赖立裕. 广州市城市土地储备模式研究[D]. 广州:华南理工大学,2014.

补偿可根据成都市耕地保护基金机制的经验,用于缴纳承担耕地保护责任人的养老保险和土地流转中的担保金及农业保险①。其中,养老保险支出占90%,土地流转担保金和农业保险为10%。

(2) 完善跨地区的市场化补偿机制

按照区域间耕地保护责任和义务对等原则,由部分经济发达、优先发展区通过财政转移支付等方式,对承担了较多耕地保护任务的地区,进行经济补偿,以协调不同区域在耕地保护上的利益关系。特别是耕地后备资源匮乏、新开垦耕地不足以补充所占耕地或者资源环境条件严重约束导致补充耕地能力严重不足的省份,由实施重大建设项目造成补充耕地缺口,经国务院批准,可在耕地后备资源丰富省份购买相应的耕地指标,从而落实补充耕地任务。自然资源部可设立耕地补偿交易平台,对跨省域的耕地指标交易进行管理。明确各地区耕地保护补偿责任,确定耕地保护补偿标准,对耕地盈余区域合理补偿。要建立"三位一体"的耕地补偿标准,重视对质量和生态的补偿。补偿金由生产亏损区按照一定的补偿标准缴纳,纳入中央耕地保护基金,通过财政转移支付方式,专项用于耕地盈余区域农户和农村集体的利益补偿。可以考虑用各区域耕地需求量减去实际存量,核算该区域的耕地赤字或盈余,由耕地赤字地区补偿耕地盈余地区。将不同等级的耕地折算为可比的标准耕地,以标准耕地数量作为补偿面积依据,使耕地保护补偿资金向粮食主产区和基本农田保护区倾斜②。

(3) 建立发展权补偿机制

发掘耕地外部性潜在价值,建立发展权补偿机制有利于明确耕地保护权责、调动耕地保护主体的积极性、促进各区域经济发展和耕地保护的均衡和谐。因此要准确测量耕地发展权价值,建立起融合耕地发展权价值在内的耕地保护补偿机制。第一,既要重视区域间耕地的平等发展权,也要正视因自然禀赋、区位不同而存在的发展权差异,开展基于"双评价"的平等发展权与经济社会驱动的实际发展权的空间差异补偿;第二,耕地发展权价值的测算充分考

---

①② 毛良祥.关于构建耕地保护补偿机制的思考[J].经济研究导刊,2016(21):24-27+44.

虑给付区经济发展情况,确保耕地发展权价值给付的可实现性[①];第三,构建耕地发展权价值补偿的长效机制,实现耕地发展权价值补偿的可持续性。耕地发展权价值补偿需要形成长效机制,以鼓励农户对耕地的持续保护[②],结合国土空间规划实施评价制度加以实施,建议五年为一周期。另外,耕地发展权价值随着基准地价和耕地利用情况的变化而变动,因此政府部门应建立耕地发展权价值补偿大数据库,定期对耕地发展权价值进行调整,以辅助耕地发展权价值补偿工作[③]。

7.5.2 构创山水林田湖草生命共同体的耕地生态修复补偿机制

耕地不仅能保障国家粮食安全,还是重要的生态资源。耕地生态补偿是生态补偿的重要组成部分,对于促进"吃饭""建设"和生态之间的协调发展意义重大。《国务院办公厅关于健全生态保护补偿机制的意见》(国办发〔2016〕31号),提出要加强森林、草地、湿地、耕地等领域的补偿。但我国耕地保护生态补偿机制工作起步较晚,加之涉及的利益关系较为复杂,实施工作难度较大和耕地保护自身存在外部性等,致使在已有的工作实践中存在耕地保护生态补偿标准、模式的"一刀切"等问题。同时缺乏完善的补偿机制与政策创新体系,最终导致补偿实施效率远低于预期结果[④]。因此要完善水土功能不匹配区、重金属污染区、生态脆弱区等重点关注区域的耕地生态补偿机制,推进耕地生态修复补偿试点示范,研究制定相关政策。

(1) 建立水土功能不匹配空间的耕地生态补偿机制

我国水资源空间分布为南多北少,与耕地资源的空间分布相反。水土资源匹配的严重错位,限制了耕地产能的增长,因此很多地区需要对水土功能不匹配的耕地进行生态修复,需要对其建立补偿机制。受偿地区需要应用技术手段核算当前水土资源的利用现状和空间分布格局,测算水土资源空间匹配状况,研究水土资源匹配程度对产能的影响,进而探讨水土资源配置的措施,

---

[①][②][③] 张浩,靳亚亚,王博,等.基于耕地发展权价值测算的陕西省耕地保护补偿研究[J].农业工程学报,2018,34(22):256-266.

[④] 刘利花,杨彬如.中国省域耕地生态补偿研究[J].中国人口·资源与环境,2019,29(2):52-62.

为合理修复水土资源不匹配、提升农用地产能提供科学依据，并以此申请补偿基金。对于存在地下漏水的城市，停止对其进行耕地生态补偿。由于水土功能不匹配地区的生产条件不像重污染或者严重生态脆弱区那样恶劣，因此可不用大规模休耕的方式进行生态修复。

(2) 建立重金属污染地区的耕地生态补偿机制

基于农产品安全考虑，重金属污染特别严重的地区应当全部休耕。由于重金属污染危害严重，而且治理投资大，时间长，技术难度高，不适合农民分散治理，因此，建议其补偿方式借鉴美国"土壤银行计划"的做法，采取政府购买长期开发权（使用权）的形式，从农民手中将中—重度污染耕地全部回购回来。政府与农民签订的开发权购买合同期限暂定为10年（期满后视修复情况再决定是否续期），补偿标准可按当地租用10年期相同面积、中等地等别的地块的平均租费计算，这部分补偿由中央财政支付（纵向补偿）。治理和修复的资金可通过建立"重金属污染治理和修复基金"来支付，该基金由中央拨付专项资金、整合相关污染治理资金、向重金属污染企业收取污染税（费），以及关心环保公益的企业和公众定向捐资等方式筹集而成。如果某些地块污染治理和修复的费用过于昂贵，则建议暂不修复，将其纳入储备性用地，或者完全改变土地利用方式，令其永久退出耕地。在实施休耕保护的同时，还应重视对利用中的土地的治理与保护。建议配套实行"轻度重金属污染耕地环境保护补贴计划"，鼓励农民对在耕的轻度重金属污染的土地进行治理和修复，以避免积少成多、积重难返[①]。

(3) 建立严重生态脆弱区的耕地生态补偿机制

喀斯特地区、地下水漏斗区等生态严重退化的生态脆弱区的耕地需要以休耕的方式进行保护，因此需要对休耕期间的损失进行补偿。严重生态脆弱区的补偿可分为两类：基础补偿和可持续生计补偿。① 基础补偿。采取中央下拨补助资金（包括实物补偿，比如粮食补助）的方式，对休耕农民的直接经济

---

① 郑雪梅. 我国耕地休耕生态补偿机制构建与运作思路[J]. 地方财政研究, 2016(7):95-104.

损失进行补偿[①]。② 可持续生计补偿。以项目制的形式运作,可以用资金方式补偿,也可用政策补偿和智力补偿方式,主要是扶持休耕农民进行转产发展和重新就业等。由休耕农民根据自己的转产计划(比如养殖)或重新就业的需求(比如技能培训)提出申请,再由基金项目办公室对计划的可行性、资金数额的合理性等进行审核,然后从基金中分阶段拨付给申请获批的农民,并对其资金的使用进行跟踪监管[②]。

7.5.3 建立全国统筹的地方政府基本农田保护和开发储备基金

整合现有的农业综合开发资金、农田水利建设资金、中低产田改造资金和土地开发整理资金等,在中央耕地保护基金中,专门设立基本农田保护和开发储备基金,重点用于基本农田保护率比较高的国家粮食主产区和商品粮基金,以提高基本农田比较利益。建立全国统筹的基本农田保护和开发储备基金制度要考虑用于以下几个方面:

(1) 建立永久基本农田建设基金制度

目前地方政府耕地保护的工作难以落实,主要是因为缺乏相关的激励机制。因此可专门建立永久基本农田建设基金制度,可在中央耕地保护基金中专门设立永久基本农田建设基金,专项专用。要及时调整永久基本农田建设基金所需资金的筹集方式,不足部分可通过其他方式筹集,如在耕地产能指标交易收益的基础上,探索通过发行专项债券来解决永久基本农田建设资金缺口问题。

(2) 引导地方政府建立耕地资源开发储备基金制度

第一,构建多元化的资金筹集模式。国土整治按照"谁整理,谁受益"的原则,所需资金可采取政府财政拨款、集体自筹和吸引社会资金等相结合的方式来获得。一方面,要设立专项政府资金作为固定资金来源,引导地方政府建立耕地资源开发储备基金;另一方面,通过合资、合作等方式,广泛吸引社会多方资金,开辟集体、农民和经济实体共同投资的多元投资渠道。第二,要做好耕

---

①② 刘利花,杨彬如.中国省域耕地生态补偿研究[J].中国人口·资源与环境,2019,29(2):52-62.

地资源开发储备基金的预算工作。根据区域经济和社会发展的特点,因地制宜地制定耕地储备资源开发利用规划,有计划、有系统、分阶段实施,保证项目质量。第三,要对耕地资源开发储备基金的使用做好监督工作。

(3) 建立基本农田支持奖励制度

分层级对在基本农田保护工作中取得显著成绩的单位和个人给予奖励。中央、地方和基层都要设立专门的支持奖励制度,鼓励对提升基本农田的土地登记、改善基本农田的生态环境等的单位或个人提供资金支持。同时加大对永久基本农田质量和生态提升的绩效考核及结果应用,建立"奖优罚劣"机制,每年对考评位于前列的市、县给予资金奖励,对考评不合格或在资金审计、检查中发现重大问题的市、县,视情况扣减永久基本农田建设基金的发放,并全省通报。

7.6 重构层级分明(中央—省—市—县等)、管制严明的基本农田保护制度(分级、分区)

针对基本农田调整较为频繁,基本农田保护责任书制度不够到位,省、市两级政府缺乏基本农田保护的直接动力等问题,有必要重构中央—省—市—县等层级分明、管制严明的分级、分区基本农田保护制度。首先,结合国土空间规划的实施背景,明晰各级政府在有关基本农田划定与保护方面的职权与责任;其次,扩大推行基本农田耕种专项补贴,形成基本农田耕种的农户动力与基本农田转用的政府压力;最后,结合米袋子工程和菜篮子工程建设,将省长、市长负责的民生任务落实到基本农田保护与养护上,形成基本农田保护的地方挂钩与合力,实现耕地资源永续利用与有效管护。

7.6.1 规划驱动中央—省—市—县等的权责体系重构

(1) 重构中央—省—市县层面的权责体系

多规合一背景下,国家层面,全国国土空间规划结合新修订的《中华人民共和国土地管理法》提出,国家实行永久基本农田保护制度,各省、自治区、直辖市划定的永久基本农田不少于本行政区域内耕地的80%;省级层面,衔接全国国土空间规划的要求,科学制定基本农田指标分解;市县等层面,承接上级国土空间规划关于永久基本农田划定的要求,坚持质量优先,警惕"划远不划近、划劣不划优"的状况,将永久基本农田落实到图斑。在永久基本农田地块上,设立保护标志,纳入国家永久基本农田数据库严格管理。

(2) 严格禁止借规划调整占用基本农田

规划确定后,除因国家重大战略调整、重大项目建设或行政区划调整等确需修改规划的状况外,其他任何情形不得调整规划,严格禁止通过修改规划的方式随意调整永久基本农田位置或规避永久基本农田征收或转用审批手续。确需调整和占用永久基本农田的情况下,需对基本农田进行补充,确保数量不减少,质量不下降。

(3) 加强各部门制度体系建设,构建共同责任机制,强化联动监督机制,完善奖惩机制

充分发挥制度体系建设中的政府公权力,实施中央制定政策,明确目标,透过省级政府压实工作,各区、市级地方政府严格贯彻落实,县、乡级政府积极推行,构建层次分明且权责统一的共同责任机制。继续坚持政府部门在耕地保护机制中的主导地位,自上而下构建多部门联动监督机制,逐步改善监管内容不完善、法制不健全、监管责任不明确、监督标准不具体等问题;要严肃查处土地违法行为,公开通报重大典型案件,发挥对违法占用耕地行为特别是永久基本农田的惩处、警示和震慑作用。要借助国际耕地保护经验,进一步增强公众参与耕地保护的主动意识和完善监督机制。

7.6.2 构建管制严明的分级分区保护制度

耕地保护涉及国土、农业、环保等多个部门,各部门之间存在职能交叉,容易导致"都管,都不管"的局面。依据系统管理学中"分级管理"思想,实行"基本农田分级分区保护",避免出现都保护但最终都没保护的局面。建议构建地方保地方、中央保中央的分级分区、管制严明的保护制度:

(1) 需进一步明确各部门的职责及任务,同时加强部门间的协调,实现耕地保护的部门有效监管

落实基本农田保护的纵向监管,《基本农田保护条例》规定:在建立基本农田保护区的地方,县级以上地方人民政府应当与下一级人民政府签订基本农田保护责任书;乡(镇)人民政府应当根据与县级人民政府签订的基本农田保护责任书的要求,与农村集体经济组织或者村民委员会签订基本农田保护责任书。然而该制度在运行过程中存在采用率低、责任断层等状况,建议进一步推进基本农田保护责任书制度并将基本农田保护情况纳入相应政府官员的年度考核目标。

(2) 扩大推行基本农田耕种专项补贴,形成基本农田耕种的农户动力,基本农田转用的政府压力

目前中山市等地区已采取对基本农田进行更高额耕种补贴的制度,且补贴额随地区经济发展同步提升,建议在全国层面推行此制度。针对基本农田,设立更高额度的耕种补贴专项基金,分为两部分:① 基本农田耕种直补基金,发放补贴给实际耕作人,促使农户产生较高的耕种意愿,形成基本农田保护的农户力量;② 基本农田养护基金,补给基本农田地块所在的集体经济组织,用于开展沟渠建设、土地平整等地力维护活动,形成基本农田保护的村集体意愿。同时结合基本农田的田间标志宣传管理(印刻举报电话),扩大基本农田保护监督的群众参与,形成对地方政府基本农田转用行为的压力。

(3) 试行永久基本农田储备区制度

依据区域内自然条件和耕地资源本底状况,设立面积不小于区域内耕地总面积3%的永久基本农田储备区,为占地方耕地总面积80%的永久基本农田底线提供缓冲保障且地块应符合以下条件:① 经土地整治可以形成集中连片、耕作质量提升的耕地;② 与现有永久基本农田相连、有条件进行提质改造的耕地;③ 永久基本农田储备区的选定由县级人民政府负责,并报市级人民政府批准。

7.6.3 加强米袋子—省长负责制工程建设

"仓廪实,天下安",粮食是安天下之本。为切实保障国家粮食安全,专门印发《国务院关于建立健全粮食安全省长责任制的若干意见》《粮食安全省长责任制考核办法》,以期通过建立健全粮食省长责任制,明确各省级人民政府须承担起保障本地区粮食安全的主体责任,全面加强粮食生产、储备和流通能力建设。实施"藏粮于地、藏粮于技"战略,将中国人的饭碗任何时候都牢牢端在自己手上。

总体来看,国家稻谷、小麦库存十分充足,各类粮食加工贸易企业库存也比较充裕,大米、面粉生产供给稳定,完全能够保证供应[1]。但一个不争的事实是,尽管我国粮食生产曾经出现"十二连增"的辉煌,但受到粮食品种的供需矛盾,主动优化农业生产结构和区域布局[2],以及近年来全国农业气象灾害较重等多重因素影响,2016年我国粮食产量出现轻微下降,且一直以来存在的粮食供给成本过高、粮价过低等因素导致农民收入增长缓慢,甚至出现无人耕地、土地撂荒的境况。

(1) 将基本农田保护情况纳入"米袋子"省长负责制的考核流程

根据各省级行政单位历年粮食产量基本趋势和耕地资源状况,确定省级行政单位基本粮食生产任务,确保基本粮食的省级自给率标准,形成粮食生产压力,避免借农业结构调整转用耕地。

(2) 使基本农田保护与"米袋子"工程相挂钩,落实基本农田保护的省长压力

通过建立健全粮食省长责任制,将基本粮食的生产任务终端归于省长,强化省级行政单位的责任意识,形成基本粮食生产的源头压力,确保粮食产量。

---

[1] 我国价格总水平保持平稳运行,菜、蛋、肉、粮等价格逐步稳趋回落[N/OL]. 人民日报,2018-10-08[2023-12-1]. https://www.gov.cn/xinwen/2018-10/08/content_5328439.htm.

[2] 刘波,周忠学,龙小艳. 浅析如何加快广安"放心粮油"工程建设[J]. 粮食问题研究,2016(1):24-26.

(3) 明确各省级人民政府须承担起保障本地区粮食安全的主体责任

全面加强粮食生产、储备和流通能力建设。① 改变农民生产粮食无利可图、收入洼地的现状,通过政府的政策倾斜和职能建设,规避无人种地和土地撂荒的情况。

7.6.4 加强菜篮子—市长负责制工程建设

我国蔬菜的播种面积和产量的重心呈现向西南迁移的趋势,城市"菜篮子"危机较大,加之我国目前约有3亿的人口面临隐形饥饿的巨大难题(隐形饥饿:居民膳食缺乏维生素和矿物质等),本部分提出以下政策建议:

(1) 切实强化"菜篮子"市长负责制。各地区、各有关部门要高度重视,加强督促指导,确保各项措施落到实处

要建立健全"菜篮子"市长负责制的考核评价体系,建立健全发展高产、高效、优质、安全的蔬菜产业约束机制和质量安全检测及追溯机制。

(2) 稳定蔬菜播种面积,实行菜地最低保有量制度

既要保护蔬菜的应急供应能力,也要保持日常一定的自给能力以及一定的市场控制能力。建议优化蔬菜生产布局,推进蔬菜种植内部结构调整,提高"菜篮子"产品保障能力,完善蔬菜市场供应应急预案,建立蔬菜储备制度,参考《关于做好2018/2019年度北方大城市冬春蔬菜储备工作的通知》(发改办经贸〔2018〕1243号)确保重要的耐贮存蔬菜品种5~7天消费量的动态库存,切实增强本地应季蔬菜的自给能力,提高蔬菜生产水平和重要时节的应急供应能力。

(3) 稳定重要菜品的本地供应能力

将基本农田保护情况纳入"菜篮子"工程的考核流程,依据各城市历年的蔬菜产量和耕地资源状况,确定市级的重要菜品本地自给率,使基本农田保护与菜篮子工程相挂钩,形成基本农田保护的市长压力。

---

① 唐成,李振,徐瑶.坚持市场化改革取向深化粮食收储制度改革[J].经济研究参考,2017(54):46-49.

7.6.5 以食物需求为底线和优地优保为导向确定永久基本农田率

目前依据《基本农田保护条例》（以下简称《条例》）、农业农村部保护粮食生产功能区和重要农产品的要求可形成相应的全国永久基本农田率划定方案。根据《条例》，各省按基本农田占本行政区域内耕地的80%划定，忽略了省份之间资源禀赋的差异，加剧了耕地保护与经济发展的矛盾，也形成了"基本农田基本不是农田"的现象；《全国土地整治规划（2016—2030年）》提出"十三五"时期全国共同确保建成4亿亩、力争建成6亿亩高标准基本农田，高标准基本农田的耕地质量等别应达到所在县同等自然条件下耕地的较高等别①，也就是说建设高标准基本农田的要求是增加质量更高耕地的面积，使国家粮食安全基础更加巩固，未按产能目标确定永久基本农田面积。原农业部划定了占现有耕地51.4%的面积进行"两区"建设，其中粮食生产功能区9亿亩是以稻麦两大口粮自给率100%和玉米、水稻、小麦三大谷物自给率保持在95%左右为目标，但是没有考虑到饲料用粮的需求。由此建议以食物需求和优质优保的导向确定空间差异性的永久基本农田率：

（1）以食物用粮需求量的下限和优地优保的原则确定必保耕地数量

原农业部提出要保粮食生产功能区和重要农产品生产保护区（"两区"）耕地面积10.4亿亩，占现有耕地面积的51.4%，占永久基本农田面积的67.3%。2035年食物用粮需求量的下限为5.18亿吨，按各省产量比例将食物用粮的下限分配到各省，并根据各省的平均产能，求出各省满足食物用粮下限所必保的耕地数量，加总起来全国永久基本农田比例为78.3%。但考虑到各省耕地资源的禀赋差异，根据优先将优质耕地划为永久基本农田的原则，经本研究测算，当把前10等耕地（占53.1%）和一定面积的11等耕地（占14.3%）划定为基本农田时，可提供90%粮食自给率下食物用粮需求的5.18亿吨。根据当前国内的实际情况和长远考虑，以我为主和适度进口，优质优保的原则，全国可选择划定13.59亿亩的永久基本农田（约占67.3%）。

---

① 见《高标准农田建设通则》（GB/T 30600-2022）。

(2) 考虑全国耕地分布与质量差异性确定各省耕地保护率

由于优质耕地禀赋不同,以优先保护优质耕地为导向,各省基本农田保护率存在空间差异性(见表 7-2)。北京、天津、上海、江苏、浙江、安徽、福建、江西、山东、河南、湖北、广东、广西、重庆、四川等地所保基本农田率应为 90%～100%,湖南、海南和与云南省所保基本农田率应为 70%～90%。各省将根据食物用粮需求和优地优保的原则确定的基本农田率作为本省耕地保护责任。

表 7-2 不同划定方案中的各省基本农田面积(万亩)

行政区	当前耕地面积	当前基本农田	当前基本农田率	方案一《条例》全国 80%	方案二 农业部 全国 51.4%	方案三 2035年 全国 78.3%	方案四 2035年 全国 67.3%	方案四中基本农田率
北　京	320.60	151.56	47.27%	256.48	164.8	250.9	327.7	99.62%
天　津	655.13	417.74	63.76%	524.10	336.8	512.8	609.6	93.02%
河　北	9 778.29	7 768.92	79.45%	7 822.63	5 026.9	7 653.9	5 435.1	56.17%
山　西	6 084.49	4 891.39	80.39%	4 867.59	3 128	4 762.6	1 788.3	29.37%
内蒙古	13 906.53	9 330.82	67.10%	11 125.22	7 149.2	10 885.3	762.6	5.50%
辽　宁	7 457.38	5 527.21	74.12%	5 965.90	3 833.7	5 837.2	4 548.5	60.92%
吉　林	10 480.11	7 387.47	70.49%	8 384.09	5 387.7	8 203.3	7 111.6	67.74%
黑龙江	23 768.55	16 771.85	70.56%	19 014.84	12 219.1	18 604.7	11 186.0	47.04%
上　海	287.40	252.93	88.01%	229.92	147.8	225.0	284.7	100.00%
江　苏	6 860.01	5 880.12	85.72%	5 488.01	3 526.6	5 369.6	6 862.3	100.00%
浙　江	2 965.56	2 398.88	80.89%	2 372.45	1 524.6	2 321.3	2 911.8	98.11%
安　徽	8 800.15	7 392.11	84.00%	7 040.12	4 524	6 888.3	8 775.6	99.62%
福　建	2 005.36	1 609.55	80.26%	1 604.29	1 030.9	1 569.7	1 937.7	96.67%
江　西	4 628.99	3 693.86	79.80%	3 703.19	2 379.7	3 623.3	4 470.7	96.68%
山　东	11 384.68	9 585.28	84.19%	9 107.74	5 852.7	8 911.3	11 229.8	98.37%
河　南	12 168.34	10 215.64	83.95%	9 734.67	6 255.6	9 524.7	12 151.0	99.94%
湖　北	7 853.86	5 887.98	74.97%	6 283.09	4 037.6	6 147.6	7 765.3	98.51%
湖　南	6 226.52	4 950.01	79.50%	4 981.22	3 201	4 873.8	5 050.0	81.12%

(续表)

行政区	当前耕地面积	当前基本农田	当前基本农田率	方案一《条例》全国80%	方案二 农业部 全国51.4%	方案三 2035年 全国78.3%	方案四 2035年 全国67.3%	方案四中基本农田率
广 东	3 899.48	3 213.66	82.41%	3 119.58	2 004.7	3 052.3	3 923.8	100.00%
广 西	6 581.18	5 490.08	83.42%	5 264.94	3 383.3	5 151.4	6 581.6	99.67%
海 南	1 083.60	910.37	84.01%	866.88	557.1	848.2	944.7	86.76%
重 庆	3 554.77	2 424.18	68.20%	2 843.82	1 827.5	2 782.6	3 481.6	95.50%
四 川	10 088.90	7 805.00	77.36%	8 071.12	5 186.6	7 897.0	9 526.1	94.34%
贵 州	6 778.15	5 261.70	77.63%	5 422.52	3 484.6	5 305.6	3 384.7	49.73%
云 南	9 319.97	7 348.26	78.84%	7 455.98	4 791.3	7 295.2	6 922.0	74.33%
西 藏	665.94	503.64	75.63%	532.75	342.3	521.3	84.1	28.30%
陕 西	5 974.33	4 592.01	76.86%	4 779.46	3 071.3	4 676.4	2 413.8	40.28%
甘 肃	8 065.43	5 988.58	74.25%	6 452.34	4 146.3	6 313.2	1 111.9	13.79%
青 海	885.21	667.53	75.41%	708.17	455.1	692.9	17.6	2.20%
宁 夏	1 934.92	1 400.87	72.40%	1 547.94	994.7	1 514.6	857.5	44.31%
新 疆	7 859.43	5 336.68	67.90%	6 287.54	4 040.4	6 151.9	3 482.4	44.74%
总 计	202 323.26	155 055.88	76.64%	161 858.61	104 012	158 367.7	135 940.1	67.32%

(3) 探索建立分等级跨地区的永久基本农田交易补偿机制

通过对比67.3%比例下各省需划定的永久基本农田比例与各省的现状，拥有更多优质耕地的东部省份需要继续将更多的甚至全部的耕地划定为永久基本农田，而西部省份永久基本农田的现状占比已经远远超过了应该划定的比例，因此未来可探索建立跨地区的永久基本农田交易补偿机制。建立跨地区的永久基本农田交易补偿应要注意以下几点：一是严保指标，规范来源。永久基本农田的交易要建立以产能核算为核心的验收机制，交易前后需按照产能不减少的原则验收。加强对补充永久基本农田的立项、实施、验收、备案和上图入库等管理工作，确保补充指标的真实性。二是跨省补偿，合理定补。跨省域的永久基本农田交易需报国务院批准，市场竞争方式下，指标交易起始价应当由出让方根据所在地的指标取得成本结合市场交易环境来确定,指标协议交易价格应由协议双方根据出让方所在地的指标成本结合市场交易环境来确定。三是鼓励改造,统一平台。应当鼓励各省主动提升永久基本农田耕地等级,有产能盈余的可折算成一定等级的耕地指标进入市场。建议建立统一的永久基本农田指标公开交易平台。

7.7 构建严格监督、高效审批(审批权下放)的新型耕地保护制度

7.7.1 完善设区市人民政府审批职能

在耕地保护制度建设中应积极落实中共中央、国务院推进政府职能转变、深化"放管服"改革要求。在耕地保护规划审批中,要减少报国务院审批的数量,同时按照"管什么就批什么"原则,将权力下放到设区市一级,精简规划审批内容,划清事权。

(1) 健全适度下放审批权到设区市制度

将耕地保护许多具体的审查事项下放到设区市一级,有利于强化市级政府责任,减少审批环节,提高行政效能;调整审批方式后,自然资源部可以从许多具体事务中解脱出来,腾出更多精力,加强调查研究与对地方工作督导,有利于更好地转变职能,强化用地监管。对于耕地转用为建设用地的审批权,可以根据耕地的性质适当下放。涉及非永久基本农田的一般耕地,其转用由省级人民政府进行审批,但为了加强审批效率,省级人民政府可以进行二次授权,允许设区市人民政府进行审批。但涉及永久基本农田转化为建设用地的,出于严格落实耕地保护政策的需要,必须由国务院进行审批。未来可进行试点建设,将更多的如耕地复垦开发等工作的审批权力下放到设区市。

(2) 完善分批次审批机制

按照目前《中华人民共和国土地管理法实施条例》的规定,在土地利用总体规划确定的城市建设用地范围内,为实施城市规划占用土地的,市、县人民

政府拟定的耕地转用方案等需分批次逐级上报有批准权的人民政府。未来可扩大范围,不仅在城市建设用地范围内,还可扩大到涉及城镇建设用地或者农村建设用地占用耕地的,可由市级人民政府分批次逐级上报。

(3) 完善国土空间规划调整审核机制

随着国土空间规划体系的建立,可逐步下放自然资源部审批权限,对于国土空间规划中涉及耕地保护界线的划定等内容,可提高设区市人民政府的审批权力,增强市级人民政府在耕地保护中的自主性,减轻部级和省级审批压力,以更加致力于高效审批机制与宏观政策环境的建立。

7.7.2 构建分层级的耕地转用监督制度

继续坚持政府部门在耕地转用监督机制中的主导地位,自上而下地构建分层级多部门的联动监督机制,逐步解决监管内容不完善、法制不健全、监管责任不明确、监督标准不具体等问题,构建从上到下的分层级联动监督机制。

(1) 完善耕地保护责任目标考核机制

为进一步加强耕地保护工作,省级人民政府可建立市(州、地)人民政府耕地保护责任目标制度。根据考核办法,各市(州、地)行政区域内的耕地保有量不得低于省政府下达的耕地保有量考核指标;各市(州、地)行政区域内的基本农田保护面积不得低于省政府下达的基本农田保护面积考核指标;各市(州、地)行政区域内各类非农建设经依法批准占用耕地和基本农田后,补充的耕地和基本农田的面积与质量不得低于已占用的面积与质量。同时符合上述三项要求的,考核认定为合格;否则,考核认定为不合格。同时,耕地保护责任目标考核结果,列为市(州、地)人民政府(行署)第一责任人工作业绩考核的重要内容。对考核确定为不合格的地区,由省监察厅、省国土资源厅对其用地情况进行全面检查,按程序依纪依法追究有关领导和直接责任人的责任。

(2) 根据国土空间规划实施耕地保护绩效评估

随着国土空间规划体系的建立与实施,未来需要强调国土空间规划对耕地保护的指导约束作用,在全国国土空间开发保护"一张图"上,落实好耕地保护的各项部署,让耕地保护工作具有更高的质量和效率。习近平总书记指出,

"规划科学是最大的效益,规划失误是最大的浪费,规划折腾是最大的忌讳"。因此要提高国土空间规划中编制耕地面积和空间分布的科学性,落实新发展理念,坚持以人民为中心[①],促进高质量发展,在资源环境承载能力和国土空间开发适宜性评价的基础上,科学有序地统筹布局生态、农业、城镇空间,划定生态保护红线、永久基本农田、城镇开发边界等管控边界[②]。要强化国土空间规划实施监管的权威性,以国土空间规划作为耕地保护绩效的评估依据。规划一经批复,就具有法律效力,坚持先规划、后实施,严禁违规进行耕地转用;坚持按法定程序修改规划,严格审批耕地转用的数量。自然资源部将强化统筹协调,切实负起责任,会同有关部门按照国土空间规划体系总体框架,建立耕地保护的绩效评估机制。

(3) 完善耕地保护责任追究制度

根据地方实际情况设定年度耕地保护任务,由负责耕地保护的主要责任人签订责任书,通过权责清单进行打分评档,纳入政绩考核指标。同时加大耕地转用审批违法违规行为的惩处力度,对违法违规审批耕地转用的行为考核实行一票否决,并依法追究法律责任。司法部门需针对地方政府耕地转用的实施情况、公众监督检举违法占用耕地等内容,通过法律制度建立、明确监督主体权责,提高监督效率。行政部门需进一步完善耕地转用审批的考核措施,建立与耕地保护责任目标考核、生态文明建设目标评价考核、粮食安全生产责任制考核等相关考核联动的机制,进一步强化地方政府进行耕地保护的监管责任[③]。

7.7.3 建立健全耕地占用限批停批制度

耕地转用监督需建立审批监督机制,特别注意强化批后监管,才能有力地保障监督机制的政策运转,建立健全完善的批后监管,对于违规进行耕地转用

---

① 焦思颖. 助推脱贫攻坚促进乡村振兴——自然资源部关于实施跨省域补充耕地国家统筹有关问题解读[J]. 资源导刊,2018(8):10-11.
② 董祚继. 新中国70年土地制度的演进及其经验[J]. 中国土地,2019(10):4-15.
③ 陈正,王建强,王健. 新形势下耕地占补平衡监管体系建设[J]. 中国土地,2018(2):39-41.

的,将暂停审批有关耕地转用文件。

(1) 依据督查结果,建立耕地转用限批停批制度

要强化土地督察,健全监督问责的法律和行政体系,对于违规操作严重的地区实施限制甚至停止审批权的处罚机制。自然资源部采取专项督查、定期检查、随机抽查等方式,对地方耕地转用的审批情况进行监督检查,看是否存在超出公布的耕地转用审批事项范围进行行政审批行为、是否存在不规范履行耕地转用审批事项、是否存在在耕地转用审批过程中作风不实的行为等问题。要严格考核问责,对存在的故意掩盖错误、滥用审批权等行为,严格实施问责,追究主要负责人及相关责任人的责任。同时对发生违规审批耕地转用较为严重的地区,可限制地方政府的审批权。未来需进一步明确限批情形、限批流程、解除限批流程、延长限批流程、限批实施监管单位等方面的具体内容。耕地转用违规情况特别严重的地区,可停止地方政府的审批权,将耕地转用审批权收到上一级人民政府手中。

(2) 依据规划实施监测结果,建立规划调整限批停批制度

自然资源部未来应全面推进国土空间规划的制定和实施监督工作,建立统一的国土空间基础信息平台和国土空间规划监测评估预警管理系统,利用大数据和新技术,推进国土空间全域全要素的数字化和信息化,构建国土空间数字化生态。依据国土空间规划监测评估的结果,对于违反国土空间规划进行耕地转用的地方政府,可限制或停止其规划调整的权力。

7.8 优化耕地占补平衡、城乡建设用地挂钩等耕地保护政策

始于1997年的耕地占补平衡政策经历了从最初的数量平衡(1997—2004年)到数量、质量兼顾(2005—2012年)到现在的数量、质量、生态等"三位一体"的平衡阶段(2013—)。政策的演化揭示着创新的方向和决策基础,耕地占补平衡所体现出的硬性约束决定了它是耕地保护的一项重要政策工具。未来

占补平衡政策必须长期坚持下去,除了坚持数量不减外还需特别注重占补平衡过程中的质量和生态问题。

7.8.1 建立健全基于产能核算的"占优改劣"制度

耕地占补平衡,不仅要求的是耕地数量平衡,做到占一补一,还要求的是做到耕地质量平衡,做到占优补优,占水补水,从而达到产能平衡。目前,"占优补劣"是耕地占补平衡中一个普遍而又突出的问题,导致了耕地整体产能的下降。各项建设用地占用的耕地大部分为城镇周围地势较好、交通便利、土地肥沃的优质耕地,而新增耕地则多处于低洼易涝地区,区位和耕种条件较差,很难形成一定的生产力,因此需要对中低产田进行改造以提高耕地产能。要真正做到耕地占补平衡,在补充中低产田的同时,还需要兼顾进行中低产田改造,将占用优质耕地和改造中低产田相挂钩,实现占补平衡的同时不会降低耕地产能。

(1) 完善耕地产能年度核算机制

耕地资源作为中国的战略性资源资产,具有保障国家粮食安全的功能,在自然资源资产负债表编制工作中,需要凸显对耕地资源的数量、质量和生态管控。目前对于我国耕地的数量核算已形成覆盖全国的数据库成果,然而耕地产能核算却严重滞后。作为衡量耕地质量的重要指标,核算耕地产能对于实现"三位一体"的耕地占补平衡具有重要意义,在中国农业生产、粮食安全及政权稳固等方面具有重要地位。因而,未来需要建立科学公正的耕地产能核算体系,核算好耕地占用前和补充后的产能,确保耕地产能不会降低。可根据当地实际的粮食产量,结合 2016 年耕地质量监测评价成果,得出耕地利用强度和利用潜力评价,建立完善各地区耕地产能数据库并上报国务院,作为占补平衡过程中产能平衡的依据。

(2) 建立补充耕地产能年度调整制度

由于补充耕地往往属于中低产田,因此在核算被转用耕地产能后,要进一步建立配套的中低产田改造及改造后的产能年度调整制度。根据产能核算结果建立健全产能挂钩制度,做好中低产田改造的实施方案编制,合理测算中低产田改造后的产能,坚持根据补充耕地产能宁多勿少和先补后占的原则进行规划编制;需要明确设计,做好设计和预算,对于不同地区、不同类型的中低产田,采取不同的改造方案,抓好改造的设计及其预算,保证资金平衡,方案具有可行性;需要强化管理,做好程序和改造工作,完善中低产田改造的监督机制,对改造工程的质量、进度、资金进行监督,改造人员要严格按照设计和改造方案进行改造,不能随意变动、更改改造计划;需要提高质量,做好验收工作,对改造后的耕地的质量进行严格验收,验收应全面核实、抽样核查和综合评价,出具明确的验收结论。中低产田改造完成后,需要及时调整耕地等级,并和土地年度变更调查结合起来。

中低产田改造完成后,如果耕地产能仍然低于耕地占用前的水平,产生了耕地产能的赤字情况,这时需要通过建立赤字金制度对地方政府进行罚款。一方面可以形成约束力量促使地方政府加大对耕地产能的重视,另一方面也为中低产田的改造提供了资金来源。地方政府可以逐级建立耕地产能赤字金基金委,专门负责核实计算各个市域、县域的耕地转用后的产能,灵活地确定耕地产能补充的补偿标准。

(3) 建立健全跨省域的占补平衡机制

全国范围内耕地后备资源的严重不平衡,导致 2035 年全国将有包括北京、江苏等省份在内的 42% 的省份无法实现省域内的占补平衡,而中西部省份还余较多耕地后备资源。[①] 因此,必须要进行跨省域补充耕地国家统筹机制。具体可分三步进行:首先,每年第一季度由占地省份与补地省份省级政府分别向国务院提出申请;其次,自然资源部对补充耕地国家统筹申请进行评估论证,明确跨省域补充耕地国家统筹规模;最后,由自然资源部组织对有关省份申请承担补充耕地任务的新增耕地进行实地核实,有关省份做好承担补充耕地的实施管理工作。实施跨省域补充耕地国家统筹要注意把握好四个方面。一是申请补充耕地国家统筹的省份限定在直辖市和资源环境条件严重约

---

① 通过现状趋势外推可得 2035 年耕地总量,将其与目前的耕地现状相减得到差值,此差值即各省需要平衡的面积,再与当前各省的耕地后备资源相比,无法满足此差值的即无法实现占比平衡的省份。

束的省份。二是补充耕地必须是通过土地整治和高标准农田建设项目新增的耕地,保证统筹前后耕地产能不降低。三是确定跨省域补充耕地资金收取标准和支付统筹补充耕地经费标准。经国务院批准,国家重大公益性建设项目可适当降低资金收取标准。四是跨省域补充耕地由国家统一组织实施,不允许省际自行交易。

7.8.2 完善补充耕地质量建设资金奖补制度

补充耕地质量建设资金的主要来源包括新增建设用地有偿使用费、耕地开垦费、用于农业土地开发的土地出让金收入等。随着对失地农民补偿的规范和开垦费用的提高,补充耕地的资金压力不断提高,单纯依靠原有的资金来源变得捉襟见肘起来。除此之外,补充耕地项目竣工验收后的工程后期管护,农田水利设施、林网、道路等基础设施的完好,都需要投入资金进行管理。因此,补充耕地质量建设是一项长期任务,需要持续加大投入,确保补充耕地质量不断提高。对此需要健全完善补充耕地质量建设的资金奖补制度,特别是补充耕地产能的赤字金制度,对补充耕地质量建设和管理进行奖励和补助。

(1) 建立产能补充赤字金省级统筹制度

在建立耕地产能补充赤字金之后,交给省级人民政府进行统筹安排。省级人民政府需要加强资金统筹力度,依据耕地质量提升的紧迫程度、产能的前后差距等因素,妥善统筹资金的发放。优先对耕地转用后耕地产能下降较大的地区发放资金。省级人民政府需要建立专项资金使用和监管制度,防止贪腐、滥用、挪用等情况的发生。

(2) 建立耕地质量提升"先建后补"制度

耕地质量提升"先建后补"是指经批准立项的耕地质量提升项目,由市、县级政府自行筹集提升耕地质量所需全部资金并组织实施,验收合格后,省级财政部门将财政补助资金一次性报账支付给地方政府。实行"先建后补"扶持方式能够加快耕地质量提升项目的建设进度,让农民群众提前受益。"先建后补"是对财政资金扶持方式的一种创新,但其并不能"包打天下"一劳永逸。在操作实践中,还需灵活适度地运用各种扶持方式,有针对性地采取相对差异的扶持政策，有效提高财政资金扶持的精准度和使用效益。

（3）建立耕地质量提升资金"奖补统筹"机制

省级人民政府按照"补多少奖多少"的原则，对实现耕地产能提升的市、县政府进行资金奖励，从而鼓励各市、县政府自发进行中低产田改造。各市、县等地方政府获得资金后根据自身情况进行统筹，可用于进一步提升中低产田改造，也可用于奖励耕地保护工作成绩突出的单位和个人。要建立奖补工作规范，严格执行耕地质量提升奖补各项规定，按照有关规定做好耕地质量建设。各级政府需加强耕地质量建设财政奖补项目信息监管系统建设，建立健全耕地质量建设项目库，做好耕地质量建设财政奖补信息监管系统各级对接，提高耕地质量建设奖补工作的管理水平。

7.8.3 支持乡村振兴用地需求，探索镇村建设用地挂钩制度

乡村振兴的背景下，乡村快速发展，用地需求也不断增加。原有的城乡建设用地增减挂钩项目中，增减挂钩节余的建设用地指标主要调剂到城市使用，这种"大挂钩"的模式，难以满足乡村建设与产业发展的用地需求。针对这一问题，需要探索镇村间的建设用地挂钩制度，即"小挂钩"。

（1）探索多层次"增减挂钩"机制

通过土地整理、复垦节余的建设用地指标，可在城镇、镇村等不同层级间进行流转交易，支持农村集体通过"增减挂钩"获得建设用地指标。为了增强乡村内生发展动力提供用地保障，"增减挂钩"节余的建设用地指标可优先留给本乡镇使用，且不必征收为国有建设用地，集体建设用地所有权仍归农民集体。随着我国经济社会发展，城郊乡村、交通区位优势明显的乡村，以及拥有生态、旅游等资源禀赋的乡村内生发展动力逐渐增强，村镇建设与产业发展的用地需求愈来愈旺盛。通过这种形式的"增减挂钩"，能够为增强这些乡村的内生发展动力提供用地保障。

（2）基于耕地产能核定完善"增减挂钩"制度

"增减挂钩"制度同耕地占补平衡制度一样，需要进行耕地产能核定，保证耕地总产能不会降低。对于复垦后达不到产能要求的耕地要进行耕地质量提

升建设。

(3) 建立建设用地指标在农村交易的监管平台

要在农村地区建立增减挂钩信息管理平台,鼓励农村集体进行建设用地指标的交易。按照"统筹安排、集中投入、专款专用、形成合力"的原则,整合美丽乡村建设、农业、交通、水利、电力等各类涉农项目资金向增减挂钩项目倾斜。同时监管平台应积极运用 GIS、RS 等高新技术手段,建立信息管理数据库及全程移动巡查系统,监督农村集体对建设用地指标的使用。

7.9 创新农村产业用地占用耕地的监督政策

乡村新产业、新业态的涌现为乡村振兴提供了强劲的发展动力,同时新型产业用地模式也对耕地保护政策提出了新的挑战。农村新型产业缺乏针对性的用地管理制度,其用地的类型认定、使用条件、规模约束等缺乏具体的规范和标准指导,具体项目的选址、设计、规划等也缺乏科学的评估与审定,致使新产业、新业态用地呈现出面积小且零散、多用途复合、容积率高等问题。由于监管漏洞,目前全国大量耕地可经设施农用地转为非农用地,威胁耕地保护及粮食安全。针对当前农业用地的新形势,需创新新型农业用地的耕地保护监督政策。

7.9.1 建立农村新型产业用地类型认定规则和控制标准,合理引导产业布局

《乡村振兴战略规划(2018—2022 年)》"乡村振兴战略规划主要指标"提出休闲农业和乡村旅游接待人次从 2016 年的 21 亿人次增加到 2022 年的 32 亿人次,增加 52%(11 亿人次),然而目前我国仅有占比 5% 以下的农村具有区位条件或旅游资源适合发展休闲农业和乡村旅游等新业态。未来休闲农业、乡村旅游等农村新型产业的发展可能会导致大量用地需求,而且会产生空间布局的不匹配问题,对耕地保护形成一定的压力。2018 年 8 月国家统计局印发的《新产业、新业态新商业模式统计分类(2018)》为乡村新型产业模式认

定提供了科学依据,然而农村新型产业相应的用地管理制度仍旧缺乏,同时新型产业用地的复合和混合利用情况也对用地管理提出了新的挑战。因此需要在产业分类的基础上,结合土地管理相关制度和政策,建立农村新产业、新业态用地类型认定标准以及相关认定规则。

(1) 明晰城乡新型产业定位

《统计上划分城乡的规定》(国函〔2008〕60号)划分城镇范围包括城市和建制镇,农村范围则包括集镇和农村。依据《新产业新业态新商业模式统计分类(2018)》确定城镇和农村产业发展定位,新型产业主管部门根据各类产业和业态的特征提出相应的用地保障需求,由自然资源部门针对各类新产业、新业态的特征,分类别规定城乡新型产业用地标准、用地保障方式等,实现产业和用地的城乡分管和指标分列。

(2) 确定新型产业布局规则

按照现有农村新型产业,确定现代农业、新型农业经营主体等发展设施农业,确需建设温室、水面、检疫设施及临时存放农机具的(即设施农用地规定的三类)农业生产需求用地可以使用设施农用地指标;乡村电商及物流产业和农业生产性服务业等服务性产业可以在集镇、产业园区以及村庄规划集中安置;乡村电商及物流的仓储基地、大型乡村手工业和外来投资人员驻地等用地需求量大型产业可以向县城、重点乡镇镇区、产业园区集中或村庄规划范围外单独选址;乡村旅游与休闲农业发展所需的道路建设、停车场及公共服务设施等用地可以通过存量挖潜解决,辅以新增适量建设用地。

(3) 制定新型产业准入原则和控制标准

在产业用地布局过程中坚持规划先行、因地制宜、存量挖掘为主、适度新增为辅等合理高效用地原则,结合当地的资源禀赋及区位条件的比较优势,合理确定产业结构、用地及选址,避免同类产业的遍地开花、无序恶性竞争及土地资源低效利用。推广产业准入负面清单制度和"一村一品"的产业规划理念,实现农村新产业的科学布局和错位竞争。并对产业用地总量和用地位置进行双标准协调控制,实践中考虑各地块的大小与邻近关系,协调各土地使用权人,联合开展新型产业用地备案,提升单位用地的服务效率与功能。

7.9.2 挖掘农村闲置低效建设用地，支持乡村新产业用地需求

2019年全国乡村建设用地占全部建设用地的68%以上，农村人均建设用地远超国家标准。农村建设用地扩张主要是以宅基地为主(约占农村建设用地总量的70%)的农村居民点扩张，根据《国家新型城镇化规划(2014—2020年)》资料统计，1996—2012年，全国非农转移农村人口1.33亿人，同期农村居民点用地却增加3 045万亩[①]。农民收入提升刺激了建房需求，而占地建房违法成本低，同时宅基地退出机制不健全使得农民大量占用村庄外围土地(主要是耕地)建新房，而村内旧宅基地逐渐空废化[②]，农村建设用地闲置和低效利用问题严重。因此迫切需要盘活农村闲置和低效建设用地资源，挖掘农村新产业的用地新空间。

(1) 加强农村建房准入管理，完善问责机制

按照一户一宅政策严格建立农村建房准入条件，并加大违法违规用地的处罚力度，可以将处罚金额按一定比例纳入基层土地管理部门的年度收入，以激发土地执法人员履行职责的积极性[③]。此外目前实行的《违反土地管理规定行为处分办法》只对县级以上单位设置了问责条款，需要进一步建立乡镇、村级干部问责机制，将土地执法完善到农村管理第一线，切断违法用地来源。

(2) 完善农村宅基地的退出机制，实施集体统一管理

引导集体经济组织成员通过规范的民主程序，协议有偿回收闲置的宅基地、非本集体经济组织因房屋继承占用的闲置宅基地以及闲置乡镇企业用地[④]。一方面实行宅基地的收回补偿，使农民退出宅基地后获得的补偿大于或至少不小于保留宅基地的福利，吸引农民主动退出宅基地；另一方面对一户多宅、面积超标的宅基地使用者征收占用费，增加超占宅基地保有环节的税费负担，使其主动退出超占、闲置的宅基地。在此过程中借鉴城市国有土地储备制度，退出土地由农村集体经济组织统一管理利用，并在政策和规划许可的前

[①②③] 胡银根,蔡国立,廖成泉,等.基于供需视角的城乡建设用地扩张与配置的驱动力[J].经济地理,2016,36(6):161-167.

[④] 姚丽.土地政策如何支持农村新业态发展[J].中国土地,2017(1):19-23.

提下,允许农村宅基地指标跨村使用。

(3) 鼓励旧宅新用,探索宅基地"三权分置"改革新模式

在充分尊重农民意愿的前提下,进行农村土地经营权流转,开展农业生产的社会组织或个人,可按"房随地转"原则,实施租赁、流转、转包农村闲置房屋,其年限可与土地流转同步;鼓励社会资本以代建、租赁等模式与农户联合实施住房改造;支持农村集体经济组织协商回购农村闲置房屋,发展休闲养老、观光旅游,或用于改善农户住房条件;鼓励农村居民利用自有住宅或其他条件发展餐饮、住宿、购物、娱乐等乡村旅游;同时对利用收储农村闲置建设用地发展农村新产业新业态的区域,给予新增建设用地指标奖励。

7.9.3 建立农村建设用地优先保障制度,落实农业农村优先发展

自2009年以来,土地利用年度计划开始对农村建设用地计划指标单列,并要求在逐级分解下达时不得低于国家下达当地新增建设用地计划总量的3%~5%。而在当前涉及农村用地指标的政策文件中,多用"一定比例"的用地政策,存在指标控制弹性较大、与之前编制的土地利用规划不协调以及在空间位置上与基本农田有重合等问题,在政策实际实施的过程中难以落地,需要更为精细的制度安排。

(1) 建立农村新产业用地指标优先保障机制

针对县域范围内建设用地审批实施农村优先原则,即农村合理建设用地需求不保障,则城镇建设用地新增需求不予审批;在实施城乡建设用地增减挂钩过程中,增加指标优先用于乡村新产业用地;并加强城镇新增建设用地使用情况监察机制,进一步推进土地利用计划"增存挂钩",对于城镇新增建设用地批而未供和闲置土地高于20%的情况,停止新增建设用地审批,对于城镇新增建设用地闲置率高于50%的情况,则依据用地需求,转移50%新增建设用地指标至农村集镇地区。

(2) 凸显农村建设用地市场化供应机制

完善农村集体经营性建设用地入市,在符合规划和用途管制前提下,允许不同地类之间的灵活转换,实现入市路径的多样化;允许分割登记、共同产权

和按份共有,丰富入市主体,扩大集体建设用地入市的范围和程度;进行土地的功能结构优化,通过创设综合地类、实施异地调整特别是政府统筹入市以及土地开发产权登记等方式,促进集体建设用地的居住功能、工业功能、商业功能的优化匹配。[①]

(3) 完善农村建设用地计划指标单列制度

在年度计划指标管理办法中纳入农村建设用地指标单列制度,确保农村建设用地指标划定的科学管理,并且完善农村建设用地指标编制办法,结合《村土地利用规划编制技术导则》和村域实际情况,实施差异化针对性的指标划定,避免指标的区域均等分配。并且在国土空间规划相关管理制度中考虑城乡用地规划指标分列制度,提高国土空间规划(土地利用总体规划)中建设用地指标与年度计划指标之间的耦合程度,实施指标划定的"定量不定位",减少乡村建设用地与基本农田的空间重合冲突,解决落地困难问题。

7.9.4 激发新型农业产业活力,引导农业产业结构调整

近年来由于粮食生产受到政策保护,经营收益相对稳定,微观经营主体为了规避风险,对粮食生产的偏好不断强化,籽粒玉米多,大豆油料和饲草饲料少,同时农业生产过程中过度依赖要素投入,化肥农药等过度使用,加之我国水、土资源的空间分布错位,使得我国目前农业生产结构不合理问题日益突出:一方面农产品的品种和品质结构不合理,难以满足消费多元化和消费升级需求,另一方面农业生产的空间和投入结构不合理,使得农业生产要素配置低效,造成大量显性和隐性的耕地流失,需要激发新型农业产业活力,引导控制农业结构调整,保护耕地资源。

(1) 优化整合农业发展补贴制度

全面展开农资综合补贴、种粮农民直接补贴和农作物良种补贴等农业"三项补贴"改革,将农业补贴改革与绿色农业结构调整、农业转型升级连接起来,

---

① 唐健,谭荣.农村集体建设用地入市路径——基于几个试点地区的观察[J].中国人民大学学报,2019,33(1):13-22.

扩大农业生产领域的生态补贴,协调好"生态"与"高效"的矛盾,引导用养结合①、绿色发展和生态文明的耕地利用制度转型。

(2) 提升新型产业生产组织化程度

加强新型产业技术与传统农业生产的结合,延长农业生产产业链,促进第一、二、三产业的融合,创造多功能的农业景观,提升农业产出效益;同时培育或引进适应机械化作业、设施化栽培、高产、优质、多抗、广适的主要农作物新品种和主要畜禽、水产养殖新品种,降低农业生产对于农药、化肥等生产资料的依赖,应对农业生产成本"地板"和价格"天花板"的双重挤压。

(3) 建立耕地利用监测制度

区分耕地食物生产使用和非食物生产使用,严格控制耕地非食物生产。在此基础上对农户和新型农业经营主体还权、赋能,充分尊重农业经营主体在生产结构调整中的自主性,在保障粮食安全和不破坏耕作层的前提下允许农业生产的同级土地利用类型转用,发挥市场的导向作用,减少行政强制性约束举措,将耕地保护、区域产业布局等宏观政策目标嵌入市场激励机制中。

7.10 探索面向人类命运共同体全球耕地资源安全信息体系

面向全球化的农产品及耕地利用保障机制,不仅仅是资源紧缺型国家的客观需求,也是农业大国的战略选择。建立全球耕地资源安全信息体系是以全球耕地资源信息共享为核心深化构建人类命运共同体的重要举措。然而,新时代的中国还存在着国内耕地资源紧缺且不断减少、国外耕地资源利用不足的缺陷。尽管是人均耕地较为丰富的美国在海外也有710万公顷耕地的布局,而和中国有相同资源禀赋的印度也在海外分布了273万公顷耕地,中国作

---

① 罗其友,刘洋,唐华俊,等. 新时期我国农业结构调整战略研究[J]. 中国工程科学,2018,20(5):31-38.

为一个农业大国,同样也是世界上最大的农产品进口国,在全球耕地资源的投资上却并不充分,仅在海外分布了 200 万公顷耕地。所以,十分有必要建立起以监测为手段、以服务决策为目标的全球耕地资源安全信息体系。探索面向人类命运共同体全球耕地资源安全信息体系也是作为新时代强国充分利用国内国外两个市场的基本保障。

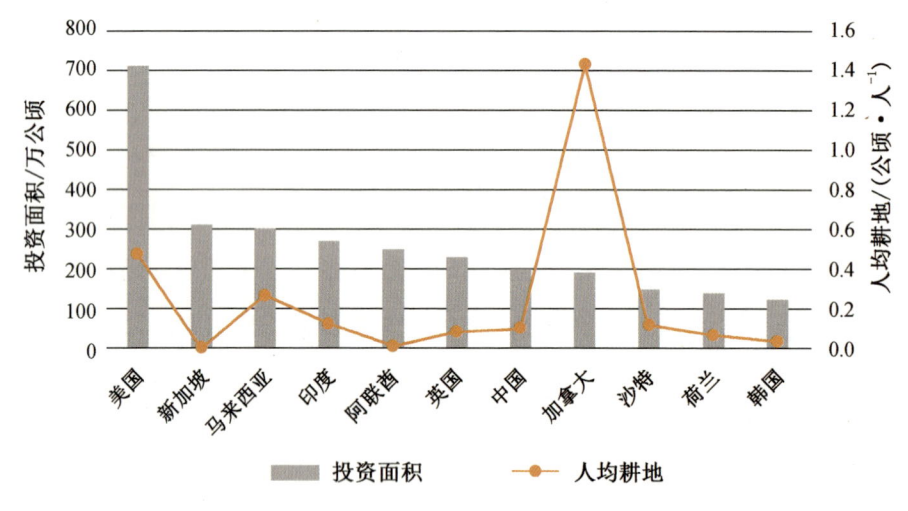

图 7-5 世界各国在全球海外投资耕地情况

7.10.1 以全球农业资源信息监测服务海外耕地资源利用决策

(1) 以信息产品输出服务决策

着力推动发布"全球耕地监测年报",并建立年度报告发布制度。在全球和区域尺度上对耕地资源的开发及利用进行年度动态监测,编制全球及区域耕地资源的开发及利用综合报告和科学技术报告(含数据集)。基于全球海量耕地资源遥感监测数据及交易数据,从粮食市场、耕地资源供需格局、主要国家耕地政策动向、农产品科技发展等多个方面,全面分析全球耕地资源变化态势并对未来耕地布局变化做出初步预测。

(2) 以模型预测保障科学决策

以全球耕地资源数据监测和耕地资源政策监测为基础,建立农业重大冲击和政策模拟模型,为评估重大政策影响、国际形势变化、政策调整以及区域性或全球性事件影响提供技术与决策支撑,同时也为农业企业走出去提供风险规避策略。

(3) 以"一张图"工程优化决策

基于适当分辨率的遥感数据建立"全球耕地一张图工程",开展了全球七大洲207个国家耕地与资源环境遥感调查,完成了1∶5 000 000调查工作,以及部分耕地资源丰富型国家,如美国、加拿大、巴西、阿根廷等国家1∶1 000 000调查工作。

7.10.2 以全球耕地资源数据库搭建全球耕地信息服务共享平台

建立全球耕地资源信息网站、微信公众号、专报等信息发布渠道。当前由中国地质调查局建设的全球矿产资源数据库,目前已覆盖60多个国家和地区。为中国企业"走出去"提供更多地质矿产数据服务。这一数据库既包括全球各大洲、各国家不同层次的各类图件和遥感地形数据,也包括矿权登记状况等矿业开发信息。对这些数据和信息,中国地质调查局除通过赠送和境外矿产勘查论坛进行发布外,还为企业提供在线查询服务。这一系统的建成,表明我国基本形成了政府搭台、技术先行、支持企业"走出去"开展国际矿业合作的机制。正是应用这一机制,中国五矿集团已在海外获得了一些高质量矿业权。这一机制符合国际惯例。美国、英国、日本、韩国、加拿大等国先后利用这一机制,通过开展以基础地质调查和资源潜力评价工作为主要内容的国际合作,为本国企业提供了基础地质信息,降低了企业境外找矿的风险[①]。

短期内全球经济增长放缓、全球贸易摩擦、地缘政治冲突等因素将增加全球粮食安全的不确定性,国际农产品市场将持续震荡调整[②]。为应对这一风险,需要尽快建立起全球耕地资源信息数据库,并搭建全球耕地信息服务共享平台,以支撑国家在耕地保护的战略决策。

---

① 于德福. 中国建成全球矿产资源数据库[J]. 西部资源,2013(6):71.
② 转型中的全球矿业[N]. 中国自然资源报,2019-10-12(7).

7.10.3　加强对全球农业资源,尤其是耕地生产布局及潜力利用的监测

粮食及主要农产品生产供应关系到人类的生存与发展[①],在中国农业资源有限的情况下,加强对全球农业资源及海外耕地生产能力的监测与把控,是我国布局海外耕地及农产品进口的前提。根据全球农业资源分布、农产品生产和贸易格局,未来全球性八大"粮仓"将在确保人类粮食和食物安全方面处于重要地位。这八大粮仓分别是(1)以美国和加拿大为主的北美"粮油肉"产区;(2)以巴西、阿根廷为主的南美"粮棉油糖肉"产区;(3)以俄罗斯、哈萨克斯坦为主的亚欧"粮油"产区;(4)以乌克兰、法国为主的欧洲"粮油"产区;(5)以越南、泰国、缅甸三国为主的东南亚"大米"产区;(6)以东非为主的非洲潜在"粮食"产区;(7)以澳大利亚、新西兰为主的大洋洲"粮油肉奶"产区;(8)以印度尼西亚、马来西亚为主的全球"棕榈油"产区。欧美等发达国家和地区农业资源丰富,但农业基础设施、产业链体系、技术、融资、经营管理等均较完善,存在较高的进入壁垒。为此建议:

(1) 主动加强对全球农业资源生产布局及潜力监测

随着未来全球农产品需求量的增加,南美农业用地面积和农作物种植面积仍将继续增加,是未来中国大豆、玉米、蔗糖,以及畜禽产品的重要进口来源国,需要重点关注南美巴西、阿根廷等国农业资源可利用监测。此外,中东欧及中亚的俄罗斯西伯利亚和远东、哈萨克斯坦,东南亚的印度尼西亚、老挝、柬埔寨等国家和地区农业资源丰富,除了大豆、植物油的替代资源外,小麦、水稻等也是重要的开发品种。

(2) 提升海外耕地监测的信息服务能力与决策能力

需要借助更加先进的遥感技术及决策系统,如构建世界农地利用系统、作物产量预测系统、作物长势监测系统、作物模拟生物物理模型,监测世界土地

---

① 贾盼娜,刘爱民,成升魁,等.中国农产品贸易格局变化及海外农业资源利用对策[J].自然资源学报,2019,34(7):1357-1364.

利用及变更状况、作物生长发育过程,评估天气因素影响,及时提供全球土地利用情况、作物生长和产量数据,形成精准农业生产方式,为海外耕地监测提供信息服务与决策咨询支撑。

(3) 以信息监测为依据积极利用国际农地资源

以世界农业信息监测为依据积极参与并主动调整在海外耕地的布局,可以很大程度上提升我国对世界农业资源利用与应对世界粮食贸易不稳定的韧性,一旦发生与个别农产品贸易国家的贸易冲突,可以及时调整海外耕地利用格局。

附录/公 式

(01) GDP＝INTEG(GDP 增长,99 066.1)

　　单位:亿元

(02) FINAL TIME＝2 050

　　单位：Year

　　最后一次模拟

(03) GDP 增长＝GDP×GDP 增长率

　　单位：亿元

(04) GDP 增长率＝0.132 4

　　单位：Dmnl

(05) 上年人均薯类消费量＝DELAY1I(人均薯类消费量,1,0.029 07)

　　单位：万吨/万人

(06) 上年人均谷物消费量＝DELAY1I(人均谷物消费量,1,0.319 7)

　　单位：万吨/万人

(07) 上年建设用地＝DELAY1I(建设用地,1,2 737.68)

　　单位：万公顷

(08) 人均粮食需求量＝WITH LOOKUP (Time,([(0,0)－(2 050,800)],
(1 998,410.625),(1 999,404.171),(2 000,364.655),(2 003,333.286),
(2 004,361.164),(2 009,397.768),(2 010,407.542),(2 015,452.081),
(2 050,773.5)))

单位：公斤

(09) 人均薯类消费量＝上年人均薯类消费量×0.979 7

   单位：万吨/万人

(10) 人均谷物消费量＝上年人均谷物消费量×1.019 1

   单位：万吨/万人

(11) 人均豆类消费量＝IF THEN ELSE(Time≤2 009,0.015 6,0.012)

   单位：万吨/万人

(12) 储存损失＝(农户存储损失率＋国家粮库损失率)×粮食消费总量

   单位：万吨

(13) 养殖水产品产量＝INTEG（养殖水产品产量×养殖水产品产量增长率，2 574.7）

   单位：万吨

(14) 养殖水产品产量增长率＝IF THEN ELSE(Time≤2 004，0.060 1，IF THEN ELSE(Time≤2 006，－0.082 5，IF THEN ELSE(Time≤2 009，0.053 2，IF THEN ELSE(Time≤2 011，－0.233 8，IF THEN ELSE (Time≤2 012，0.449，0.025)))))

   单位：Dmnl

(15) 养殖水产品产量用粮＝养殖水产品产量×养殖水产品饲料粮消耗系数

   单位：万吨

(16) 养殖水产品饲料粮消耗系数＝1.1

   单位：Dmnl

(17) 农业技术进步＝WITH LOOKUP (Time,([(1 000,－0.02)－(2 050,10)],(1 998,－0.017 435 6),(2 001,－0.017 435 6),(2 002,0.015 034 4),(2 009,0.015 034 4),(2 010,0.019 762 2),(2 015,0.019 762 2),(2 050,0.019 762 2)))

   单位：万吨/万公顷

(18) 农户存储损失率＝0.08

   单位：Dmnl

(19) 农村人口＝INTEG（年农村人口递增－年农村人口递减，80 837）

　　单位：万人

(20) 农村人口减少率＝0.035 7

　　单位：Dmnl

(21) 农村人口增长率＝0.015 4

　　单位：Dmnl

(22) 单产＝IF THEN ELSE((Time≤2 001)，(4.502 27×(1＋农业技术进步)^(Time－1 998))，(IF THEN ELSE(((Time≥2 002)：AND：(Time≤2 009))，(4.399 41×(1＋农业技术进步)^(Time－2 002))，(IF THEN ELSE(((Time≥2 010)：AND：(Time≤2 014))，(4.973 58×(1＋农业技术进步)^(Time－2 010))，(5.482 82×(1＋农业技术进步)^(Time－2 015)))))))

　　单位：万吨/万公顷

(23) 口粮＝薯类＋谷物＋豆类

　　单位：万吨

(24) 国产大豆平均出油率＝0.15

　　单位：Dmnl

(25) 国家粮库损失率＝0.062 5

　　单位：Dmnl

(26) 土地整治＝WITH LOOKUP (Time,([(0,0)－(2 050,40)],(2 000,29.106 5),(2 001,20.260 8),(2 002,26.076 1),(2 003,26.199 9),(2 004,28.329 6),(2 005,30.666 7),(2 006,36.719 5),(2 007,19.583 6),(2 008,22.960 7),(2 010,26.109 1),(2 011,31.578 8),(2 012,22.759 8),(2 013,27.254 3),(2 014,19.676 3),(2 015,13.919 5),(2 016,19.042 7),(2 017,21.149 4),(2 050,3.87)))

　　单位：万公顷

(27) 地灾毁坏＝IF THEN ELSE(Time≤2 005，5×10^{-5}×耕地需求，IF THEN ELSE(Time＞2 012，9.853 74×10^{-7}×耕地需求，7.5×10^{-6}×

耕地需求))

　　单位：万公顷

(28) 城镇人口＝INTEG（年城镇人口递增－年城镇人口递减，45 906）

　　单位：万人

(29) 城镇人口减少率＝0.003 2

　　单位：Dmnl

(30) 城镇人口增长率＝0.036 7

　　单位：Dmnl

(31) 城镇化率＝城镇人口/总人口×100

　　单位：Dmnl

(32) 复种指数＝IF THEN ELSE((Time≤2 008)，(0.0074×(Time－1 997)＋1.195 9)，(0.009 8×(Time－2 008)＋1.167 1))

　　单位：Dmnl

(33) 家禽饲料豆粕含量＝0.2

　　单位：Dmnl

(34) 工业用粮＝INTEG（工业用粮×工业用粮年增长率，3 661.83）

　　单位：万吨

(35) 工业用粮年增长率＝0.06

　　单位：Dmnl

(36) 干燥过程损失率＝0.02

　　单位：Dmnl

(37) 年农村人口递减＝农村人口×农村人口减少率×农村计划生育因子

　　单位：万人

(38) 年农村人口递增＝农村人口增长率×农村人口×农村计划生育因子

　　单位：万人

(39) 年城镇人口递减＝城镇人口×城镇人口减少率

　　单位：万人

(40) 年城镇人口递增＝城镇人口×城镇人口增长率×城镇计划生育因子

单位：万人

（41）库存用粮＝粮食库存消费比×粮食消费总量

单位：万吨

（42）建设用地＝1 073.56＋0.000 119×GDP－721.788×GDP增长率＋46.843 9×城镇化率

单位：万公顷

（43）建设用地占用＝建设用地增量×建设用地占用耕地比例

单位：万公顷

（44）建设用地占用耕地比例＝0.363

单位：Dmnl

（45）建设用地增量＝ABS(建设用地－上年建设用地)

单位：万公顷

（46）总人口＝农村人口＋城镇人口

单位：万人

（47）收割损失＝(干燥过程损失率＋收割损失率＋脱粒损失率)×粮食消费总量

单位：万吨

（48）收割损失率＝0.015

单位：Dmnl

（49）牛奶产量＝INTEG (牛奶产量×牛奶产量增长率,827.4)

单位：万吨

（50）牛奶产量增长率＝IF THEN ELSE(Time≤2 005，0.254，0.001 2)

单位：Dmnl

（51）牛奶产量用粮＝牛奶产量×牛奶饲料粮消耗系数

单位：万吨

（52）牛奶饲料粮消耗系数＝0.4

单位：Dmnl

（53）牛肉产量用粮＝牛肉产量×牛肉饲料粮消耗系数

单位：万吨

(54) 牛肉产量＝INTEG（牛肉产量×牛肉产量增长率,532.8）

单位：万吨

(55) 牛肉产量增长率＝IF THEN ELSE(Time≤2 007，0.024，0.013)

单位：Dmnl

(56) 牛肉饲料粮消耗系数＝2.5

单位：Dmnl

(57) 猪肉产量＝INTEG（猪肉产量增长率×猪肉产量,4031.4）

单位：万吨

(58) 猪肉产量增长率＝IF THEN ELSE(Time＜2014，0.025 9，IF THEN ELSE(Time≥2 017，0，－0.021 4))

单位：Dmnl

(59) 猪肉产量用粮＝猪肉产量×猪肉饲料粮消耗系数

单位：万吨

(60) 猪肉饲料粮消耗系数＝2.2

单位：Dmnl

(61) 猪饲料豆粕含量＝0.15

单位：Dmnl

(62) 生态退耕＝WITH LOOKUP (Time,([(0,0)－(2 050,400)],(2 000, 75.419 6),(2 001,56.490 7),(2 002,130.65),(2 003,214.363),(2 004, 64.442 9),(2 005,33.747),(2 006,25.354 7),(2 007,1.807 88),(2 008, 0.336 041),(2 010,0.854 669),(2 011,0.943 34),(2 012,1.076 27), (2 013,0.771 604),(2 014,0.267 044),(2 015,2.474 62),(2 016,5.202 33), (2 017,1.726 69),(2 050,352.8)))

单位：万公顷

(63) 禽肉产量＝INTEG（禽肉产量×禽肉产量增长率,1 287.2）

单位：万吨

(64) 禽肉产量增长率＝IF THEN ELSE(Time＜2 017，0.032，0.017)

单位：Dmnl

(65) 禽肉产量消耗系数＝1.8

单位：Dmnl

(66) 禽肉产量用粮＝禽肉产量×禽肉产量消耗系数

单位：万吨

(67) 种子用粮＝种子用粮比例×粮食消费总量

单位：万吨

(68) 种子用粮比例＝0.024

单位：Dmnl

(69) 粮食作物比＝WITH LOOKUP (Time,([(0,0)－(2 050,10)],(1 998,0.730 781),(2 001,0.681 276),(2 002,0.671 843),(2 008,0.683 404),(2 015,0.682 192),(2 050,0.6)))

单位：Dmnl

(70) 粮食库存消费比＝0.018

单位：Dmnl

(71) 粮食损耗＝储存损失＋收割损失＋运输损失

单位：万吨

(72) 粮食消费总量＝(总人口×10 000)×(人均粮食需求量/1 000/10 000)

单位：万吨

(73) 粮食需求＝非食物用粮＋食物用粮

单位：万吨

(74) 结构调整净变化＝WITH LOOKUP (Time([(0,－40)－(2 100,200)],(2 000,－2.752 08),(2 001,－8.963 75),(2 002,－37.274 7),(2 003,－39.228 7),(2 004,－26.060 9),(2 005,－20.694 2),(2 006,－33.576 4),(2 007,－3.597 81),(2 008,－0.042 779 4),(2 010,0.838 249),(2 011,0.667 872),(2 012,－2.055 71),(2 013,－2.575 66),(2 014,－1.288 02),(2 015,1.100 98),(2 016,0.108 883),(2 017,－1.901 6),(2 050,169.74)))

单位：万公顷

(75) 羊肉产量＝INTEG（羊肉产量×羊肉产量增长率,274）

　　单位：万吨

(76) 羊肉产量增长率＝0.034 4

　　单位：Dmnl

(77) 羊肉产量用粮＝羊肉产量×羊肉饲料粮消耗系数

　　单位：万吨

(78) 羊肉饲料粮消耗系数＝2.92

　　单位：Dmnl

(79) 耕地供给＝耕地补充＋耕地流失

　　单位：万公顷

(80) 耕地供需比＝耕地供给/耕地需求

　　单位：Dmnl

(81) 耕地后备资源＝INTEG（耕地后备资源×耕地后备资源变化率,9 357.54）

　　单位：万公顷

(82) 耕地后备资源变化率＝－0.005

　　单位：Dmnl

(83) 耕地流失＝地灾毁坏＋建设用地占用＋生态退耕＋耕地后备资源

　　单位：万公顷

(84) 耕地补充＝土地整治＋结构调整净变化

　　单位：万公顷

(85) 耕地需求＝INTEG（粮食需求/(单产×复种指数×粮食作物比),12 824.3）

　　单位：万公顷

(86) 脱粒损失率＝0.02

　　单位：Dmnl

(87) 薯类＝总人口×人均薯类消费量

　　单位：万吨

(88) 谷物＝人均谷物消费量×总人口

　　单位：万吨

(89) 豆类＝人均豆类消费量×总人口

　　　单位：万吨

(90) 豆粕含量＝国产大豆平均出油率×(家禽饲料豆粕含量×禽肉产量用粮＋猪饲料豆粕含量×猪肉产量用粮)

　　　单位：亿吨

(91) 运输损失＝0.05

　　　单位：Dmnl

(92) 非食物用粮＝工业用粮＋库存用粮＋种子用粮＋粮食损耗

　　　单位：万吨

(93) 食物用粮＝口粮＋饲料用粮

　　　单位：万吨

(94) 饲料用粮＝养殖水产品产量用粮＋牛奶产量用粮＋牛肉产量用粮＋猪肉产量用粮×(1－15％＋15％/85％)＋禽肉产量用粮×(1－20％＋20％/85％)＋羊肉产量用粮＋豆粕含量

　　　单位：万吨

(95) 农村生育因子＝1.15

　　　单位：Dmnl

(96) 城镇生育因子＝1.05

　　　单位：Dmnl

后　记

　　粮食安全是"国之大者"，耕地是粮食生产的命根子。中共二十届三中全会明确要求，健全保障耕地用于种植基本农作物管理体系。中共十八大以来，国家先后实施了一系列"长牙齿"的硬措施，守住了耕地红线，以应对复杂多变的国际形势，保障国家粮食安全。面对实现第一个百年奋斗目标并向第二个百年奋斗目标进军的历史契机，我们明确了以人口规模巨大为基本内容的中国式现代化奋斗目标，也为耕地保护适应新形势提出了新要求和新挑战。耕地保护要支撑2035年基本实现社会主义现代化远景目标，就务必回答适应中国式现代化的耕地"保多少""保哪里"与"怎么保"的问题。为此，在自然资源部耕地保护监督司及中国国土勘测规划院等支持下，本书力图在全面梳理耕地保护当前面临的现实问题与潜在挑战的基础上，从耕地保护需求与供给两方面视角，对未来耕地保护战略进行了全局性和系统性的谋划，试图为未来我国粮食安全战略提出科学性和前瞻性的耕地保护政策支撑体系。

　　本书较为深入地揭示了耕地保护当前在保护和发展、国家战略、国际形势、空间错配和隐性危机等方面面临的挑战及矛盾。结合面向2035年人民美好生活对耕地保护的需求结构转变和供给空间转移，本书运用系统动力学模型与FLUS土地利用模拟等方法对耕地的需求和供给进行了预测和情景模拟，提出了面向2035年满足基本食物用粮需求的"必保量""应保量"以及全口径粮食需求的"可保量"。特别是结合升温1.5 ℃和2.0 ℃情景下的气候模式模型模拟了未来气候变化对中国耕地保护的影响及作用。通过构建面向

2035耕地保护的政策保障机制和耕地占补平衡政策体系，本书提出了未来耕地保护十大战略。

本书的研究得到了中国国土勘测规划院外协项目"新时代粮食安全战略下耕地守多少研究""耕地保护形势与供需研究"和自然资源部国土空间规划局"全国国土空间规划编制"委托课题"新时代耕地保护空间格局研究"的资助。项目研究还得到了国家社会科学基金重大项目（23&ZD099）、国家自然科学基金创新群体项目（71921003）、国家自然科学基金（42201301、42261144750）及江苏省碳达峰碳中和科技创新专项资金（BK20220037）的资助与支持。

本书主要由南京大学地理与海洋科学学院及中国国土勘测规划院研究人员共同完成。黄贤金、漆信贤、王庆宾和钟太洋提出大纲并组织编写。各章节作者如下：第1章 王庆宾、戴劲、钟苏娟、王逸；第2章 漆信贤、王庆宾、朱怡、李美平；第3章 钟太洋、濮励杰（南京工程学院）、张竞珂、王丹阳；第4章 漆信贤、乔文怡、朱怡、王佩玉；第5章 黄贤金、王丹阳、漆信贤、易则宇；第6章 钟太洋、王庆宾、漆信贤、戴劲；第7章 钟太洋、濮励杰、仲天泽、袁苑。

感谢全国政协常委、民盟中央副主席、自然资源部原副部长曹卫星对课题组的关心和指导，感谢自然资源部耕地保护与监督司原司长刘明松、中国国土勘测规划院原院长高延利、原副院长张建平，自然资源部耕地保护监督司黄先栋处长、魏洪川处长，中国国土勘测规划院原地政中心主任、中国地质大学（武汉）唐健教授以及浙江大学谭荣教授等对本研究的支持，以及中国地质大学吴克宁教授、中国农业大学孔祥斌教授、河海大学陈浮教授等在研究中给予的启迪。

习近平总书记强调"我们必须把关系十几亿人吃饭大事的耕地保护好"，"要实行最严格的耕地保护制度"，"像保护大熊猫一样保护耕地"，将"饭碗端在自己手里"也是中华民族永续发展的根基所在。希望本书开展的工作能够为可持续地利用土地和保护耕地、保障国家粮食安全提供基础性和全局性的支撑。

著　者

2024年8月